Gott und Mensch in der Lehre der anatolischen Aleviten

CIBEDO-Schriftenreihe

herausgegeben von der
Christlich-islamischen Begegnungs- und Dokumentationsstelle.
Arbeitsstelle der Deutschen Bischofskonferenz

Herausgeberkomitee:
Timo Güzelmansur, Tobias Specker SJ, Christian W. Troll SJ

Timo Güzelmansur

Gott und Mensch
in der Lehre der anatolischen Aleviten

Eine systematisch-theologische Reflexion
aus christlicher Sicht

Verlag Friedrich Pustet
Regensburg

Bibliografische Information der Deutschen Nationalbibliothek

Die Deutsche Nationalbibliothek verzeichnet diese Publikation
in der Deutschen Nationalbibliografie; detaillierte bibliografische
Daten sind im Internet unter http://dnb.d-nb.de abrufbar.

www.verlag-pustet.de
www.cibedo.de

ISBN 978-3-7917-2468-3
© 2012 by Verlag Friedrich Pustet, Regensburg
Umschlag: Martin Vollnhals, Neustadt a. d. Donau
Umschlagentwurf: Andreas A. Gottseelig, Frankfurt am Main
Druck und Bindung: Friedrich Pustet, Regensburg
Printed in Germany 2012

Meinen Eltern und
Astrid Barnert
in Dankbarkeit und Verbundenheit

Annem, Babam ve
Astrid Barnert'e
teşekkür ve sadakatle

INHALTSVERZEICHNIS

Geleitwort
von Karl Kardinal Lehman.. 11

Vorwort 15

A. Einleitung 17

B. Grundlagen 22

1. Status Quaestionis der westlichen Forschung 22
1.1 Krisztina Kehl-Bodrogi: Das Alevitentum als
 Geheimreligion 22
1.2 Gerhard Väth: Das Alevitentum als Gemeinschaft ohne
 Definitionskonsens 25
1.3 Karin Vorhoff: Das Alevitentum als gigantische Baustelle 29
1.4 Markus Dressler: Die Aleviten in ständiger latenter
 Mahdi-Erwartung 32
1.5 Wilfried Dettling: Das Alevitentum als Weg zur
 Vervollkommnung 35
2. Alevitische Grundtexte. Eigendarstellungen 39
2.1 Buyruk: Das Grundgesetz des anatolischen Alevitentums 41
2.1.1 Buyruk I 43
2.1.1.1 Bezeichnung und Verfasser 43
2.1.1.2 Inhalt 46
2.1.2 Buyruk II 47
2.1.2.1 Bezeichnung und Verfasser 48
2.1.2.2 Inhalt 50
2.2 Die Vilayetname: Ein türkisches Derwischevangelium 52
2.2.1 Bezeichnung und Verfasser 53
2.2.2 Inhalt 54
2.3 Die Makalat: Ein Kompass für den mystischen Pfad 58
2.3.1 Bezeichnung und Verfasser 58
2.3.2 Inhalt 61
2.4 Nech'ül Belâġa: Ein Kompendium des geistigen Erbes Alis 68
2.4.1 Bezeichnung und Verfasser 68
2.4.2 Inhalt 69

C. Grundlehren 76

1. Das Gottesverständnis des anatolischen Alevitentums 76
1.1 Gott als Schöpfer 77
1.1.1 Apologetische Schöpfungserzählung 77
1.1.2 Pädagogische Schöpfungserzählung 88
1.1.3 Mystische Schöpfungserzählung 89
1.1.4 Zusammenfassung 92
1.2 Gott als heilige Kraft 93
1.2.1 Heilige Kraft als Gleichheit in der Gemeinschaft 96
1.2.2 Heilige Kraft als Verantwortung vor Gott und
 der Gemeinschaft 102
1.2.3 Heilige Kraft als Universalität der Lehre 104
1.2.4 Pneumatologie und heilige Kraft 105
1.2.5 Dharma und heilige Kraft 108
1.3 Das Glaubensbekenntnis 110
1.3.1 Das Bekenntnis zum Monotheismus 113
1.3.2 Muhammad ist sein Prophet 119
1.3.3 Aliyün Veliyullah 122
1.3.4 Gott – Muhammad – Ali: Triade oder Trinität? 127
1.4 Das anthropozentrische Gottesverständnis 136
1.5 Gott als Person 142
1.5.1 Zur Begriffsgeschichte von ‚Person' 143
1.5.2 Das christliche Gottesverständnis 145
1.5.3 Das alevitische Verständnis von Gott als Person 150
1.5.3.1 Personhafte Züge Gottes: Du bist der Schöpfer und
 ich bin das Geschöpf 151
1.5.3.1.1 Gott hat einen Willen und einen Plan 151
1.5.3.1.2 Gott spricht, ist ansprechbar, hört, erhört und handelt ... 153
1.5.3.2 Das apersonale Gottesverständnis: In Allem kreist Gott ... 155
2. Der Mensch als Spiegel des Universums
 Herkunft – Verantwortung – Ziel 157
Herkunf des Menschen
2.1 Der Mensch als Zeuge und Spiegel für Gottes Dasein 160
2.1.1 Was ist der Mensch? 160
2.1.2 Das Woher und Wohin des Menschen 161
2.1.3 Vorherbestimmung des Menschenschicksals 167
2.1.4 Sünde und Vergebung 168

Inhaltsverzeichnis

2.2 Die Seele als Wesensteil des Menschen 176
2.2.1 Die Begriffe ruh – can – nefis 177
2.2.2 Die Seele als Lebenshauch (rūḫ) 178
2.2.3 Die Unsterblichkeit der Seele („canın ölmezliği") 180
Verantwortung des Menschen
2.3 Die drei Signacula: „Eline – diline – beline sahip ol" 184
2.3.1 Die Triebseele 185
2.3.2 Die drei Signacula als moralische Implikationen des Weges ... 186
Ziel des Menschen
2.4 Die Vervollkommnung des Menschen
("insan-ı kamil olmak") 191
2.4.1 Die mystische Gottesliebe: „Ich bin die absolute Wahrheit" 194
2.4.2 Die theosophische Mystik 199
2.4.3 Die Lehre der anatolischen Aleviten von al-insān al-kāmil 205
2.4.3.1 Die Wegbruderschaft („Musahiplik") 210
2.4.3.2 Vier Tore und Vierzig Stufen 212
2.4.3.2.1 Das erste Tor: die Scharia als äußerer Anfang 215
2.4.3.2.2 Das zweite Tor: der mystische Weg als innerer Anfang 217
2.4.3.2.3 Das dritte Tor: die Erkenntnis als Hingabe und
Ehrerbietung 219
2.4.3.2.4 Das vierte Tor: die Wahrheit als Selbsterkenntnis 222
2.4.3.3 Al-insān al-kāmil als Pol der Zeiten 223
3. Die Vermittlung zwischen Gott und Mensch:
Zentralbegriffe 226
3.1 İman und İnanç 227
3.1.1 Cem als Manifestation des Glaubens 229
3.1.2 Semah als transnationales Kommunikationsmittel und
Leiter zum Himmel 234
3.2 Emanation – Inkarnation 246
3.2.1 Emanation 246
3.2.1.1 Muhammad und Ali als Strahlen des göttlichen Lichts 248
3.2.1.2 Die Wissensmehrung Gottes durch die Emanation
oder Emanation als Notwendigkeit für die
Selbsterkenntnis Gottes 250
3.2.2 Inkarnation 258
3.2.2.1 Seelenwanderung – Reinkarnation: „Deine Seele
wandert heimlich von einem Haus ins andere" 260
3.2.2.2 Heute sterbe ich, und morgen komme ich zurück 266

3.3	Offenbarung – Heilige Schriften 270
3.3.1	Offenbarung 271
3.3.2	Heilige Schriften 280
3.3.2.1	Heilige Schriften in den Grundtexten 281
3.3.2.2	Buyruk versus Koran? 283
D.	Bewertung: Eine kritische Reflexion aus katholischer Sicht 292
1.	Gott 292
2.	Mensch 295
3.	Vermittlung 299
E.	Literaturverzeichnis 302
F.	Register 313

GELEITWORT

von Karl Kardinal Lehmann

Immer mehr erkennt man in vieler Hinsicht, dass der Islam nicht einfach ein monolithischer Block ist. Dies gilt nicht nur für die ersten Jahrhunderte, sondern bei genauerem Zusehen auch für unsere Gegenwart, und zwar nicht nur politisch und soziologisch, sondern auch bezüglich der Glaubenslehre. Unsere üblichen Begriffe wie Sekten und Sondergruppen, Orthodoxie und Heterodoxie können nur vorläufig und unzureichend diese Pluralität zur Sprache bringen. Unter diesen verschiedenen Gruppierungen kennen wir z. B. die Drusen und die Ismailiten, aber auch neuere Abspaltungen und Eigenentwicklungen wie die Bahai und die Ahmadiya-Bewegung.

Seit einiger Zeit fallen auch die Aleviten mehr auf, die seit dem 13. Jahrhundert besonders in Anatolien mehr und mehr in Erscheinung treten. Die anatolischen Aleviten bilden, was weniger im Bewusstsein ist, neben den Sunniten und den Schiiten eine weitere bedeutende Glaubensgemeinschaft, außerhalb oder innerhalb des Islam (denn manche sehen sie eher als eine häretische Gruppe außerhalb des Islam). Man will dies vor allem an den vielen christlich anmutenden, gnostischen, altorientalischen und islamischen Einzelelementen festmachen, die insgesamt ein synkretistisches Phänomen vermuten lassen. Manche sehen darin ein Sammelbecken jener Tendenzen im Islam zwischen dem 13. und 16. Jahrhundert, die sich vom orthodoxen Islam nicht vertreten fühlten. Daraus sei dann in der Folgezeit immer mehr die alevitische, nun stärker organisierte Gemeinschaft entstanden. Dies hat einerseits dazu geführt, dass die Lehren der Aleviten wie eine Geheimlehre erschien, sie jedoch andererseits gerade deswegen auch verboten und verfolgt wurden. Nicht zuletzt deshalb gibt es sehr weit verstreut fast überall Aleviten. Ihre Lehre wurde lange Zeit nur mündlich tradiert.

Die Aleviten (auch Alewiten, Alawiten, Nusairier) lebten vor allem in Anatolien und in Syrien. Gerade durch die Verfolgung und durch die Aufnahme vieler esoterischer und eklektischer Elemente anderer Religionen kam es im Alevitentum zu einer Distanzierung vom orthodoxen Islam, was sich durch den festen Aufenthalt in vielen Ländern, in einer stärker ausgeprägten soziologischen Stellung und in der großen Rolle der Bildung auswirkte. Deswegen erscheint das Alevitentum oft als eine Art moderater Islam: Man sieht in den Aleviten auch säkularisierte Muslime. Wenn die Aleviten wie in den Herrscherhäusern des früheren Irak und des heutigen Syrien vertreten sind, scheinen sie aufgrund ihres eigenen partikulären Status den anderen Religionsgemeinschaften, die Minderheiten sind, mehr Toleranz zu gewähren. Deswegen gab es hier auch oft eine größere Nähe zu den Christen der Umgebung. All dies lässt sich auch heute noch in einigen Ländern des Nahen Ostens beobachten, nicht zuletzt in Syrien. In Deutschland leben annähernd 500.000 anatolische Aleviten. Sie sind als eigene Gruppe außerordentlich rührig und streben die Anerkennung ihrer Religion als Körperschaft öffentlichen Rechts an.

Die Aleviten haben nicht nur immer größere Aufmerksamkeit auch in unserem Land erreicht, sondern auch in den Religions- und besonders Islamwissenschaften hat man sich um die Erkenntnis der Bildung ihrer Gruppenidentität bemüht und dafür vor allem auch historische, ethnologische, sozialgeschichtliche, politische, religionsgeschichtliche und soziologisch-kulturgeschichtliche Studien betrieben. Von offizieller Seite der Aleviten gibt es eine deutsche Einführung (vgl. Ismail Kaplan, Das Alevitentum, eine Glaubens- und Lebensgemeinschaft in Deutschland, Köln 2004). In diesen genannten Untersuchungen vor allem der Islamwissenschaften wird der theologische Aspekt der alevitischen Glaubensüberzeugungen freilich nicht gebührend beachtet.

An diesem Punkt setzt die vorliegende Arbeit von Timo Güzelmansur ein. Der Schwerpunkt liegt auf der Erschließung der schriftlichen Quellen, die als heilige Texte gelten. Der Verfasser ist durch seine türkische Herkunft und seine theologische Ausbildung in der besonderen Lage, dass er diese Texte mit den nötigen Sprach- und Sachkenntnissen interpretieren kann. Er informiert sorgfältig über den Stand der Forschung. Im Zentrum seiner Studien steht das Gottes- und Menschenverständnis im Alevitentum. Das Gottesbild hat zum Teil recht verschiedene Nuancen und enthält auch apersonale, ja deistische Elemente. Im Menschen ist eine heilige Kraft, die im Sinne einer Seelenwanderung zu immer größerer Vervollkommnung tendiert. Der Mensch ist ein göttliches Partikel. So mündet alles in eine große kosmische All-Einheit. Es gibt also – hier ist das Schlagwort durchaus angebracht – pantheistische Elemente. Die Individualität und Personalität des Menschen kommen in Gefahr. Man sieht dadurch auch die Nähe und Ferne des Alevitentums zum Islam, was sich auch darin zeigt, dass der Koran nicht dieselbe zentrale Rolle spielt wie im orthodoxen Islam.

Der Verfasser, der einer arabisch sprechenden alawitischen Gemeinschaft angehörte und katholischer Christ wurde, untersucht nach einer gründlichen philologischen und historischen Analyse aus theologischer Sicht auch genauer die scheinbaren Ähnlichkeiten zwischen der Lehre der Aleviten und dem Christentum. Dadurch werden die Konturen der jeweiligen religiösen Orientierungssysteme deutlicher und besser unterscheidbar. Timo Güzelmansur arbeitet im Dienst des christlich-islamischen Dialogs und ist Geschäftsführer der schon seit Jahrzehnten bestehenden Dokumentationsstelle CIBEDO für die christlich-islamische Begegnung in Frankfurt.

Das Buch, dem eine Dissertation bei den Professoren P. Dr. Christian W. Troll SJ und P. Dr. Dr. Felix Körner SJ an der Philosophisch-Theologischen Hochschule Sankt Georgen zugrunde liegt, ist eine wichtige Hilfe zum Verständnis dieses Zweigs in der Großfamilie Islam und zur Begegnung mit den Aleviten und auch zu ihrem Ort in der großen Familie des Islam. In diesem Sinne wünsche ich dem Buch viele interessierte Leser.

Mainz, im August 2012 *Karl Kardinal Lehmann*

VORWORT

Die vorliegende Doktorarbeit wurde im Wintersemester 2010/11 an der Philosophisch-Theologischen Hochschule Sankt Georgen in Frankfurt am Main angenommen. Für die Veröffentlichung liegt eine im Titel und in wenigen Zeilen leicht veränderte Fassung vor.

Als erstes gilt mein Dank der Abteilung Weltkirche der Diözese Limburg, die mich zwischen 2006 und 2010 als Promotionsstipendiat aufnahm und aus Mitteln des Eine-Welt-Fonds des Bistums Limburg förderte.

Der Philosophisch-Theologische Hochschule Sankt Georgen und dem Kolleg Sankt Georgen bin ich sowohl für die angenehme und freundliche Studienatmosphäre, als auch für die Gastfreundschaft, die ich zwischen 2006 und 2010 dort in der Gemeinschaft genießen durfte, zu Dank verpflichtet.

Besonders möchte ich mich bei den „Doktorvätern" bedanken: Pater Prof. Dr. Christian W. Troll SJ danke ich für die Vorlesungen und Seminare und das stets offene Ohr für interreligiöse Anfragen und die zahlreichen Denkanstöße. Pater Prof. Dr. Dr. Felix Körner SJ gab mir wichtige, weiterbringende Anregungen, durch die diese Dissertation erst entstehen konnte. Er ist nicht nur der wissenschaftliche Lehrer, der mit bewundernswerter Präzision Problemfelder benennen konnte und für deren Überwindung er hilfreiche Unterstützung anbot. Seine geduldige Art und freundschaftliche Wegbegleitung ermutigten mich, nicht zu resignieren und konzentriert weiterzuarbeiten. Beiden Gutachtern bin ich für deren wissenschaftliches, menschliches und geistliches Beispiel fortwährend dankbar.

Für die Hilfe bei der Beschaffung von Literatur und nicht veröffentlichten Dokumenten danke ich Ali Duran Gülçiçek und İsmail Kaplan, dem Bildungsbeauftragten der Alevitischen Gemeinde in Deutschland (AABF).

Als Doktorand, der nicht in seiner Muttersprache eine wissenschaftliche Arbeit verfasst hat, war ich regelmäßig auf Korrekturen durch Außenstehende angewiesen. Dr. Wolfgang Rhein war für mich der beste Lektor, den man sich nur wünschen kann! Er wurde nie müde, für mich und mit mir das geschriebene Wort zu lesen und zu diskutieren. Dafür ein herzliches Dankeschön.

Des Weiteren bin ich Dr. Alexander Toepel und Pater Dr. Tobias Specker SJ für den stets anregenden Gedankenaustausch und die freundliche Begleitung dankbar. Sie sind mir über diese Zeit hinaus geschätzte Ansprechpartner und Freunde geblieben.

Wenn eine Forschungsarbeit über einige Jahre hinweg entsteht, braucht man gewisse solide Rückzugsorte und Menschen. Ich danke Dr. Thorsten Milchert und Korbinian Sailer für die freundschaftliche Verbundenheit über die gemeinsame Studienzeit hinaus.

Mein Dank gilt auch meinem Arbeitgeber, der Christlich-islamischen Begegnungs- und Dokumentationsstelle e.V. – Arbeitsstelle der Deutschen Bischofskonferenz, und den Kollegen, die mich über die Jahre der Promotion unterstützt haben.

Schließlich danke ich meiner Frau Christiane Güzelmansur für die Motivation und Geduld!

Am Hochfest Peter und Paul 2012   *Timo Güzelmansur*

A. EINLEITUNG

Die religiöse Landschaft in Deutschland ist pluralistischer geworden. Spätestens seit der Arbeitermigration der 60er-Jahre sind Menschen aus Ländern mit mehrheitlich muslimischer Bevölkerung nach Deutschland eingewandert. Diese haben sich nun offenbar dauerhaft hier niedergelassen. Die religiöse Landschaft in Deutschland wurde auch durch Kriege oder kriegsähnlichen Zustände, politische oder religiöse Verfolgungen und Diskriminierungen in verschiedenen Teilen der Welt verändert, da viele Menschen in Deutschland Zuflucht gesucht und ein neues Zuhause gefunden haben.

Nicht alle türkischen Einwanderer gehören konfessionell dem sunnitischen Islam an. Unter ihnen befinden sich auch Anhänger des alevitischen Glaubens. Bei den Aleviten handelt es sich um eine Glaubensgemeinschaft, die sich nach eigenen Angaben ungefähr im 13. Jahrhundert in Anatolien formiert hat. Diese Gemeinschaft wurde in der Geschichte verfolgt und musste sich deshalb im ‚Geheimen' tradieren. Als Gründer dieser Gemeinschaft wird entweder Muhammads Cousin und Schwiegersohn ʿAlī b. Abī Ṭālib (ca. 597/601–661) oder Hacı Bektaş Veli (ca. 13. Jh.) angegeben. Wiederum nach eigenen Angaben leben ca. 500.000 Mitglieder in Deutschland. Im Vergleich zu den anderen islamischen Gruppierungen sind die Aleviten gut organisiert. Die Dachorganisation Alevitische Gemeinde Deutschland e.V. (AABF: „Almanya Alevi Birlikleri Federasyonu") ist auf dem Weg zur Anerkennung als Körperschaft des öffentlichen Rechts in Deutschland und erteilt bereits seit 2008 in einigen Bundesländern alevitischen Religionsunterricht nach dem Deutschen Grundgesetz § 7 Abs. 3.

Dieser Gemeinschaft wird in der deutschen Öffentlichkeit zunehmend Aufmerksamkeit geschenkt, da sie sich als Vertreterin eines moderaten Islam präsentiert und ihre Mitglieder auch als „säkulare Muslime" bezeichnet werden. Eine quellenbasierte theologische Studie des alevitischen Glaubens aus der Außenperspektive lag noch nicht vor.

Das Thema Aleviten und Alevitentum beschäftigt mich von Anbeginn meiner intensiven Auseinandersetzung mit dem Christentum, denn auch ich gehörte einer arabisch-sprechenden alawitischen Gemeinschaft an, bis ich 1997 zur katholischen Kirche konvertierte. In der Literatur werden Mitglieder dieser Gruppe meistens als Alawiten oder Nusayris[1] bezeichnet. Diese Gemeinschaft darf nicht mit der Gemeinschaft der anatolischen Aleviten verwechselt werden. Beide Gemeinschaften leiten ihre Namen jedoch von dem bereits erwähnten vierten islamischen Kalifen ʿAlī bin Abī Ṭālib ab.

ʿAlī bin Abī Ṭālib wird unter einigen alevitischen Gruppen als die Inkarnation Gottes verehrt. Wie verhält sich ein solcher Glauben zur christlichen Inkarnationslehre? Gewisse Sätze in alevitischen Publikationen, wie z. B. in einem 2004 veröffentlichten Buch von Ismail Kaplan, dem Bildungsbeauftragten der Alevitischen Gemeinde in Deutschland (AABF), machen nachdenklich. Dort heißt es: „Allah-Mohammed-Ali sind Eins. Sie werden zusammen an- und ausgesprochen und in gleicher Weise angebetet." Hier scheint eine gewisse Analogie zum christlichen Glauben durchzuschimmern; dies verdient m.E. eine eingehendere Untersuchung.

Lässt sich alevitischer Glaube überhaupt auf bestimmte Formulierungen festlegen? In den alevitischen Gemeinden findet seit einigen Jahren ein sehr lebhafter Prozess der Identitätsfindung statt. Obwohl in der heutigen Türkei schätzungsweise etwa 20 bis 30 Prozent der Bevölkerung Aleviten sind und neben den großen ‚Konfessionen', Sunniten und Schiiten, diese Gruppe die drittgrößte Glaubensgemeinschaft innerhalb des Islam bildet, wird sie von diesem nicht als eine eigenständige islamische Größe anerkannt. Auch unter den Aleviten existieren verschiedene Meinungen darüber, ob das Alevitentum innerhalb oder außerhalb des Islam einzuordnen ist. Im Hinblick auf den Glaubensinhalt und seinen Bezug zur islamischen Religion werden sehr unterschiedliche Auffassungen vertreten. Während die einen im Alevitentum den vollkommenen Islam verwirklicht sehen, glauben andere, dass das Alevitentum mit dem Islam nichts gemein hat. Und falls das Alevitentum innerhalb des Islam zu verorten ist, gehen die Meinungen darüber auseinander, ob die schiitische oder sunnitische Prägung für diese Gemeinschaft maßgebend ist. Die Gründe für diesen dynamischen Prozess sind vielfältig, und ihre Beurteilung ist sehr komplex.

---

1 Heinz HALM, „Nuṣayriyya", in: *Encyclopaedia of Islam*, Band VIII, Leiden ²1995, S. 145–148.

Einleitung

Was macht den alevitischen Glauben aus? Das Alevitentum wird auch wissenschaftlich erörtert, wobei sich entsprechend der bisher angewandten Methodik der Fokus nicht auf die Glaubensdoktrin richtet. Die anatolischen Aleviten wurden von Seiten der Islamwissenschaft bis in die jüngste Zeit mit dem Etikett „Sekten und Sondergruppen" (Spuler-Stegemann) versehen und bisher vornehmlich unter den Parametern Heterodoxie – Orthodoxie (philologisch-historisch) bzw. Synkretismus (ethnologisch-religionswissenschaftlich) untersucht. Im Mittelpunkt solcher Arbeiten steht in der Regel die Erforschung von Identitätsbildungsprozessen. Die verschiedenen Disziplinen betrachten die Thematik historisch, ethnologisch, sozialgeschichtlich, politisch-religionsgeschichtlich und soziologisch-kulturgeschichtlich; entsprechend fallen auch die Ergebnisse und Antworten sehr unterschiedlich aus.

Was wurde bisher erforscht? Die meisten wissenschaftlichen Forschungen setzen sich mit der Frage nach den notwendigen Bedingungen für die alevitische Gruppenidentität auseinander. Andere nehmen eher die traditionellen und persönlichen Glaubensvorstellungen in den Blick. Wieder andere richten ihren Fokus vor allem auf die Bedeutung der Bräuche und die kulturellen Aspekte (Lieder, Gedichte etc.) oder betonen die geschichtlich gewachsenen Strukturen und Funktionen der alevitischen Riten.

Allmählich wird auch eine systematisch-theologische Reflexion über den Glauben und die Glaubenslehren der anatolischen Aleviten aus der Innenperspektive heraus vorangetrieben. Im deutschen Kontext kommt dem Bildungsbeauftragten der alevitischen Gemeinschaft in Deutschland Ismail Kaplan eine herausragende Stellung zu. Kaplan möchte mit seinem Buch über „Das Alevitentum" das Selbstverständnis des alevitischen Glaubens herausarbeiten. So trägt das Buch auch den Untertitel „Eine Glaubens- und Lebensgemeinschaft in Deutschland". Er will nachweisen, dass das anatolische Alevitentum als eine eigenständige Glaubensgemeinschaft zu betrachten ist. Dabei stützt er sich auch auf einige schriftliche Quellen, die für das Glaubensleben der Aleviten von besonderer Bedeutung sind: *Buyruk* (Das Gebot: Buch über den Glaubensvollzug der Aleviten); *Vilâyet-Nâme Hacı Bektaş Veli* (Die Erzählung von Hacı Bektaş Veli); *Makalat-ı Hacı Bektaş Veli* (Die Abhandlungen des Hacı Bektaş Veli); *Nech'ül Belâğa* (Methode der Eloquenz). Neben diesen Quellen genießen viele Mystiker und Dichterpersönlichkeiten bei den Aleviten hohes Ansehen, auch ihre Werke sind als eine weitere Quelle für das anatolisch-alevitische Glaubensverständnis, so z. B. die Schriften von *al-Ḥallāǧ* aus dem 10. und von *Yunus Emre* aus dem 13. Jahrhundert anzusehen.

Es fällt bei der Lektüre des Buches „Das Alevitentum" auf, dass Glaubensinhalte formuliert werden, die in scheinbarer Nähe zum christlichen Glaubensverständnis stehen. Ismail Kaplan geht mit keinem Wort auf diese Parallelen ein. Ähnliche Strukturen lassen sich z. B. bei dem von ihm entfalteten triadischen Glauben mit dem trinitarischen Glauben der Christen feststellen, oder bei seiner Darstellung der „heiligen Kraft", die mit dem „Heiligen Geist" Ähnlichkeiten aufzuweisen scheint. Bei genauerer Betrachtung des alevitischen Glaubens lassen sich jedoch noch mehr Ähnlichkeiten zum christlichen Glauben entdecken.

Es sind gerade diese scheinbar vergleichbaren Glaubensinhalte, die die Ausgangsmotivation für meine Untersuchung bilden. Grundlegend für einen Vergleich der Glaubensinhalte ist die systematische Darstellung des Glaubensverständnisses des anatolischen Alevitentums.

Meine Arbeit will im Einzelnen folgenden Fragen nachgehen: Welche sind die Glaubensgrundlehren des anatolischen Alevitentums, was berichten die wichtigsten schriftlichen Quellen der Aleviten darüber? Gibt es einen Austausch zwischen beiden Glaubensgemeinschaften oder eine Beeinflussung des anatolischen Alevitentums von Seiten des Christentums? Die Arbeit widmet sich den zentralen theologischen Themen: dem Gottes- und dem Menschenverständnis und der Vermittlung zwischen Gott und dem Menschen.

Ich möchte mit meiner Untersuchung neben der Beantwortung der oben angeführten Fragen einen katholischen Beitrag zur Bestimmung der Glaubenstradition der anatolischen Aleviten und zum besseren Verständnis dieser Glaubensgemeinschaft leisten.

Ein Grundprinzip für die Vorgehensweise dieser Arbeit bildet die Selbstdarstellung der anatolischen Aleviten. Hier wird versucht, das Thema soweit wie möglich per Referat aus der Eigenperspektive der anatolischen Aleviten darzustellen, ohne dabei den kritischen Blick des „Außenseiters" zu verlieren.

Die Vorgehensweise beabsichtigt, aus den schriftlich tradierten Quellen die theologischen Aussagen über das Gottes-, Menschen- und

Einleitung

Vermittlungsverständnis der anatolischen Aleviten herauszufiltern. Die gewonnene Erkenntnis soll historisch verortet und letztlich bezüglich ihrer theologischen Bedeutung ausgewertet werden. Da die Grundliteratur in osmanischer bzw. türkischer Sprache vorliegt, werden die wichtigsten Textpassagen ins Deutsche übersetzt und kommentiert.

Von hierher erklärt sich der Aufbau der Arbeit: Erstens wird herausgearbeitet, wie die ausgewählten theologischen Themen innerhalb des Glaubens der anatolischen Aleviten interpretiert werden, zweitens wollen die Ausarbeitungen weiter vergleichend nachweisen, inwiefern Nähe sowie Distanz zwischen dem anatolischen Alevitentum und dem Christentum besteht. Abschließend wird im letzten Teil eine kritische Auswertung des anatolisch-alevitischen Glaubens aus katholisch-theologischer Sicht vorgenommen.

B. GRUNDLAGEN

1. Status Quaestionis der westlichen Forschung

1.1 Krisztina Kehl-Bodrogi: Das Alevitentum als Geheimreligion

Die Ethnologin Krisztina Kehl-Bodrogi veröffentlicht 1988 die erste Monographie[2] über das Alevitentum im deutschsprachigen Raum. Das Werk untersucht Religion und sozial-religiöse Organisation der Glaubensgemeinschaft unter Berücksichtigung historischer Umstände bei der Entstehung dieser Glaubensgemeinschaft. Kehl-Bodrogi verfasst ihre Arbeit aus der Sorge heraus, das Wissen über die Aleviten – sie verwendet den nicht üblichen Doppelbegriff Kızılbaş/Aleviten –, ihr „Glauben und sozial-religiöse Organisation" könnte verloren gehen und die Aleviten könnten restlos in der sie umgebenden Gesellschaft aufgehen (S. 7). Eine solche Sorge kann die Neutralität wissenschaftlicher Arbeit färben. Da die Autorin sich und ihren Lesern ihr eigenes Interesse bewusst macht, entlastet sie sich jedoch zugleich. Wir werden am Ende dieses Abschnitts nochmals auf die Frage zurückzukommen haben, ob wir ihre Darstellung für subjektiv gefärbt ansehen müssen.

Der im Untertitel der Untersuchung verwendete Begriff „esoterisch" (*bāṭinī*, türk. „batıni") weist auf das von den Aleviten angewandte hermeneutische Prinzip, den Koran zu interpretieren, hin.[3] Dadurch wird

---

2   Krisztina KEHL-BODROGI, Die Kızılbaş/Aleviten. Untersuchungen über eine esoterische Glaubensgemeinschaft in Anatolien (Islamkundliche Untersuchungen Bd. 126), Berlin 1988.
3   Der Bildungsbeauftragte der alevitischen Gemeinde in Deutschland Ismail Kaplan erklärt die Entstehung dieser Richtung folgendermaßen (Dieser Erklärung wird in der vorliegenden Arbeit nur beschränkt geteilt): „Die mystische innerliche Lehre im Islam, die am Ende des 9. Jahrhundert entstand, wurde bis ins 13. Jahrhundert im Irak, in der Türkei, in Syrien und Ägypten verbreitet. Die *Batini*-Anhänger unterscheiden zwischen der äußeren Auffassung, die für jeden zugänglich ist, und der inneren Wahrheit, die sich nur wenigen Persönlichkeiten erschließt, die sich mit der inneren Bedeutung der heiligen Schriften beschäftigen. Im Gegensatz zu orthodoxen Korangelehrten deuten sie die Bildersprache des Korans nicht wörtlich, sondern als allegorischer Ausdruck göttlicher Wahrheit." Ismail KAPLAN, Das Alevitentum. Eine

das Alevitentum als „Geheimreligion" charakterisiert, in der nur Vollinitiierte Mitglied sind (S. 10). Folgende Punkte lassen sich aus der Untersuchung besonders hervorheben.

1) Der Name *Kızılbaş* (Rotkopf) ist eine Bezeichnung, die (wegen ihrer Kopfbedeckung) ursprünglich für die Anhänger des Safawiden-Ordens verwendet und später durch die Osmanen auf alle Häretiker schiitischer Prägung ausgedehnt wurde. Ende des 19. Jahrhunderts hat aber der offizielle Sprachgebrauch der Osmanen die Bezeichnung „Alevit" – Kehl-Bodrogi verwendet die Begriffe „Alevi" und „Alevitum" – den Namen *Kızılbaş* verdrängt. Als Entstehungszeitpunkt des Alevitentums, das auf eine Volksreligion zurückgeführt wird, die unter den Nomaden verbreitet war und unter dem Mantel des Islam vor- und außerislamische Elemente bewahrt bzw. in sich aufgenommen hatte, vermutet sie das 14. oder 15. Jahrhundert (S. 38). Die begriffliche und geistige Nähe zu den Safawiden wurde erst durch die politischen Unruhen des 16. Jahrhunderts und der Folgezeit durch die Osmanen unterbunden.

2) Alevitische Glaubenslehre entfaltet sich auf der Grundlage der als heilig geltenden Texte. Neben den „heiligen Büchern" *Buyruk*, *Velāyetnāme* und *Menākıbnāme* nehmen die religiösen Dichtungen einen wichtigen Platz ein.[4] Die Lieder geben oft Auskunft über das Religionsverständnis, rituelle Handlungen und sozial-religiöse Institutionen der Aleviten. Diese Dichtungen sind oft die gewaltfreien Kampfmittel der Aleviten gegen Unterdrückung. Dieser Kampf wird von der alevitischen Seite nicht mit Schwertern ausgetragen, sondern durch „saz" (ein Saiteninstrument) auf eine intellektuelle Ebene verlegt. Ungeachtet dessen tragen die ‚historischen Quellen' zur Klärung der Frage nach den Glaubensinhalten des Alevitentums bei, wenn auch in geringem Maße (S. 104).

3) Die religionsgeschichtliche Zuordnung des Alevitentums zur zwölferschiitischen Richtung wird angezweifelt. Die Autorin sieht die Verbindung zwischen der Zwölferschia und dem Alevitentum aus islamisch-theologischem Standpunkt nicht gegeben, „so wird auch ihre [der Aleviten] Zugehörigkeit zum Islam als Ganzes angezwei-

---

Glaubens- und Lebensgemeinschaft in Deutschland, Köln 2004, S. 178. Das Buch wird im Folgenden mit Ismail KAPLAN, Das Alevitentum, Köln 2004 zitiert.
4 Für diese katechetischen Schriften siehe Kapitel C.2.

felt" (S. 120). Das Alevitentum integrierte verschiedene Traditionen in sich. Kehl-Bodrogi sieht beispielsweise in „Allah – Mohammed – Ali" einen „trinitarischen" Glauben, und sie folgert daraus, dass „Ali und Mohammed als Manifestation desselben Lichtes angesehen" werden (S. 135). Die Ethnologin spricht von „trinitarisch", wenn es um Erscheinungen Gottes in Muhammad und Ali geht und in diesem Zusammenhang von „der Doktrin einer Trinität" (ebd.). „Da Mohammed und Ali in ihren irdischen Formen nichts anderes als Verkörperung dieses Lichtes sind, das Gott aus sich heraus erschuf, ist die Folgerung des Einseins der Drei nur eine logische" (S. 136).

4) *„Eline, beline, diline sahip olmak"*, d. h. „seiner Hände, Lende und Zunge Herr sein", ist das sozial-religiöse Lebens- und Identitätskriterium der Aleviten. Dieser Formel kommt in der alevitischen Gemeinschaft eine besondere Gewichtung zu, so dass dieses Gebot als eine Art normative Eigenbezeichnung gebraucht wird. Dieses Kriterium wird von der Autorin in Anlehnung an Geo Widengren als eine manichäische Lehre von den drei „Siegeln" „oris et manuum et sinus" mit einer gewissen Bedeutungsverschiebung identifiziert (S. 169). Dieser Selbstbeherrschungs-spruch *„Eline, beline, diline sahip ol"* scheint trivial, denn man kann ihn in religiösen und nicht-religiösen Lehren finden, er spiegelt die allgemein übliche menschliche Moral wider. Die Aleviten setzen ihn aber gern als Kontrastmittel gegen die sunnitischen Muslime ein, von denen sie dann implizit sagen, dass ihre ausschweifende Sexualmoral und ihre äußerlichen Schariagesetze das Gegenteil dieser Selbstbeherrschungslehre sind.

Die Darlegungen von Kehl-Bodrogi zeigen, dass es sich bei den Glaubensvorstellungen der Aleviten nicht um regionale oder gruppenspezifische Differenzen handelt, sondern um ein Glaubenssystem, in dem entliehene Bestandteile anderer Religionen, z. B. die christliche trinitarische Vorstellung, zwar übernommen, aber nicht zu einem eigenständigen und klar umrissenen System herausgearbeitet worden sind. Es gelingt der Autorin durch summarische Beispiele von synkretistischen Elementen, welche Glaubensvorstellungen und Rituale des Alevitentums ausmachen, dem Leser einen groben Überblick über diese Geheimreligion zu verschaffen.

Es fragt sich, ob Frau Kehl-Bodrogi hier nicht ohne christlich-theologische Kenntnis das Alevitentum nostalgisch als heilsame Alternative

zum sunnitischen Islam betrachtet und propagiert. Theologisch ließe sich Folgendes dagegensetzen:
1) Das Moralproblem ist nicht durch einen Appell an Selbstbeherrschung zu lösen. Zwar scheint sich diese Forderung vom stärker koranbezogenen Islam zu unterscheiden; aber im Grunde ist sie doch nicht anders als die „gesetzlicheren" Appelle des Koran: Beide setzen voraus, dass man dem Menschen durch Mahnung beikommen könne. Das Grundproblem der menschlichen Schwäche bleibt damit unbeachtet und ungelöst.
2) Die Verwendung von Vokabular aus der christlichen Gotteslehre („trinitarisch", S. 135 und öfter) ist entweder Anbiederung oder Vereinnahmung, jedenfalls aber unseriös. In der Trinitätstheologie geht es um die gegenseitige Selbstunterscheidung und Selbsthingabe von Vater und Sohn im Geist, nicht darum, dass der Vater im Sohn und im Geist erscheint. Eine derartige Erscheinungs-Lehre erinnert eher an neuplatonische oder zumindest sabellianistische Gotteslehren.

Kehl-Bogrogi unternimmt den nostalgisch-intellektuellen Versuch, die alevitische Kultur zu retten und tut dies auf dreifache Weise:
a) Sie „textualisiert" das Alevitentum, nämlich als Auslegungsschule.
b) Sie systematisiert es, nämlich als einheitliche Religion.
c) Sie christianisiert es, nämlich als trinitarisch.

In der hier vorgelegten Arbeit soll in Kapitel C das von Frau Kehl-Bodrogi Angedeutete theologisch vertieft werden.

1.2 Gerhard Väth: Das Alevitentum als Gemeinschaft ohne Definitionskonsens

Der Würzburger Islamkundler und Turkologe Gerhard Väth bietet in der *Zeitschrift für Türkeistudien* eine religionssoziologische Analyse der Identitätsproblematik heutiger Aleviten.[5] Er sieht sie vor der Herausforderung, angesichts vielfältiger innertürkischer wie internationa-

---

5 Gerhard VÄTH, Zur Diskussion über das Alevitentum, in: Zeitschrift für Türkeistudien *(ZfTS)* 6. Jahrgang 1993, Heft 2, S. 211-222. Die im Text in Klammern angemerkten Seitenzahlen beziehen sich auf den Väth Artikel.

ler Migrationsbewegungen, ihre niemals klar gefasste Identität heute zu finden, ja zu erfinden. Um seine These vom Identitätsmangel des anatolischen Alevitentums – er verwendet die weniger gebräuchliche Bezeichnungen „Alevitum" und „Alevis" – zu untermauern, stellt er es in seinen Herkunfts-Kontext. Dafür verfasst er einen knappen Überblick der spannungs-, wechsel-, ja bruchreichen alevitischen Geschichte. In seine Ausführungen, die sich auf deutsch- und türkischsprachige Fach- und Selbstdarstellungs-Literatur stützen, lassen sich für unseren Zusammenhang folgende Punkte für die Genese der anatolischen Aleviten zeichnen.

1) Einige sesshafte wie nomadische turkmenische Gruppierungen im Anatolien des 13. Jahrhunderts praktizieren eine frappierend inkongruente Identitätspolitik, indem sie nach vor- und außerislamischen Vollzügen leben, nach außen hin aber Islamizität mimen (S. 212).

2) Im näheren Kontakt geht diese relative Unabhängigkeit von staatlicher und einheitsinteressierter politischer Macht verloren, als in der ersten Hälfte des 14. Jahrhunderts durch turkmenische Hilfe die Osmanen in Anatolien die Oberhand gewinnen und die turkmenische Volksreligiosität nun als gefährliches Abweichen von der persisch-islamischen Staatsdoktrin wahrnehmen.

3) Daraufhin suchen die Turkmenen eine alternative identitätsstiftende Allianz, die sie finden, indem sie sich der geistlichen Autorität eines sunnitischen Sufiordens im heutigen Nordirak unterwerfen: den Safawiden von Ardabil. In – kriegerischer wie doktrinärer – Auseinandersetzung mit der osmanischen Zentralmacht verschiebt sich im 16. Jahrhundert das safawidische Selbstverständnis nun markant in Richtung Schia. Unter safawidischer Führung findet das Alevitentum nun auch zu einer feststellbaren und festgelegten religiösen Identität, so dass Väth von einer „stabilen Glaubensgemeinschaft" (S. 213) sprechen kann.

4) Das Alevitentum entwickelt in der Folgezeit zwei voneinander unabhängige Gemeinschaftsstrukturen. Die Gebiete, in denen alevitische Familien lebten, werden in Bezirke („Ocak")[6] unterteilt und

---

6 Die alevitische Gemeinschaft konstituiert sich aus einzelnen Familien, die in den gleichen Bezirken sesshaft sind. „Ocak" bezeichnet sowohl diese einzelnen Familien als auch die Bezirke. In beiden Bedeutungen wird der Begriff „Ocak" in der gängigen Literatur verwendet.

1.2 Gerhard Väth: Gemeinschaft ohne Definitionskonsens

von einem *Dede*[7] oder *Pir*[8] betreut. Für das Selbstverständnis der in ländlichen Gebieten lebenden Gruppe gilt der Grundsatz, nur durch Geburt wird man Mitglied der Gemeinschaft. Für die zweite Gruppe, den *Bektaşi* genannten Zweig, die nur in den Städten lebt, gilt, dass jeder, der bereit ist, eine bestimmte Zeit in der Lehre der Gemeinschaft unterrichtet zu werden, Mitglied der Gemeinschaft werden kann.

5) Die Glaubensgemeinschaft unterstützte die Neukonstituierung der türkischen Republik (1923), da sie in den nationalen und laizistischen Zielen von Mustafa Kemal *Atatürk* (1881–1938) ihre eigene Lebensform verwirklicht sah. Die Aleviten ahnten damals noch nicht, dass genau diese Öffnung der Gemeinschaft nach außen hin unter ihren Anhängern zu erheblichen Diskussionen führen sollte.

6) Im Zentrum der grundlegenden Glaubensauffassungen der Aleviten steht eine Art von trinitarischem Verständnis (Allah – Muhammad – Ali). In Ali wird der inkarnierte Gott auf Erden verehrt. Ziel des menschlichen Lebens ist die Vollkommenheit Alis bzw. Gottes zu erreichen. Durch die Lehre von den Vier Toren und Vierzig Stufen kann der Mensch sich mit der Hilfe eines Führers („Rehber") auf diesen Läuterungsprozess begeben. Dem Aleviten[9] steht das *Buyruk*[10] (das Gebot) als Richtschnur seines ethischen Verhaltens zur Seite (S. 215).

7) Die Identitätsdiskussion des Alevitentums wird hauptsächlich zwischen zwei alevitischen Gruppen geführt, die jedoch auf Grund fehlender einheitlicher Begrifflichkeit – Väth spricht von der alevitischen Terminologie – erschwert wird. Dadurch können sich

---

7 *Dede* bezeichnet den alevitischen Zeremonienleiter.
8 *Pir* ist ebenfalls eine Bezeichnung für den alevitischen Zeremonienleiter. Der Unterschied zum *Dede* besteht darin, dass der *Pir* aus der *Bektaşi*-Tradition kommt und die Ordensangehörigkeit des Zeremonienleiters hervorhebt. Dede und Pir stehen in der Hierarchie gleichrangig nebeneinander.
9 Ordensangehörigkeit des Zeremonienleiters hervorhebt. *Dede* und *Pir* stehen in der Hierarchie gleichrangig nebeneinander.
Es sei an dieser Stelle darauf hingewiesen, dass in der vorliegenden Arbeit zugunsten der flüssigeren Lesbarkeit die inklusive Schreibweise verwendet wird (z. B. Aleviten meint Alevitinnen und Aleviten).
10 „Das Buch [*Buyruk*], das sich auf den 6. Imam *Cafer* [d.i. Ǧaʿfar aṣ-Ṣādiq] begründet, enthält für die Aleviten verbindliche Regeln und Verhaltensweisen. Das Buch hat teilweise unterschiedliche Versionen." Ismail KAPLAN, Das Alevitentum, Köln 2004, S. 178. Siehe Kapitel B.2.1.

die Aleviten auf keinen Definitionskonsens über das Alevitentum einigen. Das *Dede*amt ist der Garant für die richtige Bewahrung und Weitergabe der alevitischen Lehre, deshalb fordern die Traditionalisten die Wiederherstellung der Autorität dieses Amtes. Die alevitischen Intellektuellen sehen dagegen in Zeiten der höheren Bildung das Organisationssystem des Alevitentums als veraltet an und fordern die Ersetzung des *Dede*amts durch Wissen und Qualifikation.

8) Die Aleviten wecken die Aufmerksamkeit des türkischen Staates bzw. des Amtes für Religiöse Angelegenheiten (kurz *Diyanet*), der politischen Parteien oder Irans, insofern sie eigene Interessen verwirklichen wollen.

Im Angesicht der Identitätsdiskussion dieser Gemeinschaft lautet Gerhard Väths Prognose für die Zukunft, dass am Ende dieses Prozesses ein ‚neues' Alevitentum entstehen wird (S. 222). Er bringt zwar durch seine Ausführungen die Problematik auf den Punkt, indem er die Herkunft und die Soziologie der Aleviten berücksichtigt, aber er nimmt den alevitischen Glauben als Glauben, nämlich als eine religiöse Weltdeutung nicht ernst. Das erklärt auch, warum der Islamkundler auf die religiöse Identität dieser Glaubensgemeinschaft nicht eingegangen ist. Genau in dem Jahr, als Väth diesen Aufsatz veröffentlichte, kam es am 2. Juli 1993 zu Gewalttaten gegen die Aleviten in Sivas im Herzen von Anatolien. Besonders dieses Ereignis hat sich tief in das kollektive Gedächtnis der Aleviten innerhalb und außerhalb der Türkei eingeprägt, ja, das alevitische Selbstbewusstsein traumatisiert.

Hat Väth in seinem Beitrag die Aleviten als zwei Gruppen, die um die Identität ihrer Gemeinschaft ringen, skizziert, so publizierte Karin Vorhoff zwei Jahre später, als es wiederum in der Türkei öffentlich zu Gewalttaten gegen Aleviten kam, ein Buch über die Identitätsfindung der Aleviten. Hier wird Fragen nachgegangen wie: Wer sind die Traditionalisten? Wer sind die Reformwilligen?, die von Väth ausgeklammert wurden. In dem Werk Vorhoffs dagegen werden die verschiedenen alevitischen Positionen zum Thema alevitische Identität analysiert und vorgestellt.

1.3 Karin Vorhoff:
Das Alevitentum als gigantische Baustelle

Die Ethnologin Karin Vorhoff veröffentlichte ihre Monographie[11] zur alevitischen Identität in einer Zeit, als es in der Türkei wiederum zu Gewalttaten gegen Aleviten kam. Dieses Mal war das Istanbuler Stadtviertel Gaziosmanpaşa Schauplatz der Ereignisse, die die Aufmerksamkeit der internationalen Öffentlichkeit auf sich zogen. Es wurden die gleichen Fragen formuliert, die sich nach den Vorfällen der 80-er Jahre die Aleviten selbst gestellt hatten. Wer und was sind die Aleviten? Sind die Aleviten Gläubige eines ursprünglichen, alidischen Islam oder sind sie eher die Verkörperung des immerwährenden menschlichen Strebens nach Freiheit und stehen deshalb in einer Tradition der Gerechtigkeitssuche und der Rebellion? Sind sie Nachkommen schamanistischer turkmenischer Stämme und damit Bewahrer ursprünglicher türkischer Kultur, oder sind ihre Bräuche und Riten, ihre Symbole und Praktiken nicht doch geprägt vom altiranischen Zoroastrismus, und sind die Aleviten damit nicht Überbleibsel der vorislamischen kurdischen Zivilisation? Welche Einflüsse gab es von Seiten des Christentums? Lässt sich das Alevitentum dem Schamanismus oder eher dem Islam zuordnen, oder ist es nicht vielmehr bewusst gewählte Heterodoxie? Analog dazu kann gefragt werden: Ist das Alevitentum entweder ausschließlich türkisch – bzw. turkmenisch – oder kurdisch, oder spiegelt sich in ihm nicht vielmehr die Kulturenvielfalt Anatoliens und seine Toleranz? Die Relevanz dieser alevitischen Diskussion darf für das soziale und politische Leben der Türkei nicht unterschätzt werden.

Entsprechend diesen Fragestellungen ist der Gegenstand der Untersuchung Karin Vorhoffs die Identitätsproblematik der Aleviten – Vorhoff verwendet die türkischen Begriffe das „Alevilik" und die „Alevi" – in der Türkei der Gegenwart. Sie analysiert systematisch die Publikationen der alevitischen Autoren, die die Wiederbelebung und Erneuerung innerhalb der Gemeinschaft betreiben. Die Autorin geht der Frage nach, wie die alevitische Identität gedacht, gewollt und formuliert wird. Das besondere Augenmerk von Vorhoff liegt hierbei auf Äußerungen

---

11 Karin VORHOFF, Zwischen Glaube, Nation und neuer Gemeinschaft: Alevitische Identität in der Türkei der Gegenwart (Islamkundliche Untersuchungen, Bd. 184), Berlin 1995. Seitenzahlen im Text beziehen sich im Folgenden auf dieses Buch.

zum Spezifischen alevitischer Identität. Die Behandlung der Thematik und die für unsere Fragestellung relevanten Ausführungen lassen sich wie folgt zusammenfassen:
1) Im ersten Teil ihrer Untersuchung referiert Vorhoff überzeugend den Perspektivenwandel, den die neuere Ethnologie vollzogen hat. Als dessen Ergebnis erscheinen Kategorien wie Ethnien, Stämme, Völker und Nationen heute als eurozentrische und von den eigenen Modernisierungserfahrungen geformte Projektionen, deren „Subjektivität, Interessenbezogenheit und Ideologiecharakter" als „unaufhebbar" festgestellt werden (S. 19). Deshalb sei nicht die „Enthüllung objektive[r] Kriterien", die eine gegebene „ethnische Gruppe" scheinbar konstituieren, gefordert, sondern die Beschreibung des kontinuierlichen Prozesses, durch den sich menschliche Gesellungen über die aus ihrer Situation jeweils verständliche aber letztendlich willkürliche Auswahl und Zuschreibung bestimmter kultureller Elemente von anderen Gruppen abgrenzen und so den eigenen Bestand immer wieder neu sichern. Als das Bewusstsein von der begründeten Zugehörigkeit zur eigenen Gruppe ist „Ethnizität" demzufolge „höchst zukunftsorientiert" (S. 28), und es erscheint deshalb legitim, sich, wie Vorhoff es tut, für die Beschreibung der inhaltlichen Gestalt kollektiver Identitäten gerade auf solche Entwürfe von „Wir-Gruppen" zu stützen, wie sie von Protagonisten solcher Gruppen für deren Mitglieder ausgearbeitet werden.
2) Die neuere Diskussion über das Alevitentum, auf das sich Vorhoffs Interesse richtet und die Mitte der achtziger Jahre verstärkt einsetzte, findet dreierlei Ausgangsmaterial vor: (a) die eigene Gruppe selbst, ihre Zusammensetzung nach Sprach- und Lokalgruppen sowie ihre spezifische soziale Organisation, (b) ihre Überlieferung, ihr Brauchtum und ihre Geschichte, sowie (c) die Geschichte des Landes und Staates, in dem sie lebt, und deren Niederschlag in den verbreiteten ideologischen Überzeugungen seiner Bürger.
3) Vorhoff behandelt die Genese des Alevitentums sehr knapp, bietet aber einen für das Ziel ihrer Untersuchung ausreichenden Überblick. Die alevitische Glaubenslehre, Glaubenspraxis und das alevitische Gesellschaftsleben werden zwar erwähnt und im Schnellgang behandelt, aber für die Ethnologin ist der alevitische Glaube nicht mehr als ein Konglomerat „heterogene[r] Einflüsse […] außerislamischer Traditionszusammenhänge", die „zu einer eigenständi-

gen, synkretistischen Glaubenslehre verschmelzen" (S. 63). Dieser Glaube wird auch „facettenreiche[r] Pantheismus" genannt. Für die Autorin ist das Alevitentum *keine* Glaubensgemeinschaft, sondern eine „religiös aufgeladene, letztlich aber soziokulturell und ökonomisch bedingte Bewegung eine[r] ganz eigene[n] Färbung" (S. 59).

4) Im Hauptkapitel ihres Buches referiert Vorhoff zunächst die Angebotsseite des neuen alevitischen Zeitschriften- und Büchermarktes. Die anschließende Analyse des ausgewählten Materials erfolgt auf mehreren Ebenen: Die Autorin referiert die hier bereits genannten übergreifenden Schemata religiöser und politischer Provenienz (Ethnien, Stämme, Völker, Nationen), die sich aufgrund der aktuellen Konstellation in der Türkei den Autoren zur Interpretation und zum Verstehen des Alevitentums heute aufzudrängen scheinen. Danach richtet sie ihren Blick auf den Prozess der Auswahl und Zurückweisung von einzelnen Elementen des kulturellen Ausgangsmaterials durch die jeweiligen Autoren; am Ende dieses Prozesses erscheint das Alevitentum entweder als tolerierbare Sonderform des türkischen Islam oder als Muster für die Kultur der Unterdrückten dieser Erde. Die Unterdrückten sind in der Regel die Türken (Turkmenen), die Unterdrücker dagegen häufig die Araber.

Die von Vorhoff ausgewählten Autoren liefern widersprüchliche Bestimmungen der ‚gigantischen Baustelle' Alevitentum (S. 191). Diese Bestimmungen spiegeln die unterschiedlichen statusgebundenen (traditionelle versus neue Elite), sprachlichen (Türkisch, Kurmanci, Zazaki[12]) und religiös-politischen Interessen „der Aleviten" wider. Die Uneinigkeit ist als Folge der Binnenmigration zu verstehen, derentwegen sich die Aleviten daran machen, im urbanen Umfeld eine allgemeine alevitische Kultur zu konstruieren, welche lokalspezifische Besonderheiten einebnet.

Zwar wirft Vorhoff mit ihren Darstellungen nicht nur Licht auf die Prozesse, die unter den Aleviten vor sich gehen, sondern verweist indirekt auch auf Transformationen, welche die Gesamtbevölkerung erfährt. Denn die Vergewisserung über einen Glauben, der zu einer neuen Gemeinschaft führen soll, ist nicht auf die Aleviten beschränkt.

---

12 Die letzt genannten sind kurdische Dialekte, die auch unter den *Kızılbaş*-Aleviten gesprochen werden.

Das Ziel ist, eine „kollektive Identität vor allem durch Konstruktion einer gemeinsamen Geschichte für die Gruppe zu stiften" (S. 188). Ist das Alevitentum nun als Glaube zu verstehen? Den Ausführungen Vorhoffs zufolge müsste diese Frage verneint werden. Es ist zu bezweifeln, ob die Ethnologin den alevitischen Glauben als Glauben, nämlich als eine religiöse Weltdeutung ernst nimmt. An dieser Stelle bleiben die Ausführungen von Karin Vorhoff für die Fragestellung der vorliegenden Untersuchung unbefriedigend.

1.4 Markus Dressler: Die Aleviten in ständiger latenter Mahdi-Erwartung

„Die alevitische Religion" lautet der Titel der Dissertation von Markus Dressler.[13] Der Autor beschreibt in diesem Werk nicht etwa alevitische Glaubensvorstellungen, sondern bietet eine Entstehungsanalyse aus der sozialhistorischen Perspektive für die gegenwärtige Neuorientierung des anatolischen Alevitentums – Dressler verwendet den Begriff „Alevitum". Eine religionsgeschichtliche Verortung des Alevitentums ist für die Neuformulierung der zeitgenössischen alevitischen Religion unabdingbar, bemerkt der Autor eingangs. „Deshalb wird der Rekonstruktion ihrer Traditionslinien hier zentrale Bedeutung beigemessen" (S. 13).

Dressler folgt in seiner Untersuchung dem Konzept der *longue durée* („langen Dauer") von Fernand Braudel. Dadurch soll die historische Kontinuität, die Beständigkeit alter Gewohnheiten des Denkens und Handelns der „*Kızılbaş*-Tradition" (*Kızılbaşlık*) vom 13. Jahrhundert bis heute nachgewiesen werden. Es geht darum vor allem um die Art und Weise, wie die Aleviten im Kontext des religions-politischen Diskurses der Türkei handeln und diese Entscheidungen mit ihrer religiösen Weltsicht in Beziehung setzen (S. 14). Der Autor sieht hier den Historiker besonders aufgefordert, die alevitische Geschichte genauer zu betrachten, um deren Kontinuität plausibel zu erklären (S. 15). In der vorgelegten Studie von Dressler nehmen die Erklärungen der geschichtlichen

---

13 Markus Dressler, Die alevitische Religion. Traditionslinien und Neubestimmungen (Abhandlungen zur Kunde des Morgenlandes LIII,4), Würzburg 2002.

1.4 Markus Dressler: Ständige latente Mahdi-Erwartung

Zusammenhänge daher einen großen Raum ein. Die wesentlichen Punkte können folgendermaßen zusammengefasst werden[14]:
1) Dressler schließt sich der These des türkischen Religionshistorikers Ahmet Yaşar Ocak (Hacettepe-Universität, Ankara) über die Ursprünge des Alevitentums an. Nach Ocak lässt sich eine erste kollektive Handlung der Aleviten in Anatolien zur Zeit des Aufstandes unter Baba Ilyas und Baba Ishak (1240) während der Regentschaft des kleinasiatischen (Rum-)seldschukischen Sultan Kayḫusraw II. (1237–1246) ausmachen. Hier ist der „grundlegende Ausgangspunkt" für die kollektive Handlung der anatolischen Aleviten zu finden (S. 26). Durch die Revolte wurden die Unterschiede in sozialen, religiösen und kulturellen Bereichen zwischen dem seldschukischen Machtzentrum Konya und den Nomadenkriegern, die an den Grenzen des Reiches lebten, sichtbar. Nach Dressler lassen sich typischerweise für die Aufstände vom 13. bis zum 16. Jahrhundert im osmanischen Reich folgende Strukturen nachweisen: a) Kultureller und gesellschaftlicher Gegensatz zwischen Zentrum und Peripherie (S. 29). b) Verschlechterte wirtschaftliche und soziale Situation als Antrieb der Revolten (S. 31). c) Die Aufstände wurden religiös gedeutet (S. 33). Ins Zentrum der hoffnungslosen Bevölkerung rückten die Heilssuche nach einem *Mahdi* (Erlöser, türk. „Mehdi") und die Hinwendung zur Mystik. Damit sind gleichzeitig auch die Gründe für solche Aufstände benannt.
2) Die Reaktion der Osmanen beschränkte sich nicht auf die Niederschlagung der *Kızılbaş*-Aufstände. Umsiedlung und Verfolgung führten zum Rückzug in die Peripherie und zu einer Verhaltensänderung. Durch die traumatische Erfahrung des Scheiterns des *Mahdi*, der als charismatischer Führer die in ihn gesetzten Heilserwartungen nicht erfüllen konnte, verlor der von den Anhängern der Ismāʿīliyya vertretene Chiliasmus an Relevanz. Zwar trat die *Mahdi*-Erwartung in den Hintergrund, aber sie existierte latent weiter. Somit traten die mystische Weltsicht der Babailer und ihr Ethos wieder stärker in den Vordergrund (S. 58). Als Folge der Migration in Rückzugsgebiete vollzieht sich eine Veränderung bzw.

---

14 Folgende Zusammenfassungen in vier Punkten der Studie von Dressler ist in Anlehnung an die Buchbesprechung von Erhard Franz zum Werk von Markus Dressler formuliert, siehe Orient. Deutsche Zeitschrift für Politik und Wirtschaft des Orients (1/2003), S. 128–130.

eine Abkehr von einer nach außen gerichteten religiös-politischen Bewegung, die sich nun in eine sich abgrenzende quietistische Gesellschaft wandelte (S. 46). Indem sich die Gemeinschaft durch die Transformation von einer Beitrittsgemeinschaft zur Abstammungsgemeinschaft wandelte, war damit wiederum eine Ethnisierung der Gemeinschaft (durch Binnenheirat) verbunden. Als Ergebnis bildete sich zwischen dem 17. und 19. Jahrhundert das heutige Alevitentum heraus (S. 101).

3) Die ständige „latente *Mahdi*-Erwartung" (S. 42) zeigte sich, als im türkischen Befreiungskampf 1912–1921 Teile der Aleviten *Atatürk* als *Mahdi* verehrten (S. 228). Das erklärt auch, warum die Aleviten sich vom sunnitisch geprägten Osmanischen Reich distanziert haben und an Stelle dessen mit dem kemalistischen Laizismus sympathisieren. Diese Erhöhung *Atatürks* zum *Mahdi* deutet Dressler „als modifizierte Fortführung von Weltsicht und Ethos der *Kızılbaş*-Tradition" (S. 259).

4) Im 20. Jahrhundert setzte eine Wiederentdeckung und auch zum Teil Neufindung des Alevitentums als Religion ein, die sich nach Dressler aus den alevitischen Traditionslinien ableitet. Hier sind von verschiedenen Interessen geleitete Diskurse auszumachen, deren Ableitung aus der alevitischen Geschichte heraus geschieht, aber für jegliche Interpretationen offen stehen.

Obwohl Dressler nicht die Absicht hat, die Glaubensvorstellungen der Aleviten ausführlich zu beschreiben, behandelt er doch die Frage, inwiefern es sich beim Alevitentum um eine Religion handelt und wie sie verortet werden muss. Indem er sein Buch mit „die alevitische Religion" betitelt, wird impliziert, dass die Aleviten nicht nur eine soziopolitische Bewegung bilden. Dadurch, dass die Anhänger des Alevitentums sich mehrheitlich an der *Peripherie* des Osmanischen Reiches ansiedelten, entwickelten sie eine heterodoxe Religion. Die Anwendung des Prinzips der *taqiyya* (türk. „takiye"), die Geheimhaltung, dass man Alevit ist, ermöglichte es der Gemeinschaft ein „Innen" und „Außen" zu formulieren, um sich gegenüber ihrer sunnitisierenden Umwelt zu schützen (S. 122f.). Hierin wird „der religiöse Bedeutungszusammenhang des Prozesses der Transformation der politisch aktivistischen *Kızılbaş*-Anhänger der Sefeviye in die Sozial- und Religionsgemeinschaft der *Kızılbaş*-Aleviten" deutlich (S. 123, Hervorhebung T.G.M.). Somit bestimmt Dressler das Alevitentum als eine heterodoxe Glaubensrichtung innerhalb der islamischen Religion.

1.5 Wilfried Dettling: Das Alevitentum als Weg zur Vervollkommnung

Wilfried Dettling ist der erste katholische Theologe, der über die anatolischen Aleviten eine Dissertationsschrift verfasst hat.[15] In seinem Werk untersucht er das Religionsverständnis der anatolischen Aleviten. Die Frage, ob das in Deutschland vertretene anatolische Alevitentum innerhalb oder außerhalb der islamischen Religion zu betrachten ist, schwingt im Hintergrund seiner Ausführungen mit. Der Autor geht davon aus, dass in Deutschland lebende Aleviten sich „tendenziell eher innerhalb eines islamischen Bezugrahmens" sehen (S. 17). Im Diskurs über das Alevitentum werde diesem Phänomen wenig Achtung geschenkt. Dettling versucht zunächst die Innenperspektive des Alevitentums herauszuarbeiten. Methodisch lässt der Autor in Form von biographischen Interviews und qualitativen Erhebungen die Aleviten zu Wort kommen und analysiert die gewonnenen Erkenntnisse. Dabei orientiert er sich an dem Religionswissenschaftler Theo Sundermeier, der betont, dass es für eine religionswissenschaftliche Forschung unerlässlich ist, die Perspektive der Anhänger der jeweiligen Religion anzunehmen. Diese angesprochene Innenperspektive bildet für den Autor den „wichtigste[n] hermeneutische[n] Zugang" (S. 19). Dadurch soll die theologische Sichtweise des anatolischen Alevitentums erschlossen werden.

Als Leser entwickelt man zu Beginn der Lektüre einer Untersuchung über ein bestimmtes Religionsverständnis eine Erwartungshaltung: Die Aufgabe einer Religion besteht darin, die Vermittlung von Endlichem und Unendlichem zu gewährleisten (Hegel). Anders gesagt, eine Religion muss in der Lage sein, auf die existenziellen Fragen des Menschen überzeugende Antworten zu geben. Das Dekret des Zweiten Vatikanischen Konzils *Nostra Aetate* (Abk. NA) über das Verhältnis der Kirche

---

15 Wilfried DETTLING, Das Religionsverständnis der anatolischen Aleviten in Deutschland (unveröffentlichte Dissertationsschrift, Facoltà di missiologia della Pontificia Università Gregoriana Roma), Rom 2006.

zu den nichtchristlichen Religionen formuliert diese Grundfragen des Menschen folgendermaßen: „Was ist der Mensch? Was ist Sinn und Ziel unseres Lebens? Was ist das Gute, was die Sünde? Woher kommt das Leid, und welchen Sinn hat es? Was ist der Weg zum wahren Glück? Was ist der Tod, das Gericht und die Vergeltung nach dem Tode? Und schließlich: Was ist jenes letzte und unsagbare Geheimnis unserer Existenz, aus dem wir kommen und wohin wir gehen?" (NA Art. 1)[16]. Demgemäß wäre zu fragen, ob es in der Tradition des anatolischen Alevitentums Antworten auf diese Fragen gibt. Am Ende dieser Untersuchung werden wir zu beantworten suchen, ob in der Darstellung von Dettling diese Fragen aufgegriffen und beantwortet werden.

Die Behandlung der Thematik und die für unsere Fragestellung relevanten Ausführungen lassen sich wie folgt zusammenfassen:

1) Der Autor zeichnet unter Verwendung orientalistischer Sekundärliteratur folgende historische Synthese: Im Zuge der Arbeitermigration kamen zwischen 1955–1973 bzw. bis 1990 türkische Arbeiter nach Deutschland, unter denen sich auch Aleviten befanden. Durch den Anwerbestopp fand unter den Migranten eine soziodemographische und sozioökonomische Veränderung statt, da sich durch den Familiennachzug die Sozialstruktur gravierend veränderte. „Die Türken" in Deutschland wurden und werden bis heute als eine soziokulturell homogene Gruppe betrachtet, obwohl mittlerweile in Deutschland etwa 47 Volksgruppen aus der Türkei leben. Die Aleviten unterscheiden sich in ihren religiösen, kulturellen Überzeugungen und Praktiken von den Sunniten beträchtlich (S. 30).

Nach dem Anwerbestopp beginnen sich die Aleviten in den 80-er Jahren in Deutschland in Vereinen zu organisieren, eine Besinnung auf die religiösen Traditionen des Alevitentums setzt ein (S. 34). Für die Rückbesinnung auf die kulturellen und religiösen Wurzeln und die Wiederentdeckung der alevitischen Identität als religiöse Gemeinschaft gilt das Datum 17. Mai 2002 als Meilenstein des Prozesses vom politischen zum religiösen Diskurs. 2002 wurde der *„Föderation der Aleviten-Gemeinden in Deutschland e.V."* (türk. *Almanya Alevi Birlikleri Federasyonu*, abk. *AABF*) die Genehmigung

---

16 CIBEDO e.V. (Hrsg.), Die offiziellen Dokumente der katholischen Kirche zum Dialog mit dem Islam. Zusammengestellt von Timo GÜZELMANSUR. Mit einer Einleitung von Christian W. TROLL, Regensburg 2009, S. 37.

zur Erteilung eines eigenständigen *alevitischen* Religionsunterrichts an verschiedenen Grundschulen Berlins erteilt. Somit wurden die unterschiedlichen Glaubensauffassungen zum sunnitischen Islam auch für Außenstehende sichtbar. Dettling meint, dass das Religionsverständnis der anatolischen Aleviten sich aufgrund jeweils verändernder sozialer, politischer oder/und kultureller Parameter verschieden ausprägen kann.

2) Religionsgeschichtlich verortet Dettling den Ursprung des Alevitentums „im Islam, genau genommen, im Islam schiitischer Prägung" (S. 42). Im 13. Jahrhundert habe eine Migrationsbewegung unter den turkmenischen Stämmen von Persien nach Anatolien unter dem Druck der Mongolen eingesetzt. Bevor die Turkmenen emigrierten, hatten sie den Islam in seiner schiitischen Prägung angenommen. Das heute existierende anatolische Alevitentum gehe möglicherweise auf diese Gruppe zurück (S. 52). An dieser Stelle bleibt es in den Ausführungen des Autors unklar, ob das anatolische Alevitentum sich aus dem Islam herausentwickelt hat oder ob die turkmenischen Stämme die islamischen Glaubenselemente in ihre religiösen Vorstellungen integriert haben. Die Beantwortung dieser Frage ist für die Zukunft dieser Glaubensgemeinschaft besonders wichtig. Ungeachtet dessen wird in Anlehnung an Ursula Spuler-Stegemann angemerkt, dass nur eine Unterscheidung oder Einstufung des Alevitentums als eine eigenständige „Konfession" neben den Konfessionen der Schiiten und Sunniten den besonderen Belangen der Aleviten gerecht werden kann (S. 31).

3) Die spannungsreiche Diskussion über die Identität und Zugehörigkeit – „wir (d.h. die Aleviten, Anm. T.G.M.) gehören zum Islam" (S. 42) – bzw. Nichtzugehörigkeit – „das Alevitentum hat mit dem Islam nichts zu tun" (S. 44) – zum Islam dauert heute unter den anatolischen Aleviten in Deutschland noch an. Denn die Meinungen der führenden alevitischen Persönlichkeiten gehen in dieser Frage auseinander und teilweise widersprechen sie sich vehement, wie auch die von Dettling geführten Erhebungen zeigen.

4) Das anatolische Alevitentum wird mehrheitlich nicht als Religion (türk.: „din") begriffen, sondern als religiöser Weg (türk.: „yol"). Seine Kenntnis über diesen religiösen Weg bezieht der Alevit u.a. aus dem *Buyruk,* dem Gebot, das „als schriftliche Quelle für das Verständnis des alevitischen Glaubens von unschätzbare Bedeu-

tung" ist (S. 72). Die wesentlichen Aspekte der Glaubenslehre und Glaubenspraxis sind im *Buyruk* enthalten. Die vom Autor zitierten alevitischen Stimmen zeichnen ein differenziertes und komplexes Gottes- und Menschenbild. Die Ausführungen lassen eine klare All-Einheit durchscheinen. „[E]ine Einheit – Mensch, Natur, der Himmel, der Wald – das ist eine Einheit …". „Gott ist Mensch und der Mensch ist Gott" (S. 76f.). In diesem Zusammenhang spricht Dettling von einer ursprünglich von Gott gegebenen Einheit. Seitens des Menschen sei aber diese Einheit verloren gegangen. Ziel des menschlichen Lebens sei es, diese Einheit wiederherzustellen.

Wer hat die Einheit, die zwischen Gott und dem Menschen bestand, gebrochen?, und wodurch geschah es? Dettlings Gewährsleute antworten nicht auf diese Fragen, die die Vergangenheit betreffen, sondern geben Auskunft darüber, welchen Weg der Mensch befolgen soll.

5) Der Mensch soll durch Vier Tore und Vierzig Stufen schreiten, um die Einheit mit Gott wiederherzustellen. Da es aber dem Menschen quasi unmöglich ist, innerhalb seiner Lebensdauer die „Vollkommenheit" zu erreichen, kennt das anatolische Alevitentum die „Seelenwanderung" (Begriffe wie „Reinkarnation", „Wiedergeburt" oder auch „Wiederkehr" werden von den Aleviten genannt). „Ich meine damit, dass die Seele wiedergeboren wird und dass sie von einem Körper zum anderen wandert" (S. 78). „Obwohl die Vorstellung der Seelenwanderung ein allgemein akzeptiertes Faktum des alevitischen Glaubens ist", bleibt sie, wie Dettling weiter sagt, „nicht selten vieldeutig und unklar" (ebd.). Es gilt festzuhalten, dass das Alevitentum der „Weg zur Vervollkommnung" ist (S. 82).

Wohin gehört nun das anatolische Alevitentum unter religionsphänomenologischer Rücksicht? Diese eingangs gestellte Frage ist nach Dettlings Darstellung nicht zu beantworten. Denn einerseits werden die Aleviten grob innerhalb des Islam verortet, andererseits zeigen vor allem die zu den Glaubenslehren angeführten Interviews, dass die Nähe zum Islam nur scheinbar besteht. Die angerissene Thematik der Seelenwanderung beispielsweise ist dem orthodoxen Islam gänzlich fremd.

Die Interviews und die qualitativen Erhebungen enthalten wertvolle Aussagen aus dem Munde in Deutschland lebender alevitischer Personen. Dettling hat durch die Untersuchung dieser wichtigen Aussagen über das Wesen, die Lehren und das Ritual des anatolischen Alevitentums der Wissenschaft einen wichtigen Dienst erwiesen.

Der Autor bleibt bis zum Schluss seiner Methodik treu und stellt die Binnenperspektive des anatolischen Alevitentums dar. Darin ist gleichzeitig auch die nun weiter zu leistende Arbeit auszumachen. Denn eine kritische, systematische Reflexion über die zitierten Interviews steht noch aus. Kann der christliche Autor tatsächlich die Innenperspektive einnehmen? Erwartet der Leser nicht zurecht auch Kommentierung und Kritik?

Was für eine Religion bzw. ein Religionsverständnis haben die anatolischen Aleviten? Bei dem Versuch, diese Frage zu beantworten, wird von Seiten des Autors nicht auf die Tatsache eingegangen, dass das Alevitentum eine eklektisch-synkretistische Glaubensgemeinschaft ist, die im Laufe der Geschichte entweder durch Druck von außen geformt wurde oder freiwillig verschiedene Elemente aus den umliegenden Kulturen und Religionen in sich aufgenommen hat.

Das Werk von Dettling bietet einen eindrucksvollen Blick auf das Selbstverständnis der anatolischen Aleviten in Deutschland. In seiner Studie beschäftigt er sich mit dem Religionsverständnis der anatolischen Aleviten in Deutschland. Seine Arbeit basiert auf qualitativen Interviews, die unter den anatolischen Aleviten durchgeführt wurden.

Hat sich die Arbeit von Dettling hauptsächlich auf die mündliche Tradition der Aleviten konzentriert, so legt die vorliegende Arbeit den Schwerpunkt auf die schriftlichen Quellen – die „heiligen" Texte, alevitische Literatur und das kultische Liedgut. Diese Texte sind nun einer systematisch-theologischen Reflexion zu unterziehen. Dabei werden drei Aspekte der alevitischen Glaubenslehre fokussiert, die sich unter drei Stichworten subsumieren lassen, nämlich Gottesbild, Menschenbild und die Vermittlung zwischen Gott und dem Menschen.

2. Alevitische Grundtexte. Eigendarstellungen

Im vorangegangenen Kapitel mit der Überschrift „status quaestionis" wurde ein Überblick über den Stand der alevitischen Forschung gegeben. Wie mehrfach aufgezeigt wurde, beschäftigen sich Wissenschaftler aus unterschiedlichen Disziplinen – Religionswissenschaft, Soziologie,

Kulturanthropologie, Ethnologie, Turkologie, Islamwissenschaft und Theologie – hauptsächlich mit Aspekten der alevitischen Identitäts-Frage. Unter den Studien, die bis heute über das Alevitentum verfasst wurden, sind auch Arbeiten aus der Sicht der katholischen Theologie vertreten. Die Bandbreite der wissenschaftlichen Disziplinen bei der Behandlung dieser Gemeinschaft zeigt, welche zunehmende Aufmerksamkeit dem Alevitentum geschenkt wird.

Bei der Beurteilung der ausgewählten Schriften wurde oben mehrfach festgestellt – und an entsprechenden Stellen darauf hingewiesen –, dass der theologische Aspekt der alevitischen Glaubensgemeinschaft nicht gebührend behandelt worden ist. Eine Ausnahme bildet die Monographie des Jesuiten Wilfried Dettling. Da die Studie von Dettling erst 2006 verfasst wurde, könnte die Frage auftreten, weshalb nun bereits eine weitere theologische Arbeit über das Alevitentum verfasst wird. Doch bevor die Frage beantwortet wird, ist es notwendig, einen kurzen Blick auf das Alevitentum zu werfen.

Das Alevitentum oder die heute unter dem Begriff Aleviten verstandenen Gruppierungen führen sich selbst auf keine unmittelbare göttliche Offenbarung zurück, die in die Weltgeschichte eingetreten ist. Zu keinem Zeitpunkt gab es eine Stiftung dieser Gemeinschaft. D. h. das Alevitentum versteht sich von Anfang an als eine Gemeinschaft, die aus verschiedenen Traditionen und Kulturen gebildet ist. In diesem Zusammenhang könnte man dem Alevitentum eine Sammelbeckenfunktion für die Bewegungen und Strömungen in der Zeit zwischen 12. und 16. Jahrhundert zuschreiben, die sich vom orthodoxen Islam nicht vertreten fühlten. Daraus bildete sich in der darauf folgenden Zeit die alevitische Gemeinschaft. Der eklektisch-heterodoxe Charakter des Alevitentums war u. a. Grund für das Verbot und die Verfolgung dieser Gemeinschaft im Osmanischen Reich. Die Lehre, die auch als „geheim" angesehen wurde und einem nicht in die Gemeinschaft Initiierten niemals verraten werden durfte, wurde mündlich tradiert. Aus Angst, dass die Lehre in die Hände der Verfolger gelangen könnte, wurde die Glaubenstradierung mündlich vollzogen und nicht verschriftlicht. Erst in späteren Zeiten entstanden allmählich alevitische Schriften, die sogenannten *Buyruk*. Diese Schriftensammlungen könnten auch als eine Art „Katechismus" verstanden werden, da darin der alevitische Glaube, die rituellen Handlungen, die Prinzipien des alevitischen Weges, die Beziehung des Lehrmeisters zu seinem Adepten etc. behandelt werden.

Die *Buyruk-* (sg., „Gebot", „Befehl", „Weisung") Schriften befanden sich zunächst im Besitz der *Dede-*Familien und wurden im Laufe der Zeit auch fortgeschrieben. Neben den *Buyruk-*Sammlungen spielen die Schriften *Makalat, Vilayetname, Nech'ül Belâğa*, die rituellen Gesänge und die religiöse Poesie eine große Rolle.

Somit lassen sich nach dieser kurzen Darstellung der alevitischen Geschichte die mündliche und schriftliche Form als die zwei Weisen der Glaubenstradierung des anatolischen Alevitentums ansehen.

Doch bevor die systematische Behandlung der Thematik beginnt, werden zunächst die einzelnen Schriften, deren vorliegende Ausgaben und ihre Bedeutung für das gegenwärtige Alevitentum vorgestellt. Auch Schriften von einflussreichen alevitischen und nichtalevitischen Autoren wurden bei der Behandlung des Themas zu Rate gezogen. Diese Autoren versuchen mit ihren Darstellungen ein genuin alevitisches Glaubensverständnis an die junge Generation zu vermitteln bzw. die alevitische Lehre originell darzustellen. Da die klassische Glaubenstradierung heute nicht mehr adäquat durchgeführt werden kann, fühlen sich die alevitischen Autoren in der Pflicht, die Lehre mittels Publikation zu sichern und an die kommenden Generationen weiterzugeben. Wenn es möglich war, wurden von jeder Schrift zwei Ausgaben von verschiedenen Bearbeitern bzw. aus verschiedenen Interessenlagen konsultiert.

2.1 Buyruk: Das Grundgesetz des anatolischen Alevitentums

Konsens unter den Fachleuten der Alevitenforschung ist, dass diese Gemeinschaft ihre Tradierung seit Jahrhunderten mündlich vollzog. Aufgrund der beigemessenen Gewichtigkeit der Oraltradierung und der Rarität der alevitischen Schriften bekamen die vorhandenen Manuskripte einen quasi heiligen Charakter. Dieser Aspekt der Heiligkeit wurde zunehmend betont, so dass der alevitische *Dede* Mehmet Yaman (geb. 1940) schreiben kann: „Für die [anatolischen] Aleviten sind die Buyruk nicht einfach gewöhnliche Bücher, sondern sind Gebot der Mystiker, und sie sind *heilig* und genießen große Verehrung."[17]

---

[17] „*Buyruklar alelade kitaplar olmayıp, ‚Erenlerin Buyruğu'durlar' ve onlar kutsaldır, onlara büyük saygı duyulur*" (sic!). Mehmet YAMAN, Aleviliğin Yazılı Kaynakları ve

Diese Schriften werden als „İmam Cafer Buyruğu"[18] („Das Gebot des Imam Ğaʿfar") oder abgekürzt *Buyruk* („Das Gebot") bezeichnet.[19] Das Wort *Buyruk* kann im Deutschen mit „*Gebot*", „*Weisung*" wiedergegeben werden oder im militärischen Sprachgebrauch „*Befehl*" und „*Erlass*" bedeuten. *Buyruk* beinhaltet die schriftliche Dokumentation des *Weges*, wie das Alevitentum auch bezeichnet wird. Das Buch enthält für die Aleviten verbindliche Regeln und Verhaltensweisen.

Diese Schriften dienen der Führung auf dem mystischen Pfad. Sie sind Handbücher, die die Prinzipien des alevitischen Glaubens und der Lebensführung beinhalten und erklären, wie auch aus dem Untertitel des Werks von Mehmet Yaman hervorgeht – *Alevî inanç-ibâdet ve ahlâk ilkeleri*.[20] Anders ausgedrückt ist *Buyruk* „das Grundgesetz des Alevitentums".[21]

Traditionell befanden sich die Schriftsammlungen des *Buyruk* im Besitz des religiösen Spezialisten, des *Dede,* und unterlagen strengster Geheimhaltung. „Alevitische Gruppen betrachten das Wissen über ihren Glauben und ihre Geschichte als heilig. Deshalb wird das Verraten des Wissens einem Nichtangehörigen der Gemeinschaft als schlimmes Vergehen angesehen."[22] Es kann davon ausgegangen werden, dass von Anfang an dem *heiligen Buyruk* ein hoher Autoritätsanspruch und überzeitlicher Charakter zugesprochen wurden.[23]

Alevi Buyrukları Hakkında („Über die schriftlichen Quellen des Alevitentums und die Gebote der Aleviten", in: MANNHEIM DEDELER AKM [ALEVİ KÜLTÜR MERKEZİ] KURULU („Geistlicher Rat des alevitischen Kulturzentrums Mannheim") (Hrsg.), Buyruk („Das Gebot"). Alevî İnanç-İbâdet ve Ahlâk İlkeleri („Das Gebot. Die alevitischen Glaubens-, Ritual- und Moralgrundsätze"), (Mannheim Alevî Kültür Merkezi Dedeler Kurulu Yayınları: 1), Günümüz Türkçesine çeviren („Ins moderne Türkisch übersetzt von") Mehmet YAMAN, Mannheim 2000, S. X–XVI, hier S. X. Das Buch wird im Folgenden mit *Buyruk II* zitiert.

18 Im Folgenden werden die Namen und Begriffe aus dem alevitischen Kontext in türkischer und deutscher Übersetzung gebraucht. Da die Namen und Begriffe der Aleviten sich im Türkischen etabliert haben, wird auf weitere Transkription verzichtet.
19 Die Türkische Sprache kennt keinen Artikel zur Charakterisierung eines Nomens. Daher wird hier in Anlehnung an die deutsche Wortbedeutung von *Buyruk* der Neutrum Artikel „das" verwendet.
20 Siehe Anm. 17.
21 *Buyruk II*, S. XIII.
22 *Buyruk II*, S. Xf.
23 Mehmet YAMAN, Alevi, İnanç ve İbadetlerinin Temel Kitabı: Buyruk/*Buyruk*. Das Buch der alevitischen Glaubensvorstellungen und Riten, in: İsmail ENGİN/Erhard FRANZ (Hrsg.), Aleviten/Alewiten. İnanç ve Gelenekler/Glaube und Tradition, Hamburg 2001, S. 15–24, hier S. 15.

2.1 Buyruk: Das Grundgesetz des anatolischen Alevitentums

Es wird von den alevitischen Autoren angenommen, dass das älteste *Buyruk*-Manuskript vom siebten Imam Ğaʿfar aṣ-Ṣādiq (ca. 699–765) stammt. Diese Zuschreibung ist allerdings wenig plausibel, da der Text Fragen aufgreift, wie man sie erst in späteren Zeiten stellte.[24] Unter den vielen Textversionen haben sich zwei verschiedene Manuskripte mit dem Namen *Buyruk* herauskristallisiert. Die Aleviten bezeichnen das von Basati (?) geschriebene Werk mit dem Titel *Menakıb ül-Esrar Behçet ül-Ahrar* (ca. 16. Jh.) als das *Kleine Buyruk*. Das im dialogischen Frage-Antwort-Stil zwischen Šayḫ Seyyid Safî und seinem Sohn Šayḫ Sadreddin verfasste Werk (ca. 17. Jh.) wird als das *Große Buyruk* bezeichnet.[25]

Die *Buyruk*-Schriften wurden bis ins 20. Jahrhundert hinein handschriftlich vervielfältigt, ergänzt und fortgeschrieben. Diese Schriften sind in einem schlichten Volkstürkisch verfasst und besitzen keine außerordentlichen Besonderheiten des Erzählstils. Die dargelegten Informationen folgen keinem System. Es gibt einige wenige Zitate aus dem Koran und anderen Quellen, von denen jedoch entweder Teile weggelassen oder falsch übersetzt wurden.

2.1.1 Buyruk I

Das Werk wird unter den Aleviten unverändert als *Buyruk* bezeichnet und ist das am meisten gelesene Buch. Das Vorhandensein verschiedener handschriftlich verfasster und weit verbreiteter Ausgaben bestätigt dies. *Buyruk* wurde von Generation zu Generation weitergegeben. Die Aleviten verstehen das Buch als ein den Koran erklärendes und ergänzendes Werk.

2.1.1.1 Bezeichnung und Verfasser

Das Werk wird, wie schon erwähnt, unter den Aleviten als *İmam Cafer Buyruğu* oder kurz *Buyruk* bezeichnet. Im wissenschaftlichen Bereich

---

[24] Vgl. das Kapitel „İmamların Övgüsü" („Lobpreis der Imame") in Sefer AYTEKİN (Hrsg.), Buyruk („Das Gebot"), (Emek Basım – Yayınları), Ankara 1958, S. 90f. Im Folgenden wird diese Schriftausgabe als *Buyruk I* bezeichnet.
[25] Im Folgenden wird zwischen zwei *Buyruk*-Ausgaben in *Buyruk I* und *Buyruk II* unterschieden. Diese Bezeichnung ist nicht hierarchisch zu verstehen, sondern dient lediglich der Unterscheidung.

erhält das Buch verschiedene Namen. Die erste lateinschriftlich publizierte *Buyruk I*-Ausgabe hat Sefer Aytekin 1958 herausgegeben.[26] Bis dahin lag das Werk nur in Osmanisch, nämlich in arabischen Buchstaben vor.[27] In seiner Einführung weist Aytekin auf die verschiedenen Bezeichnungen wie „İmam Cafer Buyruğu" („Das Gebot Imam Ğa'far"), „Menakıb-ı Evliya" („Heiligen-Erzählungen"), „Menakıbname" („Buch der Erzählungen") hin und zieht den Namen *Buyruk*, ohne es zu begründen, den anderen vor.[28] Der türkische Historiker Mehmet Fuad Köprülü (1890–1966) bezeichnet das Werk als „Menakıb-ı Evliya" („Die Heiligen-Erzählungen") und beruft sich auf eine Handschrift, die sich in seinem Privatbesitz befand.[29]

Der türkische Literaturwissenschaftler Abdulbaki Gölpınarlı (1900–1982) ist der Meinung, dass nach der Niederlage Šāh Ismails (ca. 1487–1524) bei der Tschaldiran-Schlacht (*Çaldıran Savaşı* 23.8.1514) gegen Sultan Selim (1470–1520) die Safawiden ihren Einfluss im Land der *Osmanoğulları* („Osmanensöhne") nicht verlieren wollten. Deshalb sandten sie den anatolischen Aleviten sogenannte „Kalife". Diese Kalifen stellten sich als Diener und Verbreiter der „dschaferitischen Konfession" („Caferi Mezhebi") vor.[30] Die Absicht der Safawiden war es, sich durch diese Kalifen als Imame, Mahdis oder wenigstens als Vorläufer des Mahdi vorzustellen. Zur Zeiten Šāhs Tahmasp I. (ca. 1513–1576), des Sohnes des Šāhs Ismail, verfasste eine Basati oder Bısatî (?) genannte Person ein Werk mit dem Namen „Menakıb-ül Esrar Behcet-ül Ahrar" („Erzählungen der Geheimnisse – Freude der freien Menschen").[31] Die anatolischen Aleviten nennen das Buch „Büyük Buyruk" („Das große Gebot").[32]

Die unter den Aleviten weit verbreite Annahme, Imam Ğa'far aṣ-Ṣādiq sei der Autor des *Buyruk*, kommt daher, dass im ersten Abschnitt,

---

26 Sefer AYTEKİN (Hrsg.), Buyruk („Das Gebot"), (Emek Basım – Yayınları), Ankara 1958.
27 Vgl. Karl STEUERWALD, Untersuchungen zur türkischen Sprache der Gegenwart, 3 Bände, Berlin 1963–1966.
28 *Buyruk I*, S. 3.
29 Mehmet Fuad KÖPRÜLÜ, Türk Edebiyatında İlk Mutasavvıflar („Die ersten Mystiker in der türkischen Literatur"), Ankara 1977, S. 61f.
30 *Abū 'Abd Allāh Ğa'far ibn Muḥammad aṣ-Ṣādiq* wird als der Gründer der ersten schiitischen Rechtsschule angesehen.
31 „Sırların hikayesi – Özgür İnsanın Sevinci"
32 Vgl. Abdülbaki GÖLPINARLI, Şiilik („Die Schia"), Istanbul 1979, S. 178f.

2.1 Buyruk: Das Grundgesetz des anatolischen Alevitentums 45

das als Vorwort des Werkes gilt, geschrieben steht, dass alle Worte des Buches von ihm stammen. Wörtlich heißt es dort: „İmam Cafer Sadık, bu babı bu âyeti kendi nutkundan bu hükmü âyân ve beyandır" (Sinngemäß bedeutet das: „Das Gebot beinhaltet die Worte des Imam Ǧaʿfar aṣ-Ṣādiq. Seine Worte sind klar und absolut").[33] Bei dieser Annahme spielen wahrscheinlich zwei Behauptungen eine Rolle: Erstens, das anatolische Alevitentum gehört zur dschaferitschen Konfession; zweitens, das *Gebot* beinhaltet die Prinzipien, die Tradition, die Feier und die Erzählungen der Aleviten.

Imam Ǧaʿfar aṣ-Ṣādiq, der sechste der zwölf Imame, ist der Sohn des fünften Imams Muhammad al-Bākir (ca. 681–733).[34] Aufgrund seines Wissens genießt er unter den zwölf Imamen eine hohe Stellung. Er hatte die Begabung, den Glauben in einer systematischen Weise geordnet und verständlich zu erklären. Deshalb wird er auch als Begründer der schiitischen Konfession angesehen. Daraus folgert Gölpınarlı, dass die Aleviten sich und das *Gebot* auf die dschaferitische Konfession zurückführen.[35]

Heute steht mit Sicherheit fest, dass Imam Cafer nicht der Autor des *Buyruk* ist. Trotz aller den Islam betreffenden Erzählungen, aus dem Koran entnommenen Versen und der auf Muhammad zurückgeführten Hadithen besteht das Buch nicht aus einer Sammlung von Worten des Ǧaʿfar aṣ-Ṣādiq.

Weder der Großvater von Šāh İsmail Šayḫ Safi noch Hatayî (Pseudonym für Šāh Ismail) sind die Autoren. Wir teilen die Annahme von Abdülbaki Gölpınarlı, dass im Auftrag von Šāh Tahmasp, dem Sohn von Šāh Ismail, ein Mann namens Basati oder Bısatî (?) das *Gebot* verfasst hat. Es scheint wenig plausibel, dass ein literarisch unbedeutendes und dispersives Werk von einem großen Dichter wie Hatayî stammen soll.

Wie oben angedeutet, ist das *Gebot* eine Sammlung von Schriften, die zusammengetragen wurden. *Buyruk I* basiert nach Aytekin maßgeblich auf der „İzmir Yazması" („Izmir-Schrift"), außerdem beinhaltet das Buch als Anhang die Schriften aus [Kahraman]Maraş, Alaca,

---

33 *Buyruk I*, S. 6.
34 Entsprechend der zwölferschiitischen Zählung.
35 Vgl. Abdülbaki Gölpınarlı, Şiîlik, Istanbul 1979, S. 220f.

Gümüşhacıköy, Malatya und Hacıbektaş.[36] Alle diese Schriften tragen die Namen zentralanatolischer Städte. Die von Sefer Aytekin veröffentlichte *Buyruk*-Ausgabe orientiert sich an der İzmir-Schrift, die 58 Überschriften enthält.

2.1.1.2 Inhalt

Das *Gebot* ist ein Grundlagenbuch, das neben Anweisungen und Erklärungen zu verschiedenen Diensten, Handlungen und Praktiken auch Antworten auf die wichtigsten Fragen des alevitischen Glaubens bietet. Das Werk ist durch einzelne Überschriften unterteilt wie z. B. „Kırkların Cemi" („Die Versammlung der Vierzig"), „Rehber" („Der Wegweiser", „Der Führer"), „Talip" („Der Adept"), „İmamların Övgüsü" („Der Lobpreis der Imame"), „Dört Kapı" („Die Vier Tore") und „Makamlar" („Die Stufen") etc.

Die *Buyruk*-Ausgabe, die von Sefer Aytekin veröffentlicht wurde, beinhaltet Erzählungen, Rituale und Grundsätze des anatolischen Glaubens:

1) *Die Erzählungen:* Diese Erzählungen zielen darauf hin, Wurzeln und Richtigkeit des alevitischen Glaubens zu beweisen. Am Ende der Erzählung wird die wichtigste Aussage als zu vermittelnde Lehre für den alevitischen Leser hervorgehoben. Folgende Abschnitte beinhalten Erzählungsmaterial: „Kırklar Cemi" („Die Versammlung der Vierzig") (S. 7)[37], „Peygamber ile Ali'nin Musahip olması" („Die Wegbruderschaft des Propheten mit Ali") (S. 11), „Mürşit" („Der Meister") (S. 120), „Zakir" („Der das Gottesgedenken Rezitierende" oder eine Art „Cantor") (S. 77), „Mürit" („Der Adept"), „Rıza" („Das Einverständnis") (S. 32) und „Uğruluk" („Der Diebstahl") (S.67).

2) *Die Rituale:* Die Durchführung von religiösen Ritualen der Aleviten wird bis ins Detail beschrieben. Die religiösen Rituale wer-

---

36 Das Werk von Sefer Aytekin wurde von Fuat Bozkurt aktualisiert und ins moderne Türkisch übertragen. Für die vorliegende Arbeit ist die Ausgabe von Aytekin maßgebend. Wenn der Text nicht verständlich war, wurde auch das Buch von Bozkurt konsultiert, die entsprechenden Stellen wurden dann gekennzeichnet. Fuat BOZKURT (Hrsg.), Buyruk („Das Gebot"). İmam Cafer-i Sadık Buyruğu („Das Gebot des Imam Ğaʿfar aṣ-Ṣādiq"), (Kapı Yayınları) Istanbul ³2006. Das Buch wird im Folgenden mit Fuat BOZKURT (Hrsg.), Buyruk, Istanbul ³2006 zitiert.

37 Die Seitenangaben orientieren sich an der *Buyruk I*-Ausgabe von Sefer Aytekin.

den im *Buyruk I* in folgenden Abschnitten dargelegt: „Musahip" („Wegbruder[schaft]") (S. 26), „Aşina" („Vertraut") (S. 50), „Peşine"[38], „Oğlan İkrarı Alma" („Das Bekenntnis durch den Jungen")[39] (S. 52), „Kız İkrarı Alma" („Bekenntnis durch das Mädchen") (S. 54), und „Ocak Kazdırma" („Einweihung des Hauses") (S. 55), „Erkândan Geçme" („Beförderung") (S. 51), „Tariknâme" („Die Wegweisung") (S. 57), „Ölmeden Önce Ölmek" („Sterben vor dem Tod") (S. 140) und „On İki Erkân"[40] („Die zwölf Pflichten") (S. 116). Es scheint, dass Rituale wie „Oğlan İkrarı Alma", „Kız İkrarı Alma" und „Ocak Kazdırma" unter den Aleviten in Vergessenheit geraten sind, da sie heute nicht mehr durchgeführt werden.

3) *Die Grundsätze:* Hier werden die wichtigsten Prinzipien und Bedingungen des Alevitentums aufgezählt und ihre Durchführung erklärt. Im Falle der Nichtbeachtung der Prinzipien und Bedingungen werden dem Pönitenten bestimmte Strafen auferlegt. Welche Strafen angemessen sind und wie bestimmte Probleme gelöst werden sollen, wird in den folgenden Abschnitten behandelt: „Yolun Hizmetleri" („Die Dienste des Weges") (S. 83), „Dört Kapı" („Vier Tore") (S. 29), „Kırk Makam" („Vierzig Stufen [des mystischen Weges]") (S. 74), „Üç Sünnet, Yedi Farz" („Drei traditionelle Verrichtungen – Sieben Gebote") (S. 114), „Kimi Sorunların Çözümü" („Lösung einiger Probleme") (S. 201).

2.1.2 Buyruk II

„In den Jahrhunderte andauernden Schikanen und Verfolgungen spielten die alevitischen Buyruks eine sehr wichtige Aufgabe bei der Bewah-

---

[38] Die Begriffe „*Aşina*" und „*Peşine*" scheinen zwei aufeinanderfolgende Stufen zu sein, die ein Alevit auf dem Weg der Vervollkommnung beschreitet. Vgl. Fuat Bozkurt (Hrsg.), Buyruk, Istanbul ³2006, S. 92–94. „*Peşine*" könnte auch die Bezeichnung für jemanden sein, der eine Wegbruderschaft eingegangen ist. Vgl. Esat Korkmaz, Yorumlu İmam Cafer Buyruğu, („Das Gebot des Imam Ğaʿfar kommentiert"), (Anahtar Kitaplar Yayınevi) Istanbul ³2007, S. 386 (Glossar). Das Buch wird im Folgenden mit Esat Korkmaz, Yorumlu İmam Cafer Buyruğu, Istanbul ³2007 zitiert.
[39] Das türkische Wort „*ikrar*" bedeutet im religiösen Kontext Wiederholung bzw. Ablegen des religiösen Bekenntnisses. Deshalb wird „*Oğlan İkrarı Alma*" mit „*Bekenntnis durch den Jungen*" übersetzt. Das Gleiche gilt auch für „*Kız İkrarı Alma.*"
[40] Das türkische Wort „*erkân*" ist in Anlehnung an das Arabische „*arkān*" gebildet und dient zur Bezeichnung der Grundpflichten des Islam.

rung der alevitischen Lehre in Reinform."[41] Mehmet Yaman verweist darauf, dass sich in jedem alevitischen Dorf ein Exemplar des *Buyruk* befand. Eine dieser Textsammlungen wird dem Šayḫ Safī ad-Dīn Ardabilī (650–755) zugeschrieben.

2.1.2.1 Bezeichnung und Verfasser

Eine genaue Einordnung der von Mehmet Yaman zusammengestellten Schriftausgabe als das *Große* oder *Kleine Buyruk* erweist sich als schwierig. Wie im *Buyruk I* wird auch hier in der Einleitung von *Buyruk* im Plural gesprochen und auf die verschiedenen einzelnen Namen und Bezeichnungen wie „Menakıb-ı İmam Cafer-i Sadık" („Erzählungen des Imam Ǧaʿfar aṣ-Ṣādiq"), Menakıb-i Safi („Erzählungen des Safi"), „Menakıb-ı Evliya („Erzählungen der Heiligen"), „Menakıb-Nâme" („Das Buch der Erzählungen") verwiesen. Wie Aytekin zieht auch Yaman die Bezeichnung *Buyruk* den anderen Namen vor, ohne eine Begründung zu liefern.

Der Herausgeber weist auf die Autorität des siebten Imams hin, der hinter diesem Werk stehe. Eine solche Inanspruchnahme widerspricht den Angaben und dem Inhalt des Buches, denn es ist, wie oben schon erwähnt, zum größten Teil im dialogischen Frage-Antwort-Stil zwischen „Şeyh Seyyid Safî" und seinem Sohn „Şeyh Sadreddin" verfasst.[42] Nur selten werden Abschnitte als Worte des Imam Ǧaʿfar aṣ-Ṣādiq bezeichnet.[43] Im Innenteil als Untertitel wird das Buch als „Şeyh Seyyid Safî Menâkıbı" („Die Erzählungen Šayḫ Seyyid Safîs") bezeichnet.[44] Ist vielleicht „Şeyh Seyyid Safî" der Verfasser dieser Schrift? Eine Bejahung dieser Frage ist schwierig, denn ab Seite 100 werden Wendungen wie „Şeyh Seyyid Safî söyledi/açıkladı" („Šayḫ Seyyid Safi hat gesagt/hat erklärt") benutzt. Ebenfalls ab Seite 100 steht nach dem Namen von Šayḫ Seyyid Safî stets in Klammern „Tanrı rahmet eylesin"

---

41 „Aleviliğin, yüzyıllar süren baskı ve karalamalara, kıyımlara karşı canlı bir şekilde korunmasında en önemli görev görenlerin başında ‚ALEVİ BUYRUKLARI' gelir." *Buyruk II*, aus dem hinteren Klappentext.
42 Der Stil des Buches wechselt zwischen einem Dialog (S.1–41), Anweisungen über und Ausübung von verschiedenen Diensten (S. 42–67), Fragen und Antworten zwischen dem Meister („Üstad") und dem Adepten („Tâlib") (S. 68–91). Danach setzt der Dialog wieder ein (S. 91–146).
43 Vgl. *Buyruk II*, S. 81.
44 *Buyruk II*, S. 1.

2.1 Buyruk: Das Grundgesetz des anatolischen Alevitentums

(„Möge Gott sich seiner erbarmen"). Eine solche Eulogie wird nur für Tote verwendet. Außerdem beinhaltet das Buch Gedichte von Šāh Ismail I. (ca. 1487–1524), der unter dem Pseudonym Hatayi in persischer und türkischer Sprache mystisch religiös dichtete.

Der Autor dieser Schrift ist vermutlich ein Mitglied der Safawiden-Dynastie, wahrscheinlich um die Zeit von Šāh Ismail.

Die ersten Textabschnitte sind als Einführung zu verstehen. Darin wird erzählt, wie die heiligen Gebote Gottes durch den Engel Gabriel an den Propheten Muhammad übermittelt wurden. Von Muhammad werden sie, so heißt es, an Ali und über dessen Söhne und die späteren Imame an Šayḫ Seyyid Safî und seine Nachkommen weitergegeben. Somit wird Šayḫ Seyyid Safî als einer der rechtmäßigen leiblichen Nachfahren des Muhammad präsentiert, wie auch das Wort „Seyyid" in seinem Namen andeutet. Wahrscheinlich haben die Safawiden im 15. Jahrhundert, als sie die Schia übernahmen, eine solche Linie aufgezeichnet, damit sie auf die Autorität von Muhammad und der zwölf Imame rekurrieren konnten. Die Beschreibung des Kalifats im *Buyruk II* (S. 42)[45], seine Bedeutung und Bedingungen scheinen diese Überlegung zu stützen. Denn laut dieser Beschreibung steht das Kalifat, welches in diesem, schiitischen, Kontext Imamat bedeutet, nur einem rechtmäßigen Nachfahren Muhammads zu. Es ist möglich, dass das *Buyruk II* als eine Propagandaschrift für die Safawiden und ihr Gedankengut verfasst und später fortgeschrieben wurde.

Wie im folgenden Gliederungspunkt noch aufgezeigt wird, besteht die *Buyruk II*-Ausgabe von Mehmet Yaman aus mehreren Schriften, die zusammengefügt wurden. Dennoch enthält das Buch auf den letzten Seiten Angaben zu Datum und Verfasser.

Datum: 1241 d. H.
Autor: Seyyid Mehmet b. Seyyid Cemaleddin
Besitzer: Seyyid Hüseyin b. Bektaş Ağa (S. 203)

Allerdings muss darauf hingewiesen werden, dass die Angabe sich wahrscheinlich auf den Abschreiber eines älteren Manuskripts bezieht und nicht auf den Urheber.

Zusammenfassend lässt sich festhalten, dass es zahlreiche *Buyruk*-Schriften gibt, die sich im Besitz alevitischer geistliche Führer befinden. Die hier verwendete Ausgabe des *Buyruk* ist ein in Deutschland

---
45 In der Klammer angegebene Seitenzahlen beziehen sich auf *Buyruk II*.

gedruckter, geradezu bibliophil gestalteter und illustrierter Text auf chamois Papier in osmanisierendem und daher dem heutigen Leser schwer verständlichem Türkisch. Die Prosastücke sind von Gedichten unterbrochen, welche zum Teil so stark von arabischen Wörtern und grammatischen Erscheinungen durchsetzt sind, dass sie inzwischen kaum einem durchschnittlich gebildeten Türken verständlich sind. Der Text weist Koranzitate, wenn auch unvollständig, nach.

2.1.2.2 Inhalt

Die vorhandene *Buyruk II*-Ausgabe ist eine Sammlung von Texten aus verschiedenen Quellen. Das Buch ist, abgesehen von der Einleitung, in fünf große Teilen gegliedert.
- 1. Titel und Untertitel: „Buyruk. Şeyh Seyyid Safî Menâkıbı" („Das Gebot. Die Erzählungen Šayḫ Seyyid Safîs") (S. 1–8).
Dieser Teil erzählt unter der Überschrift „Oniki İmam övgüsü" („Lobpreis für die zwölf Imame") von der Auserwählung Muhammads und Erschaffung der Welt. Gott hat Muhammad für sich erschaffen. Gott sagt „O Muhammad! Du bist der, den ich mir in den beiden Welten wünsche. Dich habe ich für mich erschaffen und die 18.000 Völker habe ich für dich erschaffen. Wenn du nicht gewesen wärest, ja, wenn du nicht wärest, hätte ich weder die Erden [im Original im Plural] und Himmel noch die Kreaturen dazwischen erschaffen" (S. 3). Die Erzählungen verweisen auf Gott als den Ursprung und Urheber der Botschaft, die von Muhammad an seinen Nachkommen weitergegeben wurde.
- 2. Teil: „Hazret-i Âdem ve Yeşil Kubbe" („Der heilige Adam und die grüne Kuppel") (S. 9–16).
Dieser Teil bildet im Grunde genommen die Fortsetzung der vorangehenden Erzählung. Erst an dieser Stelle erfolgt der Lobpreis für die zwölf Imame, die als Licht, das heller als die Sonne scheint, bezeichnet werden (S. 13).
- 3. Teil: „Hak ile Hak olmak" („Mit Gott Gott sein") (S. 17–146).
Dieser Teil ist mit 129 Seiten umfangreicher als die anderen und handelt von den letzten Tagen Muhammads und im Allgemeinen davon, was nach dem Tod des Menschen geschehen wird und von den Pflichten des Weges. „Also, das Gesetz („Şeriat") gehört den Propheten, der Weg gehört den Heiligen („Erenler"). Die Geschick-

2.1 Buyruk: Das Grundgesetz des anatolischen Alevitentums 51

lichkeit besteht darin, deren Weg [den Weg der Heiligen] zu verinnerlichen und ihn zu gehen. Die Wahrheit ist der Zustand, in dem der Schatz erreicht wird, d. h. mit Gott Gott zu sein" (S. 18).[46]
Außerdem beinhaltet dieser Teil Abschnitte über die *Rituale* wie z. B. die *Cem*-Zeremonie und ihren Ursprung (S. 61–64) oder eine Beschreibung „Der Wegbruderschaft" (S. 92f.). Auch grundsätzliche Definitionen von „İman" („Glauben") (S. 22), „Namaz" („Das Ritualgebet") (S. 23) werden gegeben.[47]

- 4. Teil: „Küçük Buyruk" („Das kleine Gebot") (S. 147–192): Hier handelt es sich um einen Brief des *Seyyid Abdülbaki Efendi an die Gläubigen reinen Glaubens.*[48]
Behandelt werden verschiedene Themen wie z. B. „Mürşid-i kâmil (Gerçek Dede) kimdir?" („Wer ist ein vollkommener Dede?") (S. 149f), „Musahiblerin karşılıklı görevleri" („Gegenseitige Verpflichtungen der Wegbrüder") (S. 150) oder „Sürek" („Der Weg") (S. 156).
- 5. Teil: „Deyişler" („Die Gedichte") (S. 193–203): Dieser Teil beinhaltet sieben Gedichte und ein Gebet zu den zwölf Imamen mit der Überschrift „Oniki İmam Salevât-Nâmesi" („Das Gebet an die zwölf Imame") (S.198).

Das Buch ist mit hoher Wahrscheinlichkeit aus mehreren Manuskripten zusammengestellt worden. Folgende Seiteneinteilung, in der jeder Buchstabe für eine Quelle steht, kann dies verdeutlichen:
a: S. 1–41
b: S. 42–67
c: S. 68–89
d: S. 90–146
e: S. 147–203
Es scheint, dass a und c zusammengehören. Im Abschnitt c wird der Dialogstil fortgeführt, jedoch erscheint dort nach der Anführung sei-

---

46 Wahrscheinlich ist damit die mystische Einigung mit Gott gemeint. In der türkischen Vorlage lautet dieses Zitat folgendermaßen: „İmdi, Şerîat peygamberlerin, Tarîkat evliyâ'nın (Erenlerin) dir. Mârifet, onların yoluna sâlik olup gitmektir. Hakîkat, vuslat makamıdır, Hak ile Hak olmaktır."
47 Das sind nur einige Themen, die in diesem unfangreichen Teil behandelt werden.
48 „Dergâh-ı Âli'de Seyyid Abdülbaki Efendi'nin Erenlere Muhib Olan Temiz İnançlı Mü'minlere Gönderdiği Mektuptur" (sic). *Buyruk II,* S. 148.

nes Namens – Šayḫ Safî – die Eulogie für Verstorbene. Vielleicht erfuhr c einfach eine Weiterschreibung.⁴⁹ Das Werk ist in der jetzigen Form von Mehmet Yaman zusammengetragen worden.

Mittlerweile sind diese *Buyruk*-Schriften auch außerhalb der alevitischen Gemeinschaft verfügbar und werden sogar von ihr publiziert. Bei diesen Schriften handelt es sich eindeutig um alevitisches Geistesgut, wie aus Themenbereichen, Sprache und Begriffswahl hervorgeht. Sie sind fortgeschrieben worden, so dass viele Themen entweder neu dazukamen oder ergänzend korrigiert oder verändert wurden.

Die *Buyruk*-Ausgaben von Aytekin und Yaman werden als Grundtexte für die vorliegende Studie verwendet.

2.2 Die Vilayetname: Ein türkisches Derwischevangelium

„Vilâyet-Nâme Hacı Bektaş Veli" („Die Erzählung von Hacı Bektaş Veli") gehört zu einer Reihe Erzählungen der Gattung der türkischen Volksliteratur, die ausdrücklich eine religiöse Thematik ansprechen. Als Beispiel für diese Erzähltradition sind Werke wie „Kitâb-ı Dede Korkut" („Das Buch des Dede Korkut"), „Battal Gazi Destanı" („Das Epos des Battal Gazi") oder eben „Menakıb-ı Hünkâr⁵⁰ Hacı Bektaş Veli" („Hagiographie des Hünkâr Hacı Bektaş Veli") zu nennen.⁵¹

---

49 Weiterschreibung oder Fortschreibnung ist in der neueren Bibelwissenschaft ein Begriff der redaktionsgeschichtlichen Methode und bezeichnet im Bereich schriftlicher Überlieferung eine produktive Eigenformulierung von Redaktoren, die sich an vorgegebenes Material anschließt und dieses weiterentwickelt. Diese Methodik geht auf Arbeiten von Heinrich Ewald (1803–1875), Julius Wellhausen (1844–1918) und Bernhard Duhm (1847–1928) zurück. Odil Hannes Steck, Exegese des Alten Testaments, 14. durchges. u. erw. Aufl., Neukirchen-Vlyun 1999, S. 77f.
50 Die persische Bezeichnung „*hünkâr*" war bei den Osmanen ein dem Herrscher vorbehaltener Ehrentitel, der soviel wie „*Sultan*" bedeutet. Für ausführlichere Informationen über Hacı Bektaş Veli siehe Rudolf Tschudi, „*Bektāshiyya*", in: Encyclopaedia of Islam, Band II, Leiden ²1965, S. 1161–1163.
51 Vgl. Aldülbâki Gölpinarli (Hrsg.), Vilâyet-Nâme. Menâkıb-ı Hünkâr Hacı Bektaş Velî, (İnkılâp Kitabevi) Istanbul 1995, S. I–XXXVII. Im Folgenden wird das Buch als *Vilayetname I* bezeichnet. Der nächste Abschnitt wurde in Anlehnung an die Einführung dieses Buches verfasst.

2.2 Die Vilayetname: Ein türkisches Derwischevangelium

Die Besonderheit dieser literarischen Gattung ist, dass diese Schriften aus mündlichen Erzählungen entstanden sind, die sich über einen bestimmten Helden gebildet haben. Diese Sammlungen, die sich einer einfachen Volkssprache bedienen, wurden erst lange nach dem Tod des Helden verfasst. Die Erzählsprache ist Türkisch. Begriffe arabischen oder persischen Ursprungs werden nur verwendet, wenn sie im damaligen Milieu als Fremdwörter benutzt wurden. Auffallend ist die märchenhafte Erzählweise.

2.2.1 Bezeichnung und Verfasser

Das Buch wird als „Menakıb-ı Hacı Bektaş Veli", „Vilâyet Nâme-i Hacı Bektâş-ı Veli" oder kurz „Vilayetname" („Erzählung" oder „Hagiographie") bezeichnet. Abgesehen von den verschiedenen Transkriptionsmöglichkeiten ist der Name *Vilayetname* die gängige Bezeichnung für dieses Werk.

Die *Vilayetname*-Ausgaben von Abdulbâki Gölpınarlı und Cemal Şener gehen auf dasselbe Manuskript zurück.[52] In beiden Ausgaben wird, entsprechend der Angaben am Ende des Manuskripts ein gewisser Ali Çelebi als Autor des Werkes genannt.[53] Wer dieser Ali Çelebi ist, bleibt offen. *Vilayetname II* erwähnt, dass die hinter diesem Namen stehende Person unbekannt sei. Er sei zwar der Schreiber der vorliegenden Ausgabe, habe sich aber eines älteren Manuskripts bedient, welches ihm vorlag.[54] Zum gleichen Urteil kommt auch Gölpınarlı bei seiner Einführung zur *Vilayetname I*: „Es ist offensichtlich, dass Ali Çelebi nicht der Urheber, sondern der Abschreiber des Vilâyet-Nâme ist".[55] Das Werk nennt neben dem Namen des Abschreibers auch das Datum 1034 d. H. (ca. 1624/1625), die Zeit, in der die Arbeit vollendet wurde.[56]

---

52 Aldülbâki GÖLPINARLI (Hrsg.), Vilâyet-Nâme. Menâkıb-ı Hünkâr Hacı Bektaş Velî, (İnkılâp Kitabevi) Istanbul 1995 *(Vilayetname I)*; Cemal ŞENER (Hrsg.), Hacı Bektaş Veli. Vilayetname, (Karacaahmet Sultan Kültür ve Tanıtım Derneği Yayınları No: 6), Istanbul 2001. Im Folgenden wird das Buch als *Vilayetname II* bezeichnet.
53 *Vilayetname* I, S. 90; Vilayetname II, S. 152.
54 *Vilayetname* II, S. 9.
55 *Vilayetname* I, S. XXV.
56 „1034 yılı Rebiulevvel ayında (1624–1625) yazıldı." *Vilayetname I*, S 90; *Vilayetname II*, S. 152.

2.2.2 Inhalt

Vilayetname zeigt verschiedene religiöse Motive und Vorstellungen, die unter den Turkvölkern verbreitet waren. Wenn Hacı Bektaş die politischen Führer – „*Hanlar*" und „*Beyler*" – seiner Zeit segnet, verweist dies auf die türkisch-nomadische Tradition in Mittelasien. Die Erhebung der Hände gen Himmel am Ende eines Gebetes ist der Einfluss des „Himmelsgott-Glaubens", der sich im Islam niedergeschlagen hat. Außerdem sei an dieser Stelle noch auf die in der *Vilayetname* auftretenden, schamanistischen Elemente, wie z. B. dass Hacı Bektaş Veli zwischen Himmel und Erde verkehrt, hingewiesen.

Vilayetname wird nach der Titelangabe in sechs Kapitel unterteilt, die wiederum in Unterkapiteln dargeboten werden.

- Titelangabe: „Menâkıb-ı Hacı Bektâş-ı Velî (Vilâyet-Nâme)" („Hagiographie des Hacı Bektaş Veli") (S. 13)[57]: Nach einer Eulogie für den Propheten Muhammad und seine Familie wird angegeben, dass dieses Buch „die Erzählungen von Hacı Bektâş al-Horasânî und seine Wunder" beinhaltet.
- Erster Teil: „Hacı Bektaş Veli'nin Soyu" („Genealogie des Hacı Bektaş Veli") (S. 14–30): Hier wird vom Vater des Hacı Bektaş, Seyyid Muhammad, der auch İbrâhîm al-Sânî genannt wird, bis zum Propheten Muhammad eine genealogische Linie aufgezeigt. Dies führt zum zweifelsfreien Urteil, dass Hacı Bektaş Veli ein *Seyyid* ist (S. 14).
- Zweiter Teil: „Ahmed-i Yesevi'den İcazetnâmesini alıp Rum Ülkesine gelmesi" („Die Ankunft [Hacı Bektaş] ins Rum-Land nach Erhalt seiner Genehmigungsurkunde von Ankunft Ahmet Yesevî") (S. 31–40): Nach Erhalt seiner Urkunde, die zur Autorisierung als Sufi-Lehrer dient, wird Hacı Bektaş von Ahmet Yesevi nach „Rum ülkesi" gesendet.[58] Hacı Bektaş wird dem Ort Sulucakaraöyük zugewiesen. Dort soll er mit seiner Jüngerschar bleiben (S. 35). Ahmet Yesevi erscheint als ein Mann mit außergewöhnlichen Fähigkeiten. Er war Holzschnitzer, so berichtet die *Vilayetname,* und an jedem Markttag belud er seinen Stier mit den Verkaufsgegenständen und

---

57 Die Seitenangaben beziehen sich auf *Vilayetname II*.
58 Nach der Schlacht bei Manzikert 1071 begann die türkische Besiedlung Anatoliens, dabei wurden die bisherigen Einwohner als „Rūm" also Römer bezeichnet, dies führte später zur Bezeichnung Rum-Seldschuken.

2.2 Die Vilayetname: Ein türkisches Derwischevangelium

sandte ihn allein zum Markt. Jeder, der etwas kaufen wollte, bediente sich und steckte das Geld in den Sattel des Stiers. Wenn jemand nicht bezahlte, verfolgte der Stier diese Person, bis sie bezahlt hatte (vgl. S. 31f.). Außerdem kann Ahmed Yesevi Menschen mit Gottes Erlaubnis in Tiere, wie z. B. Hunde, verwandeln (S. 32). Diese Fähigkeit besitzt auch Hacı Bektaş, denn er verwandelt sich selbst in die Gestalt einer Taube und fliegt nach Sulucakaraöyük (S. 38).

- Dritter Teil: „Hacı Bektaş Rum Ülkesinde" („Hacı Bektaş im Rum-Land)" (S. 41–47): Angekommen im Rum-Land, zieht Hacı Bektaş in das Haus der Frau, die Kadıncık Ana genannt wurde, ein. Er begegnet verschiedenen angesehen Persönlichkeiten, von denen ein gewisser Emre nicht daran glaubt, dass Hacı Bektaş sich in der Ortschaft niedergelassen hat. Das „grüne Muttermal" (S. 41) in seiner Hand bezeugt Hacı Bektaşs Identität.
- Vierter Teil: „Hacı Bektaş Sulucakaraöyük'te" („Hacı Bektaş in Sulucakaraöyük") (S. 48–133): Hier handelt es sich um den längsten Teil des Buches. Hacı Bektaş erscheint ab diesem Teil der Erzählung als in Sulucakaraöyük ansässig. Er unternimmt längere Reisen, sei es um einen besonders hartnäckigen Herrscher für sich zu gewinnen oder um Menschen in Not zu helfen. Dabei scheinen weder die Entfernung noch die zu bewältigenden Aufgaben für ihn eine Schwierigkeit darzustellen. Er kann sogar die Naturgesetze außer Kraft setzen, sodass ein Mann schwanger werden und ein Kind gebären kann. Die Geschichte ist schnell erzählt: Hacı Bektaş bittet eine Familie um etwas Weizen. Sie weigert sich, ihm davon zu geben. Daraufhin verflucht Hacı Bektaş die Ernte. Jede Frau, die an ihn glaubt und ein Weizenkorn, ohne es zu zerkauen schluckt und am Freitagabend sich zu ihrem Mann legt, wird einen Jungen gebären. Entsprechendes gilt für eine Frau, die ein Linsenkorn isst. Sie wird ein Mädchen gebären. Ein ungläubiger Mann bezweifelte das und schluckte zwei Weizenkörner. Durch ein Wunder von Hacı Bektaş und die Kraft Gottes wurde der Mann schwanger. Sein Bauch wurde von Tag zu Tag dicker, und als die Zeit der Niederkunft sich näherte, hatte er tödliche Schmerzen. Nach seinem Tod schnitt man ihm den Bauch auf und ließ die Frucht seines Leibes das Licht der Welt erblicken. Es waren zwei Jungen. Ihre Nachkommen leben heute in der Nähe von Ankara, und man nennt sie „Weizenkörnlinge" („buğday oğulları") (S. 61f.).

Außerdem ist Hacı Bektaş auch in der Lage, Tote aufzuerwecken (S. 121).
Solche und ähnliche Erzählungen schmücken diesen Teil der *Vilayetname*, um die Wunderkraft des Hacı Bektaş zu unterstreichen. Dabei erscheint er einmal als tadelloser Muslim, der alle Gebote des Islam beachtet und erfüllt (vgl. S. 50f.), mal als derjenige, der mit seinen Gefolgsleuten zum *Semah*-Tanz aufsteht (S. 64) und das *Cemhaus* („Cemevi"), den charakteristischen Gebetsort der Aleviten, errichtet (S. 64f.).

- Fünfter Teil: „Halifeleri" („Seine Stellvertreter") (S. 134–147): Namentlich werden fünf Stellvertreter des Hacı Bektaş erwähnt: Cemâl Seyyid (S. 134), Saru İsmail (S. 136), Kolu Açık Hacım Sultan (S. 137), Rasul Baba (S. 145) und Pir Ebi Sultan (S. 146). Diese Stellvertreter werden zu verschiedenen Orten gesandt, um die Lehre von Hacı Bektaş zu verbreiten. Sie sollen die Menschen zum richtigen Glauben bekehren. So im Falle des Saru Saltuk, der einen christlichen Mönch bekehrt und seine Kirche in eine „Tekke" („Dervischenkloster") umwandelt (S. 136). Es ist in diesem Zusammenhang bemerkenswert, dass Christen als „kâfir" („Ungläubige") bezeichnet werden (S. 145 u.ö.). Auch hier berichten die Erzählungen von verschiedenen Wundern, die die Stellvertreter Hacı Bektaşs vollbringen, darunter eine Totenerweckung (S. 147).

- Sechster Teil: „Hacı Bektaş'ın Hakk'a yürüyüşü" („Der Gang Hacı Bektaşs zu Gott") (S. 148–152): In diesem letzten Kapitel informiert Hacı Bektaş seinen engsten Vertrauten Saru İsmail über die Vorgänge, die eintreten werden, wenn er diese Welt verlässt. Er beschreibt ihm ausführlich, dass und woher ein Reiter auf einem grauen Ross („boz atlı") kommen wird und was bei der rituellen Waschung für die Toten zu beachten ist. Danach soll Saru İsmail ihm das Leichentuch anziehen, das näher als „Paradies-Kleid" („Hulle donu") beschrieben wird. Er benennt auch seinen Nachfolger Hızır Lâle Cüvan, den Sohn von Fâtıma Ana (Kadıncık), der 50 Jahre regieren soll. Nachdem Hacı Bektaş durch verschiedene Anweisungen sein Testament bestimmt hat, sagt er zu Saru İsmail: „Biz ölmeyiz, sûret (don)[59] değiştiririz" („Wir sterben nicht, wir wandeln unsere

---

59 Wörtlich verstanden bedeutet „don" die Unterhose, in diesem Kontext jedoch bezeichnet der Begriff den menschlichen Leib.

2.2 Die Vilayetname: Ein türkisches Derwischevangelium

Erscheinung") (S. 149). Alles trat so ein, wie Hacı Bektaş prophezeit hatte. Der Reiter auf dem grauen Ross kam, um Hacı Bektaş abzuholen; sein Gesicht war bedeckt. Saru İsmail wollte wissen, wer dieser Reiter sei und ob sie sich schon einmal begegnet seien. Er sprach den Reiter an und bat ihn, sein Gesicht freizulegen. Dieser entsprach der Bitte und zeigte sich. Es war Hacı Bektaş selbst, der kam, um seinen Leichnam abzuholen. Er gab Saru İsmail folgenden Rat: „Er odur ki dedi, ölmeden önce ölür, kendi cenazesini yıkar. Sende var, buna gayret et." („Er sagte: Held ist derjenige, der vor dem Tod stirbt und seinen Leichnam selbst wäscht. Geh auch du und strebe dies an") (S. 150).

Die Erzählungen in diesem Buch können kaum als historisch betrachtet werden. Die Absicht des *Vilayetname* ist es, Hacı Bektaş als einen außergewöhnlichen Menschen darzustellen, der seine religiöse Überzeugung mit Gottes Kraft verbreitet hat. Der Derwisch aus Chorasan erscheint hier als ein Mensch, der auf seine weltlichen Würden verzichtet, die ihm von Geburt aus zustehen, um noch größere auf geistlichem Gebiete davonzutragen. „Er ist der Pol der Religion, Prophet, ja geradezu sichtbare Verkörperung der ecclesia militans des Islam. Er verkehrt frei mit Gott und den Propheten. Er ist im Vollbesitz der Wunderkraft, Herr über Lebendiges und Totes. Sein Wirkungskreis kennt keine zeitlichen und räumlichen Schranken. An seiner Person scheiden sich die Geister. Wer nicht für ihn ist, ist gegen ihn und zieht des Himmels Strafe auf sich."[60] In der *Vilayetname* werden diese religiösen Vorstellungen, die in den damaligen und späteren Zeiten in Anatolien verbreitet waren, absorbiert. Dieses Konglomerat wird gerne auch als „türkischer Volksglaube" bezeichnet.[61] Der Begriff „Bektaşilik" („Bektaschitum") meint genau diesen Sachverhalt und vereint in sich die orthodoxen und heterodoxen Lehren des Islam.

---

60 Erich GROSS, Das Vilâjet-Nâme des Hâǧǧî Bektasch. Ein türkisches Derwischevangelium, (Dissertation zur Erlangung der Doktorwürde der philosophisch-historischen Abteilung der hohen philosophischen Fakultät der Universität Basel), Leipzig 1927, S. 209.
61 *Vilayetname* II, S. 11.

Die Bezeichnung des *Vilayetname* durch Erich Gross als ein „Derwischevangelium"[62] ist zwar irreführend, verweist aber auf Genre und Bedeutung dieser Texte und der von ihnen präsentierten Gestalt des Hacı Bektaş.

2.3 Die Makalat: Ein Kompass für den mystischen Pfad

„Von manchen [Menschen] stirbt die Seele, von manchen stirbt der Körper. Die dem Körper nach Sterbenden sind die Liebenden, deren Seele stirbt nicht"[63]. Diese Weisheit stammt von Hacı Bektaş Veli. Er gehört nach der anatolisch-alevitischen Überlieferungstradition sicherlich zu der zweiten Kategorie von Menschen, die nur dem Körper nach sterben. Denn nach so vielen Jahren hat er von seinem Ruhm nichts verloren und seine Worte leiten und begleiten heute noch viele Menschen in deren irdischem Dasein. Seine zwei ethisch-moralischen Maximen *eline, beline, diline sahip ol* („Beherrsche deine Hände, deine Lende und deine Zunge") und *kendine yapılmasını istemediğin bir şeyi sen de başkasına yapma* („Was du nicht willst, dass es dir getan wird, tue auch keinem anderen") gehören mit Sicherheit zu den am meisten bekannten und zitierten Sprüchen inerhalb der anatolischen Bevölkerung und weit über ihre Grenzen hinaus.

2.3.1 Bezeichnung und Verfasser

Makalat-ı Hacı Bektaş Veli („Die Abhandlungen des Hacı Bektaş Veli") wurde ursprünglich auf Arabisch verfasst, aber das Original ist heute nicht mehr vorhanden. Es liegen Abschriften und türkische Übersetzungen vor.[64] Die *Makalat* sind das wichtigste Werk von Hacı Bektaş. Diese

---

62 So lautet der Dissertationstitel von Erich GROSS, Das Vilâjet-Nâme des Hâǧǧî Bektasch. Ein türkisches Derwischevangelium, Leipzig 1927.

63 „Bir nicelerinin canı ölür, bir nicelerinin de teni ölür. Ve onların ki teni ölür, âşıklardır. Canları ölmez."

64 Folgende *Makalat*-Ausgaben liegen dem Autor dieser Zeilen vor: Mehmet YAMAN (Hrsg.), Hacı Bektâş Veli: Makalât ve Müslümanlık („Hacı Bektâş Veli: Die Abhandlung und das Muslimtum"), Istanbul 1985; Aziz YALÇIN, Yorumlu ve açıklamalarla Makalat-ı Hacı Bektaş Veli („Die Abhandlung des Hacı Bektaş Veli. Kommentiert und erläutert"), Istanbul ³2000; Esat COŞAN, Makâlât Hacı Bektaş Velî („Die Abhandlung des Hacı Bektaş Veli"), (Klasik Türk Eserleri 10), Istanbul 1990; Ali YILMAZ/

2.3 Die Makalat: Ein Kompass für den mystischen Pfad

Schrift enthält seine Gedanken und wurde mit großer Wahrscheinlichkeit von ihm diktiert, denn sie beginnt folgendermaßen: „Diese Schrift ist die ehrwürdige Abhandlung des heiligen Hünkârs Hacı Bektaş Veli (Möge Gott seine erhabenen Geheimnisse heiligen)" (S. 43).[65] Dieser erste Satz bildet gleichzeitig die Überschrift für das Werk. Vielleicht hat ein Abschreiber diesen Satz an den Anfang gestellt, um der Schrift Autorität zu verleihen. Dies beweist aber noch nicht, dass Hacı Bektaş den Auftrag gegeben hat, das Buch zu schreiben. Eine andere Passage kann vielleicht weiterhelfen. „Nach dem Gruß und Gebet für den Gesandten Gottes und seine Familie („Ehl-i Beyt'ine"): Folgendes gebietet Sultan Hacı Bektaş aus Chorasan, dessen Worte geheimnisvoll, süß und angenehm sind..." (S. 43).[66]

Mehmet AKKUŞ/Ali ÖZTÜRK (Hrsg.), Maḳâlât Hünkâr Hacı Bektâş-ı Veli („Die Abhandlungen des Hünkars Hacı Bektâş Veli"), (Alevî-Bektâşî Klasikleri 2), Ankara 2007. Das Buch wird im Folgenden mit Ali YILMAZ u. a. (Hrsg.), Maḳâlât Hünkâr Hacı Bektâş-ı Veli, Ankara 2007 zitiert. Die sprachliche und inhaltliche Analyse der vorliegenden Makalat-Texte hat ergeben, dass, obwohl die Autoren verschiedene Manuskripte verwenden, keine Sinnabweichungen festzustellen sind. Die Unterschiede liegen lediglich in der Aktualität der Sprache und der redaktionellen Wiedergabe. Yaman und Yalçın bieten die in Osmanisch-Türkisch vorliegenden Texte in lateinischer Transkription. Yaman gibt das von ihm verwendete Manuskript im Anhang in Faksimileabdruck wieder, wohingegen Yalçın nur auszugsweise den Makalat-Text wiedergibt und kommentiert. Der 2001 verstorbene Naqschbandi Šayḫ Esat Coşan bietet eine Übersetzung des Textes ins Türkische, ohne jedoch irgendeine Angabe über das von ihm verwendete Manuskript zu machen. Die Autoren Yılmaz, Akkuş und Öztürk geben schließlich den im Auftrag der türkischen Religionsbehörde bearbeiteten Makalat-Text in drei Spalten wieder. Zuerst wird der Text in der den Autoren vorliegende Form, nämlich in Osmanisch, wiedergegeben, danach folgen eine Transkription in lateinischen Buchstaben und eine Übertragung in das heutige Türkisch. Die Reihenfolge der Kapitel wurde abweichend von dem vorliegenden Manuskript geändert und systematisch geordnet. Demnach wurde folgende neue Kapitelordnung von den Herausgebern vorgenommen: Die *Einleitung* und das *erste Kapitel* blieben unverändert. Das *achte Kapitel* wurde zum *zweiten Kapitel*. Die *Kapitel zehn* und *elf* wurden zusammengelegt und bilden das *neunte Kapitel*. Die restlichen Angaben blieben unverändert. Diese Vorgehensweise ermöglicht die Überprüfung des Textes und macht den ursprünglichen Text zugänglicher. Aus diesem Grund basiert die inhaltliche Wiedergabe der *Makalat* auf dieses Buch. Die Seitenzahlen im Text beziehen sich ebenfalls auf dieses Werk.

65 „Bu Risâle, Hazreti Hünkâr Hacı Bektâş-ı Veli (Allah onun yüce sırlarını mukaddes kılsın)'nin şerefli Makâlât'ıdır."
66 Hier sei die gesamte Passage in Türkisch wiedergegeben: „Allah'ın rasûlüne, onun Ehl-i Beyt'ine salât ve selâm getirdikten sonra: Sözleri esrarlı, konuşmaları hoş ve tatlı, güleç yüzlü, Makâlât sâhibi, şeriat askeri, marifete bürünmüş, hakikat hazinesi, yüce makama erişmiş, cehâleti sevmeyen ve her türlü ilim hazinelerinin de sâhibi olan, din meşalesini elinde tutan ve âdetâ kandil gibi olan îmân nûrunun yâğı, eren-

In der klassischen Literatur werden solche einführenden und programmatischen Formulierungen aus folgenden Gründen verwendet:
a) Der Schreiber selbst nennt seinen eigenen Namen, damit klar ist, wer Urheber des Werkes ist. Gewöhnlich geht der Autor mit Verherrlichungsadjektiven sparsam um und verwendet eher bescheidenere Formulierungen. Da in dem angeführten Beispiel mit Beifallsadjektiven geradezu inflationär umgegangen wird, kann davon ausgegangen werden, dass nicht der Verfasser diese Wendungen über sich selbst niedergeschrieben hat.
b) Der Autor ist nicht der Schreiber; entweder hat er jemanden beauftragt, seine Worte niederzuschreiben, oder jemand hat sie gesammelt und niedergeschrieben. Beim Entstehen des Buches wurde der Name des Autors an den Anfang gestellt, die entsprechenden Stellen mit den nötigen Attributen versehen und die eigentliche Thematik fortgeführt.
c) Der oder die (Ab-)Schreiber könnten eventuell auch eigenständig gehandelt haben, wenn ihnen ein Manuskript vorlag, in dem kein Name eingetragen oder dieser schlicht gehalten war, so dass sie ihn mit ihren Formulierungen ausschmückten.
d) Wenn das Werk übersetzt oder kommentiert wurde, kann es sein, dass zuerst der Name des Autors eingesetzt und dann die Arbeit fortgeführt wurde.

Im Falle dieses Werks sind die letzten drei Argumente relevant. Da die *Makalat* ursprünglich in arabischer Sprache vorlagen, ist davon auszugehen, dass die Übersetzer, um auf den eigentlichen Autor hinzuweisen, den Namen von Hacı Bektaş eingetragen haben. Es kann aber hier weder für die Autorschaft des Hacı Bektaş noch gegen sie ein eindeutiger Beweis erbracht werden. Denkbar wäre auch, dass auf Grund von Hacı Bektaş Bekanntheitsgrad jemand unter seinem Namen dieses Werk verbreitet hatte. Allerdings scheint es, dass diese Schrift schon von Anfang an eine große Verbreitung gefunden hatte und die Urheberschaft des Hacı Bektaş kaum bezweifelt wurde.

Eine andere Schrift kann vielleicht bei dieser Frage weiterhelfen. Das *Vilayetname* gehört, trotz ihrer epischen Erzählweise zu den wich-

---

lerin durağı Horasanlı Sultan Hacı Bektaş (Allah onun sırlarını mukaddes eylesin) de buyurmaktadır …"

2.3 Die Makalat: Ein Kompass für den mystischen Pfad

tigsten Quellen, die über Hacı Bektaş Leben und seine verschiedenen Aspekte informieren. Darin wird von einem gewissen Saîd Folgendes erzählt: „...Saîd erschien in dem großen Kessel als ein kleiner Junge. Noch einmal schlossen sie den Deckel. Nach vierzig Tagen öffneten sie ihn und sahen, dass Saîd wie vorher in dem Kessel saß. Sie holten Saîd aus dem Kessel heraus. Nach dieser Begebenheit erschien Saîd in einer angenehmen Weise und übersetzte die Makalat des Hünkâr ins Türkische."[67]

Das *Vilayetname* bietet die mündlichen Erzählungen über Hacı Bektaş in schriftlich festgehaltener Form für die kommenden Generationen. Aus der Geschichte des Saîd kann entnommen werden, dass eine Schrift namens *Makalat* schon früher bekannt und verbreitet war. Saîd erscheint in der *Vilayetname* als ein Anhänger Hacı Bektaşs. Er wird als Molla Saadettin oder auch Saîd Emre (ca. 14. Jh.) bezeichnet.

2.3.2 Inhalt

Die *Makalat* hat einen mystischen Charakter. Das Werk erklärt die Lehre von den „Vier Toren" („Dört Kapı") und den „Vierzig Stufen" („Kırk Makam").[68] Die „Vier Tore" sind „Şeriat" („Die Scharia"), „Tarîkat" („Der Weg"), „Marifet" („Die Erkenntnis")[69] und „Hakîkat" („Die Wahrheit").[70] Metaphorisch können die Tore mit einem Treppenhaus verglichen werden. Nach jedem Tor muss der Adept zehn Stufen emporsteigen, damit er auf diesem mystischen Pfad weiterkommt. *Makalat* beschreibt, welche Voraussetzungen ein Adept erfüllen muss, bevor

---

67 „... Saîd küçücük bir çocuk hâlinde kazanın içinde belirdi. Gene kapağı örttüler, kırk gün sonra açtılar, gördüler ki, Saîd, eskisi gibi kazanın içinde oturmakta. Saîd'i kazandan çıkardılar. Saîd bundan sonra hoş bir hâle büründü, Hünkâr'ın Makalat'ını Türkçeye çevirdi." *Vilayetname II*, S. 105.
68 Wenn hier von *Vier Toren* und *Vierzig Stufen* gesprochen wird, handelt es sich um einen geistigen Zustand bzw. eine geistige Reife, die der Adept erreicht und somit berechtigt ist, auf dem mystischen Weg voranzukommen.
69 Eine wörtliche Übersetzung des türkischen Begriffs *marifet* müsste im Deutschen korrekterweise *„die Kunst", „die Fertigkeit", „die Kunstfertigkeit",* oder *„das Kunststück"* heißen. Im alevitischen Sprachgebrauch bedeutet das Wort mehr als eine bloße Fertigkeit, die man sich aneignen kann. Es zielt auf eine mystische Erkenntnis und ist eine Voraussetzung für die angestrebte *Unio mystica*.
70 Ein Vergleich der in der *Makalat* aufgelisteten *Vierzig Stufen* und die in dem Werk von Ismail Kaplan aufgezählten Stufen hat ergeben, dass diese sich nicht immer gleichen. Vgl. Ismail KAPLAN, Das Alevitentum, Köln 2004, S. 49–54.

er ein Tor durchschreitet. Am Ende dieser mystischen Wanderung soll Gott erreicht werden.

Die *Abhandlung* ist folgendermaßen gegliedert:
- Einführung/Überschrift (S. 43): Nach einführenden Worten wird Gott für seine wunderbare Schöpfung gedankt. Gott hat die Menschen aus dem Nichts („yoktan var eden") – *creatio ex nihilo* – geschaffen. „Er [Gott] hat uns den Glauben und den Islam zuteil werden lassen ..."[71] (S. 43). Nach diesen programmatischen ersten Sätzen ist die Einordnung des Werkes in die islamische Tradition gegeben. Diese islamischen, bekenntnisförmigen Formulierungen erreichen ihren Höhepunkt in der Wiedergabe von über 100 Koranversen wie z. B. „als (einzig wahre) Religion gilt bei Gott der Islam" (Koran 3:19; S. 93)[72] oder eben der expliziten Angabe der *schahâda* „*Allah'tan başka tanrı yoktur, Muhammed Allah'ın elçisidir*" („*Es gibt keinen Gott außer Allah und Muhammad ist Allahs Gesandter*") (S. 117, kursive Hervorhebung dort). Damit lässt sich diese Schrift in die Kategorie der islamischen Erbauungsliteratur einordnen und Hacı Bektaş erscheint als ein ‚guter' Muslim.
- „Der erste Teil: Die Erschaffung Adams aus den vier Elementen" („*Birinci bölüm Âdem'in dört türlü nesneden yaratılışı*") (S. 44–59): Gott erschuf Adam aus Erde, Wasser, Feuer und Wind und teilte seine Nachkommen in diese vier Elemente ein. „Die Betenden" („*âbidler*") gehören zum Volk der Scharia und sind aus dem Wind gemacht. „Die Frommen" („*zâhidler*") glühen wie Feuer und bilden die Ordensgemeinschaft.

Jesus („*Îsâ*") wird an dieser Stelle als ein Prophet erwähnt, der die Menschen vor dem Höllenfeuer warnt. Jesus bestätigt, dass in allen vier heiligen Büchern, nämlich „Tevrat" („Die Tora"), „Zebur" („Die Psalmen"), „İncil" („Das Evangelium"), und „Furkan" („Kur'an") („Der Koran") nach islamischer Meinung Gott die Menschen durch die Botschaft vor dem Höllenfeuer bewahrt hat. Jesus macht diese Angaben bezeichnenderweise im Gespräch mit einem Berg. Daraufhin sagt der Berg: „İncil senin, Kur'an Muhammed

---

71 „O, bizlere iman ve İslâm'ı nasip etti ..."
72 „Allah nezdinde hak din İslam'dır". Koranstellen werden, wenn nicht anders angegeben, nach dieser Ausgabe wiedergegeben. DER KORAN, Übersetzung von Rudi Paret, Stuttgart ⁸2001.

2.3 Die Makalat: Ein Kompass für den mystischen Pfad

Mustafa'nındır" („Das Evangelium gehört dir, und der Koran gehört dem Muhammad Mustafa") (S. 47). Zum Kern „der Wissenden" („ârifler") gehört das Wasser, und sie sind das Volk „der Erkenntnis" („ma'rifet"). Dem Wissen wird wie beim Wasser eine reinigende Funktion zugesprochen. Schließlich gibt es die vierte Kompanie,[73] „die Liebenden" („muhibler"). Wie die Erde sich vor dem Willen des Menschen beugt, so sollen sich auch die Liebenden dem Hakk („Gott") beugen.

- „Der zweite Teil erklärt die Zustände[74] des Teufels" („İkinci bölüm Şeytan'ın hallerini açıklar") (S. 59–67): Der Satan wird als der Verursacher alles Bösen und Gott als Quelle alles Guten dargestellt. „Das Ego aber ist der Stellvertreter des Satans" („Nefis ise şeytanın vekilidir") (sic). „Der Quell der Demut ist der Erbarmer[75]" („Alçak gönüllülüğün kaynağı ise Rahmân'dır"). Dieser Teil beinhaltet viele gegensätzliche Ausführungen, wie die eben angeführten zwei Sätze. Die Botschaft, die sich durch dieses Kapitel zieht, lautet: *der Mensch soll sich Gott zuwenden* (vgl. S. 60).

- „Der dritte Teil erklärt, durch wie viele Stufen der Mensch Gott erreicht" („Üçüncü bölüm İnsan'ın kaç makamda Tanrı'ya ereceğini bildirir") (S. 67–75): Dieses Kapitel bildet die zentrale Lehre, da die vorangegangenen Teile eher wie eine Einführung erscheinen. Die Pilgerschaft des Menschen auf dem mystischen Pfad beginnt mit dem ersten Tor der *Scharia*[76]. Der Mensch beginnt diese Wande-

---

[73] In diesem Werk werden des öfteren Begriffe aus dem militärischen Kontext gebraucht. In diesem Fall „bölük" („Die Kompanie") (S. 52), oder „Gaziler" („Die Veteranen") (S. 60), „İmam kumandanların önderidir" („Der Imam ist der Anführer der Kommandanten") (S. 63), „aklın Askerleri" („Die Soldaten der Vernunft") (S. 67). Es wird an drei Stellen zum Kampf auf Gottes Wegen aufgerufen (S. 72 und 77).

[74] Der arabische Begriff *ḥāl* bedeutet „Zustand, gewöhnlich in Sinne des Gegenwärtigen, Vorübergehenden". In der islamischen spekulativen Theologie ist *ḥāl* eine Eigenschaft, die zu einem existierenden Ding gehört, während sie selbst weder existierend noch nicht-existierend ist. Es gibt somit vier Arten von Dingen: reale, nicht-reale, Modi (Zustände) und Beziehungen. Duncan Black MACDONALD, „*Ḥāl*", in: *Handwörterbuch des Islam*, Leiden 1976, S. 159.

[75] Der Erbarmer, arab. *ar-raḥmān*, ist im islamischen Kontext eine der sogenannten 99 schönsten Namen Gottes. Gott wird im Koran am häufigten als der barmherzige Erbarmer *(ar-raḥmān ar-raḥīm)* bezeichnet, beide Attribute stehen in dem Eröffnungssatz *Basmala* am Anfang jeder Sūra, mit einer Ausnahme der Sūra 9. Vgl. Hermann STIEGLECKER, Die Glaubenslehren des Islam, München 1962, S. 145–146 (Nr. 133).

[76] Der Adept verlässt diesen Zustand, wenn er folgende zehn Stufen durchschritten hat: *Erstens* „İman getirmek" („Den Glauben bekennen"); *zweitens* „İlim öğrenmek"

rung mit dem Glaubensbekenntnis und verlässt diesen Zustand, indem er sich zu einem wohlgefälligen Menschen entwickelt.

- „Der vierte Teil gibt die Stufen des Weges an" („Dördüncü bölüm Tarikat'ın makamlarını beyan eder") (S. 75–78): Derjenige Mensch, der die Stufen der Scharia hinter sich gelassen hat und zu einer echten Umkehr bereit ist, kann ein Adept auf *dem mystischen Weg*[77] werden. Er gibt durch sein Aussehen deutlich zu erkennen, dass er ein Mitglied dieser Weggemeinschaft ist, wie die dritte Stufe von ihm verlangt. Obwohl er furchtlos ist, wird er gottesfürchtig, lernt auf Gott zu vertrauen und zu hoffen. Er löst sich von den Gütern dieser Erde und wird arm, d. h. er befreit sich von irdischen Belangen und tritt geläutert mit reiner Seele vor Gott.

- „Der fünfte Teil erklärt die Stufen der Erkenntnis" („Beşinci bölüm Marifet makamlarını açıklar") (S. 78): Dieser Teil besteht in der türkischen Vorlage aus exakt sechs Zeilen, in denen die Stufennamen

---

(„Wissen erwerben"); *drittens* „Zekat vermek" („Almosen geben), „Oruç tutmak" („Fasten"), „Gücü yetince hacca gitmek" („Wenn möglich auf die Pilgerfahrt gehen"), „Allah yolunda savaşmak" („Auf dem Wege Gottes kämpfen"), „Cünüblükten temizlenmek" („Sich waschen" – gemeint ist, sich nach dem Geschlechtsverkehr zu reinigen); *viertens* „Helal kazanmak" („Ehrlich verdienen"), „Faizi haram bilmek" („Zinsen als unerlaubt ansehen"); *fünftens* „Nikah yapmak" („Heiraten"); *sechstens* „Hayız ve nifas halinde cinsel ilişkiyi haram bilmektir" („Keinen Geschlechtsverkehr in der Zeit der Menstruation und des Wochenbetts"); *siebtens* „Sünnet-i cemaat" („Beschneidung der Gläubigen"); *achtens* „Şefkattir" („Die Güte"); *neuntens* „Temiz giyinmek ve temiz yemektir" („Sich sauber ankleiden und sauber essen"); *zehntens* „İyiliği emretmek ve yaramaz işlerden sakınmaktır" („Das Gute befehlen und sich vor unanständigen Taten bewahren") (S. 67–75). Die anatolischen Aleviten meinen, heute diesen Zustand durch die Geburt hinter sich gebracht zu haben. „Viele Aleviten glauben, dass sie durch die Geburt in die alevitische Gemeinschaft dieses Tor durchschritten also, ‚erledigt' hätten." Ismail KAPLAN, Das Alevitentum, Köln 2004, S. 49.

77 Der Adept verlässt diesen Zustand, wenn er folgende zehn bzw. hier elf Stufen durchschritten hat: *Erstens* „El alıp tövbe etmek" („Die Hand reichen und sich bekehren"); *zweitens* „Mürid olmak" („Ein Adept werden"); *drittens* „Saçları traş etmek ve tarikata uygun elbise giymek" („Die Haare scheren und sich dem Orden angemessen kleiden"); *viertens* „Cihad aşkıyla yanmak" („Mit dem Eifer des heiligen Kampfes [*Ǧihād*] brennen"); *fünftens* „Hizmet eylemek" („Dienst tun"); *sechstens* „Korku" („Die Angst") wahrscheinlich ist damit Ehrfurcht vor Gott gemeint; *siebtens* „Ümitle yaşamak" („Mit der Hoffnung leben"); *achtens* „Hırka, zenbil, makas, seccâde, tesbih taşımak; her şeyden ibret alıp hidayet üzere yaşamaktır" („Eine Jacke, einen Korb, eine Schere, einen Teppich und einen Rosenkranz tragen; von allem eine Lehre ziehend auf dem richtigen Wege leben"); *neuntens* „Nasihat sahibi ve muhabbet sahibi olmak" („[Ein Mann] des Ratschlags und des Gesprächs sein"); *zehntens* „Aşk, şevk ve fakirlik" („Die Liebe, der Ehrgeiz und die Armut"). Obwohl in der *Makalat* zehn Stufen angekündigt wurden, erfolgt hier noch eine elfte Stufe „Can" („Die Seele").

2.3 Die Makalat: Ein Kompass für den mystischen Pfad

lediglich hintereinander, ohne jegliche Kommentierung, aufgezählt werden. Das Tor *der Erkenntnis*[78] beginnt mit der ersten Anweisung zum Anstand. Der Adept soll moralische und ethische Reife erlangen. Daher werden Anforderungen, wie z. B. das Schamgefühl zu schärfen und die Ansprüche zu reduzieren, formuliert.

- „Der sechste Teil erklärt die Stufen der Wahrheit" („Altıncı bölüm Hakikat makamını açıklar") (S. 78–85): Dieser Teil zeichnet sich auch durch seine Kürze aus. Die einzelnen Stufen werden zwar benannt, aber nicht mit einem einzigen Begriff präzise ausgedrückt.[79] Es folgen im Verhältnis zu den vorherigen Beschreibungen längere Sätze zur Charakterisierung der einzelnen Stufen. Die Formulierung für die fünfte Stufe lautet folgendermaßen: „Sich vor Gott, dem absoluten Eigentümer des Besitzes, neigen, um seine Achtung zu erlangen" („Mülkün mutlak sahibi Allah'ın huzurunda eğilip itibar bulmak") (S. 78). Außerdem werden dort auch auffällig viele Koranverse wiedergegeben, die offenbar zusammenhangslos in Halbsätzen aufeinander folgen (vgl. S. 82).[80]

---

[78] Der Adept verlässt diesen Zustand, wenn er folgende zehn Stufen durchschritten hat: *Erstens* „Edep" („Der Anstand"); *zweitens* „Korku" („Die Angst"); *drittens* „Aşırı istekleri sınırlamak" („Zügelung der übertriebenen Ansprüche"); *viertens* „Sabır" („Die Geduld"); *fünftens* „Utanmak" („Schamhaft sein"); *sechstens* „Cömertlik" („Die Großzügigkeit"); *siebtens* „İlim" („Das Wissen"); *achtens* „Miskinlik" („Die Armut"); *neuntens* „Marifet" („Die Erkenntnis"); *zehntens* „Kendini bilmek" („Sich erkennen").

[79] Der Adept verlässt diesen Zustand, wenn er folgende zehn Stufen durchschritten hat: *Erstens* „Toprak olmak" („Zur Erde werden"); *zweitens* „Yetmiş iki milleti ayıplamamak" („Die 72 Völker nicht missbilligen"); *drittens* „Elinden geleni menetmemek" (sinngemäß: „Was du tun kannst, enthalte nicht vor"); *viertens* „Dünya içinde yaratılmış herşeye güven vermek" („Allem in der Welt Geschaffenen Vertrauen schenken"); *fünftens* „Mülkün mutlak sahibi Allah'ın huzurunda eğilip itibar bulmak" („Sich vor Gott, dem absoluten Eigentümer des Besitzes neigen, um seine Achtung zu erlangen"); *sechstens* „Sohbet ve hakikat sırlarını söylemek" („Gespräch und Erzählung der Geheimnisse der Wahrheit"); *siebtens* „Manevi yolculuk (seyir)" („Geistliche Reise (Verlauf)"); *achtens* „Sır" („Das Geheimnis"); *neuntens* „Allah'a yakarış" („Die Anflehung Gottes"); *zehntens* „Hakk'ı halkta görme (müşâhade) ve Allah'a ulaşmak" („Gott in den Menschen sehen (bezeugen) und Gott erreichen").

[80] Als Beispiel sei der Halbvers aus dem Koran 42,40b angeführt. Dort heißt es „Kim bağışlar ve barışı sağlarsa ...", ins Deutsche übersetzt bedeutet dies: „Wer vergibt und den Frieden ermöglicht...". Der ganze Vers lautet: „Kötülüğün karşılığı ona karşı bir kötülüktür. Fakat kim bağışlar, barışı sağlarsa mükâfatı Allah'a aittir. Şüphe yok ki Allah, zalimleri asla sevmez." („Eine schlechte Tat wird mit einer gleich schlechten vergolten. Wenn aber einer verzeiht und zu einem Vergleich bereit ist, steht es Gott anheim, ihn zu belohnen. Er liebt die Frevler nicht"). Weder die Wiedergabe des

- „Der siebte Teil gibt die Antwort der Geschicklichkeit an" („Yedinci bölüm Ma'rifetin cevabını beyan eder") (S. 85–94): Eine metaphorische Erzählung über *die große Stadt der Seele* eröffnet dieses Kapitel.[81] Gott stattete diese Stadt mit allem aus, was er in der Welt erschaffen hatte, und alles hatte in ihr Platz. Es gab zwei Sultane: der eine war *Göttlich* („Rahmâni"), der andere *Teuflisch* („Şeytanî"). Die zwei Herrscher stehen symbolhaft für die zwei Triebe im Menschen. Gott rüstet den Menschen mit den nötigen ,Waffen' aus, damit er gegen den teuflischen Herrscher siegen kann. *Die Vernunft ist der Name des göttlichen Sultan* („Rahmâni sultanın adı akıl"), *sein Stellvertreter ist der Glaube* („vekili îmândır") *und sein Kommandant ist die Armut* („komutanı miskinliktir")[82]. Gott gibt dem Menschen sieben Wächter zur Verteidigung[83].
- „Der achte Teil: Die Einheit der Wissenden" („Sekizinci bölüm Âriflerin tevhidi") (S. 94–110): Dieses Kapitel der *Makalat* beginnt mit der Bekräftigung der Einheit Gottes, die auch die zentrale Lehre des Islam bildet. „*İlahınız tek bir Allah'tır*" („*Euer Gott ist ein einziger Gott*") (S. 94: Hervorhebung im Text) wird aus der zweiten Sûra Vers 163 zitiert. Zu Gott gehören zwei Seiten, eine diesseitige, sichtbare („zâhiri") und eine jenseitige, unsichtbare („bâtını"). Und *alle Geschöpfe werden den Tod kosten* (S. 109). Obwohl Gott und seine guten Taten die zentralen Themen dieses Teils sind, überraschen folgende Bemerkungen bezüglich Juden und Christen. In den *Makalat* wird festgestellt, dass „sich seiner Sünde zu unterwerfen dem Judesein ähnelt" („Günahına boyun eğmek Yahudi olmaya benzer") und „die Vorschriften der Religion zu missachten dem Christsein ähnelt" („Dinin emirlerine boyun eğmemek Hıristiyan olmaya benzer") (S. 105).
- „Der neunte Teil: Eine der Besonderheiten Adams" („Dokuzuncu bölüm: Âdem'in özelliklerinden biridir") (S. 110–137): Die Be-

---

Halb- noch Ganzverses ergibt einen Sinn in diesem Kontext. Das gilt auch für die anderen zehn Koranzitate.

81 „Gönül büyük bir şehirdir."
82 „Miskinlik" gilt als Ehrentitel für den Derwisch und meint *Derwischtum, geistige Armut*.
83 Diese sieben Wächter sind folgende: „İlim" („Das Wissen"), „Cömertlik" („Die Großzügigkeit"), „Ar ve hayâ" („Die Scham und die Befangenheit"), „Sabır" („Die Geduld"), „Perhizkârlık" („Die Enthaltsamkeit"), „Korku" („Die Angst"), „Edep" („Der Anstand") (S. 85).

2.3 Die Makalat: Ein Kompass für den mystischen Pfad

sonderheit Adams liegt in seiner Beschaffenheit. Denn Gott schuf Adams Gesicht aus der Erde von Medina, sein Haupt aus der Erde Jerusalems und seine Augen aus der Erde des Beytul Haram (Kaaba) in Mekka. Seine Zähne schuf er aus der Erde Chorasans im heutigen Uzbekistan. Seine Arme schuf er aus der Erde des Jemen und des Taif. Seine Nägel schuf er aus der Erde Hatays. Seine Brust schuf er aus der Erde des Iraks. Sein Hinterteil schuf er aus der Erde Hânedâns (?) – vielleicht ist ein Ort in Ägypten gemeint. Sein Gedächtnis schuf er aus der Erde Indiens. Seine Beine schuf er aus der Erde Turkestans. Sein Geschlechtsteil schuf er aus der Erde Konstantinopels. Gott schuf Adam, der symbolisch für die ganze Menschheit steht, aus der Erde verschiedener Länder, denn, „hätte er alle aus derselben Erde geschaffen, hätten alle Menschen das gleiche Angesicht, so dass der eine den anderen nicht erkannt hätte" (S. 113)[84]. Nachdem Gott Adam geschaffen hatte, erließ er seinen Befehl, und der Körper wurde mit der Seele erfüllt. Gott machte den Menschen zu seinem „halife" („Stellvertreter"), sowohl im Himmel, als auch auf Erden (S. 114). Alle Engel außer „İblis" („Der Teufel") haben ihm gehuldigt (vgl. Koran 2:34). Gott schuf Adam aus einem einzigen Grund: Damit das islamische Glaubensbekenntnis „Allah'tan başka tanrı yoktur, Muhammed Allah'ın elçisidir" (S. 117) bekannt werden könnte.

Wie soll dieses Werk beurteilt werden? Ist es berechtigt, das Buch zur Grundliteratur der anatolischen Aleviten zu rechnen? Ist diese *Makalat*-Schrift von einem sunnitischen Muslim überarbeitet, und sind vielleicht alle nicht dem Islam konformen Lehren entfernt worden? Alle diese Fragen stellen sich nach einer gründlichen Analyse des Werks. Es befindet sich darin kaum eine Lehre, die gravierend heterodoxen Charakter aufweist. Keine epischen Erzählungen, keine Totenauferweckungen, keine Rede von Hacı Bektaş selbst. Das Buch soll den Adepten auf dem mystischen Pfad zu Gott führen. Würde man ernsthaft nach diesem Buch auf irgendeinem Weg wandeln wollen, wäre man gezwungen, auf dem orthodox muslimischen Pfad zu wandeln. Hier scheint der mystische Pfad ganz mit dem orthodoxen, sunnitisch-sufischen Islam verbunden.

---

84 „Şayet bir tür topraktan yaratsaydı, insanlar tek bir sûrette olurlardı ve biri diğerini tanıyamazdı."

2.4 Nech'ül Belâğa: Ein Kompendium des geistigen Erbes Alis

Die anatolischen Aleviten verehren in besonderer Weise ʿAlī b. Abī Ṭālib (ca. 597/601 in Mekka – 661 in Kufa) den Cousin, Vertrauten und späteren Schwiegersohn des islamischen Propheten Muhammad. Der Name Alevi (dt.: Alevit) ist die Bezeichnung der Anhänger des Alevitentums und wurde aus dem arabischen ʿalawī abgeleitet. Der Name meint im engeren Sinne die *Nachfahren* ʿAlī b. Abī Ṭālibs, welcher nach sunnitischer Zählung der vierte der so genannten „rechtgeleiteten Kalifen" *(al-ḫulafā' ar-rāšidūn)* war. Sowohl den Schiiten wie den Aleviten gilt er als erster Imam. Ali war der erste Mann, der sich nach Muhammad zum Islam bekannte. Über die Frage seiner Nachfolge entzweiten sich der später „sunnitisch" genannte und der schiitische Islam gegen Mitte des siebten Jahrhunderts. Ali, wie auch seine Söhne Ḥasan (ca. 625–670)[85] und Ḥusayn[86] (ca. 627–680), sind zentrale Figuren im schiitischen und alevitischen Islam.

Die Bedeutung Alis unter den Aleviten rührt daher, dass sie in einer Person all jene Werte symbolisiert sehen, die nicht nur für eine Gesellschaft, die an ihn glaubt, wichtig sind, sondern auch für die gesamte Menschheit. Somit ist Ali eine besondere Persönlichkeit, dessen Denkweise, dessen Methode, Ereignisse zu analysieren, dessen Art, auf Ergebnisse zu kommen und die Resultate auf eine verständliche Weise zu erklären, für sie Mustercharakter hat. Das Werk, *Nech'ül Belâğa* ist – wenn man so will – ein Kompendium, in dem das geistige Erbe Alis festgehalten wurde.

2.4.1 Bezeichnung und Verfasser

„Dieses Buch öffnet dem Suchenden die Tore des Wissens"[87]. So wird das Werk im Vorwort charakterisiert. Der türkische Name des Sammel-

---

85 Laura Veccia-Vaglieri, „Al-Ḥasan b.ʿAlī b. Abī Ṭālib", in: *Encyclopaedia of Islam*, Band III, Leiden ²1971, S. 240–243.
86 Laura Veccia-Vaglieri, „Al-Ḥusayn b. ʿAlī b. Abī Ṭālib", in: *Encyclopaedia of Islam*, Band III, Leiden ²1971, S. 607–615.
87 „Bu kitap arayanlara bilginin kapılarını açar" Abdülbâki Gölpınarlı (Hrsg.), Nech'ül-Belâga. Hz. Ali'nin Hutbeleri, Vasiyetleri, Emirleri, Mektupları, Hikmet ve Vecizeleri („Methode der Eloquenz. Die Predigten, Vermächtnisse, Gebote, Briefe, die Weisheit und die Sprüche des heiligen Ali"), (Der Yayınları: 70), Istanbul 1969,

2.4 Nech'ül Belâğa: Kompendium des geistigen Erbes Alis

werks *Nech'ül Belâğa*, im Arabischen *Nahğ al-Balāğa*, setzt sich aus den Begriffen Weg, Pfad, Methode (*nahğ*) und die Eloquenz, Redekunst, Rhetorik (*al-Balāğa*) zusammen[88]. Für die deutsche Übersetzung wird *Methode der Eloquenz* gewählt. Die Publikation beinhaltet die gesammelten Predigten, Briefe, Verfügungen, Vermächtnisse, Sprüche etc. des ʿAlī b. Abī Ṭālib. Diese Zusammenstellung geht auf Abu al-Ḥassan Muḥammad b. Abī Aḥmad al-Ḥusayn (ca. 969–1015), der unter dem Namen Scharif Raḍī bekannt ist, zurück. Er ist ein NachkommeAlis. Seyyid Raḍī stellte viele der Predigten, Briefe und Sprüche aus mehreren Quellen, die sich teilweise in seiner Privatbibliothek befanden, zusammen. Seinen eigenen Angaben zufolge sei das Werk von Zeyd b. Veheb'il Cüheni aus Khufa (gest. ca. 715), in dem zum ersten Mal schon zu Lebzeiten von Ali die Predigten und öffentliche Ansprachen gesammelt wurden, für ihn die wichtigste Quelle gewesen. Raḍī hat diese Zusammenstellung wahrscheinlich um das Jahr 1000 fertiggestellt.

Für die vorliegende Studie wurde die von Gölpınarlı übersetzte und herausgegebene *Nech'ül Belâğa*-Ausgabe zu Grunde gelegt.

2.4.2 Inhalt

Nech'ül Belâğa ist ein Werk, das durch Scharif Raḍī aus verschiedenen Quellen zusammengestellt wurde.[89] Die Ausgabe von Gölpınarlı hat die

---

S. 23. Das Buch wird im Folgenden mit Abdülbâki GÖLPINARLI (Hrsg.), Nech'ül-Belâga, Istanbul 1969 zitiert.

88 Gölpınarlı verwendet für die Bezeichnung dieses Werk im türkischen stets den Namen *Nech'ül Belâga*, ohne jedoch die Bedeutung dieses Titels anzugeben. Für die lexikalische Bedeutung der einzelnen arabischen Begriffe vgl. auch Günther KRAHL/ Gharieb Mohammed GHARIEB, Wörterbuch Arabisch–Deutsch, Leipzig 1984, S. 8 und S. 776.

89 Dem Verfasser dieser Arbeit liegen folgende weiteren Ausgaben von *Nech'ül Belâğa* vor: HAZRETİ ALİ, Nech'ül Belaga („Methode der Eloquenz"). Hazreti Ali Buyruğu/ Kuran-ı Natık („Das Gebot des heiligen Ali/Der sprechende Koran"), (Karacaahmet Sultan Dergahı Yayınları: 4), Istanbul 2000. Das Werk unterscheidet sich von Gölpınarlıs Buch bei der Wiedergabe des Textes nicht. Der Unterschied besteht darin, dass in diesem Buch beispielsweise die Angaben für die Koranzitate nicht gemacht und die einzelnen Predigten nicht nummeriert werden, sondern eine Überschrift erhalten. Außerdem werden die Auslassungen bei den Predigten nicht gekennzeichnet. Eine weitere Ausgabe stammt von EŞ-ŞERÎF ER-RADÎ, Hz. Ali. Nehcü'l-belâğa („Methode der Eloquenz"). Hz. Ali'nin Konuşmaları, Mektupları ve Hikmetli Sözleri („Die Ansprachen, Briefe und Weisheitssprüche des heiligen Ali"), Çeviren ([ins Türkische] übersetzt von) Adnan DEMİRCAN, (Beyan Yayınları), Istanbul 2006. Das Buch wird im Folgenden mit EŞ-ŞERÎF ER-RADÎ, Hz. Ali. Nehcü'l-

Texte noch erweitert. Diese Erweiterung der Texte geschah vor allem themenbezogen. Gölpınarlı übernimmt aus anderen Werken Texte, die ebenfalls die Predigten, Briefe etc. Alis beinhalten, und macht dies dadurch kenntlich, dass er den ersten Satz, beispielsweise einer Predigt, in Arabisch voranstellt. Somit versuchte Gölpınarlı möglicherweise eine komplette Predigt von Ali zu rekonstruieren, wobei er, wie auch schon vor ihm Scharif Raḍī, darauf hinwies, dass *Nech'ül Belâğa* nicht alle Worte des vierten Kalifen beinhaltet. Ähnliches versucht Adnan Demircan (geb. 1964) in seiner Ausgabe. Er benutzt mehrere Quellen, um eine möglichst vollständige Sammlung von Predigten etc. zusammenzustellen. Außerdem gibt das Buch Texte wieder, die bei Gölpınarlı nicht enthalten sind. Wie zum Beispiel die erste Predigt im ersten Kapitel über „die Erschaffung des Himmels und der Erde"[90]. Bei beiden Autoren erfolgt die Zusammenstellung der Texte themenbezogen und nicht chronologisch. Demnach besteht bei Gölpınarlı das erste Kapitel im ersten Teil aus 17 verschiedenen Predigtabschnitten, in denen die Themen Glaube, Islam und Koran behandelt werden. Demircans Buch umfasst drei große Teile, von denen der erste der umfangreichste ist. In beiden Ausgaben tragen manche Predigten eine Überschrift. Entweder um die zeitliche Einordnung zu erleichtern[91] oder das behandelte Thema explizit zu kennzeichnen.[92] Im Folgenden soll der Inhalt der *Nech'ül Belâğa* nach der Ausgabe von Gölpınarlı dargestellt werden.[93]

---

belâğa, Istanbul 2006 zitiert. Adnan Demircan ist Professor für islamische Geschichte an der Harran Universität in Şanlıurfa. Demircan bietet den Text in neuer türkischer Übersetzung und bereichert ihn durch viele Anmerkungen – insgesamt 650 – zu den erwähnten Personen, geschichtlichen Ereignissen und philologischen Bemerkungen. Wie Gölpınarlıs Werk gebraucht auch diese Ausgabe Nummern und Überschriften, um die einzelnen Teile und Kapitel zu kennzeichnen.

90   Eş-Şerîf Er-Radî, Hz. Ali. Nehcü'l-belâğa, Istanbul 2006, S. 29f.
91   Wie beispielsweise die Predigt mit der Überschrift „Sıffîn'den döndükten sonra okudukları hutbe" („Nach dem Rückkehr aus Sıffîn gehaltene Predigt"), Abdülbâki Gölpınarlı (Hrsg.), Nech'ül – Belâğa, Istanbul 1969, S. 32. Vgl. auch Eş-Şerîf Er-Radî, Hz. Ali. Nehcü'l-belâğa, Istanbul 2006, S. 34.
92   Als Beispiel dafür ist folgende Überschrift zu nennen „Hazreti Peygamber'e (S.A.V.) salavât getirmeyi bildiren hutbeleri" („Die Predigt über die Bedeutung der Eulogie des heiligen Propheten"), Abdülbâki Gölpınarlı (Hrsg.), Nech'ül – Belâğa, Istanbul 1969, S. 37 oder vgl. Eş-Şerîf er-Radî, Hz. Ali. Nehcü'l-belâğa, Istanbul 2006, S. 70.
93   Die Seitenzahlen beziehen sich im Folgenden, wenn nicht anders angegeben, auf das Buch von Abdülbâki Gölpınarlı (Hrsg.), Nech'ül – Belâğa, Istanbul 1969.

2.4 Nech'ül Belâġa: Kompendium des geistigen Erbes Alis 71

- Vorwort (S. 20–23): Gölpınarlı übersetzt das Vorwort von Seyyid Raḍī und stellt es an den Anfang. Darin erklärt der Seyyid, aus welcher geistlichen Tradition seine Familie stammt, und möchte die Weisheiten seines Ahnen Ali, den er „Emîr"[94] („Befehlshaber") oder „Emîr'ül-mü'minîn" („Befehlshaber der Gläubigen") nennt, zusammentragen und für die kommenden Generationen festhalten. Für ihn ist Ali *die Quelle der Eloquenz (oder Redseligkeit)*[95], „da seine Worte durch Gottes Weisheit beleuchtet sind, scheinen sie" (S. 21) wie ein Licht.

- Erster Teil: „Allah – Hz. Muhammed S.A.V. İman – İslâm, Kur'ân-ı Mecîd" („Gott – Heiliger Muhammad S.A.V.[96] Der Glaube – der Islam, der ehrbare Koran") (S. 24–29): Die hier gebotenen Texte beschränken sich nicht auf die in der Überschrift benannten Themen. Fünf weiteren Themen wird jeweils ein Kapitel gewidmet.[97]
Gott schuf aus *eigener* Kraft die Menschen, die Welt und alles, was sich darin befindet. Er braucht keinen Partner (S. 41). Wer ihm etwas oder jemand beigesellt, der begeht die größte, unverzeihliche Sünde, nämlich *širk* (S. 24). Gott sieht das Verborgene und weiß das Unbekannte (S. 38). Dem Menschen steht es nicht zu, über Gottes Eigenschaften mehr als das zu erfahren, was im Koran enthalten ist (S. 40).
Der Allmächtige hat seinen Geschöpfen Propheten gesandt, die *seine Religion* verkünden („Allâh dinini kurmak") (S. 45). In einer Zeit, als die Menschen umherirrten, sandte Gott schließlich Muhammad, den Bescheidenen und Schamhaften (S. 49). Und wer eine andere

---

94 Das Wort leitet sich von arabischen *amīr* und türkischen „emir" und bedeutet „Befehl", „Fürst", „Prinz", „Gouverneur" oder „Befehlshaber", entsprechend wird im Arabischen *amīr al-mu'minīn*, das „der Befehlshaber der Gläubigen" bedeutet, als ein Ehrentitel für die islamischen Kalifen verwendet.
95 „Belâgat ondan zuhur etmiştir" (S. 21).
96 Dies ist die Abkürzung der Eulogie *ṣallā 'llāhu 'alayhi wa-sallam(a)*, die nach der Erwähnung von Muhammads Namen gesetzt wird und im Deutschen mit „Gott segne ihn und schenke ihm Heil!" wiedergegeben werden kann.
97 Diese fünf Kapitel enthalten folgende Themen: Das *erste* Kapitel mit den oben genannten Themen enthält 17 Predigten; das *zweite* Kapitel „Kendileri ve Ehlibeyt aleyhüsselam" („Über sich [Alis] und die Familie des Propheten") elf Predigten; das *dritte* Kapitel „Dünya – Âhiret" („Die Welt – Das Jenseits") bietet 16 Predigten; das *vierte* Kapitel „İçtima – İktisad" („Gesellschaft – Wirtschaft") hat 31 Predigten; das *fünfte* Kapitel „İlk üç Halîfe zamanı" („Die Zeit der ersten drei Kalifen") umfasst 68 Predigten.

Religion sucht, als die, die von Muhammad verkündet wurde, dem wird Schlimmes widerfahren.[98] Denn jedes Kind wird als Muslim geboren, und bleibt einer, bis er reden lernt, dann machen ihn seine Mutter und sein Vater zum Juden, Christen oder Zoroastrier.[99]

Und weshalb sandte Gott Muhammad? Die Welt hatte sich vom Licht zur Finsternis gewandt. Sie hatte sich erhärtet, ihre Zeit neigte sich dem Ende zu. Die Endzeitzeichen kamen allmählich zum Vorschein und jene, die in der Welt waren, hatten die Hoffnung aufgegeben – welche Zeichen sich kundtaten, wird nicht erwähnt. In so einer Zeit sandte Gott Muhammad, um die Botschaften zu übermitteln und um denen, die sie annehmen, den Segen Gottes zu bringen (vgl. S. 59).

In einer Rede macht Ali eine bemerkenswerte Anmerkung über sein Wissen und wie sich dieses zu Muhammad verhält. *Nech'ül Belağa* gibt die Stelle folgendermaßen wieder: „Ich schwöre bei Gott, wenn ich jedem von euch kundtue, woher und wie er [in die Welt] gekommen ist und wie und wohin er gehen wird. [...] Und ich kann es kundtun ohne Schwierigkeit. Aber ich befürchte, dass ihr meinetwegen den Gesandten leugnet. Aber ich offenbare dies nur denjenigen, von deren Ehrlichkeit ich überzeugt bin"[100] (S. 69f.). An einer anderen Stelle sagte er: „der Gesandte Gottes und ich sind zwei Bäume aus einer Wurzel"[101] (S. 300). Sind vielleicht diese Stellen der Grund dafür, dass die anatolischen Aleviten in Ali ein präexistentes Wesen sehen, das, wenn es nicht Muhammad überlegen ist, ihm wenigstens als ebenbürtig zu betrachten ist?

In einer Reihe von Predigten schildert Ali die Ereignisse und die Machtkämpfe um die Nachfolge des Muhammad. In den zum Teil sehr leidenschaftlich vorgetragenen Ansprachen schildert er, wie

---

98 „İslâmdan başka din arayanın kötülüğü meydandadır" (S. 51).
99 „Her doğan çocuk, yaratılış dininde (İslâm dininde) doğar; dili konuşmaya yatıncaya dek böyledir; sonra anası, babası, onu Yahûdi yapar, Hıristiyan eder, Mecûsi kılar" (S. 52).
100 „Andolsun Allâh'a ki, sizin her birinizin nerden ve nasıl geldiğini, nereye ve nasıl gideceğini haber versem... Hem de haber veririm, acze düşmem; fakat benim yüzümden Rasûlullâh'ı da inkâr etmenizden korkarım. Bunu ancak emin olduğum özü-sözü doğru kişilere açar, açıklarım."
101 „Biz Rasûlullâh'la bir kökten bitmiş iki ağacız". An einer anderen Stelle sagt Ali: „Öyle gizlemiş bir bilgiye sahibim ki açsaydım size, derin mi derin kuyulara sallanmış ipler gibi sallanırdınız, titrerdiniz" (S. 155).

2.4 Nech'ül Belâğa: Kompendium des geistigen Erbes Alis

sein Anspruch auf die rechtmäßige Nachfolge, auf das Kalifat außer Acht gelassen wurde: „O mein Gott, von dir verlange ich mein Recht von den Quraiš.[102] Von dir verlange ich Hilfe gegen sie. Sie haben meine Nähe zum Gesandten Gottes verleugnet. Den Behälter in meiner Hand haben sie umgekippt. In der Sache, die mir mehr als allen anderen zusteht: über das mir gebührende Amt haben sie mit mir gestritten. Sie sagten mir: Das Recht kann gegeben oder genommen werden, wenn du willst, harre in deiner Trauer aus oder sterbe daran" (S. 167).[103]

- Zweiter Teil: „Mektupları, [E]mir – [N]âmeleri, [V]asiyyeti" („Seine [Alis] Briefe, Gebote und sein Vermächtnis") (S. 295–388): Ali beschreibt sich selbst als einen Asketen. Da er sich der weltlichen Genüsse enthielt, sagten die Leute über ihn: „Wenn der Sohn Ṭālibs nur so wenig isst, reicht seine Kraft, mit den Feinden zu kämpfen, nicht aus" (S. 300). Er machte dies aus der Überzeugung heraus, dass der Mensch nicht weltzugewandt leben sollte. Wie er die Welt sah, wird aus einem Brief, den er an Salmān al-Fārisī (gest. ca. 656) adressiert hatte, deutlich: „Ihr sollt wissen, dass die Welt einer Schlange ähnelt, deren Gift für den Menschen tödlich ist, und wenn du sie berührst, kommt sie deiner Hand samten vor"[104] (S. 295). Der Mensch soll sich nicht mit der Welt anfreunden, denn das bringt ihm Verderben.

- Dritter Teil: „Kısa Sözleri, Hikmet ve Vecîzeleri" („Seine [Alis] kurzen Worte, seine Weisheit und seine Sprüche") (S. 389–440): Dieser Teil enthält kurze Antworten Alis aus verschiedenen Themengebie-

---

102 Die Quraiš waren Mitte des 6. Jarhunderts einer der einflussreichsten Stämme auf der arabischen Halbinsel. Sie kontrollierten die Handelswege von Mekka nach Abessinien, in den Irak, und den Jemen durch Vereinbarungen mit den Beduinen. Außerdem erhielten sie die Einnahmen aus dem Pilgerfest um den Kaabakult. Aus diesem Stamm kam auch der islamische Prophet Muhammad hervor. Vgl. Tilman NAGEL, Geschichte der islamischen Theologie. Vom Muhammad bis zur Gegenwart, München 1994, S. 15–22. Siehe auch Tilman NAGEL, Mohammed. Leben und Legende, München 2008, S. 27–41.

103 „Allah'ım Kureyş'ten hakkımı senden istiyorum; onlara karşı senden yardım diliyorum. Rasûlullah'a olan yakınlığımı inkâr ettiler, elimdeki kabı baş aşağı çevirdiler; başkasından fazla lâyık olduğum işte, hakkım olan mevki'de benimle kavgaya giriştiler. Hak alınır da, verilirde; istersen gamlara dayan; istersen acıklanarak öl dediler."

104 „Bilin ki dünya, dokunulunca ele yumuşak gelen, fakat zehiri insanı öldüren yılana benzer."

ten, zu denen er befragt wurde. Auf eine Frage über den Glauben antwortete er: „Der Glaube steht auf vier Säulen: Geduld, Hoffnung, Gerechtigkeit und Ğihād" (S. 389). Es ist bezeichnend, dass er an dieser Stelle nicht die sechs Prinzipien, den Glauben an Gott, an die Engel, an die heiligen Bücher, an die Propheten, an das Jüngste Gericht und das Leben nach dem Tod und an die Vorsehung oder die sogenannten fünf Säulen, aufzählt. An einer anderen Stelle beschreibt er den Glauben als einen Akt, in dem „der Mensch mit dem Herzen erkennt, mit der Zunge bekennt und frei zum Diener wird"[105] (S. 391).

Über die Welt und das Jenseits sagt er, dass „der Mensch mit jedem Atemzug dem Tod entgegenschreitet" (S. 406).

Eine inhaltliche Analyse der Predigten, Briefe und der Sprüche zeigt, dass Themen wie Tawḥīd (arab. *tawḥīd*: Die Lehre der Einheit und Einzigkeit Allahs) und die Gotteseigenschaften einen besonderen Platz einnehmen. Es scheint eine Parallele zur Lehre der Muʿtazila[106] zu geben. Wahrscheinlich gehörte der Autor von *Nechʾül Belağa* zu dieser Bewegung. Das soll aber nicht heißen, dass der Autor nur Texte aufgenommen hat, die der muʿtazilitische Lehre entsprechen, sondern, dass er möglicherweise nach seiner persönlichen Überzeugung selektierte.

Das Buch *Nechʾül Belağa* bietet einen guten Einblick in die von seinen späteren Anhängern vorgestellte geistige Welt des ʿAlī b. Abī Ṭālib, auch wenn seine Predigten nicht in vollständiger Weise dargeboten werden. Es scheint, dass die Erfahrungen, die Ali nach dem Tod Muhammads mit der Nachfolge des Kalifats gemacht hat, ihn zutiefst verletzt haben. Er, der Schwiegersohn des Propheten, musste ausweichen, damit andere

---

105 Diese Wiedergabe erfolgte sinngemäß. Im Türkischen lautet dies folgendermaßen: „İman gönülle tanımak, dille ikrar etmek, âzâ ile de kullukta bulunmaktır."
106 Al-Muʿtazila wird die große theologische Schule bezeichnet, auf die die spekulative Dogmatik im Islam zurückgeführt wird. Anhänger dieser Schule werden Muʿtaziliten genannt. Diese Schule erlebte den Höhepunkt ihres Einflusses und ihrer Macht in der ersten Hälfte des 9. Jahrhunderts. Sie verstehen sich als Verteidiger des Glaubens mit dem Mittel der Beweisführung. Sie gehen davon aus, dass der Mensch ein von Gott mit Vernunft ausgestattetes Wesen ist und daher die Pflicht hat, diese Vernunft auch im Bereich der Religion anzuwenden und sich nicht mit der Feststellung der positiven Offenbarung zu begnügen. Vgl. Tilman NAGEL, Geschichte der islamischen Theologie. Von Muhammad bis zur Gegenwart, München 1994, S. 106–109.

den ihm zustehenden Posten annehmen konnten. Nach seiner Schilderung wurde sein Recht mit Füßen getreten. Diese Erfahrung des nicht zum Eigenen-Recht-Kommens machten die anatolischen Aleviten im osmanischen Reich, und sie erleben es teilweise bis in unsere Tage in der Türkei. Sie sehen sich somit in eine Leidensgeschichte eingebettet, die bis zu den Anfängen des Islam zurückgeht. Dies ist womöglich ein weiterer wichtiger Grund, weshalb diese Sammlung von Texten bei den anatolischen Aleviten ein hohes Ansehen genießt.

C. GRUNDLEHREN

1. Das Gottesverständnis des anatolischen Alevitentums

Die anatolischen „Aleviten glauben an den einen einzigen Gott (Allah/ Hakk)."[107] Diese Selbstdarstellung stellt das Alevitentum in unmittelbare Nähe der monotheistischen Weltreligionen Judentum, Christentum und Islam. Aufgrund des besonderen Verhältnisses des anatolischen Alevitentums zum Islam ruft die Betonung „einen einzigen" die muslimische Tawḥīd-Lehre in Erinnerung. Die Alevitin Dilek Öznur scheint sich damit nicht zufriedenzugeben, dass am Ende des Satzes das Wort ,Gott' steht, sondern will präzisieren, indem sie in Klammern den Hinweis auf die zwei unter den Aleviten gängigen Gottesbezeichnungen *Allah* und *Hakk* hinzufügt. Dadurch scheint wiederum das Wort *Hakk* als Synonym für *Allah* zu fungieren. Doch der Ausdruck *Hakk* (arab. ḥaqq) in der Bedeutung von „Gott", „Gottheit", „Wahrheit" oder „göttliche Wahrheit" ist entsprechend der mehrheitlich alevitischen Lehre der allgemeine Name für das All, für den Kosmos im Ganzen. Dadurch bekommt der alevitische Gottesbegriff eine besondere Konnotation.

Im Folgenden wird das alevitische Gottesverständnis anhand der Grundschriften dargelegt. Inspiriert von der christlichen Theologie geht es dabei im ersten Schritt darum, ob ein Schöpfungsglaube vorhanden ist und inwiefern Gott als Ursprung, Erhalter und Ziel dieser Schöpfung anzusehen ist. Welches Gottesbild steht hinter den Aussagen der Grundschriften? Kann man von einem personalen Gottesbild ausgehen? Was steht hinter der Lehre von der heiligen Kraft *(„kutsal güç")*? Auf welchen Grundlagen basiert diese Lehre? Weshalb wird das sunnitisch-orthodoxe Glaubensbekenntnis durch die Aleviten mit dem

---

107 Dilek ÖZNUR, Gebet und interreligiöses Gebet aus alevitischer Sicht, in: MULTIRELIGIÖSE STUDIENGRUPPE (Hrsg.), Handbuch Interreligiöser Dialog. Aus katholischer, evangelischer, sunnitischer und alevitischer Perspektive, Köln ²2007, S. 136–144, hier S. 137.

Satz „und Ali ist sein Freund"[108] ergänzt? Was besagt dieses Bekenntnis, und welche Begründungen bieten die Grundschriften an?

1.1 Gott als Schöpfer

Die theologische Frage nach der Entstehung des Universums hat eine eigene, über die naturwissenschaftlichen Forschungen hinausgehende Dimension. Es handelt sich nicht bloß um die Frage, wann und wie der Kosmos materiell entstanden und der Mensch aufgetreten ist, sondern es geht um den Sinn dieses Werdens: Ob es durch einen ziellosen Zufall, durch ein blindes Schicksal, eine namenlose Notwendigkeit bestimmt wird oder aber von einem intelligenten und guten höheren Wesen, das wir Gott nennen. Was sagen die alevitischen Schriften zum Thema Schöpfung? Wer ist nach diesen Schriften die Ursache unseres Daseins?

1.1.1 Apologetische Schöpfungserzählung

Die alevitischen Schriften enthalten einen auf den ersten Blick der jüdisch-christlichen Tradition ähnelnden Schöpfungsbericht. In *Buyruk II* wird eine Szenerie wiedergegeben, die vermuten lässt, dass Šayḫ Seyyid Safî[109] ein hohes Alter erreicht hatte. Sein Sohn Šayḫ Sadreddin hatte die Befürchtung, nicht genügend von seinem Meister lernen zu können, bevor dieser starb. So näherte sich Sadreddin seinem Vater und bat ihn um Erlaubnis, einige Fragen zu stellen, damit nichts ungeklärt bliebe (*Buyruk II*, S. 162). Seine Fragen klingen für den Leser des *Buyruk* zunächst unverständlich; da die angesprochenen Sachverhalte in den vorangehenden Gesprächen erklärt wurden, sind sie im Textzusammenhang nachvollziehbar.

„Von wem sind der Weg („YOL")[110] und die Grundpflichten („ERKÂN") überliefert? Was ist die Essenz („asıl") von Gesetz („ŞERİAT"), Weg („TARİKÂT"), Erkenntnis („MÂRİFET") und Wahrheit (HAKÎKAT")? Und durch wen und wie sind sie entstan-

---
108 Ismail KAPLAN, Das Alevitentum, Köln 2004, S. 38.
109 Vgl. *Buyruk II*, S. 21 und Kapitel B.2.1.2 der vorliegenden Arbeit.
110 Die Versal- und Minuskelschreibung oben im Text folgt der türkischen Vorlage, die allerdings keiner erkennbaren Regel folgt.

den?" [Der Seyyid beginnt seine Ausführungen mit einem Koranzitat:] „Habe ich euch, o ihr Kinder Adams, nicht auferlegt, ihr sollt nicht dem Satan dienen – er ist euch ja ein offenkundiger Feind –, ihr sollt mir dienen, das ist ein gerader Weg? Er hat doch viele Geschöpfe aus euren Reihen irregeführt. Hattet ihr keinen Verstand?" (Koran 36:60–62).

Die Auslegung dieser Verse lautet nun folgendermaßen:

„Diese Verse wurden über den Satan niedergeschrieben. Gott befahl ihm, sich sieben Mal vor Adam niederzuwerfen; er warf sich jedoch nicht nieder, wurde zum Teufel und schürte von da an Hass gegen Adam. Das ist der Grund, weshalb er dem Propheten Adam zum Feind wurde.[111] Nach diesem Ereignis wollte der Schöpfer aller Welten seine Stärke offenbaren („âşikar kılmak diledi"). Nachdem er oben, unten, rechts, links, Osten, Westen, Norden, Süden, Erde, Himmel, Mond, Sonne, Sterne, Galaxien, Jahr und Tag erschaffen hatte, erschuf jener erhabene [und] heilige Gott („Hakk Taâlâ hazretleri") aus seiner majestätischen Großzügigkeit und Gnade ein grünes Meer und warf dem Meer einen erziehenden Blick zu („terbiye nazar saldı"). Das Meer bewegte sich und brauste auf; heraus kam („dışarı çıktı") ein Juwel („cevher")[112]. Der erhabene [und] heilige Gott ergriff dieses Juwel und teilte es in zwei Teile; der eine war grün, der andere weiß. Der erhabene [und] heilige Gott stellte jene Lichter („nūr") in die wie eine Kuppel („kubbe") schwebende Laterne („kandil"). Das grüne Licht war von Muhammad Mustafa, das weiße vom dem auserwählten Ali („Mürtezâ[113] Ali"). Diese wurden vor allen Seelen erschaffen" (*Buyruk II*, S. 162).

Der schöpferisch tätige Gott macht nach diesem Akt nicht halt, sondern erschafft einen Engel und gibt ihm den Namen Gabriel.

„Und Gott fragte ihn: ‚Wer bist du, und wer bin ich?' Jener Engel antwortete ihm: ‚Du bist du, und ich bin ich.' Der erhabene Gott verfluchte ihn, er machte ein Feuer und verbrannte ihn."

---

111 Hier merkt der Leser, dass die Erzählung im *Buyruk* keiner chronologischen Abfolge unterliegt. An manchen Stellen weist der Text keine inhaltliche Kohärenz auf.
112 Vgl. Michael KEENE/Michael JENKINS, „Djawhar", in: *Encyclopaedia of Islam*, Band XII (Supplement), Leiden ²2004, S. 250–262; vgl. auch Simon van den BERGH, „'ayn", in: *Encyclopaedia of Islam*, Band I, Leiden ²1960, S. 784–785.
113 Dieses Ali-Epitheton bedeutet „der (bei Gott) Gefallen gefunden hat".

1.1 Gott als Schöpfer

Gott erschuf nun fünf andere Engel, denen er die gleiche Frage stellte und die ihm die gleiche Antwort gaben. Sie wurden auf die gleiche Weise vernichtet.

„Nach sechstausend Jahren erschuf Gott wiederum einen Engel, ihm gab er erneut den Namen Gabriel und fragte ihn: ‚Wer bist und wer bin ich?' Gabriel antwortete nicht. Auf Gottes Befehl begann er zu fliegen. Er lief sechstausend Jahre lang, flog tausend Jahre und kehrte dann zurück. Gott sagte ihm: ‚Wer bist du, und wer bin ich?' Gabriel antwortete ihm nicht. Wiederum ließ Gott seinen Befehl ergehen, und der Engel flog sechstausend Jahre lang, wurde müde und drohte zu stürzen. Der erhabene Gott half ihm und öffnete ihm den *bāṭinī* Blick („bâtın gözünü açtı"). Nun erblickte Gabriel die Kraft-Laterne („KUDRET KANDİLİ") und landete darauf, fand aber ihre Öffnung nicht. Er flehte [Gott] an und fand sein Erbarmen. Die Tür öffnete sich, und er trat ein. Er sah zwei Lichter, die ein Leib geworden waren („TEK-VÜCUT olmuş"), das eine weiß, das andere grün. Von dem weißen Licht ertönte eine Stimme: ‚O Gabriel, wenn du Gott anflehst und er dir die gleiche Frage stellt, dann antworte ihm: Du bist der Schöpfer („Yaratan'sın"), und ich bin das Geschöpf („Yaratılmışım"), du bist der Sultan, und ich bin dein erschaffener Diener' („yaratılmış KULUNUM")" (*Buyruk II*, S. 163).

Diese Erzählung erklärend wird Folgendes ausgeführt:

„ENE KÜNTÜ KENZEN MAHFİYYEN‘[114], d. h. ‚ich war ein verborgener Schatz („gizli hazine idim") und wünschte mir, erkannt zu werden, ich liebte mich selbst („kendi kendimle muhabbet ettim") und schuf dieses Volk und offenbarte ihm meinen Schatz.' [...] Bevor die Engel im Himmel, die Tafel, der Stift, der Sitz, das Paradies, die Hölle, der Weltraum („uzay")[115] waren, habe ich dreihundertzwanzigtausend Jahre vor der Erschaffung des Himmels- und Erden-Volkes mit meiner starken Hand aus dem Licht meiner Schönheit („cemâlimin nûrundan") die Seelen von Muhammad und Ali geschaffen, so dass sie meine ersten Geschöpfe waren. Denn am Ende der Zeiten werden sie auch wiederkommen. [...] Danach wurde in dem gleichen Glanz des Lichts von Muhammad und Ali

---

[114] Bei dieser Wendung handelt es sich um ein in türkischer Lautung wiedergegebenes, Ḥadīt qudsī: *ana kuntu kanzan mahfiyan*.
[115] Der Autor verwendet den arabisch-türkischen Plural „semalar", d. h. „Himmel" und erklärt ihn mit dem modernen Wort „Weltraum".

eine Perle („inci") geschaffen. In dieser Perle weilten die Seelen von Muhammad und Ali. Man nannte diesen Ort Meer der Meere („Ummân-ı Uman"). Noch bevor Gabriel und die anderen Engel erschaffen wurden, habe ich wie ein Juwel („cevher") und Erde übereinander gestapelte siebzigtausend Städte geschaffen.[116] Jede Stadt war sieben Mal größer als die Erde. In jeder Stadt erschienen („gözüktüler") Geschöpfe („mahlûkat"), die dort sesshaft wurden. Diese Geschöpfe waren anders als Engel, Menschen und Dämonen („cinler"). Gott schuf alle Kreaturen auf einmal nur mit einem Wort: ‚Werdet!' („Var olun"). Diese Kreaturen lebten in Städten und verehrten Gott und wussten ihn als den Einen. Einer von ihnen war in Gestalt eines stinkenden Sufis („çirkin kokulu sufi") unterwegs und weigerte sich den Geboten Gottes („Hakk'ın emrine") zu gehorchen. Da dieser sich den Anweisungen („Erkân") von Muhammad und Ali entzog, erweckte er den Zorn Gottes. Mit orkanartigem Zorn riss Gott die Städte empor, und in einem Augenblick zerstörte und vernichtete er sie. Er legte andere Städte an und beobachtete, wie diese Geschöpfe sich entwickelten" (*Buyruk II*, S. 163–164).[117]

Gott scheint wie ein Gärtner, der in seinem Gewächshaus Verschiedenes ausprobiert, um die perfekte Pflanze zu züchten. Am Ende gelingt es.

„Schließlich quoll („coştu") der Wille („isteği") Gottes über, und er wollte einen Zeugen („şahit") und einen Spiegel („ayna") für sein Dasein („kendi varlığına") schaffen. Es sollte eine Art Geschöpf sein, ausgestattet mit dem Willen Gottes („Hakk'ın iradesine müteallik"). Er schuf hundertzwanzigtausend Personen („şahıs") in der Gestalt des Menschensohns („âdem-oğlu")[118]. Menschen in einem schönen Leib. All dies geschah vor der Erschaffung Adams, des Vaters der Menschheit („insanoğlunun babası"), und der Engel. Auch dies alles

---

116 Damit ist wohl gemeint, dass Gott wie ein Maurer die Städte aufbaut und zwar so, dass eine Schicht aus Juwelen und eine Schicht aus Erde besteht.
117 Besonders auffällig ist die Erzählperspektive, einmal spricht Gott in der ersten Person Singular als der Handelnde, einmal wird in der dritten Person Singular vom Erzähler über ihn gesprochen.
118 *Adam* (hebr. אדם) bedeutet „Mensch" oder „der von der Erde Genommene" und bezeichnet gleichzeitig den ersten Menschen. Im Türkischen lässt sich hierbei zwischen Name und Appellativum unterscheiden. Demnach bezeichnet das türkische Wort *adam* den Menschen allgemein und der Name *Âdem* den ersten von Gott geschaffenen Menschen; wobei an dieser Stelle *Buyruk II* kaum den ersten Menschen Adam meinen kann.

1.1 Gott als Schöpfer

verging, und nur die Seelen von Muhammad und Ali blieben in der Welt zurück" (*Buyruk II*, S. 164-165).
Dieser Erzählung wird folgender Satz nachgeschoben:
„Lange Rede, kurzer Sinn: Aus diesen Erklärungen geht hervor, dass das Licht von Muhammad Ali seit vielen Zeiten besteht" (*Buyruk II*, S. 165).[119]
Dieser Erzählung gingen folgende Ereignisse voraus, die in *Buyruk* jedoch erst fünf Seiten später wiedergegeben werden.

„Endlich schuf der ehrenvolle Gott aus dem Licht der zwei Perlen die sieben Himmel und sieben Erden: aus dem grünen Licht die Himmel, die Sonne, den Mond, die Sterne und all die Engel; aus dem weißen Licht die Erden, die Pflanzen, die Tiere, den Ochsen, den Fisch und alle Meere unter der Erde. Er schuf das Feuer, das Wasser und die Winde. Aus diesem Grund wird der auserwählte Ali auch Vater der Erde („Ebû Türab") genannt. [...] Und die sieben Himmel wurden vom Licht Muhammads grün. Deshalb haben alle auf der Erde wachsende Pflanzen eine grüne Farbe. Der erhabene Gott nahm eine Handvoll Erde. Diese knetete er achtzehntausend Jahre in seiner Hand. Adam und die Nachfolger aller Propheten und Muhammad-Ali, die zwölf Imame und die vierzehn Unschuldigen wurden daraus geschaffen. Der Ursprung der zwei Lichter war Eins und wurde wiederum Eins und der Himmel und die Erde wurden Eins.[120] Der erhabene Gott befahl Gabriel von der Erde („dünya", d.i. Welt) Erde („toprak", d.i. Humus) zu holen. Gabriel brachte die Erde, und sie mischten die Erde mit Feuer, Wasser und Wind zusammen und kneteten sie wie einen Teig.[121] Sie machten einen Leib („vücud"), der dem in der Laterne ähnlich sah. Der Engel rich-

---

[119] Hier wird der Eindruck erweckt, dass die Schöpfungsgeschichte nicht im Vordergrund steht, sondern der Nachweis, dass Muhammad und Ali von Anfang an existieren. Gerade der letzte Satz bekräftigt diese Annahme.
[120] Diese Formulierung erinnert an die Einheits- und Allheitslehre, die die Welt aus einem einzigen materiellen oder geistigen Prinzip heraus zu erklären sucht. Vgl. Horst HILLERMANN/Anton HÜGLI, „Monismus", in: *Historisches Wörterbuch der Philosophie* Band 6, Darmstadt 1986, Sp. 132-136.
[121] Die vier Elemente, die bei der Erschaffung des Menschen gebraucht werden, finden entsprechende Erwähnung auch in der *Makalat*. Dort symbolisiert jede Materie ein Volk. Dem entsprechend steht der Wind für die Gläubigen („abidler"), das Feuer für die Mystiker („zahidler"), gemeint sind diejenigen, die sich aus dem weltlichen Bereich zurückgezogen haben und eine Art monastisches Leben führen. Das Wasser steht für die Wissenden („ârifler"), und die Erde symbolisiert die Liebenden („mu-

tete das Abbild („tasvir") dieses Leibes ordentlich her. Der allmächtige Gott machte ihn sich ähnlich und bereitete ihn mit eigener Hand vor. Sie brachten jenes Licht („nūr"), stellten es in die Laterne und nannten es Adam („Âdem"). Sie brachten die Liebe („aşk"), die Vernunft („akıl"), das Ego („nefs") und die Seele („can") und stellten sie in die vorbereitete Laterne. Adam erwachte zum Leben und nieste („Âdem hayat bulup (dirilip) aksırdı"). Er stand auf und sagte folgendes: ‚Gelobt sei der Herr der Welten'. Der erhabene Gott sagte: ‚O Adam! Die Gnade Gottes sei über dir' [und] sein Name wurde Adam. Danach befahl der erhabene Gott allen Engeln, sich vor Adam niederzuwerfen („secde"). Alle Engel kamen und warfen sich vor Adam nieder. Satan („Azâzil (İblis)") kam, sah Adam an und erkannte ihn. ‚Das ist ein Körper!', sagte er und warf sich nicht vor ihm nieder. Sie bogen einen Fluchkreis und hängten ihn um den Hals des verfluchten Satans; er wurde verflucht und vertrieben. Danach nahmen sie Adam und brachten ihn in das Paradies; er blieb dort lange Zeit. Schließlich kam er – durch die List des Teufels – aus dem Paradies heraus.[122] Er weinte tausend Mal und tausendundeinen Tag. Der erhabene Gott verzieh ihm seine Sünde („günah"). Adam wurde verziehen. Gabriel brachte ihm den Frieden Gottes („Allah'ın selamı"), und er („Gabriel") wurde mit Adam verbrüdert („kardeş"). Er sah in ihm das ursprüngliche Licht („Nur-ı Velâyet") und erkannte ihn wieder. Jenes Licht blieb von Adam bis Hatems[123] (?) Zeiten (die Zeit von Muhammad-Ali). Muhammad-Ali kam auf die Welt. Gabriel brachte den Frieden Gottes und die [Koran-]Verse („ayetler") wurden niedergesandt („indirildi"). Bevor der Himmel und die Erde erschaffen wurden, waren sie Licht. Alle Geschöpfe wurden aus diesem Licht erschaffen. Jenes Licht war Eins und wurde wiederum Eins[124]" (*Buyruk II*, S. 171–172).

---

hibler"). Vgl. Ali YILMAZ u. a. (Hrsg.), Maḳâlât Hünkâr Hacı Bektâş-ı Veli, Ankara 2007, S. 44–55.

[122] Erst an dieser Stelle wird die eingangs von Seyyid Safî angeführte Erklärung über den Satan verständlich.

[123] Möglicherweise ist *ḫātam al-anbiyā'* das „Siegel" der Propheten, Muhammad, gemeint. An einer anderen Stelle wird die Zeit der Stellvertreter Gottes von „Adam bis Hâtem" angegeben und mit „Hâtem" der islamische Prophet Muhammad bezeichnet (Vgl. *Buyruk II*, S. 42).

[124] Vgl. Anm. 120 zum Monismus.

1.1 Gott als Schöpfer

Bei der hier wiedergegebenen Erzählung handelt es sich um einen Schöpfungsmythos, der biblische Schöpfungsmotive aus ideologischer Absicht aufgreift. Diese dicht erzählten Geschichten enthalten verschiedene Motive, die wahrscheinlich mehrere Adressaten im Blick hatten. Zum einen geht es darum, Gott als den Ursprung von Allem zu konstatieren; zum anderen darum, wie es auch explizit im Text gesagt wird, aufzuzeigen, dass Muhammad und Ali schon vor aller Schöpfung existierten. Dennoch sollen einige Aspekte der Erzählung im Einzelnen betrachtet werden. Der aus seinem freien Willen Handelnde ist Gott, der Ursprung von Allem. „Alles fängt an und endet bei Gott. Er hat kein Ende („ezelidir")" (*Buyruk II*, S. 184). Er möchte von den Menschen erkannt werden („… diledim ki bilinem"), aber wohlgemerkt nicht: sich mitteilen. Er schafft die Essenz („asıl"), die er seinem perfekten Wesen zugrunde legen möchte, und stellt sie in eine Laterne. „Ursprung, Herkunft und Essenz der Geschöpfe ist eine Perle" (*Buyruk II*, S. 186). Das türkische Wort für Perle ist „cevher"; es hat seinen Ursprung im Persischen *ğawhar*, eine Übersetzung des arabischen Wortes 'ayn. Simon van den Berg weist nach, dass dieses Wort in der arabischen Philosophie benutzt wurde, um den aristotelischen Begriff „οὐσία" wiederzugeben. Dieser Begriff findet sich bei Avicenna (ca. 980–1037), wenn er von jener Mystik spricht, die ins 'ayn eindringt: die Kontemplation von Gottes innerer Natur.[125] Gott teilt die Perle in zwei Hälften, und daraus entstehen Muhammad und Ali. Damit sind die historischen Personen, die im sechsten und siebten Jahrhundert auf der arabischen Halbinsel gelebt haben, gemeint. Beide ruhen in einem für sie bereiteten Behälter. Sie tragen das göttliche Licht in sich und mehr noch, sind beide göttlichen Ursprungs. Wenn Gott die Essenz schafft, die er seiner Schöpfung zugrunde legen möchte, dann stellen Muhammad und Ali das Licht Gottes dar. Somit treten sie an erster Stelle der Schöpfung auf, und werden darin eingebunden. Der Text spricht des Öfteren von Muhammad und Ali als zwei Perlen. Was ist aber mit den zwei Perlen gemeint, die später mit zwei Farben charakterisiert werden? Die grüne wird mit Muhammad und die weiße mit Ali identifiziert.[126] Beide sol-

---

[125] Simon Van Den Bergh, „'Ayn", in: *Encyclopaedia of Islam*, Band I, Leiden ²1960, S. 784–785, hier S. 784; vgl. auch Bernard Carra de Vaux, „Cevher", in: İslâm Ansiklopedisi, Band 3, Istanbul o.J., S. 124–125.
[126] Die Frabe grün (türk. „yeşil", arab. *akhḍar*) steht im arabisch-islamischen Kontext als Synonym für die Natur und bildet die Basis für das Leben. Dagegen wird weiß (türk.

len einer einzigen Essenz entstammen. Was bedeutet dieser Mythos? Versuchen wir, einige Motive zu deuten. „Die Laterne" ist das Instrument, mit dem man das Licht schützen und lenken kann. Auch der Koran kennt die Rede von der Laterne und verwendet dieses Wort an folgende Stellen (33:45–46; 41;12; 67:5; 71:16.35; 78:13). Vom Nicht-Stofflichen, dem Licht, wird jetzt zum Stofflichen übergegangen, der Perle. Eine Perle erscheint als ein vollkommenes Gebilde, auf ihr liegt der Abglanz einer überirdischen Schönheit, und das unterscheidet sie von den Edelsteinen, die erst von Menschen bearbeitet werden müssen, damit sie glänzen. Perlen besitzen im Gegensatz zu Edelsteinen besondere Eigenschaften, welche sich auch auf den Menschen übertragen lassen. Wie beim Menschen ist ihr Ursprung rein organisch. Ihre Natur ist ebenso wie die menschliche oft widersprüchlich, da Perlen zwar hart sind, jedoch gleichzeitig auch empfindlich und vergänglich. Zugleich sind sie, im Gegensatz zu anderen Edelsteinen, nicht schwer, sondern ungewöhnlich leicht. Sie sind sozusagen der einzige Edelstein, der von der Natur bereits geschliffen wurde. Jede Naturperle der Welt ist, wie auch jeder Mensch, einzigartig. Die Perle ist nicht nur besonders wertvoll, besonders dicht, besonders selten, besonders ursprünglich und unberührt vom Menschen: sie scheint Materie gewordenes Licht zu sein. Wegen ihrer Kugelform und Opazität ist auch eine Teilung keine Aufteilung in zwei selbständige Hälften; vielmehr bleibt das Zusammengehören, das Aufeinander-bezogen-Sein immer deutlich. Stehen die zwei Hälften einer Perle für Muhammad und Ali? Hat der Erzähler der Geschichte oder der Verfasser des *Buyruk* es vielleicht nicht gewagt, die beiden Lichter mit Gott zu identifizieren? Steht vielleicht das Meer symbolhaft für die Unendlichkeit Gottes? Die zwei Lichter werden in eine Laterne gestellt. Sie bewegen sich zueinander und verschmelzen zu einem Leib. Gabriel sieht, dass der Leib aus zwei Farben besteht. Dies zeigt, dass, obwohl das grüne und weiße Licht zu einem Leib werden, ihre ursprünglichen Farben für den Außenstehen-

---

„beyaz", arab. *abyaḍ*) im Koran im Zusammenhang der Unterscheidung zwischen Licht und Dunkel verwendet, d. h. weniger als Farbbeziechung sondern eher als der Gegenpol zum nächtlichen Dunkel (türk. „karanlık", „siyah", arab. *aswad*). Alfredo MORABIA, „Lawn", in: *Encyclopaedia of Islam*, Band V, Leiden ²1986, S. 698–707, hier S. 700. Aus der dort angegebenen ausführlichen Literaturliste sei hier hingewiesen auf Helmut GÄTJE, Zur Farbenlehre in der muslimischen Philosophie, in: Der Islam 43 (1967), S. 280–301.

1.1 Gott als Schöpfer

den dennoch erkennbar bleiben. Wenn die anatolischen Aleviten von Muhammad-Ali sprechen, werden die zwei Namen in einem Atemzug erwähnt, im Hintergrund steht wahrscheinlich die Metapher, dass beide für verschiedene Lichter stehen und trotzdem eins sind. Ob damit auch eine ontologische Gleichheit der beiden mit Gott intendiert ist, bleibt ohne Klärung. Versuchen wir, dem Gesagten eine zusammenhängende Aussage zu entnehmen:

a) Die Aleviten scheinen hier die organische Zusammengehörigkeit von Muhammad und Ali betonen zu wollen. Das ist bis ins Religionspolitische hinein relevant. Sie erklären damit ihre (typisch alevitische) Ali-Verehrung als nicht in Konkurrenz zu einer (sunnitischen) Muhammad-Anhängerschaft; vielmehr benötigen sich die beiden Hälften, die zwar unterschieden, aber je für sich unvollständig sind. Die Aleviten, die einen solchen Text der Glaubenslehre grundlegen, senden damit an ihre sunnitische Umwelt eine doppelte Botschaft: Wir bekennen wie ihr Muhammad; und wir bekennen das vollständige Bild, nicht nur die eine Hälfte.

b) Dass überhaupt der Glaube in Form eines Mythos vermittelt wird, ist bemerkenswert. Es handelt sich, wegen der Namensnennungen, nicht um einen rein intuitiven Schöpfungsmythos, der nur eine allgemeinmenschliche Grundfrage – nach dem Woher und Wohin menschlichen Lebens – beantworten will; vielmehr wird hier auch religionsmarkierend Stellung bezogen. Dass aber die Begründung der Glaubenslehre ins Präexistente vorverlegt wird, gibt ihr eine extrem hohe Autorität: Denn wenn Ali und Muhammad den Ursprung der Welt ausmachen, dann führt eine natürliche Theologie unmittelbar zu ihnen.

Es überrascht auch, dass Gott, der allmächtig ist, nicht sofort das perfekte Wesen, bzw. den perfekten Menschen schafft, sondern erst experimentiert. Er legt Städte an und beobachtet das Geschehen. Der Mensch, den er so schön gemacht hat, erweist sich als eigenwillig und will nicht gehorchen. Schon eine erste Enttäuschung! Gott bricht das Experiment ab und zerstört alles. Beim zweiten Schöpfungsversuch wird der Mensch durch Gott mit göttlichem *Willen* ausgestattet, als *Zeuge* und *Spiegel* für das göttliche *Dasein* geschaffen. Es geht hier nicht um die Erschaffung einer Kreatur, sondern um hundertzwanzigtausend Personen, die *vor* Adam geschaffen werden. Allerdings gehen sie aus einem nicht näher genannten Grund unter, so dass Gott erst an dieser Stelle mit der eigentlichen Arbeit beginnt, die Kreatur zu erschaffen, die ihm ähnlich werden soll. Wahrscheinlich gelten die vorher erwähnten Eigenschaften auch für diese, jedenfalls werden sie nicht mehr explizit genannt. Gott ist der Schöpfer des Menschen, ihm allein verdankt der Mensch sein Leben.

Die Experimente Gottes bis zur Erschaffung Adams finden offenbar an einem Ort statt, welcher nicht die Erde ist, auf der wir uns befinden. In dieser Geschichte scheint es, als hätte Gott mehrere Planeten geschaffen und womöglich auf einem von diesen herumprobiert. Das Schöpfungsereignis des Menschen kann entweder im Jahre 320.000 nach der Erschaffung von Muhammad und Ali oder 23.000 nach der Erschaffung Gabriels bestimmt werden. Beide Bestimmungen sind vom Text her zulässig. Die anatolisch-alevitische Schriften verwenden öfters riesige Zahlen, was hier als Zahlengiganterie bezeichnet wird. Denn die Texte versuchen durch diese Zahlengiganterie einen religiösen Schauer auszulösen, wie ihn ein Mensch, der sich die Dimensionen des Weltalls klarmacht, erfährt. Der Größe Gottes steht dann die eigene Existenz, Bedeutung und Lebensspanne als minimal gegenüber.

Die Erschaffung Adams steht gegen Ende der obigen Erzählung. Der Mensch ist die Krönung der schöpferischen Tätigkeit Gottes. Dass Gott neben Adam auch eine Frau geschaffen hat, kann man zwar erschließen (s.u.), in der Schöpfungserzählung wird sie jedoch nicht erwähnt. Adam wird ins Paradies gebracht und dort von Satan verführt. An einer anderen Stelle wird Eva für den Verstoß aus dem Paradies schuldig gemacht. Dort heißt es:

„Schließlich sündigte Adam wegen Eva. Der Satan erreichte es, dass Eva von dem Weizen aß. Aus diesem Grund mussten sie [Adam und Eva] das Paradies verlassen. Eva flehte Adam an, das Gleiche zu tun, damit sie nicht getrennt würden. Wegen Eva aß auch Adam vom Weizen. Gott befahl (Gabriel), beide aus dem Paradies herauszuholen" (*Buyruk II*, S. 51; vgl. auch *Buyruk I*, S. 57).

Obwohl an dieser, weiter vorne im *Buyruk* stehenden Stelle Eva erwähnt wird und praktisch ihre Erschaffung zusammen mit Adam selbstverständlich erscheint, da sie sich mit ihm im Paradies aufhält, kommt sie später im Schöpfungsbericht nicht mehr vor. Dennoch ist anzunehmen, dass bei der Erschaffung Adams auch Eva geschaffen wurde, denn die Wendung „er [Gott] hat den Himmel und die Erde und alles, was

1.1 Gott als Schöpfer

sich darin befindet, in sechs Phasen erschaffen" (Koran 25:59; *Buyruk II*, S. 200)[127] schließt offenkundig auch Eva mit ein.
Schließlich wird Adam aus dem Paradies wieder herausgeholt. Der Leser erfährt aber nicht, weswegen Weizenessen sündhaft sein sollte. Es wird lediglich gesagt, dass Adam Gott anfleht und ihm seine Sünde erlassen wird. Daraufhin wird er auf die Erde geschickt; er wird der erste Prophet. Adam behält das göttliche Licht in sich. Dies scheint eine prophetische Eigenschaft zu sein,[128] wobei das Licht auf Gottes Anwesenheit hinweist, denn an einer anderen Stelle wird Folgendes gesagt:
„Als der erhabene Gott den heiligen Adam durch seine eigene Hand schuf und zu den Engeln sagte, ‚werft euch vor Adam nieder!', war jene Anweisung Gottes Befehl. Gott versteckte sich in der Gestalt Adams, und die Engel warfen sich vor ihm nieder"[129] (Koran 2:34; *Buyruk II*, 23–24).
Hier findet eine theologisch problematische Stelle eine orthodoxe Lösung. Der Skandal, dass sich die Geschöpfe auf Gottes Geheiß vor einem anderen Geschöpf niederwerfen sollen (Koran 2:34), wird hier über den schiitisch nicht unvertrauten Gedanken der Einwohnung (ḥulūl) entschärft *(Buyruk I*, S. 93).[130]

Um eine synthetische Gesamtdeutung des *Buyruk* zu wagen, ließe sich formulieren: Hier wird zugleich apologetisch und einladend eine batinitische Überlegenheit vorgetragen; in diesem Lichte erscheint die zahiritische Deutung des orthodoxen Islam als unvollkommen.

---

127 Ähnliche Formulierungen finden sich im *Buyruk II* auf den Seiten 3; 23–24; 40–42; 57 u.ö., und im *Buyruk I* auf den Seiten 57; 93–94; 112 u.ö.
128 Diese Frage nach „Gott als heilige Kraft" wird in Kapitel C.1.2 behandelt.
129 Sollten die Engel sich nicht vor dem Menschen niederwerfen? Offensichtlich nicht, denn hier ist Gott, jener, vor dem sie sich niederwerfen. Was ist mit Adam? Er erscheint hier nur als eine äußere Hülle, die Gott als Versteck dient, damit er von den Engeln nicht erkannt wird. Es ist eine Art Gehorsamsprüfung für die Engel, und bis auf Satan bestehen diese alle.
130 In der islamischen Theologie bezeichnet das Wort gewöhnlich die Beziehung zwischen einem Körper und seinem Ort oder einem Akzidens und seinem Substrat. Vgl. Louis MASSIGNION [Georges C. ANAWATI], „Ḥulūl", in: *Encyclopaedia of Islam*, Band III, Leiden ²1971, S. 570–571.

1.1.2 Pädagogische Schöpfungserzählung

In der *Nech'ül Belağa*-Ausgabe von Adnan Demircan wird eine Predigt Alis wiedergegeben, die das Schöpfungsthema aufgreift.[131] Dort findet sich folgende Erzählung:

„Schließlich nahm der reine („münezzeh") Gott von der feinen und groben, süßen und salzigen Erde etwas und vermischte diese mit Wasser, bis es Schlamm wurde. Er knetete sie solange, bis sie sich gut vermischt hatten. Daraus erschuf Gott eine Gestalt mit Kurven und Gelenken, mit Organen und verschiedenen Bestandteilen („bölüm"). Er hielt alles zusammen, bis es aneinanderklebte. Gott ließ sie eine gewisse Zeit ruhen. Danach hauchte er sie mit seinem Geist („ruh") an. Dadurch erlangte diese Gestalt einen funktionierenden Intellekt („zihin"), benutzbare Vernunft („akıl"), dienende Organe, bewegliche Geräte („aletler") und wurde zu einem Menschen, der mit seiner Erkenntnis („marifet") Recht von Unrecht, Süße, Düfte, Farben und Arten voneinander unterscheiden konnte. Dieser Mensch wurde aus verschiedenen Gegensätzen von kalt und heiß, trocken und nass aus Schlamm geknetet. Der reine Gott wollte, dass die Engel, die bei ihm waren, seinem Vermächtnis („vasiyetine") die Ehre erwiesen und sich vor ihm niederwarfen. Er sagte: ‚Werft euch vor Adam nieder!' [Koran 2:34]. Außer dem Satan warfen sich alle vor ihm nieder. Sein Stolz überkam Satan. Er prahlte, aus dem Feuer geschaffen und nicht von der Erde zu sein. Gott gab dem Satan Bedenkzeit. (…) Der reine Gott brachte Adam an einen Ort, an dem er sein Leben in Wohlstand und Sicherheit verbringen konnte. Er bewahrte ihn vor der Feindschaft Satans. Weil sein Feind [Satan] seinen [Adams] Aufenthaltsort und seine Freundschaft mit dem Guten [Gott] neidete, verführte er ihn. Adam tauschte sein absolutes Wissen („kesin bilgiyi") gegen das Misstrauen („şüpheye"), seine absolute Entscheidung („kesin kararı") gegen die Schwäche („zayıflığa") ein. Er tauschte das Glück gegen die Angst, den Stolz gegen die Reue. Danach nahm der reine Gott die Reue Adams an und erwiderte ihm mit seinem barmherzigen Wort. Er verhieß ihm die Rückkehr ins Paradies. Gott stellte ihn an jenen Ort, an dem er geprüft und seine Nachkommenschaft sich vermehren wird. Der

---

131 Eş-Şerif Er-Radî, Hz. Ali. Nehcü'l-belâğa, Istanbul 2006, S. 29–33.

reine Gott hat von den Adamskindern jene auserwählt, denen er seine Offenbarungsabmachungen („vahiyle misaklarını") und Buchverkündigung („risâleti tebliğ") anvertraute"[132].
Gott erscheint hier als der Schöpfer des Menschen. Er allein ist der Handelnde, aber weshalb Gott den Menschen erschaffen hat, wird nicht erwähnt. Adam wird mit allem, was er biologisch und intellektuell benötigt, ausgestattet, von Gott fertiggestellt und durch das Einhauchen des göttlichen Geistes zum Leben erweckt. Eine erste Auffälligkeit in dieser Geschichte ist, dass auch hier von der Erschaffung Evas abgesehen wird. Sie ist auch nicht diejenige, die die Vertreibung aus dem Paradies verursacht. Sie wird an keiner Stelle erwähnt, jedoch ist im Verlauf der Erzählung die Rede von den Adamskindern. Auch wenn Eva nicht explizit erwähnt wird, soll sie wahrscheinlich dazugedacht werden.

Diese Schöpfungserzählung arbeitet mit dem Motiv des Unterschieds. Gott ist der Reine, der dem wohl als schmutzig vorgestellten Schlamm gegenübersteht. Was der geistbegabte Mensch als erstes vermag ist wiederum: unterscheiden. Mit den Wendungen heiß/kalt, süß/salzig etc. verfolgt *Nech'ül Belağa* offenkundig mit seiner Kontrast-Lehre ein pädagogisches Ziel. Er will den jetzigen Menschenzustand als den vom Teufel ins Gegenteil zur Urintention verwandelten entlarven. Andererseits könnte diese Kontrast-Lehre für die Aleviten eine Hilfe sein. Hier ließe sich auch die batinitische gegenüber der zahiritischen Lehre stellen. Durch die Gabe der Unterscheidung ist der Mensch in der Lage, das, was von Gott niedergesandt ist, von dem, was durch die Menschen gemachte wurde, auseinanderzuhalten. Demzufolge braucht ein Alevit sich nicht an den wörtlichen Laut des Koran zu halten, da er den verborgenen Sinn erkennt und ihn von dem Sichtbaren unterscheidet.

1.1.3 Mystische Schöpfungserzählung

Die Schöpfungserzählung in den *Makalat* ruft auf vielfache Weise die koranische Sicht dieses Themas wach. Denn die Geschichte wird, wie im Folgenden zu sehen ist, mit vielen Koranversen gestützt und auto-

---

132 Ebd., S. 31–32.

risiert.[133] Gott schuf den Menschen aus dem Nichts – *creatio ex nihilo* (S. 43).

„Der erhabene Gott sagt: ,Ich habe Adam aus Erde und reinem Wasser erschaffen'. Er wurde aus trockenem Schlamm, aus Lehm geformt [...] (Koran 15:28) und getrocknet. Zuerst war er Erde, dann hat er eine Form bekommen. Schließlich lag er unzählig viele Jahre ohne Bewegung da. Danach kam Azrail an ihm vorbei. Adam erschrak und hatte Angst. Azrail schaute ihn sich eine Weile an. Er näherte sich ihm und schlug auf seinen Brustkorb. Azrail sagte: ,O mein Gott! Sein Inneres ist hohl, das taugt doch nichts!' Von seinem Gott, der Welten Sultan, kam eine Stimme, die sagte: ,Diese Brust, auf die du geschlagen hast, ist mein Schatz. Durch meine Kraft werde ich sie füllen.' Daraufhin wurde durch Gottes Befehl und Schöpfungskraft Adams Leib mit Leben („can") gefüllt.[134] Gott befahl den Engeln, und sie haben Adam mit dem Gefälligkeitswasser („Rıza[135] suyuyla") gewaschen. Sie haben ihm die Krone der Größe („büyüklük") und der Heiligkeit („kutluluk") aufgesetzt. Sie zogen ihm den Wunderkaftan an, brachten ihn zum Majestätsthron, setzten ihn darauf und nannten ihn ,Kalif' („halife", ḫalīfa) (vgl. Koran 2:30; 6:165; 27:62; 35:39; 38:26). Sie sagten: ,Du bist auf der Erde und im Himmel Kalif'. Der erhabene Gott sagte: ,Du bist im Paradies mein Schatz'. Gott lehrte Adam alle Namen und befahl den Engeln, sich vor Adam niederzuwerfen. Alle Engel warfen sich vor ihm nieder, nur der Satan tat es nicht. Er wurde einer von den Leugnern (Koran 2:34). Danach richtete sich Adam auf und setzte sich. Er nieste, und bei jedem Mal sagte er: ,Gelobt sei Gott'" (S. 113–117).

An einer anderen Stelle heißt es: „Der reine und vollkommene Gott schuf Adam aus vier Stoffen: Erde, Wasser, Feuer und Wind" (S. 44). Wie bei den anderen Erzählungen wird auch hier die Sünde Adams thematisiert. „Adam hatte gegen mich gesündigt, flehte mich an und ich habe ihm verziehen! Wenn ich in dieser Welt einen Gegenstand

---

133 Ali Yılmaz u. a. (Hrsg.), Maḳâlât Hünkâr Hacı Bektâş-ı Veli, Ankara 2007. Im Folgenden beziehen sich die Seitenzahlen im Text auf dieses Buch. Die im Klammern angegebenen Koranstellen waren im Text als solche nicht explizit gekennzeichnet.

134 „Sonra Hak Teâlâ'nın emriyle yaradılış azametiyle Âdem'in gövdesine can girdi." Das türkische Wort „can" kann im Deutschen sowohl mit Seele als auch mit Leben wiedergegeben werden. In diesem Falle ist aber eher Leben gemeint.

135 Das Wort „Rıza" meint nicht Gefälligkeit im Sinne von Attraktivität, sondern Gott-Gefallen.

1.1 Gott als Schöpfer

weniger geschaffen hätte, wäre ich nicht vollkommen" (S. 76), sagt Gott in *Makalat*. „Adam hat im Paradies eine derartige Qual erlitten, eine Vergleichbare gibt es nicht einmal in der Hölle" (S. 89). Trotz der Sünde Adams möchte „der reine und vollkommene Gott, der alles, was zwischen dem Himmel und der Erde ist, geschaffen hat" (S. 85), Herr der Menschen sein. „Und als dein Herr aus den Lenden der Kinder Adams ihre Nachkommenschaft nahm und gegen sich selbst bezeugen ließ: ‚Bin ich nicht euer Herr?' Sie sagten: ‚Jawohl, wir bezeugen es'" (Koran 7:172; S. 68). „O meine Diener! Ihr sollt nach mir verlangen, damit ich bei euch bin" (S. 94). Obwohl Gott in der Lage ist, alles zu tun, was er will, gab er dem Menschen vier Augen, zwei im Kopf und zwei im Herzen. „Mit den Augen des Kopfes sieht er das Volk, mit den Augen des Herzens sieht er den Schöpfer" („Hâlık'ı") (S. 89–90).

„Der erhabene Gott hat eine sichtbare („zâhiri") und eine verborgene („batıni") Seite. Die sichtbare ist die Welt, und die unsichtbare ist das Jenseits. O ihr, meine verstehend schauenden Geschöpfe! Schaut auf die Erde und seht meine Herrschaft. Schaut auf die Berge und seht meine Stapel („yığınlarımı"). Schaut auf die Himmel und seht, wie ich [alles] installiert habe. Schaut in das Paradies und seht meine Gaben. Schaut meine Größe und seht meine Kraft. Schaut meine Geschöpfe an und seht meinen Kaftan. Schaut mein Zeichen an und seht meinen erhabenen Ruhm. Schaut meine Heiligen an und seht meinen Schatz. Weil ich euch liebe, habe ich euch all diese schönen Sachen gegeben. So spricht Gott: ‚Und Wir haben den Kindern Adams die Ehre erwiesen'[136] (Koran 17:70) Alles, was ich in der Welt schuf, habe ich zu euren Diensten gegeben" (S. 109).

Die hier dargestellte Schöpfungserzählung lässt sich in drei Aussagen zusammenfassen:
a) Der Mensch war am Anfang eine hohle Schale, die ängstlich, ohne Ansehen und wertlos herumlag. Das ist wohl der Grund, weshalb der Mensch von Azrail als Taugenichts beschimpft wird. Den Menschen als zuerst wie eine Leiche darzustellen ist vermutlich ein Hin-

---

[136] Adel Theodor KHOURY kommentiert diesen Vers wie folgt: „Hier wird die dem Menschen von Gott verliehene Würde bekräftigt." DER KORAN, Arabisch – Deutsch, übersetzt und kommentiert von Adel Theodor KHOURY, Gütersloh 2004, S. 383.

weis auf die Angewiesenheit seiner Lebendigkeit auf Gottes Belebung.
b) Vor ihm bevölkerten Engel die Schöpfung. Dann erscheint der Mensch in seiner Einzigkeit. Im Gegensatz zu den Engeln besitzt der Mensch die Fähigkeit, die irdischen Dinge zu gestalten; das allerdings nicht nach eigenem Gutdünken, sondern in ständiger Beachtung des göttlichen Willens. Da er zugleich gestalten und sich nach Gott richten kann, wird der Mensch zum Stellvertreter Gottes auf Erden.
c) Gott ist derjenige, von dem aus der Mensch seine Wertschätzung bekommt. Er nimmt sich des Menschen an, füllt ihn mit Leben und erhebt ihn über alles. Elementar ist der fast mystische Begriff des „mit Namen benennen". Der Mensch der *Makalat* bestimmt die Umwelt, ordnet sie und erkennt die Bedeutung der Dinge. Die Gläubigen, die sich zu Gott bekennen, werden das Paradies schauen, es wieder finden. Schon im irdischen Leben ergreift die Gläubigen eine große Sehnsucht.
d) Gott wird hier auch als der in der Welt anwesende beschrieben. Wohin auch immer sich der Mensch wendet, kann er Gott, die Präsenz Gottes spüren.

1.1.4 Zusammenfassung

Die in den alevitischen Grundschriften enthaltenen Aussagen über Gott als Schöpfer und die Schöpfung zeigen eine gewisse Nähe, aber auch Distanz zu den Aussagen im Islam und zu den jüdisch-christlichen Vorstellungen. Nach mehrheitlich muslimischer Ansicht schafft Gott *ex nihilo*.[137] Dies vollzieht sich durch sein schöpferisches Wort. Denn „Er ist der Schöpfer von Himmel und Erde. Wenn er eine Sache beschlossen hat, sagt er zu ihr nur: sei!, dann ist sie" (Koran 2:117; vgl. auch 19:35). Gott kann alles erschaffen, „was er will" (Koran 3:47). Besonders die *Makalat* beziehen sich auf diese koranisch-islamische Lehre. Mit der Aussage ‚Gott schafft aus dem Nichts' ist gemeint: Gott schafft aus sich selbst, ohne dass ihm etwas vorläge. Der hier anklingende Gedanke bringt die absolute Unabhängigkeit Gottes und seine

---

137 Vgl. Tilman NAGEL, Geschichte der islamischen Theologie. Von Muhammad bis zur Gegenwart, München 1994, S. 101–109.

Macht als alleinigen Ursprung und Lebensträger der Schöpfung zum Ausdruck. Er ist der allein ermöglichende und tragende Grund der Schöpfung. Das Motiv des Schaffens liegt nur in ihm selbst. Der Schöpfungsakt geschieht in der Freiheit Gottes, ohne jeglichen Zwang, wie auch im *Buyruk* betont wird (vgl. *Buyruk II*, S. 163–164). Diese Freiheit besagt, dass Gott keinen Mangel hat und nicht von/in einer inneren Notwendigkeit befangen ist. Der oben wiedergegebene *Buyruk*-Satz „Ich war ein verborgener Schatz und wünschte mir, erkannt zu werden, ich liebte mich selbst, schuf dieses Volk und offenbarte ihm meinen Schatz", besagt dreierlei:

1) Gott, der Schöpfer von allem, soll vom Menschen erkannt werden; der Mensch muss diese Entdeckung aber selbst leisten. Allerdings zielt dies auf eine kognitive und nicht physische Erkenntnisweise. Das Wesen Gottes bleibt verborgen.
2) Der Mensch als Kalif Gottes auf Erden ist nicht dazu bestimmt, mit Gott in *Communio* zu leben. Hier kommt gleichzeitig der zentrale Unterschied zwischen dem alevitischen und dem christlichen Schöpfer-Gott-Glauben zum Ausdruck.
3) Die alevitischen Schriften, allen voran *Buyruk,* schwanken mit ihren Aussagen über den Schöpfer zwischen einer Allheitslehre, einem emanatorischen ‚Schöpfer'-Gott-Glauben und dem monotheistischen Schöpfer-Gott-Glauben.
    a) Indem Gott in allem zu erkennen ist, was er geschaffen hat, deutet sich eine Allheitslehre an.
    b) Verwandt mit diesem Gedanken ist auch der emanatorische Schöpfer-Gott-Glauben, wie er in dem Motiv der Perle zum Ausdruck gebracht wird. Muhammad und Ali entspringen dem gleichen göttlichen Licht, von dem sie auch abhängig sind.
    c) Der monotheistische Schöpfer-Gott-Glauben ist in diesen Schriften vertreten, insofern Gott als der alleinige Schöpfer anerkannt wird und alles von ihm abhängt, die Geschöpfe aber frei handeln können.

1.2 Gott als heilige Kraft

„Die [anatolischen] Aleviten glauben an eine heilige Kraft des Schöpfers". Was meint Ismail Kaplan mit dieser Aussage? In den Eigendarstellungen der anatolischen Aleviten gibt es sehr unterschiedliche Beschreibungen darüber, was genau unter der heiligen Kraft verstanden wird. Ismail Kaplan spricht von der heiligen Kraft des Schöpfers und wahrscheinlich stehen hinter seinem Verständnis die Schöpfungsmythen der Grundtexte seiner Gemeinschaft. Denn bei den im *Buyruk* erzählten Schöpfungsmythen schuf Gott die Seelen von Muhammad und Ali aus dem Licht seiner Schönheit („cemâlimin nûrundan"). Der Mensch, der dem *Buyruk* zufolge erst nach den Seelen von Muhammad und Ali geschaffen wurde, ist aus Lehm geknetet und durch das göttliche Licht („nūr") zur Vollendung gebracht worden (vgl. *Buyruk II*, S. 164). Dieses göttliche Licht, das schaffend am Werke ist und den Menschen durchdringt, wird von den anatolischen Aleviten als die heilige Kraft („kutsal güç") bezeichnet. Dies schließt auch einen Glaubensakt mit ein. Ismail Kaplan formuliert hierzu: „Nach diesem [alevitischen] Glauben wird der Mensch als Widerspiegelung (*yansıma*) Gottes betrachtet. Mohammed und Ali sind Vorbilder für diese Widerspiegelung, indem sie einerseits Gott reflektieren und Gott ähnlich sind und andererseits Gott im Menschen reflektieren und menschliche Eigenschaften haben."[138] Ist also die heilige Kraft eine Art göttliche Lebenskraft, die den Menschen zum Leben erweckt?

Seyit Derviş Tur[139] erklärt, dass das Licht Gottes die ganze Welt durchdringt und dass alles in der Welt, sei es auch noch so klein, das göttliche Licht in sich trägt.[140] Weiter bringt er die Lehre von der heiligen Kraft auch mit dem Licht Gottes in Verbindung. Er leitet aus der ersten Sure des Koran drei Grundprinzipien ab, die da lauten: „Der Schöpfer (Gott), das Geschöpf (der Mensch) und der gerade Weg [türk. „sırat-ı mustakim", arab. *ṣirāṭ mustaqīm*], der die Verbindung zwischen

---

138 Ismail KAPLAN, Das Alevitentum, Köln 2004, S. 39 (Hervorhebung dort).
139 Seyit Derviş Tur ist 1936 im Dorf Başköy in der Nähe der Stadt Erzincan geboren. Eigenen Angaben zufolge stammt er aus der Familie des islamischen Propheten. Durch die Arbeitermigration kam er 1966 als Gastarbeiter nach Deutschland. Er war bei der Vereinsorganisation der anatolischen Aleviten in Deutschland sehr aktiv. U. a. war er Vorsitzender der Föderation der alevitischen Gemeinden – in Deutschland – und Vorsitzender des Dede-Rates. Vgl. Seyit Derviş TUR, Erkânname („Die Grundpflichten"). Aleviliğin İslâm'da Yeri ve Alevi Erkânları („Der Ort des Alevitentums innerhalb des Islam und die alevitischen Grundpflichten"), Rüsselsheim 2002, (Buchrückentext). Das Buch wird im Folgenden mit Seyit Derviş TUR, Erkânname, Rüsselsheim 2002 zitiert.
140 Ebd., S. 272: „Evrende bulunan bulunan en ufak zerrede dahi Allahın (sic!) nuru mevcuttur."

1.2 Gott als heilige Kraft

den beiden ermöglicht."[141] Wofür steht hier der gerade Weg? Und wie soll dieser Weg die Verbindung zwischen Gott und dem Menschen ermöglichen? Diese Verbindung zwischen den beiden ermöglicht die Rechtleitung Gottes, die im menschlichen Geist verankert ist. Der Autor deutet *den geraden Weg* als die Rechtleitung Gottes. Des Weiteren wird erklärt, dass der Mensch diesen Geist von Gott bekommen hat, da Gott ihm bei der Erschaffung seinen Geist einhauchte (vgl. Koran 38:71)[142]. Somit steht fest, dass der menschliche Geist göttlich ist und als heilige Kraft bezeichnet wird. „Der Mensch hat eine Partikel des göttlichen Geistes („Allah ruhunun bir zerresi") in sich", schreibt Derviş Tur.[143] Eine so verstandene heilige Kraft lässt den Menschen durch den ihm innewohnenden göttlichen Geist auch als göttlich erscheinen. Vermutlich von diesem Gedanken inspiriert, blickt der berühmte anatolische Dichter Yunus Emre (ca. 1273–1321) auf den Menschen und formuliert die folgenden Zeilen:[144]

Hem batiniyim hem zahiriyim   Ich bin das das Innere und Äußere
Hem evvelim hem ahiriyim   Ich bin der Erste und der Letzte
Hem ben oyum hem o benim   Ich bin er und er ist ich
Hem O kerim-i han benim.   Ich bin der erhabene König.

Die heilige Kraft ist also der Grund, warum Yunus Emre in sich den erhabenen Gott erblickt und sich als Mensch mit göttlichen Attributen schmückt. Hinter dieser Vorstellung steht die Annahme, dass der Mensch in sich Gottes Geist trägt und „selbst als die Widerspiegelung („yansıma") Gottes betrachtet" wird[145]. Doch die heilige Kraft besaßen zuerst Muhammad und Ali, von denen diese danach an ihre Nachkommen und dann an die Menschen weitergegeben wurde.

Der Unterschied zwischen der Darstellung Derviş Turs und der Ismail Kaplans ist, dass ersterer die heilige Kraft im Schöpfungsakt Gottes an den Menschen verliehen sieht, letzterer dies dagegen durch Mu-

---

141 Ebd. „Yaratan (Allah), yaratılan (insan), bu ikisi arasındaki ilişkiyi sağlayan ‚sırat-ı müstakim'dir."
142 Ebd., S. 273.
143 Ebd.
144 Dieses Gedicht ist aus einem Werk von Ismail Kaplan entnommen, allerdings wurde die vierte Zeile in der Übersetzung modifiziert. Dort heißt es: *„Ich bin sein Ebenbild und/Mein Ebenbild liegt in seinem Wesen"*. Ismail KAPLAN, Das Alevitentum, Köln 2004, S. 40 (Hervorhebung dort).
145 Ebd., S. 39.

hammad und Ali geschehend betrachtet. Des Weiteren treten bei Kaplan Muhammad und Ali selbst als Vermittler-Gestalten zwischen Gott und den Menschen, denn es wird gesagt: „Mohammed und Ali sind Vorbilder für diese Widerspiegelung, indem sie einerseits Gott reflektieren, andererseits Gott im Menschen reflektieren und menschliche Eigenschaften haben".[146] Für Kaplan sind Muhammad und Ali präexistente Wesen und stehen zwischen Gott und den Menschen.[147]

Nach diesem Verständnis ist das göttliche Licht, welches durch Muhammad und Ali im Menschen zum Vorschein gebracht wird: die *heilige Kraft*. Die Beschreibungen von Derviş Tur zielen darauf, die heilige Kraft entweder als Licht Gottes oder als Partikel oder Teil von ihm, das dem Menschen innewohnt, in die Göttlichkeit hineinzudenken. Somit übernehmen Muhammad und Ali eine Brückenfunktion für das Verhältnis zwischen Gott und dem Menschen. Die heilige Kraft, so könnte formuliert werden, bewirkt die innere göttliche Rechtleitung in einem Dreieck, nämlich zwischen Gott, Muhammad-Ali und dem Menschen. Muhammad und Ali werden folgerichtig als Eins gesehen, was sie nach dem *Buyruk* am Anfang der Schöpfung auch waren, nämlich eine Perle (vgl. *Buyruk II*, S. 164).

Im Folgenden werden die verschiedenen Weisen, in denen sich die heilige Kraft im Glaubensleben der anatolischen Aleviten manifestiert, dargestellt.

1.2.1 Heilige Kraft als Gleichheit in der Gemeinschaft

Die heilige Kraft als verbindendes Element tritt vor allem in der alevitischen rituellen Versammlung („cem") in Erscheinung. An einem Beispiel kann die Rolle der heiligen Kraft besonders deutlich demonstriert werden; dem *Buyruk* zufolge wurde der erste *Cem*[148] im Himmel gehalten. Die folgende Erzählung berichtet von diesem Ereignis:

„Eines Tages kam der gesegnete Prophet (Friede sei mit ihm) zur Tür („Kapı") des Vergnügungshofes („Suffa-i Safa").[149] Drinnen un-

---

146 Ebd.
147 Für eine ausführliche Darstellung siehe Kapitel C.1.3.
148 Für eine ausführliche Darstellung siehe Kapitel C.3.1.1.
149 Diese Erzählung wird in *Buyruk I* und *Buyruk II* wiedergegeben, jedoch an unterschiedlichen Stellen und in unterschiedlichen Kontexten. In *Buyruk I* kommt diese Erzählung gleich an erster Stelle und ist mit der „Versammlung der Vierzig"

terhielten sich die Vierzig. Muhammad klopfte an. Die Vierzig hörten ihn von innen und sagten: ‚Wer bist du, und was willst du?' Muhammad antwortete: ‚Ich bin der Prophet. Lasst mich herein. Ich möchte die schönen Gesichter der Heiligen („erenler") sehen.' Sie sagten: ‚Ein Prophet hat in unserer Runde keinen Platz. Geh und sei Prophet deiner Gemeinde!' Muhammad hörte jene Stimme, und ging sogleich von der Tür fort. In diesem Moment erging ein Schrei von Gott („Tanrı'dan nida geldi"). Er gebot: ‚Muhammad, geh zu jener Tür!' Auf dieses Gebot hin ging Muhammad erneut zur Tür und klopfte an. Sie fragten wieder von innen: ‚Wer ist da?' Muhammad antwortete: ‚Ich bin der Prophet. Lasst mich herein! Ich möchte eure gesegneten Gesichter sehen.' Die Vierzig sagten: ‚Ein Prophet hat in unserer Runde keinen Platz, im Übrigen ist es nicht nötig, jemandem einen Propheten zu senden.'[150]

(„Kırkların Cemi") betitelt (S. 6–7). Der Kontext ist die Rückkehr Muhammads von seiner Himmelsreise. Der erste Satz lautet: „Rückkehrend von der Himmelsreise sah Muhammad in Mina eine Kuppel" („Muhammed Miratçan (sic!) gelirken Mina'da bir kubbe gördü") (*Buyruk I*, S. 6). Minā ist ein kleiner Ort in der Nähe von Mekka auf der arabischen Halbinsel. Dort befindet sich auch der Berg Arafat, auf dem zu stehen für den muslimischen Pilger den Höhepunkt der Pilgerfahrt bildet. Der Gläubige tritt vor Gott und bekundet ihm seinen totalen Gehorsam. Ismail Kaplan ist der Meinung, dass diese Begegnung am Ende der Himmelsreise Muhammads noch im Himmel stattgefunden hat (vgl. Ismail KAPLAN, Das Alevitentum, Köln 2004, S. 65). Mit Kuppel ist wohl ein Heiligtum gemeint. Außerdem ist diese Erzählung im Vergleich zum *Buyruk II* viel kürzer gehalten. Im *Buyruk II* steht diese Geschichte etwas weiter hinten, auf den Seiten 61–63. Sie trägt die Überschrift „Wer ist ein Vollender, und wie soll die Vollendung erfolgen?" („Hâdim kimdir ve Hâdimlik nasıl olmalıdır?"). Hâdim ist ein islamischer Ehrentitel, welcher jemandem verliehen wird, der den ganzen Koran ein Mal gelesen bzw. rezitiert hat. Diese Überschrift jedoch ist irreführend, da es hier nicht um Koranrezitation geht, sondern um die rituelle Versammlung der vierzig Heiligen. Eine andere Auffälligkeit ist, dass der Kontext der Himmelsreise verschwiegen wird und die Erzählung schlicht mit „eines Tages" beginnt. Obwohl die Stadt, in der diese Begebenheit erfolgt, im *Buyruk II* nicht erwähnt wird, heißt das Heiligtum nach *Buyruk I* „Suffa-i Safa" (d.i. ṣuffa-i ṣafā' „Vergnügungshof").

150 Hervorzuheben ist, dass *Buyruk II* den Begriff „senden" verwendet und dass dadurch dem Kreis der Vierzig Autorität verliehen wird, sogar Propheten zu *senden*. In einer anderen *Buyruk*-Ausgabe heißt es an dieser Stelle „Ein Prophet hat in unserer Runde keinen Platz, im Übrigen brauchen wir keinen Propheten." Fuat BOZKURT (Hrsg.), Buyruk, Istanbul ³2006, S. 15. Diese *Buyruk*-Ausgabe, auf die im Kapitel B.2.1.1.1. eingegangen wurde, wurde 1988 ins Deutsche übersetzt (Fuat BOZKURT, Das Gebot. Mystischer Weg mit einem Freund, Hamburg 1988). Allerdings lässt sich nicht immer eindeutig nachvollziehen, wie Bozkurt die *Buyruk*-Erzählungen im Gegensatz zu seiner Vorlage *(Buyruk I)* erweitert.

Als der Gesandte Gottes diese Worte hörte, wandte er sich wieder ab. Er wollte aufgeben, an seinen Platz gehen und ausruhen. Es ertönte wieder eine Stimme von Gott im Ohr des Seyyid[151], die sagte: ‚O mein Liebling („Habibim"), wohin gehst du? Kehre um und geh wieder an jene Tür zurück und betritt jene Versammlung.' Der Seyyid kehrte um und ging zur Tür. Er drückte die Türklinke („Kapı tokmağı") zum Zeichen seiner Rückkehr. Sie sagten von innen: ‚Wer bist du?' Der Prophet antwortete: ‚Der Herrscher eines Volkes ist jener, der ihm dient. Ich bin der Diener der Armen („Kavmin efendisi, onlara hizmet edendir; yoksulların hizmetçisiyim")[152]. Die Vierzig sagten: ‚Sei gegrüßt! Willkommen! Du hast uns Glück („kadem") gebracht. Gesegnet sei dein Kommen, und sei immer gesegnet. O, du Öffner der Glückstore', und öffneten ihm die Tür. ‚Im Namen Gottes öffne uns die Glückstore' sagte der Gesandte und überschritt mit seinem rechten Fuß zuerst die Türschwelle. Er sah, dass dort neununddreißig Freunde („sahabe") saßen.[153] Jedoch war einer unterwegs zum Betteln („parsa"), dieser war Salmān al-Fārisī. Auch Ali war in jener Versammlung anwesend. Als die Vierzig[154] den

---

151 Der Titel ‚Seyyid' meint hier Muhammad.
152 Bei Bozkurt heißt es: „Ich bin ein von nichts geschaffener unbedeutender Habenichts, gekommen, um euch zu sehen" („Ben yoktan var olmuş bir yoksul oğluyum. Sizi görmeye geldim"). Fuat BOZKURT (Hrsg.), Buyruk, Istanbul ³2006, S. 15.
153 „Drinnen saßen neununddreißig gläubige Seelen" („İçeride otuz dokuz inanmış can oturuyordu"). „Gläubige Seelen" („İnanmış can") ist eine deutliche Anrede für einen Menschen alevitischen Glaubens. Beim rituellen Vollzug redet der *Dede* die Gemeinde mit ‚*Canlar*' an. An dieser Stelle kann die spätere terminologische und redaktionelle Bearbeitung des Textes durch Fuat Bozkurt sehr deutlich markiert werden. Da weder *Buyruk I* noch *Buyruk II* diesen Begriff ‚Canlar' benutzen. Außerdem werden die neununddreißig Personen nach Geschlecht näher identifiziert, nämlich als „zweiundzwanzig Männer und siebzehn Frauen" („yirmi ikisinin er, on yedisinin bacı"). Fuat BOZKURT (Hrsg.), Buyruk, Istanbul ³2006, S. 16. Hier ist von einer, der für den orthodoxen muslimischen Glauben irritierenden Tatsache die Rede, dass sich in einem ‚islamischen' Heiligtum Frauen und Männer, wie später zu verstehen ist, gleichrangig aufhalten und in Ekstase geraten.
Salmān al-Fārisī („Salmān der Perser") – das Datum seiner Geburt in Isfahan ist nicht bekannt, gestorben ca. 656 –, auch *Salmān al-Pāk* („Salmān der Reine") genannt, gilt als eine halblegendäre Gestalt der frühen islamischen Geschichte und Genosse des islamischen Propheten Muhammad. In der extrem schiitischen Tradition gehört er nach Ali zu den göttlichen Emanationen und gilt als einer der nusayritischen Triade, die aus 'Ayn ('Ali), M (Muhammad) und S (Salmān) besteht. Giorgio LEVI DELLA VIDA, „*Salmān al-Fārisī*", in: *Encyclopaedia of Islam*, Band XII, Leiden ²2004, S. 701–702.
154 Der Übergang von 39 auf 40 ist auffällig, aber unklar.

Gesandten sahen, standen sie auf und zeigten ihm einen Platz. Der Seyyid setzte sich neben Ali. Jedoch erkannte er in diesem Moment Ali nicht. Er fragte die Anwesenden: ‚Wer seid ihr, wie werdet ihr genannt?' Sie antworteten: ‚Wir sind die Vierzig und werden Çihlten[155] genannt. Wir sind alle eine einzige Seele („tek genül") und ein einziges Gesicht („tek cihetiz"). Was einer von uns ist, das sind wir alle.' Der Gesandte sagte: ‚Euer Wort sollte bewiesen werden.' In diesem Augenblick streckte Ali, der Šāh der Tapferkeit („Şâh-ı Merdan"), seinen gesegneten Arm aus und schnitt sich mit einem Skalpell eine Ader auf, so dass sein Blut floss. Gleichzeitig fingen alle [außer Muhammad] an zu bluten; in diesem Moment tropfte von Zentrum der Decke ein Tropfen Blut in die Mitte. Einer der Vierzig, nämlich Salmān al-Fārisī, war auswärts betteln gegangen und kam in ihre Mitte [durch einen Bluttropfen]. Salmān al-Fārisī brachte eine Weintraube mit. Sie legten die Weintraube vor den Seyyid und sagten: ‚O Diener der Armen, tue einen Dienst und teile diese Weintraube unter uns auf.' Der Seyyid schaute besorgt um sich und dachte: ‚Das sind vierzig Personen („kırk kişi"), wie kann ich eine einzige Weintraube an sie verteilen?' In diesem Augenblick sprach Gott („Tanrı") zu Gabriel: ‚O Gabriel, mein lieber Prophet ist besorgt, eile ihm zur Hilfe. Hol vom Paradies einen Teller aus Licht („nurdan bir tabak") und bring ihn ihm! Er soll die Weintraube in diesem Teller zerdrücken und daraus Sirup machen („ŞERBET eylesin") und ihn den Vierzig zum Trinken anbieten.' Gabriel nahm aus dem Paradies den Teller aus Licht und kam zum Gesandten. Er brachte ihm die Grüße Gottes („Hak Taalâ'nın selamı"), legte den Teller vor ihn und sagte: ‚O Muhammad, mach darin Sirup!' Gerade als die Vierzig Muhammad beobachteten und dachten, was er wohl mit der Weintraube anstellen würde, sahen sie einen Teller aus Licht, der wie das Tageslicht schien. Der Seyyid goss Wasser in den Teller, und mit seinen Fingern, die den Mond in zwei teilten[156], machte er aus jener Weintraube Sirup und stellte diesen vor die Vierzig. Darin lag Gottes Weisheit, seine Macht sollte kund getan werden („Hakk'ın bunda hikmeti vardı, kudreti belirse gerekti"). Die Vierzig tranken

---

155 Das ist persisch-türkisch für „aus den Vierzig".
156 Nach islamischer Überlieferung hat Muhammad, um seine Prophetie zu beweisen, angeblich den Mond in zwei geteilt, Louis GARDET, Islam, Köln 1967, S. 68.

von jenem Sirup, alle stürzten in einen tiefen Rausch und gerieten außer sich („Kırklar o şerbetten içtiler, hepsi mest-i elest oldular, kendilerini yitirdiler"). Sie fielen in einen Zustand („hal", arab. *ḥāl*) der Erregung und standen von ihren Plätzen auf, in die Hände klatschend sagten sie einmal ‚O Gott' und fingen splitternackt an, den Semah[157] zu tanzen („Bunlara bir hal (coşku) geldi ki oturdukları yerden ayak üzeri kalktılar, bir kere Ya Allah deyip el çırptılar üryan-büryan SEMAH'a girdilar"). Sogar der Seyyid stand zum Semahtanz auf und dabei fiel seine Kopfbedeckung („sarık") von seinem gesegneten Haupt zu Boden („Seyyid dahi bunlarla semah ederken mübarek başından sarığı yere düşürdü"). Sie nahmen jene Kopfbedeckung, teilten sie in vierzig Stücke und umgürteten sich damit („O sarığı aldılar, kırk parçaya böldüler, bellerine bağlayıp TENNURE ettiler") (*Buyruk II*, S. 61–62).

Die alevitische Versammlung, *Cem*, ist keine bloße Zusammenkunft von gleichgesinnten Menschen, sondern, wie die obige Erzählung deutlich macht, göttlichen Ursprungs. Sie ist nicht aus menschlichem Gutdünken entstanden, sondern, da sie sich an ihrem himmlischen Ursprung orientiert, kultische Handlung und somit auch Gottesdienst. In diesem Sinne ist der *Cem* der besondere Ort, an dem sich die Gemeinschaft der anatolischen Aleviten ihrer Identität und Einheit vergewissert. Aber die Zusammenkunft der Vierzig erinnert an die Versammlungen der Derwische, denn auch die dort gepflegte Begeisterungspraxis wie der Derwischtanz führt die Anwesenden in ein ekstatisches Gruppenerlebnis.[158] Welche Rolle spielt dabei die heilige Kraft?

1) Die Anwesenden bezeichnet Muhammad als „Erenler", d. h. wörtlich übersetzt „die Angekommenen" und dient als Bezeichnung für jene Menschen, die bei Gott angekommen sind, anders ausgedrückt: „Erenler" ist die Bezeichnung für Menschen, die auf dem mystischen Pfad gewandert sind, die die Vier Tore und Vierzig Stufen hinter sich gelassen haben und dadurch den Zustand von

---

157 *Semah* (d.i. arab. *Samāʿ*) ist die Bezeichnung für den rituellen Tanz im alevitischen Gottesdienst; er gehört zu den zwölf Diensten, die von Männern und Frauen ausgeführt werden. Mehr dazu siehe Kapitel C.3.1.2.

158 Vgl. Richard GRAMLICH, Die schiitischen Derwischorden Persiens. Zweiter Teil: Glaube und Lehre, Wiesbaden 1976, S. 359–386. Das Buch wird im Folgenden mit Richard GRAMLICH, Die schiitischen Derwischorden Persiens II, Wiesbaden 1976 zitiert.

1.2 Gott als heilige Kraft

al-insān al-kāmil erreicht haben. Das bedeutet, diese Menschen haben erkannt, dass sie göttlich sind bzw. die heilige Kraft in sich haben. Genau diesen inneren Zustand bewirkt die heilige Kraft, jene *Ranglosigkeit* in der Gemeinschaft, d. h. es gibt keinen Oberen und keinen Untergebenen. In diesem Zustand verschwinden auch die geschlechtlichen Unterschiede. Es gibt weder Männer noch Frauen, sondern alle sind ebenbürtig und spiegeln das Licht Gottes wider. Sie sind sich also bewusst geworden, dass sie die heilige Kraft in sich haben, die einige anatolisch-alevitischen Schriftsteller als eine Partikel vom Geist Gottes („Allah ruhunun bir zerresi") im Menschen identifizieren.[159]

2) In diesem Zustand verschmelzen alle Schicksale zu einem, und was einem passiert, betrifft unmittelbar auch alle anderen. Somit bewirkt die heilige Kraft eine kosmische Einheit unter den Mitgliedern dieser Gemeinschaft. Wie die Antwort der Anwesenden an Muhammad und der Aderschnitt Alis dies verdeutlichen: „Was einer von uns ist, das sind wir alle".[160] Im Grunde genommen besteht diese kosmische Einheit nicht nur unter den Anwesenden sondern mit der gesamten Menschheit, denn jeder Mensch trägt Gottes Geist in sich, also die heilige Kraft. So bleibt dieses Wissen um die heilige Kraft vielen Menschen unerkannt und harrt sozusagen in ihnen, bis sie entdeckt wird.

Wenn diese *Buyruk*-Erzählung die Gleichheit aller Menschen postuliert, die in jeder Lage besteht und gerade für die kultischen Handlungen Gültigkeit besitzt, dann könnte darin auch eine unterschwellige Botschaft an die orthodox-muslimische Glaubenspraxis gesehen werden. Indem die Egalität der Gemeinschaftsmitglieder betont wird, wird Kritik an der Geschlechtertrennung beim islamischen Gebet geübt. Dies hat die Konsequenz, dass weder die Frau dem Mann untertan ist, noch umgekehrt; beide Geschlechter sind vor Gott ebenbürtig.

Welche anderen Möglichkeiten gibt es, sich der heiligen Kraft zu vergewissern?

---

159 Für eine ausführliche Darstellung siehe Kapitel C.3.2.1.2.
160 Für die hier durchschimmernde pantheistische Vorstellung siehe Kapitel C.3.2.

1.2.2 Heilige Kraft als Verantwortung vor Gott und der Gemeinschaft

Für Ismail Kaplan ist die heilige Kraft nicht nur ein von Gott bewirkter Zustand und eine innere Verbindung, sondern gleichzeitig eine Gabe.[161] Was meint er damit? Die heilige Kraft als göttliche Gabe, d. h. als das Göttliche im Menschen beinhaltet den Verstand („akıl").[162] Dem Schöpfungsmythos zufolge gab Gott dem Menschen den Verstand, und dadurch wurde der Mensch in die Lage versetzt, zwischen Gut und Schlecht zu unterscheiden. Diese Fähigkeit hilft ihm, den Willen Gottes zu erkennen. Also ist der Verstand der Ort im Menschen, in dem und durch den sich die Rechtleitung Gottes artikuliert. Dies bedeutet auch für den einzelnen Menschen, Verantwortung für das eigene Leben zu übernehmen. Wenn der Mensch in seinem Leben versagt oder Leid und Kummer verspürt, ist dies „nicht auf Gottes Willen zurück[zu]führen"[163]. Hinter dieser Aussage steht die Vorstellung von der Seelenwanderung („devriye"), die der Lehre von der Reinkarnation entspricht. Der Mensch selbst bestimmt sein Schicksal. Der anatolisch-alevitische Weg bietet seinen Mitgliedern durch die Lehre von den Vier Toren und Vierzig Stufen die äußeren Eckdaten, wie das Leben zu gestalten ist. Je mehr ein Mitglied dieser Gemeinschaft sich an diese Regeln hält, desto klarer blickt er oder wird er sich bewusst, dass er eine Partikel von Gott in sich trägt. Menschliches Versagen ist deshalb auf den Menschen selbst zurückzuführen und nicht auf Gott. Bemerkenswert in diesem Zusammenhang ist, dass Kaplan das Leid und menschliche Versagen mit dem kollektiven Fehlverhalten der Menschen begründet. Demnach ist der Verstand als eine Gabe der heiligen Kraft das Korrektiv für menschliches Handeln. Dahinter steht wohl die Annahme, dass diese Partikel von Gott bei der Vernunft angesiedelt ist und daher die Vernunft eine besondere Unterscheidungsgabe besitzt. Das besagt, dass, wer wider seine Vernunft handelt, nicht von der ihm gegebenen heiligen Kraft Gebrauch macht bzw. nicht mehr im Besitz derselben ist. Denn indem der Mensch seine Vernunft nicht gebraucht, verschleiert er den Zustand der heiligen Kraft, er handelt also gegen sie. Das hat Konsequenzen für seine Reise auf dem mystischen Pfad. Solange ein

---

161 Vgl. Ismail KAPLAN, Das Alevitentum, Köln 2004, S. 40.
162 Vgl. ebd., S. 40; vgl. auch Eş-Şerîf Er-Radî, Hz. Ali. Nehcü'l-belâğa, Istanbul 2006, S. 29–33.
163 Ismail KAPLAN, Das Alevitentum, Köln 2004, S. 40.

1.2 Gott als heilige Kraft

Mensch sich gegen seine Vernunft stellt – und dies bedeutet wiederum gleichzeitig die Nichteinhaltung der Regeln der anatolisch-alevitischen Gemeinschaft –, ist er dem „devriye"-Prinzip unterworfen, bis er sein Verhalten verbessert und die heilige Kraft in sich wiederentdeckt. Die Vernunftgemäßheit als Unterscheidungsgabe Gottes ist also die heilige Kraft, die den Menschen, solange er nicht widervernünftig handelt, nicht verlässt. Somit wird die Vernunft zu einer dogmatischen und ethischen Maxime im Leben der anatolischen Aleviten.[164] Wer von seiner Vernunft Gebrauch macht, übernimmt die Verantwortung für sein Tun. Nur derjenige, der sich mittels Unterscheidung und Verantwortung bewährt, schreitet auf dem Weg der Vervollkommnung.[165] Es geht hier nicht um eine kollektive, sondern um eine individuelle Vorgehensweise. Die heilige Kraft steht dem Menschen in seiner Anstrengung *durch* und *als* Verstand bei. Er kann sich in der Glaubensgemeinschaft seines rechten Weges vergewissern, aber er muss diesen Weg alleine gehen.

Diese Lehre könnte möglicherweise folgende Aspekte für die Mitglieder der alevitischen Gemeinschaft besagen:

1) Der Mensch als das schönste und vollkommenste Lebewesen im Universum ist in der Lage, wenn er sich entsprechend den Regeln des anatolisch-alevitischen Weges verhält und dafür von seiner Vernunft Gebrauch macht, zwischen Gut und Schlecht zu unterscheiden. Dieser Fähigkeit kann sich der Alevit in seiner Gemeinschaft vergewissern. Für den, der sich darauf einlässt, bildet die alevitische Gemeinschaft den korrektiven Maßstab. Daher kann die Gemeinschaft auch ihre Mitglieder zur Rechenschaft ziehen und deren Verhalten sanktionieren.[166]

2) In diesem Sinne weiß der Alevit, und seine Glaubensgemeinschaft gibt ihm dafür die Sicherheit, dass er auf dem Weg der Vervollkommnung geführt und geleitet wird.

3) Die starke Betonung der Individualität des Menschen markiert andererseits die Abgrenzung zum sunnitisch-orthodoxen Islam. Hier

---

[164] Genau in diesem Kontext können auch die drei Beherrschungen „eline, beline, diline sahip ol" („Beherrsche deine Hände, deine Lende und deine Zunge") verstanden werden.

[165] „Die Vervollkommnung des Menschen" („insan-ı kamil olmak") als eigenständige alevitische Lehre siehe Kapitel C.2.4.

[166] Vgl. Ismail KAPLAN, Das Alevitentum, Köln 2004, S. 69–77, besonders S. 76.

wird eine Absage an die weit verbreitete sunnitische Schicksalslehre erteilt, nach der Gott alle Taten der Menschen – also auch die Sünde – durch seine allwissende Vorausschau erschaffen hat und hinter jedem Ereignis steht. Im anatolisch-alevitischen Verständnis gibt es kein Schicksal mehr in dem Sinne, dass alles von Gott schon vorher so wie es in Zukunft eintreffen soll, bestimmt wäre. Der Mensch nimmt sein Schicksal in die Hand und er ist derjenige, der den Weg geht, er selbst bestimmt sein Schicksal.

1.2.3 Heilige Kraft als Universalität der Lehre

Die anatolisch-alevitische Gemeinschaft, deren Mitglieder vernünftig agieren und für ihre eigenen Taten zur Rechenschaft gezogen werden können, sieht keinen Unterschied zwischen den Menschen: Das ist auf die heilige Kraft zurückzuführen. In diesem Bewusstsein wächst das anatolische Alevitentum über sich hinaus und verwandelt sich in eine universale Lehre, die auch Mitglieder anderer Religionen miteinschließt und keine Trennung unter den Menschen aufgrund von Rasse, Kultur oder eben Religion kennt. Oben wurde angemerkt, dass die heilige Kraft dem Menschen aufgrund seiner Menschlichkeit innewohnt. „Nach alevitischem Verständnis hat jeder Mensch, sei er Alevit, Christ, Sunnit oder Schiit, Frau oder Mann die heilige Kraft."[167] Der Mensch hat diese Besonderheit, weil er nach Gott das einzige vernunftbegabte Wesen ist.[168] Somit könnte – etwas überspitzt – formuliert werden, dass, wo auch immer auf der Welt ein Mensch entsprechend den Regeln des anatolischen Alevitentums nach seiner Vernunft handelt, er *alevitisch handelt*, indem an dieser Stelle das alevitische Ethos als eine universelle Lehre verstanden wird, da weder Sprache noch Kultur eine Rolle spielen. Außerdem ist auch der Raum für jegliche Pluralität geboten, da die Gemeinschaft inklusivistisch wird, d. h. über die religiös-kulturellen-, ethnischen- und Anschauungsgrenzen hinausgreift. Das theologische Prinzip der heiligen Kraft scheint positive sozial-integrative Folgen mit sich zu bringen, denn die Erfahrung beispielsweise in Deutschland zeigt, dass es den anatolischen Aleviten, durch diese Universalität,

---

167 Ebd., S. 39.
168 Ob auch die Engel im Besitz der Vernunft sind, darüber äußern sich die anatolisch-alevitische Schriften nicht.

leichter fällt, sich in neuen Kulturräumen – die außerhalb ihres traditionellen Lebensraumes stehen – anzupassen.[169] Es liegt also auf der Hand, einen Zusammenhang zwischen Anpassungsfähigkeit und dem Prinzip der heiligen Kraft zu sehen.

Ein solches Verständnis der heiligen Kraft besagt Folgendes:
1) Die Lehre der anatolischen Aleviten ist eine universale und inkludierende, die keine kulturellen, sprachlichen, ethnischen etc. Barrieren kennt.
2) Indem sie sich aber nicht als eine exklusive Lehre versteht, gibt sie Raum für ein plurales Verständnis von Glaube und Religion. Somit können Religionen nebeneinander existieren, solange diese in dem oben erwähnten Sinn vernünftig dem Menschen dienen.
3) Dieser Ansatz kann aber auch in einem apologetischen Sinn als eine Reaktion auf den sunnitisch-orthodoxen Islam verstanden werden. Das anatolisch-alevitische Religionsverständnis würde sich als Alternative zum sunnitisch-orthodoxen Islam verstehen, der z. B. die Vorstellungen aus dem siebten Jahrhundert bis heute tradiert und in der religiösen Sprache des Arabischen beheimatet bleibt. Im Gegensatz zu einer so verstandenen Religion erscheinen die Aleviten mit ihren religiösen Traditionen und Bräuchen als eine einladende und den anderen in seiner Andersheit umarmende Gemeinschaft, die sich eben als universal versteht.

1.2.4 Pneumatologie und heilige Kraft

Die Rede von einer heiligen Kraft im Kontext des anatolischen Alevitentums legt unweigerlich einen Vergleich mit der christlichen Lehre

---

[169] Die anatolischen Aleviten haben eine systematische und institutionell geführte Integration ihrer Gemeinschaft in Deutschland vorangetrieben. Eine lesenswerte Darstellung bietet der Soziologe Martin SÖKEFELD, Einleitung: Aleviten in Deutschland von takiye zur alevitischen Bewegung, in: Martin SÖKEFELD (Hrsg.), Aleviten in Deutschland, Identitätsprozesse einer Religionsgemeinschaft in der Diaspora, Bielefeld 2008, S. 7–36, besonders S. 26f.; In diesem Zusammenhang sei hier auch auf die Studie „Muslimisches Leben in Deutschland" hingewiesen, aus der hervorgeht, dass die anatolischen Aleviten sich an das Leben in Deutschland besser angepasst haben als beispielsweise sunnitisch-orthodoxe Muslime. BUNDESAMT FÜR MIGRATION UND FLÜCHTLINGE (Hrsg.), Muslimisches Leben in Deutschland. [Durchgeführt von] Sonja HAUG/Stephanie MÜSSIG/Anja STICHS im Auftrag der Deutschen Islam Konferenz, (Forschungsberichte 6), Nürnberg 2009, S. 314–315.

vom Heiligen Geist nahe. Wo lassen sich unter Umständen Parallelen feststellen? Welche Unterschiede lassen sich benennen?

In der christlichen Theologie wird der Begriff Heiliger Geist auf die biblische Verwendung zurückgeführt.[170] Im christlichen Kontext ist der Heilige Geist nicht eine von Gottes Wesen und vom personalen Selbstvollzug zu unterscheidende Kraft und Auswirkung im Bereich der Schöpfung, sondern vielmehr Gott selbst, insofern er in der Schöpfung, in der Heilsgeschichte der Erlösung durch Jesus Christus und Vollendung des Menschen bei der Auferstehung von den Toten wirkt und das Leben Gottes mitteilt.[171] Die Analogie vom Heiligen „Geist" bezieht sich nicht auf die Vergleichspunkte Intelligenz und Immaterialität, wie das griechisch-philosophische Gegensatzpaar Geist und Materie nahelegt, im christlichen Bereich ist das ursprüngliche Analogatum zu „Geist" die Erfahrung, dass eine Person sich selbst „aufgelichtet" ist, dass sie Träger ihrer bewussten Handlungen ist und dass sie sich einer anderen Person mitteilen kann. Dieses Innewerden lässt sich nicht mit materiellen Gegenständen vergleichen, die örtlich oder quantitativ in ein Verhältnis zueinander treten. Es ist das Innesein, das nur Personen möglich ist, insofern sie sich in Wahrheit und Liebe wechselseitig erkennen und wollend bejahen. Heiliger Geist bedeutet insofern die Person-Wirklichkeit Gottes, als er die Tiefen Gottes in vollkommener Selbsterkenntnis ergründet und insofern Gott sich in seinem Geist seiner Schöpfung vollkommen mitteilt (vgl. 1 Kor 2,10–16).[172]

Der Heilige Geist trägt die göttlichen Prädikate *Herr* und *Lebensspender* (Denzinger-Hünermann 150). Christliche Betrachtungen über den Heiligen Geist nehmen ihren Anfang in der urkirchlichen Erfah-

---

170 Im Hebräischen wird Geist רוּחַ (rûᵃḥ), im Griechischen πνεῦμα (pneuma) und im Lateinischen spiritus genannt.
171 Vgl. auch für den folgenden Abschnitt, Jürgen WERBICK, Gott verbindlich. Eine theologische Gotteslehre, Freiburg im Breisgau 2007, S. 596–599.
172 Wolfhart Pannenberg führt hier eine weitere Metapher ein, die sich aus der Begriffsgeschichte des physikalischen Feld-Konzeptes begründen lässt. Er schreibt über den Heiligen Geist: „Wenn es im Johannesevangelium heißt, ‚Gott ist Geist' (pneuma), Joh 4,24, so sollte man dabei nicht an ein göttliches Bewusstsein oder Selbstbewusstsein denken, sondern viel eher an ein die ganze Schöpfung durchdringendes, belebendes und zusammenhaltendes Kraftfeld. Gott steht als Vater des Alls seiner Schöpfung gegenüber und ist durch seinen Logos Ursprung ihrer besonderen Gestaltungen, aber durch seinen Geist ist er in seinen Geschöpfen schöpferisch belebend gegenwärtig." Wolfhart PANNENBERG, Der Glaube an Gott und die Welt der Natur, in: Theologische Literaturzeitung (ThLZ) 131 (2006), S. 123–130, hier S. 130.

1.2 Gott als heilige Kraft

rung der heilsgeschichtlichen Offenbarung Gottes sowohl in der Inkarnation des Wortes als auch der endzeitlichen Ausgießung des Geistes des Vaters und des Sohnes. Ostern und Pfingsten sind dabei die Ursprungsorte der Erkenntnis der Gottheit und der Person des Heiligen Geistes im kirchlichen Leben. Der gleiche Geist wirkt in der Schöpfung, in der Vermittlung der Gegenwart Gottes in der Welt und in jedem einzelnen Menschen, besonders erkennbar im Wirken der Mittlergestalten des Volkes Gottes, der Propheten, Könige und Priester. Wie das ewige Wort schon vor der Inkarnation heilswirksam war und sich in der Menschwerdung Gottes in Jesus Christus eschatologisch offenbart hat, so wird auch der Geist Gottes als ein sich vom Vater und Sohn unterscheidender Träger des gemeinsamen göttlichen Wesens, durch die eschatologische Ausgießung im Oster- und Pfingstereignis erkannt (vgl. Römer 5,5). Der Heilige Geist ist der Herr und Spender des göttlichen Lebens. Er ist Herr, weil er Gott in personaler Unterscheidung vom Vater und Sohn in göttlicher Gemeinschaft mit ihnen ist.

Anders als die christlichen Redeweisen vom *Heiligen Geist* wird im anatolisch-alevitischen Kontext von der *heiligen Kraft* („kutsal güç") gesprochen, und zwar im Zusammenhang der „Grundlagen des [anatolisch-]alevitischen Glaubens".[173] Die heilige Kraft wird oftmals als Licht („ışık", oder „nur") oder Energie („enerji" oder güç") des Schöpfers bezeichnet. Wie der Name auch suggeriert, handelt es sich nach dieser Lehre um eine Kraft, die jedem Menschen innewohnen soll. „Nach dem [anatolisch-]alevitischen Glauben sind der Mensch und andere Geschöpfe Teile („parça") von Gott". Es wird präzisiert; „Dieser Glaube gilt nur für die Seele („Bu inanış sadece ‚can' için geçerlidir"). […] Gott hat den Menschen und die anderen Wesen geschaffen. Dabei hat er dem Menschen die Eigenschaften („das Licht") [„özellikleri, (nur'u)"] des Schöpfers gegeben. Allen Menschen ist die göttliche Heiligkeit („tanrısal kutsallık") verliehen. Um diese Heiligkeit zu erreichen, ist der Mensch mit dem Verstand („akıl") ausgestattet, somit konnte er Verantwortung übernehmen. […] Er [Der Mensch] ist ein besonderes Wesen („varlık"), das in der Lage ist, durch seine Willenskraft („irade") sich selbst und den anderen Wesen („varlık") eine Bedeutung („anlam") zu geben, und er kann mit Gott in Verbindung treten und diese Ver-

---

173 Ismail KAPLAN, Das Alevitentum, Köln 2004, S. 38–41.

bindung bewahren („O, kendi iradesi ile, kendisine ve diğer varlıklara bir anlam kazandıracak, Tanrı ile ilişki kurabilecek ve bu ilişkiyi koruyabilecek özellikte bir varlıktır"). [...] Nach unserem Glauben ist jede Seele („can"), ob gläubig („dindar") oder ungläubig („dinsiz"), ein Teil („parça") von Gott".[174]

Da diese Lehre unmittelbar mit der Lehre über die Seele des Menschen bzw. der Lehre von der Unsterblichkeit der Seele zusammenhängt, sollten auch die Ausführungen zu diesem Thema im Kapitel C.2.2 berücksichtigt werden. Ismail Kaplan beschreibt die heilige Kraft als einen Teil Gottes, der in der Schöpfung angelegt ist. Dieser Teil wohnt jedem Geschöpf inne, ist aber im Menschen in besonderem Maße zu finden, da der Mensch eine Seele und einen Verstand besitzt. Diese Eigenschaften ermöglichen es ihm, von sich aus mit Gott in Verbindung zu treten und dies dauerhaft zu gewährleisten.

An dieser Stelle soll festgehalten werden, dass von der anatolisch-alevitischen Seite keine Aussagen über die heilige Kraft als Person gemacht werden. Hierin muss der zentrale Unterschied zwischen den beiden Lehren gesehen werden. Außerdem lässt sich die christliche Lehre vom Heiligen Geist nicht auf eine Partikel oder Verstandes- oder Vernunftgabe von Gott reduzieren, da der Heilige Geist selbst Gott ist und in personaler Unterscheidung von Vater und Sohn von Ewigkeit zu Ewigkeit in göttlicher Gemeinschaft mit ihnen bleibt.

1.2.5 Dharma und heilige Kraft

Das anatolisch-alevitische Konzept von der heiligen Kraft lässt sich mit einer anderen religiösen Zentralkategorie vergleichen, der hinduistisch-buddhistischen Lehre vom Dharma. Der Begriff Dharma, abgeleitet von der Sanskrit-Wurzel *dhṛ* „tragen", „halten", ist ein zentraler Terminus des Hinduismus und kann mehreres bedeuten. Dharma kann verstanden werden einerseits als Erhaltung der gesellschaftlichen Ordnung sowie des weltordnenden kosmischen Geschehens, oder Sitte, Recht und Gesetz, die Wahrheit, die ethischen und religiösen Ver-

---

174 İsmail KAPLAN, Alevice („Auf Alevitisch"). İnancımız ve Direncimiz („Unser Glauben und unser Widerstand"), Köln 2009, S. 49–50 (Hervorhebung dort). Das Buch wird im Folgenden mit İsmail KAPLAN, İnancımız ve Direncimiz, Köln 2009 zitiert.

1.2 Gott als heilige Kraft

pflichtungen und Moral meinen. „Dharma steht für den Ausdruck der allem vorgegebenen in allem waltenden religiösen Ordnung."[175] Andererseits steht der Begriff Dharma im Buddhismus für die gesamte Zusammenfassung der Buddhalehre. „In der Gestalt der Vier Edlen Wahrheiten hat der Buddha das Rad des Dharma in Bewegung gesetzt. In diesem Sinne ist Dharma die befreiende Wahrheit und Wirklichkeit schlechthin – ein Aspekt, der in der Drei-Körper-Lehre in der Rede von Dharma-Körper, der die in allen Erscheinungen anwesende transzendente Wirklichkeit bzw. das Wesen der Dinge ist, besonderen Ausdruck gefunden hat."[176] Dharma besitzt eine entscheidende Beziehung zum Karma – zur Tat, Handlung – als dem über das Leben des Menschen entscheidenden Handeln. Dharma vertritt das Gesamtverhalten des Menschen, Moral und Gesetz. In der Gestalt des moralischen Verhaltens ist das Dharma die entscheidende Voraussetzung auf dem Weg zur Erlangung des Heils in Erkenntnis.

Ein Zusammenhang zwischen der anatolisch-alevitischen heilig-Kraft-Lehre und der hinduistisch-buddhistischen Dharma-Lehre kann in folgenden Punkten hergestellt werden:
1) Die anatolisch-alevitische Lehre von der heiligen Kraft wird als eine Partikel Gottes im Menschen postuliert, die ihm in seinem Leben Orientierung und Einhaltung der Regeln des mystischen Pfades gewährt. Sie kann auch als eine sittlich-moralische Ordnung verstanden werden, durch deren Einhaltung die mystische Wanderung an ihr Ziel kommt.
2) Indem die anatolischen Aleviten die heilige Kraft als jedem Menschen innewohnend über die religiösen, kulturellen und sprachlichen Grenzen hinaus betrachten, erscheint sie in der Gestalt eines kosmischen Gesetzes, dessen Einhaltung die gesellschaftliche Ordnung und das weltordnende Geschehen bestimmt.
3) Als eine im Menschen angelegte bzw. durch seinen Verstand agierende innere kosmische Ordnung bezieht sich nach dem Verständnis des anatolischen Alevitentums die heilige Kraft direkt auf die Taten des Menschen. Da es von der sittlich-moralischen Lebensfüh-

---

175 Alexander THANNIPPARA, „*Dharma*", in: *Lexikon der Religionen*, Freiburg im Breisgau 1987, S. 122–123, hier S. 122.
176 Ebd., S. 122–123.

rung und Einhaltung der Regeln des Weges abhängt, ob ein Mitglied dieser Gemeinschaft das Ziel erreicht oder nicht, liefert die heilige Kraft ihm den Maßstab zur Unterscheidung von gut und schlecht, bei der Entfaltung der Regeln und deren Einhaltung, damit es seine Wanderung auf dem mystischen Pfad fortsetzen kann.

4) Die heilige Kraft kann entsprechend der Buddhalehre als die in allen Erscheinungen anwesende transzendente Wirklichkeit bzw. das Wesen der Dinge betrachtet werden. Diese transzendente Wirklichkeit wäre als das Göttliche im Menschen zu sehen. In der anatolisch-alevitischen Terminologie ausgedrückt, wäre sie dann der Spiegel, durch den sich Gott selbst widerspiegelt. Dies kann aber erst erreicht werden, wenn der Mensch sich zu *al-insān al-kāmil* entwickelt hat.

5) Wer nicht entsprechend dieser kosmischen Ordnung handelt, muss weiterhin im Rad des Dharma weilen, d.h. durch Wiedergeburten die Seelenwanderung („devriye") vollziehen, bis er sich bewährt und zur Selbsterkenntnis gelangt.

1.3 Das Glaubensbekenntnis

Das Glaubensbekenntnis markiert in einer Religion einen öffentlichen Ausdruck des persönlichen und kollektiven Glaubens, zu dem der oder die Anhänger einer Gemeinschaft sich bekennen. Somit bekommt ein Glaubensbekenntnis im Allgemeinen verschiedene Funktionen[177]:

a) Es ist Anerkennung und Ausdruck der Gemeinschaft, die durch diesen Glauben gegeben ist (z.B. beim gemeinsamen Rezitieren im Rahmen eines Gottesdienstes).

b) Es fasst die wesentlichen Punkte ihrer Glaubenslehre zusammen.

c) Es enthält eine Selbstverpflichtung, nach diesem Glauben zu leben (z.B. bei der Ordination eines Amtsträgers).

---

177 Vgl. Günter LANCZKOWSKI, „Glaube. I. Religionsgeschichtlich", in: Theologische Realenzyklopädie, Band XIII, Berlin 1984, S. 275–277; DERS., „Glaubensbekenntnis(se). I. Religionsgeschichtlich", in: Theologische Realenzyklopädie, Band XIII, Berlin 1984, S. 384–386; Ferner zu diesem Thema siehe auch Hans WALDENFELS, Kontextuelle Fundamentaltheologie, München 1985, S. 288–315.

1.3 Das Glaubensbekenntnis

d) Es markiert die zentralen Glaubensinhalte, die eine Religion oder Überzeugung gegen andere Religionen oder Konfessionen abgrenzen.
e) Es gibt die Richtung an, in der diese Glaubensinhalte, oft in Heiligen Schriften dargelegt, verstanden werden (sollen).
f) Es kann in bestimmten Kampfsituationen zum Ausdruck der ultimativen Entscheidung für den eigenen und gegen den Glauben anderer werden.
g) Es kann um das Anerkennen einer bestimmten Tradition der Formulierung des Glaubensgehaltes gehen.

Das Glaubensbekenntnis der anatolischen Aleviten lautet folgendermaßen: „Es gibt keinen Gott außer Allah, Mohammed ist sein Prophet und Ali sein Freund."[178] Es geht hier um die *fides quae creditur*. Die Formel besteht aus drei Teilen, die ersten beiden bilden das orthodox-islamische Glaubensbekenntnis, nämlich „Ich bezeuge, es gibt keinen Gott außer Gott und Muhammad ist sein Prophet" *(ashhadu an lā ilāha illā llāh Muḥammadun rasūlu llāh)*.[179]

In den alevitischen Grundschriften ist das Glaubensbekenntnis mehrfach belegt. Folgende Stellen benennen es explizit: In *Buyruk I* wird das arabische Glaubensbekenntnis in türkischer Transkription wiedergegeben: „Lâilâhe illallah Muhammeden Resulullah aliyyün veliyullah" (S. 83; 92). Die *Vilayetname* bedient sich dieser Formel

---

178 Es ist merkwürdig, dass Kaplan hier zwei Begriffe für Gott verwendet, nämlich das arabische Wort ‚Allah' und das deutsche Wort ‚Gott'. Vielleicht steht dahinter die Absicht, durch die Verwendung des ‚islamischen' Wortes den Muslimen die Zugehörigkeit der Aleviten zum Islam zu demonstrieren. Ismail KAPLAN, Das Alevitentum, Köln 2004, S. 38. Es wird unter den Schiiten auch die Meinung vertreten, dass Muslime, die den Ali-Zusatz nicht bekennen, als ungläubig zu betrachten sind. Für den schiitischen Charakter der Erwählung Alis vgl. Rudolf STROTHMANN, „*Shī'a*", in: *Handwörterbuch des Islam*, Leiden 1976, S. 684–692.
179 Das orthodox-islamische Glaubensbekenntnis kommt im Koran in dieser Form nicht vor, sondern wird in Anlehnung an ihn gebildet. Der erste Teil „es gibt keinen Gott außer Gott" kommt im Koran an zwei Stellen vor 37:35 und 47:19. Der zweite Teil „Muhammad ist der Gesandte Gottes" findet sich in Sure 48:29. Ähnliches wird vergleichbar in 3:144; 33:40 und 63:1 wiedergegeben. Ein ausdrückliches Gebot des Glaubens an die Gläubigen besteht in Sure 4:136; dort heiß es „Ihr Gläubigen! Glaubt an Gott und seinen Gesandten ..." Das islamische Glaubensbekenntnis begründet die Zugehörigkeit zum Islam und gilt als Konversionsformel bei der Aussprache vor zwei Muslimen. Vgl. Kenneth CRAGG, „*Shahādah*", in: *The Encyclopedia of Religion*, Band 13, New York 1987, S. 198–199.

ebenfalls in Arabisch, allerdings enthält sie die die Tawḥīd-Lehre bekräftigenden Zusätze. Es heißt dort: „Ich bezeuge, es gibt keinen Gott außer dem einen Gott („vahdehu"), er hat keinen Teilhaber („şerîke"). Ich bezeuge, dass Muhammad sein Diener („abdühu") und Gesandter („resulûhu" [sic!]) ist. Ich bezeuge, dass Ali sein Freund ist."[180] *Buyruk II* bringt dieses Bekenntnis in Türkisch: „Allah'tan başka tanrı yoktur, Muhammed Mustafa Tanrı'nın Elçisi'dir. Aliyyel-Mürtezâ Tanrı'nın Velisi'dir" (S. 58)[181]. An dieser Stelle wird auch der zweite Name von Muhammad, nämlich Mustafa, verwendet. Das Bekenntnis zu dem Zusatz „Aliyyün Veliyullah", der eine Entsprechung bei den Schiiten hat, ist im alevitischen Glaubensbekenntnis nicht eine beliebige Entscheidung, die jeder für sich persönlich treffen kann, sondern ist obligatorisch.[182] Auch die religiöse Poesie der anatolischen Aleviten greift auf dieses Motiv zurück. Der anatolische Dichter Kul Himmet[183] (ca. 16 Jh.) bringt es folgendermaßen zum Ausdruck:

Muhabbettir lâ ilâhe illallâh	Die Liebe ist: es gibt keinen Gott außer Gott
Muhabbettir Muhammed Resûlullâh	Die Liebe ist: Muhammad, der Gesandte Gottes
Muhabbettir Aliyün Veliyullâh	Die Liebe ist: Ali, Gottes Freund
Üç isim manîde birdir muhabbet[184]	Drei Namen sind in der Bedeutung eins: Liebe

Im Folgenden sollen die drei Teile des Glaubensbekenntnisses der anatolischen Aleviten im Einzelnen betrachtet und näher beschrieben werden.

---

180 In der türkischen Vorlage lautet dieses Bekenntnis: „Eşhedü en lâ ilâhe illâllahu vehdehu lâ şerîke leh ve eşhedü enne Muhammeden abdühu ve resulûhu ve eşhedü enne Aliyyen veliyullahu". *Vilayetname I*, S. 4. In *Vilayetname* wird behauptet, dass das Glaubensbekenntnis angeblich in dieser Form von dem Knaben Hacı Bektaş Veli ausgesprochen worden sei, als er erst sechs Monate alt war.
181 „Es gibt keinen Gott („Allah") außer Gott („Tanrı"). Muhammad Mustafa ist sein Gesandter („Elçi"). Der Außerwählte („Mürtezâ") Ali ist sein Freund („Tanrı'nın Velisi'dir")". Vgl. auch Fuat Bozkurt (Hrsg.), Buyruk, Istanbul ³2006, S. 99; 131.
182 Vgl. ebd., S. 159.
183 Kul Himmet ist ca. Ende der 16. Jahrhundert im türkischen Dorf *Almus Güdümlü* der Provinz von *Tokat* geboren und ca. Mitte des 17. Jahrhunderts gestorben. Neben Hatayi und Pir Sultan Abdal gehört er zu den drei großen religiösen Poesiedichtern der anatolischen Aleviten.
184 *Buyruk II*, S. 63.

1.3 Das Glaubensbekenntnis

1.3.1 Das Bekenntnis zum Monotheismus

Der Glaube an den einen Gott ist ein Grundbestandteil der sogenannten monotheistischen Religionen, wie schon der Name besagt. Das monotheistische Gottesverständnis erkennt nur eine einzige, transzendente göttliche Wirklichkeit an. Ein wichtiger Bestandteil dieses Verständnisses ist, dass die Existenz anderer Gottheiten ausgeschlossen wird. Sowohl Judentum und Christentum als auch der Islam bekennen sich zu dem einen Gott.[185] Das Bekenntnis zu diesem einen Gott, wie es die Grundschriften der anatolischen Aleviten in Anlehnung an die koranische Wendung (vgl. Sure 2:255) *lā ilāha illā llāh* zum Beispiel ausdrücken, findet eine ähnliche Formulierung in den vorher genannten Religionen.

In Ursprung und Idee ist der biblische Monotheismus[186] keineswegs deckungsgleich mit dem spekulativen Monotheismus der philosophischen Theologie[187] der Griechen oder der vereinzelt anzutreffenden Ein-Gott-Verehrung in den historischen Religionen – etwa unter dem ägyptischen Pharao Echn-Aton, 1350 v. Chr. Aus der Entwicklungsgeschichte des biblischen Monotheismus lässt sich auch der Wesensunterschied zwischen Monotheismus und Polytheismus aufzeigen. Biblischer Monotheismus bedeutet nämlich die exklusive Identifikation der (subsistenten) *Existenz* JHWHs mit dem *Wesen* des Göttlichen.[188] Im Polytheismus hingegen sind die Götter Personifikationen der Erfahrungen eines Numinosen innerhalb eines auch sie umgreifenden Absoluten: des göttlichen Kosmos. Die biblischen Autoren bestimmen das Wesen des Polytheismus als eine Vermischung von Schöpfer und Geschöpf (vgl. Jes 2,8.18; Jer 2,2.10 u. a.). Im Judentum wird die Einzigkeit Gottes u. a. mit folgenden alttestamentlichen Stellen begründet: „JHWH ist der Gott, kein anderer ist außer ihm" (Dtn 4,35); „Heute sollst du erkennen und dir zu Herzen nehmen: JHWH ist der Gott

---

185 Vgl. Felix KÖRNER, JHWH, Gott, Allāh: Drei Namen für dieselbe Wirklichkeit?, in: Theologisch-praktische Quartalschrift 158 (2010), S. 31–38.
186 Vgl. Georg BRAULIK/Ernst HAAG (Hrsg.), Gott, der einzige: Zur Entstehung des Monotheismus in Israel (Quaestionis disputatae 104), Freiburg im Breisgau 1985.
187 Vgl. Wolfhart PANNENBERG, Grundfragen systematischer Theologie, Band 1, Göttingen 1988, S. 269–271.
188 Vgl. Wolfhart PANNENBERG, Wahrheit, Gewissheit und Glaube, in: Wolfhart PANNENBERG, Grundfragen systematischer Theologie. Gesammelte Aufsätze, Band 2, Göttingen 1980, S. 226–264, hier S. 228–230.

im Himmel droben und auf der Erde unten, keiner sonst" (Dtn 4,39) und „Höre, Israel! JHWH, unser Gott, JHWH ist einzig" (Dtn 6,4) oder „Ich bin JHWH, dein Gott, der dich herausgeführt hat aus Ägypten, dem Sklavenhaus. Du sollst neben mir keine anderen Götter haben" (Ex 20,1–3).

Auf diesen biblischen Befunden basierend wird die Einzigkeit Gottes auch im Christentum begründet. Wenn im Evangelium nach Markus ein Schriftgelehrter Jesus die Frage nach dem größten Gebot stellt und Jesu Antwort mit dem Satz „Sehr gut, Meister! Ganz richtig hast du gesagt: Er allein ist der Herr, und es gibt keinen anderen außer ihm" (Mk 12,32) ergänzt, hat er genau die vorher angeführten alttestamentlichen Stellen vor Augen. Die Einzigkeit Gottes als absoluter Urgrund ist durch eine innergöttliche Differenzierung – wie es im Christentum der Fall ist – nicht ausgeschlossen.

Im orthodox-islamischen Kontext bildet die Einzigkeit Gottes das Herzstück des Glaubens, wie es auch das islamische Glaubensbekenntnis zum Ausdruck bringt: 1. Weil die Formulierung identisch übernommen ist; 2. Weil Aleviten es explizit so sagen.[189] Insofern kann davon ausgegangen werden, dass die Betonung des Ein-Gott-Glaubens im ersten Drittel des alevitischen Glaubensbekenntnisses ein solches Glaubensverständnis intendiert und sich in diese Traditionslinien einreiht.

Nach den anatolischen Grundschriften ist der eine Gott der Schöpfer des Himmels und der Erde, wie auch oben dargestellt wurde (vgl. Kap. 3.1.). Für die Bezeichnung der Einzigkeit Gottes wird entweder das aus dem arabischen Wort *wāḥid* („eins") gebildete Wort „vahdet" (arab. *waḥda*; *Buyruk II*, S. 43) oder seine türkische Übersetzung „Birlik" (ebd. S. 65) verwendet.

Im *Buyruk II* wird die Metapher einer Krone überliefert. Dort werden katechismusartig Fragen gestellt und beantwortet. An dieser Stelle soll die Wiedergabe von vier Fragen und deren Antworten genügen, die für das behandelte Thema von Relevanz sind. Die Fragen lauten: „Was ist die Krone? Was ist das Wort der Krone? Was steht in der Mitte der Krone geschrieben? Was steht auf dem äußeren Rand der Krone geschrieben?" Die Antworten lauten: „Die Krone ist die Bezeichnung des

---

189 „Es gibt keinen anderen Gott außer Allah, Mohammed ist sein Prophet und Ali sein Freund." Ismail KAPLAN, Das Alevitentum, Köln 2004, S. 38.

1.3 Das Glaubensbekenntnis

Weges von Muhammad-Ali. In der Mitte der Krone steht geschrieben: ‚Gott, es gibt keinen Gott außer ihm.'[190] Auf dem äußeren Rand der Krone steht geschrieben: ‚Es gibt keinen Gott außer Gott. Muhammad ist sein Prophet. Ali ist sein Freund'[191]" (*Buyruk II*, S. 70–71).

Diese Kronen-Metapher bietet das Programm, das das alevitische Glaubensleben ausmacht. Der Gläubige soll auf dem Weg von Muhammad-Ali schreiten (fides qua), in seinem Herzen die Einzigkeit Gottes tragen und sich mit seinen Glaubensgenossen von dem orthodoxen Islam unterscheidend zu diesem Weg bekennen (fides quae). Was wird genauer über die Einzigkeit Gottes in den hier untersuchten alevitischen Grundschriften gesagt?

Die Bedingung der Möglichkeit, sich berechtigt auf den Glaubensweg des anatolischen Alevitentums zu begeben, ist die Anerkennung von Existenz und Einzigkeit Gottes (vgl. *Buyruk II*, S. 65). Doch obwohl einerseits diese Bedingung so zentral bestimmt wird, wird andererseits gesagt, dass das Tawḥīd-Wort („Tevhid Kelimesi" – das Einheitsbekenntnis) nur zu den empfohlenen Bräuchen („sünnet") gehört. Dem Frommen („sofu"[192]) wird empfohlen, ständig dieses Wort zu wiederholen (Vgl. *Buyruk II*, S. 79). Dennoch besteht hier nur ein scheinbarer Widerspruch, denn der Gläubige muss sich zwar zur Einzigkeit Gottes, die eine Glaubensmaxime ist, bekennen, aber es bleibt ihm überlassen, das Tawḥīd-Wort durch meditatives Wiederholen (arab. ḏikr) ständig zu betrachten (vgl. *Buyruk II*, S. 26). In diesem Sinne wird im *Buyruk* eine Empfehlung ausgesprochen, die Hatayi in einem Gedicht folgendermaßen ausdrückt (*Buyruk II*, S. 81: Hervorhebung von T.G.M.):

Dervişliğin on bâbı vardır mü'min	O Gläubiger! Das Derwischtum hat zehn Tore
Ârif isen gel dinle evvelinden	Komm und höre vom Ursprung, wenn du ein Wissender bist
Evvel budur Lâ ilâhe illallâh	Das ist der Anfang: Es gibt keinen Gott außer Gott

---

190 Hier handelt es sich um den Anfang des Koranverses 2:255: „Gott. Es gibt keinen Gott außer ihm".
191 In der türkischen Vorlage wird das alevitische Glaubensbekenntnis in Klammern gesetzt, somit lautet der obige Satz folgendermaßen: „Tâcın dışarısında (Allah'tan başka tanrı yoktur, Muhammed O'nun Elçisi'dir, Ali O'nun velisidir). (sic) yazılıdır" (*Buyruk II*, S. 71).
192 Das türkische Wort „sofu" wird vom arabischen Begriff ṣūfī abgeleitet. Siehe mehr dazu im Kapitel C.2.4.

| *Kelâm-ı Tevhid okuya dilinden* | Deine Zunge lese das Tawḥīd-Wort |

Die Einzigkeit Gottes wird an zahlreichen Stellen nicht nur bejaht, sondern auch gepriesen, wie ein Vers aus einem anderen Gedicht Hatayis bekräftigt: „Dank sei deiner Einzigkeit, o göttlicher Herr" („Çok şükür birliğine Ya Rab ilahi çok şükür" [sic]) (*Buyruk II*, S. 40).

Das Bekenntnis „Lâ ilâhe illâ llâh" wird auch ausgesprochen, bevor ein Tier geschächtet wird. Dadurch soll die rituelle Reinheit des Opfers hergestellt und der Adressat erwähnt werden, d. h. der eine Gott, auf dessen Namen das Opfer dargebracht wird (*Buyruk II*, S. 41).

Die Tawḥīd-Lehre kann auch eine andere Funktion bekommen, nämlich eine apologetische. „Sag: Er ist Gott, ein Einziger, Gott, durch und durch. Er hat weder gezeugt, noch ist er gezeugt worden. Und keiner ist ihm ebenbürtig." Mit diesen Versen der Sure 112 (d.i. *Iḫlāṣ*) stellt sich der Islam in einen deutlichen – ja geradezu unversöhnlichen – Gegensatz zu allen polytheistischen Glaubensformen, d. h. zu allen Religionen, die an mehrere oder sogar viele Götter glauben: eine definitive Absage an jedwede Beigesellung zu Gott *(širk)*.[193] Gleichzeitig aber denken die Muslime bei der Rezitation dieses Verses ablehnend auch an die christliche Lehre, nämlich an die ‚Verwässerung' des reinen Monotheismus durch die Gottessohnschaft Jesu und die Dreieinigkeit Gottes. Polemisierend wurde der *širk*-Vorwurf auch gegen die Christen geäußert. So finden sich koranische Verse, in denen dieser Vorwurf enthalten ist.[194] Möglicherweise denkt der Autor des *Vilayetname* an diese koranischen Verse, wenn er die Einzigkeit Gottes betont und vor der Beigesellung zu Gott warnt.[195] Die hier erwähnten Schriften

---

193 Im Koran 4:48 heißt es: „Gott vergibt nicht, dass man ihm (andere Götter) beigesellt (…)."

194 Als Beispiel für diese Polemik lassen sich folgende Koranverse anführen 4:171, 5:73, 9:31, von diesen drei Stellen soll die Wiedergabe des Verses aus Sure 4:171 genügen: „Ihr Leute der Schrift! Treibt es in eurer Religion nicht zu weit und sagt gegen Gott nichts aus, als die Wahrheit! Christus Jesus, der Sohn der Maria, ist nur der Gesandte Gottes und sein Wort, das er der Maria entboten hat, und Geist von ihm. Darum glaubt an Gott und seine Gesandten und sagt nicht (von Gott, dass er in einem) drei (sei)! Hört auf (so etwas zu sagen)! Das ist besser für euch. Gott ist nur ein einziger Gott. Gepriesen sei er! (Er ist darüber erhaben) ein Kind zu haben. Ihm gehört (vielmehr alles), was im Himmel und auf der Erde ist. Und Gott genügt als Sachwalter."

195 Vgl. *Vilayetname I*, S. 4.

1.3 Das Glaubensbekenntnis

der anatolischen Aleviten übernehmen stillschweigend diese Sicht des Koran auf das Christentum. Eine vom Koran unabhängige alevitische Sichtweise auf diese Problematik ist nicht erkennbar.

Die oben aufgezeigten Beispiele zeigen, welche Funktion der erste Teil des alevitischen Glaubensbekenntnisses bekommt. Demzufolge kann dem monotheistischen Gottesbild auch von Seiten der Aleviten zugestimmt werden. Und doch erfährt das monotheistische Gottesbild eine alevitische Konnotation. Was ist damit gemeint?

Die anatolischen Aleviten glauben „nur an einen Gott", schreibt Ismail Kaplan.[196] Wie die Schriften der anatolischen Aleviten hebt auch Kaplan die Einheit Gottes hervor. Demnach kann diese Einheit innerlich oder äußerlich sein. „Sie kann bedeuten, dass es keinen Gott gibt außer Allāh, der keinen Genossen *(šarīk)* hat; es kann bedeuten, dass er das einzige Wesen mit wirklicher und absoluter Existenz *(al-ḥakk)* ist, während alle anderen Wesen nur eine zufällige Existenz haben; es kann sogar zu einer pantheistischen Lehre entwickelt werden, dass Allāh das All ist."[197] Des Weiteren fügt Kaplan an, dass die Aleviten „Gott als *Tanrı*[198], *Allah, Hu* („Er"), *Hak* („Wahrheit"), *Hüda* („die

---

[196] Ismail KAPLAN, Das Alevitentum, Köln 2004, S. 38.

[197] Duncan Black MACDONALD, „Tawḥīd", in: *Handwörterbuch des Islam*, Leiden 1976, S. 744.

[198] Das Wort *Tanrı* ist im türkischen Kontext politisch aufgeladen „Nicht selten bringen türkischsprachige Muslime mit ihrer Ablehnung des modernen, türkischstämmigen Wortes für ‚Gott' (tanrı/Tanrı) ihre Gefühle gegenüber der ja hochpolitischen Geschichte der türkischen Sprachreform zum Ausdruck. Es gibt Türken, die ‚Tanrı' für zu abstrakt halten. Man hört sogar die Erklärung, dieses Wort verwendeten nur „die Reichen", womit fraglos die intellektuelleren und kemalistischeren Landsleute gemeint sind." Felix KÖRNER, Kirche im Angesicht des Islam. Theologie des interreligiösen Zeugnisses, München 2008, S. 265, Anmerkung 484. Aus sprachwissenschaftlicher Sicht wird zu diesem Wort Folgendes ausgeführt: „In zeitgenössischen sprachwissenschaftlichen Arbeiten wird zwar davon ausgegangen, dass ‚Allah' durchaus ‚den einen Gott' und nicht nur den Gott der Muslime bezeichnet, doch in der Türkei hat die Entscheidung für den geeigneten Ausdruck eine wichtige politische Tragweite: Das Wort ‚tanrı', abgeleitet aus dem alttürkischen ‚tengri', ist seit der Sprachreform die ‚politisch korrekte' Bezeichnung für ‚Gott'. Auch wenn ‚Allah' und sprachliche Derivate wie ‚Allahım' im täglichen Sprachgebrauch üblich sind und auch von türkischen Juden und Christen verwendet werden, ist in Texten, in Filmen und Büchern, die einen nicht islamischen Hintergrund haben, ‚Tanrı' die gebräuchliche Übersetzung. Deswegen wäre die korrekte Übersetzung für ‚Oh, mein Gott' eben nicht ‚Aman Allahım', sondern ‚Aman Tanrım'." Conny LETSCH, Heidi in der Burka,

Rechtleitung")[199], Şah ("der König")[200], Ulu ("der Heilige")" bezeichnen.[201] Gott kann also durch verschiedene Namen angerufen werden. Das ist nicht ungewöhnlich, denn auch im Islam werden 99 Namen für Gott aufgezählt. Doch entscheidend ist, was Kaplan dem angeführten Satz nachschiebt: „Gott ist überall zu fühlen und zu sehen. Göttlichkeit ist überall vorhanden."[202] Der Bildungsbeauftragte der anatolischen Aleviten in Deutschland negiert hier nicht das Eins-Sein Gottes oder identifiziert Teile des Alls mit Gott, ein solches Verständnis wäre Polytheismus. Der Mensch erblickt in der Natur Gott und erkennt ihn im All. Ist umgekehrt aber auch ein Erkennen des Alls in Gott möglich? Jedenfalls scheinen seine Ausführungen darauf zu zielen, dass das All mit Gott gleichzusetzen ist (vgl. Kapitel C.1.4). Ein solches pantheistisches Gedankengut würde nicht zwangsläufig dem monotheistischen Gottesverständnis widersprechen, insoweit als die Welt nicht außerhalb Gottes betrachtet wird und eindeutig zwischen dem Schöpfer und seinem Werk unterschieden wird. *„Wir erkennen Gott in uns selbst und wissen unseren Ursprung von Gott"*[203], mit diesen Worten geben die *Makalat* Hacı Bektaş Veli wieder.

Die dargelegten Ausführungen erlauben folgende Punkte festzuhalten:
1) Mit diesem Bekenntnis zum einen Gott erreichen die anatolischen Aleviten, dass sie sich den Weltreligionen zugesellen und dadurch in die lange Tradition der monotheistischen Religionen eintreten. Die mehrfache Überlieferung des Bekenntnisses *lā ilāha illā llāh* in den Grundschriften bestätigt diese Annahme.
2) Auffallend ist jedoch, dass dieses Bekenntnis zum einen Gott überwiegend in Arabisch überliefert und rezitiert wird. Denn die anatolischen Aleviten rühmen sich eher damit, sowohl für die kultischen Handlungen als auch für die Gebete die türkische Sprache gepflegt

---

in: Jungle Word. Die linke Wochenzeitung Nr. 40, 04.10.2006 (Online: http://jungleworld.com/artikel/2006/40/18313.html, abgerufen am 12.10.2009).
199 Das Wort „hüda" im Türkischen ist in Anlehnung an das arabische Wort *hudā* gebildet und bedeutet *die Rechtleitung Gottes*.
200 François C. de BLOIS, „Shāh", in: *Encyclopaedia of Islam*, Band IX, Leiden ²1997, S. 190–191.
201 Ismail KAPLAN, Das Alevitentum, Köln 2004, S. 38.
202 Ebd.
203 *„Allah'ı kendimizde bildik kendi özümüzü de Allah'dan bildik"*. Ali YILMAZ u. a. (Hrsg.), Maķâlât Hünkâr Hacı Bektâş-ı Veli, Ankara 2007, S. 55 (Hervorhebung dort).

1.3 Das Glaubensbekenntnis

zu haben. Hier wird ein Bekenntnis rezitiert, um vor Muslimen akzeptabel dazustehen, ohne es wirklich zu rezipieren.
3) Wie die die Einzigkeit Gottes erläuternden Einführungen von Ismail Kaplan zeigen, kann auch das mündlich tradierte und mit dem Islam nicht zu vereinbarende Gedankengut in das alevitische Glaubensleben integriert werden. Dadurch kann auch die Grenze zum sunnitisch-orthodoxen Islam klarer gezogen werden.

1.3.2 Muhammad ist sein Prophet

Der Glaube an die Prophetie Muhammads, im Sinne des von Muhammad Verkündeten und im Sinne des Prophet-Seins Muhammads, scheint im orthodox-islamischen Kontext beinahe untrennbar mit dem Glauben an Gott verbunden. Somit ist jeder, der in die islamische Gemeinschaft eintreten möchte, verpflichtet, das Glaubensbekenntnis *„Ich bezeuge, es gibt keinen Gott außer Gott, und Muhammad ist sein Prophet"* auszusprechen. Ein solches Verständnis wird auch im *Buyruk II* vertreten, wo der Koran folgendermaßen wiedergegeben wird: „Diejenigen, die dir huldigen, huldigen (eigentlich nicht dir, sondern) Gott. Gottes Hand ist (bei ihrem Handschlag mit dir) über ihrer Hand. Wenn nun einer (eine Verpflichtung, die er eingegangen hat) bricht, tut er das zu seinem eigenen Nachteil. Wenn aber einer eine Verpflichtung, die er Gott gegenüber eingegangen hat, erfüllt, wird dieser (w. er) ihm (dereinst) gewaltigen Lohn geben" (Koran 48:10).[204] „Wer diesen zweiten Artikel des Glaubensbekenntnisses willentlich und wissentlich ablehnt, verzerrt auch den ersten Artikel in seinem Herzen".[205]

Das islamische Glaubensbekenntnis wird zu einem wichtigen Bestandteil des Alevitentums. Muhammad wird unmissverständlich als

---

204 „Ya Muhammed! Sana bîat edenler, bilmelidir ki, Allah'a bîat etmektedirler; Allah'ın eli onların elleri üstündedir; kim verdiği sözden dönerse kendi zararına dönmüş olur; kim de Allah'a verdiği sözü yerine getirirse, Allah ona büyük ödül verecektir" (*Buyruk II*, S. 58f.). In der türkischen Koranüberstzung lautet dieser Vers folgendermaßen: „Ey Muhammed! *(Hudeybiye'de)* gerçekten sana biad edenler ancak Allah'a Biad (sic!) etmiş olurlar. Allah'ın kuvvet ve yardım eli onların üstündedir. Artık kim *(sözünden)* dönerse zararı kendi nefsinedir. Kim de Allah'a söz verdiği şeyi yerine getirirse, ona yakında büyük bir mükâfat verilecektir" Abdullah AYDIN (Hrsg.), Kur'an-ı Kerim ve yüce Meâli („Der edle Koran und seine erhabene Bedeutung"). Tercüme eden Abdullah AYDIN („Übersetzt von Abdullah AYDIN"), Istanbul o.J. (Hervorhebung dort).
205 Louis GARDET, Islam, Köln 1968, S. 33.

ein Gesandter Gottes bejaht und von ihm wird oft als *Prophet* gesprochen.²⁰⁶ Er ist in der Reihe der Propheten, unter ihnen Moses („Musa") und Jesus („İsa"), der letzte Prophet. Er kam, die gleiche Botschaft zu verkünden wie alle anderen Propheten, die dies vor ihm getan hatten.²⁰⁷ *Buyruk II* überliefert folgende Begebenheit, die in ein Gespräch zwischen Gott und dem Propheten Elija²⁰⁸ („İlyas") mündet:

„Als der Todeszeitpunkt des heiligen Elija sich näherte und er um seine Seele bangte, wollte [der Todesengel, T.G.M.] Azrail²⁰⁹ seine Seele entgegennehmen. Der Prophet Elija wurde traurig und begann laut zu weinen. Der erhabene Gott sprach ihn an und tadelte ihn, indem er sagte: ,Fürchtest du dich etwa, weil du zu mir kommen wirst? Ich schwöre bei meiner Heiligkeit und Erhabenheit, wenn du aus diesem Grund traurig bist, werde ich deinen Namen aus dem Buch der Propheten tilgen und herausnehmen.' Der Prophet Elija [antwortete]: ,O Herr der Welten! Ich, dein Geschöpf, weine nicht, weil ich gestorben bin oder Kummer habe und traurig bin, da ich bei dir angekommen bin.'²¹⁰ Der erhabene Gott sagte: ,Warum haderst du dann, o Elija?' Prophet Elija antwortete: O erhabener Schöpfer!

---

206 Z. B. *Buyruk II*, S. 62; 63; 68; 70; 71; 74 u.ö. Auch in *Buyruk I* wird diese Sicht vertreten in S. 60; 64; 65; 67; 72; 74; 79; 80; 81; 99; 110 u.ö.

207 Vgl. *Buyruk II*, S. 14.

208 Bei der hier wiedergegebenen Erzählung handelt es sich um die Geschichte des biblischen Propheten Elija, der in der Zeit der Könige Ahab und Ahasja ca. im 9. Jh. v. Chr. im Nordreich Israel wirkte. Seine Geschichte wird in den Büchern des Alten Testaments (1. Könige 17 bis 2. Könige 2) erzählt. Besonders die Stelle 2. Könige 2,1–18 handelt von der Entrückung des Elija. Dort heißt es: „Während sie [Elischa und Elija] miteinander gingen und redeten, erschien ein feuriger Wagen Israels mit feurigen Pferden und trennte beide voneinander" (2. Könige 2,11). Diese Geschichte der Entrückung des Elija ,gen Himmel' scheint *Buyruk* hier aufgegriffen zu haben, allerdings mit erheblicher islamischer Überarbeitung und Deutung. Gleichzeitig erfährt Elija in der Geschichte der alevitischen Tradition eine Namensänderung. Er begegnet dem Leser unter dem Namen „Hızır". (Vgl. Ismail KAPLAN, Das Alevitentum, Köln 2004, S. 180) Entsprechend der hier übersetzten Geschichte ist Elija mit der Aufgabe betraut, den Anhängern Muhammads in der Not zu helfen. Vgl. Pertev Naili BORATAV, „Hızır", in: *İslâm Ansiklopedisi*, Band 5, Istanbul 1977, S. 457–471; Pertev Naili BORATAV, „Khiḍr-Ilyās", in: *Encyclopaedia of Islam*, Band V, Leiden ²1986, S. 5.

209 Azrail, der auch Todesengel genannt wird, gehört nach dem islamischen Glauben zu den vier großen Engeln. vgl. William Montgomery WATT/Alfold T. WELCH, Der Islam. Band 1: Mohammed und die Frühzeit – Islamisches Recht – Religiöses Leben (Religionen der Menschheit Band 25,1), Stuttgart 1980, S. 223–225.

210 „Ey Âlemlerin Rabbi! Ben kulun öldüğüm için ağlamıyorum ya da sana kavuştuğum için üzülüp taslanmıyorum." Der letzte Nebensatz könnte wörtlich übersetzt „da ich in dich münde" lauten.

1.3 Das Glaubensbekenntnis

Diese zwölf Imame sind Nachkommen deines geliebten Propheten Muhammad Mustafa. Ich habe ihre Heiligkeit („ululuk") und Würde („değer") gesehen und geglaubt. Du hast alle Propheten und Heiligen wegen des geschätzten Antlitzes dieser (Imame) beurteilt und gabst jedem Einzelnen von ihnen verschiedene Gaben und nahmst sie dir zu Freunden. Du hast manchen höhere und manchen niedrigere Plätze zugewiesen. Manchen gabst du durch das Wasser und manchen durch das Feuer das Heil. Manche hast du mit ‚meine Seele'[211] („Rûhum") angesprochen. Nun, o Hak, ich erflehe von deinem heiligen Haus („dergâhından") Folgendes: Um des Segens der Namen der Zwölf willen („bu ONİKİ isimler bereketi için"), nimm die Seele deines schwachen Geschöpfs nicht, bis ich ihre gesegneten Gesichter sehen, mein Gesicht im Staub ihrer heiligen Füße wälzen, ihre vielen Werke sehen und ihnen dienen werde.' Der erhabene Gott sagte aus seiner ehrenvolle Großzügigkeit: ‚Gegrüßt sei Elija! So belohnen wir die Gutmütigen![212] O Elija! Aus meiner Heiligkeit und Erhabenheit habe ich dir ein neues Leben zugewiesen (verlängert), du sollst bis zum Jüngsten Gericht leben. Du sollst die Zeit von meinem Liebling Muhammad Mustafa erreichen, seine Nachkommen, die zwölf Imame treffen, sprechen und ihnen dienen. Denen, die die wahre Gemeinschaft meines Lieblings (Hâbibimin has ümmetleri") bilden und seine Nachkommen lieben und zu meinen aufrechten Dienern („muhlis kullarım") sollst du in der Not eilen und ihnen dienen. Du sollst wissen, dass deren Rang („mertebe") bei uns hoch ist. Gleichzeitig sollen die Erdbewohner sehen und wissen, wie hoch der Rang von Muhammad und seinen Nachkommen und seiner wahren Gemeinschaft ist und von denen, die sie lieben und ehren.' Wahrlich weiß Gott alles am besten und alles findet in ihm seine Vollendung" (*Buyruk II*, S. 14–15).
Entsprechend dieser Erzählung scheint die Liebe zu Muhammad und seinen Nachkommen in den Augen Gottes besonders verdienstvoll zu sein. Möglicherweise soll diese Erzählung zweierlei ausdrücken:

---

211 Kann auch mit „mein Geist" übersetzt werden. Hier wird wahrscheinlich an den koranischen Vers in Sure 4:171 gedacht, worin Jesus als Geist Gottes bezeichnet wird.
212 Es handelt sich hier um eine Stelle aus dem Koran 37:131–132: „Heil sei über Elias!' So vergelten wir denen, die fromm sind." In der Paret Übersetzung wird Elija von Gott Heil verheißen und mit ihm allen Frommen, dagegen spricht die türkische Vorlage vom Gruß Gottes.

a) Muhammad gehört zu den großen Propheten der Menschheitsgeschichte. Die Sendung Muhammads als Propheten für die Menschen lag schon bei Gott fest. Dadurch erscheinen alle Propheten als die Wegbereiter für Muhammad.
b) Durch die Sehnsucht Elijas, Muhammad und seine Nachkommen zu sehen, wird ihr hoher Rang unter den Propheten stark hervorgehoben. Die Liebe zu Muhammad und seinen Nachkommen ist heilsrelevant, so dass Elija dem Tod entrissen und sein Leben ‚verlängert' wird, um den islamischen Propheten Muhammad zu sehen. Elija wird zum Schutzpatron aller bestellt, die sich in der Nachfolge Muhammads befinden.

Muhammad erscheint als Prophet Gottes an der zweiten Stelle des alevitischen Glaubensbekenntnisses. Er ist somit nicht nur der Prophet der sunnitischen Muslime, sondern auch ein Prophet, ja der wichtigste, für die anatolischen Aleviten. Selbst wenn entsprechend der anatolischen Hermeneutik von *ẓāhīrī* und *bāṭinī* zwischen der geschichtlichen Person und dem heilvermittelnden Propheten unterschieden würde, gäbe es keine Abstriche in der Bedeutung Muhammads für diese Gemeinschaft. Die Nachkommen des Propheten, also das Ahl al-Bayt (türk. Ehl-i Beyt) und die zwölf Imame genießen unter den anatolischen Aleviten höchste Achtung, die einer dogmatischen Unantastbarkeit gleichkommt.

1.3.3 Aliyün Veliyullah

Der dritte Teil des alevitischen Glaubensbekenntnisses lautet „Aliyün Veliyullah" (arab. *'Alīyun walīyu llāh*, d.i. „Ali ist der Freund Gottes"). Besonders fromme Aleviten versehen dieses Bekenntnis mit einem Lob in arabischer Sprache, nämlich „Elhamdülillah, Aliyyün Veliyullah" („Gepriesen sei Gott, Ali ist der Freund Gottes") (*Buyruk II*, S. 40). Vorbild dieses Ausspruchs ist ohne Zweifel das orthodox-sunnitische Glaubensbekenntnis, denn selten bezeugt ein Muslim seine Zugehörigkeit zum Islam ohne den lobenden Zusatz: ‚Gepriesen sei Gott!' Die Aleviten bekennen sich durch ihren Zusatz eindeutig zu Ali und grenzen sich somit vom sunnitischen Islam ab.

Doch wer ist Ali? Und welche Bedeutung messen ihm die Aleviten bei? Die im Glaubensbekenntnis erwähnte Person ist 'Alī b. Abī Ṭālib

1.3 Das Glaubensbekenntnis

(vgl. Kapitel B.2.4 und C.1.3), Vetter und Schwiegersohn Muhammads und vierter der rechtgeleiteten Kalifen (reg. 656–661). Sein Vater Abū Ṭālib war heidnischen Ursprungs, der wiederum ein Sohn ʿAbd al-Muṭṭalib b. Hāšims war. Alis Mutter hieß Fāṭima bint Asad b. Hāšim. Von Muhammad, dessen einzige Tochter Fāṭima Ali heiratete, bekam er den Beinamen Abū Turāb („Vater des Erdbodens")[213]. Ali hatte einer Überlieferung zufolge vierzehn Söhne und mindestens siebzehn Töchter von mindestens zehn verschiedenen Frauen.[214] In welchem Alter er den Islam annahm, lässt sich nicht genau feststellen, doch war er nach Ḥadīǧa, Muhammads erster Frau, der erste Muslim. Er gehörte zu den zehn Gläubigen, denen der Prophet ausdrücklich das Paradies verheißen hatte, und war einer von den sechs Beratern, auf die Muhammad bei seinem Tode der schiitischen Überlieferung zufolge seine Hoffnung setzte.[215] Er wird beschrieben als jemand von „tiefbrauner Hautfarbe, er hatte große, hervortretende Augen, war wohl beleibt, kahlköpfig und eher klein als groß; er trug einen langen, weißen, dichten Bart, den er bisweilen färbte, war schön von Angesicht und ließ beim Lächeln seine Zähne sehen."[216]

Die Bedeutung Alis für den Islam ist unumstritten. Er war einer der treuesten Gefährten Muhammads. Er kämpfte an dessen Seite und ver-

---

213 Dieser Titel ist im *Buyruk II* auf S. 171 belegt.
214 Seine Kinder hatte Ali nämlich: „1. von Fāṭima, der Tochter Muḥammads, seiner einzigen Gattin, solange sie lebte: al-Ḥasan, al-Ḥusayn, Muḥassin (Muḥsin bei den persischen Schiiten), Zaynab die Ältere, Umm Kulthūm die Ältere; 2. von Umm al-Banīn bint Ḥizām: al-ʿAbbās, Ǧaʿfar, ʿAbd Allāh, ʿUṯmān (bei Kerbala gefallen); abgesehen von al-ʿAbbās ohne Nachkommen); 3. von Lailā bint Masʿūd b. Qālid: ʿUbayd Allāh, Abū Bakr ʿAbd al-Raḥmān; 4. von Asmāʾ bint ʿUmaiy: Yaḥyā, Muḥammad den Jüngsten, ʿAwn; 5. von Umm Ḥabīb bint Rabīʿa, mit dem Beinamen al-Ṣahbāʾ, einer von Kalid b. al-Walīd bei ʿAin al-Tamr erbeuteten Sklavin: ʿUmar, Ruḳaiya; 6. von Umāma bint Abīʾl-ʿĀṣ, welche Zainab, des Propheten Tochter, zur Mutter hatte, Muḥammad den Mittleren; 7. von Kawla bint Ǧaʿfar: Muḥammad den Ältesten, beigenannt Ibn al-Ḥanafīya; 8. von Umm Saʿīd bint ʿUrwab. Masʿūd al-Thaḳafī: Umm al-Ḥasan, Ramla die Ältere; 9. von Maḥyāt bint Imruʾ al-Ḳais b. ʿAdī: eine in frühem Alter verstorbene Tochter; 10. von verschiedenen Müttern mit unbekannten Namen: Umm Hāniʾ, Maimūna, Zainab die Jüngere, Fāṭima, Umāma, Ḥadīǧa, Umm al-Kirām, Umm Salama, Umm Ǧaʿfar, Ǧumāna, Nafīsa". Bernhard LEWIS, „*Alids*", in: *Encyclopaedia of Islam*, Band I, Leiden ²1960, S. 400–403.
215 Robert GLEAVE, „*ʿAlī b. Abī Ṭālib*", in: *The Encyclopaedia of Islam Three*, Leiden/Boston 2 (2008), S. 62–71, hier S. 62–63.
216 Clement HUART, „*ʿAlī b. Abī Ṭālib*", in: *Handwörterbuch des Islam*, Leiden 1976, S. 35–38; vgl. auch Robert GLEAVE, „*ʿAlī b. Abī Ṭālib*", in: *The Encyclopaedia of Islam Three*, Leiden/Boston 2 (2008), S. 62–71, besonders S. 70f.

kündete beispielsweise im Jahre 631 in seinem Auftrag auch öffentlich einige Verse der neunten Sure.[217] Auf ihn werden ca. 500 Ḥadīthe zurückgeführt, von denen die Sammlungen des Buḫārī und des Muslim einige als authentisch einstufen.

In der schiitischen Lehre wird Ali auch als der Freund Gottes gepriesen.[218] Er ist durch ein mystisches Band der Freundschaft *(wilāya)* mit Gott verbunden. Daraus wurde schon in der frühen islamischen Geschichte die Vorstellung von der Freundschaft mit Gott entwickelt. Ali ist der Inbegriff des Heiligen im Islam und hier liegt der wesentliche Punkt, der ihn von Muhammad unterscheidet. Muhammad ist nur noch *nabī*, also Prophet. Von dieser Auffassung aus entwickelten sich der Schiismus und seine zahllosen Sekten und Gruppierungen. Ihm schreiben die Schiiten den dreifachen Charakter des Imams, Kriegers und Heiligen zu.[219]

Ali ist für die anatolischen Aleviten nicht nur der Namensgeber ihrer Glaubensgemeinschaft, sondern er steht auch im Zentrum ihres Glaubenslebens. Im *Buyruk* wird ein eindeutiges Bekenntnis zu Ali an mehreren Stellen bezeugt (vgl. *Buyruk II*, S. 67; 71 u.ö.). Für die anatolischen Aleviten ist Ali nicht nur eine wichtige Figur, die bei der Entstehung der islamischen Religion im siebten Jahrhundert an der Seite von Muhammad gewirkt hat, sondern entsprechend den mystischen und mythologischen Erzählungen im *Buyruk* weit mehr als eine sterbliche Person. Dem *Buyruk* zufolge ist Ali nicht erschaffen (*Buyruk II*, S. 91)[220], „er ist der Erste und der Letzte. Ali ist das Sichtbare und das Verborgene" („Evvel ve âhir Ali'dür bâtın-u zâhir Ali", *Buyruk II*, S 105). Hier zeigen die Lehren des *Buyruk* über Ali extrem schiitische Tendenzen, bleiben aber an dieser Stelle noch moderat. Der im nächsten Gliederungspunkt übersetzte Text zeigt, dass das Prinzip der „Manifestation/Verkörperung" (arab. *ḥulūl*) auch im *Buyruk* vertreten ist und damit von den Aleviten akzeptiert wird.

---

217 Für Belege auf folgende Angabe siehe Clement HUART, „ʿAlī b. Abī Ṭālib", in: *Handwörterbuch des Islam*, Leiden 1976, S. 35–38.
218 Yann RICHARD, Shi'ite Islam. Polity, Ideology, and Creed. Translated by Antonia NEVILL, Oxford 1985, S. 8.
219 Heinz HALM, Die Schia, Darmstadt 1988, S. 10f.
220 „Alî yaradılmış mıdır pes dedi."

1.3 Das Glaubensbekenntnis

Dass die Aleviten Ali als Freund Gottes bezeichnen und seine besondere Nähe zu Gott unterstreichen, soll nicht dazu verleiten, die Frage nach dem Rang Muhammads im Vergleich zu Ali zu stellen. Denn an diesem Punkt helfen m.E. die Kategorien *höher* oder *niedriger* nicht, weshalb es ratsam ist, mit dem Begriff ‚Unterscheidung' zu operieren. Nach islamischer Auffassung, die in den alevitischen Texten geteilt wird, ist Muhammad der Prophet Gottes, dessen Offenbarung er den Menschen verkündet hat. Das gilt ja für alle Propheten; das Besondere an Muhammad ist jedoch, dass seine Verkündigung schnell verschriftlicht und daher nicht mehr korrekturbedürftig ist. Im heiligen Buch der Muslime, dem Koran, wurden diese Offenbarungen gesammelt.[221] Demnach ist Muhammad der Prophet, der die Scharia („Şeriat") vermittelt, also das Gesetz, das das Leben der islamischen Gemeinschaft regelt und ordnet. Im Gegensatz dazu ist Ali der Wegweiser („Mürşid") auf dem mystischen Pfad („Tarikat"). Die vorgenommene Differenzierung zwischen den beiden Personen ist durch die hier behandelten Schriften gedeckt. Die alevitische Unterscheidung zwischen Muhammad und Ali besagt, dass Muhammad für das Offenbarte *(ẓāhīrī)* und Ali für das Verborgene *(bāṭinī)* zuständig ist (vgl. *Buyruk II*, S. 120). Doch „das göttliche Geheimnis *(„ilahi sır")* [wurde] sowohl Mohammed als auch Ali offenbart" (Kaplan 2004, S. 123), wobei die Aleviten das, was an Muhammad offenbart wurde, nur bei Ali authentisch bewahrt sehen und ihn als den Garanten für die Richtigkeit der Botschaft betrachten.[222] Entsprechend dieser alevitischen Auffassung ist Ali jemand, der in all seinen Reden und seinem Handeln in vollkommener Weise dem

---

221 „Die Aleviten glauben daran, dass Gott dem Heiligen Mohammed den Koran offenbarte, aber sie sind auch gleichzeitig davon überzeugt, dass der Koran nicht mit dem ursprünglichen Inhalt bewahrt wurde. Aleviten glauben, dass der heilige Koran in seiner authentischen Fassung bei Ali bewahrt ist." Ismail KAPLAN, Das Alevitentum, Köln 2004, S. 35. Es ist bezeichnend, dass Ismail Kaplan die Ursprünglichkeit des Korans bei Gott ansetzt, ihm aber eine authentische Überlieferung durch die orthodoxislamische Gemeinschaft aberkennt. Die Themen Offenbarung und Heilige Schrift werden im Kapitel C.3.3 näher erörtert.

222 Diese häufig von den Aleviten angeführte Behauptung hat ihre Ursprung wohl bei den Fatimiden (ca. 909–1171). Sie „propagierten eine Geheimlehre, die im einzelnen aber wohl erst ausgefertigt wurde. Dazu zählte ein zyklisches Geschichtsbild, das sich deutlich von den gängigen islamischen Vorstellungen abhob: Es beruhte auf einer Abfolge von sechs Propheten – Adam, Noah, Abraham, Mose, Jesus und Muhammad –, die als Empfänger der göttliche Offenbarung jeweils eine Gesetzesreligion verkündet hatten (sogenannte Sprecher, Sg. *natig*). Deren innerer Sinn *(batin)* wurde einem engen Kreis von Eingeweihten von einem Bevollmächtigten *(wasi)* enthüllt; im Falle

Willen Gottes entsprach. Somit dienen Leben und Tun Alis für die Entstehung und Weiterentwicklung der alevitischen Glaubenslehre als Grundlage. „Dabei geht man nicht von der geschichtlichen Person Ali, dem 4. Kalif, aus, sondern von einer spirituellen Person, die im Laufe der Jahrhunderte von Generation zu Generation unter den Aleviten überliefert wurde."[223] Der Freund Gottes stellt auch das höchste Vorbild eines vollkommenen Menschen dar. Es soll aber nicht außer Acht gelassen werden, dass durch die Unterscheidung zwischen der historischen und der geglaubten Person Ali der ahistorischen Legendenbildung Tür und Tor geöffnet sind.[224] Wahrscheinlich meint Ismail Kaplan mit der Bezeichnung Alis als „spirituelle Person", die Gestalt, die von den anatolischen Aleviten rekonstruiert wurde und auf die sich diese Gemeinschaft bezieht.

Im Unterschied zum sunnitisch-orthodoxen Islam dürfen im Alevitentum Abbilder von Heiligen gemacht werden. Ein Bild von Ali gibt es in jedem alevitischen Gebetshaus. Ali wird häufig mit dem Schwert Ḏū l-Fiqār (türk. „Zülfikar") dargestellt.[225] Diesem Namen werden verschiedene Bedeutungen zugeschrieben, so zum Beispiel „Säule der Schwerter" oder die häufigste Bedeutung „Doppelscheide" als die Trennscheide zwischen Wahrheit und Falschheit. Eine im *Buyruk*

Jesu war das Simon Pertus, im Falle Muhammads Ali." Gudrun KRÄMER, Geschichte des Islam, München 2005, S. 118.
223 Ismail KAPLAN, Das Alevitentum, Köln 2004, S. 123.
224 Als Bespiel für solche Legendenbildungen lassen sich folgende Erzählungen anführen. Ali soll durch einen Hieb mit seinem Schwert Ḏū l-Fiqār (türk. „Zülfikar") Köpfe vom Rumpf getrennt und Körper so glatt mitten durchgehauen haben, dass die obere Hälfte zu Boden fiel, während die untere im Sattel sitzen blieb. Man stellt ihn dar, wie er festen Fußes den feindlichen Angriff erwartet und nur den Arm ausstreckt, um 33 Feinde zu Boden zu strecken. Doch wie gewaltig er auch als Krieger erscheint, wahrhaft unvergleichlich ist er in der Rolle des Heiligen; er tut Wunder (arab. *karāmā*), die seine Anhänger rückhaltlos mit den Wundern der Propheten (arab. *muʿǧiza*) vergleichen. Gott sandte in der Nacht der Ḥiǧra die Erzengel Michael und Gabriel hinab nach Mekka, damit sie den im Interesse Muhammads zurückgebliebenen Ali beschützten. Clement HUART, „*ʿAlī b. Abī Ṭālib*", in: *Handwörterbuch des Islam*, Leiden 1976, S. 35–38, hier S. 37.
225 Diverse Abbildungen von Ali bietet das Buch von Mehr Ali NAWID, Der schiitische Islam in Bildern. Rituale und Heilige, München 2006, S. 181–204. Die Schwertreliquie war, wie eine Beschreibung aus fatimidischer Zeit zeigt, eigentlich nicht zweispitzig, sondern zweischneidig *(šafratāni)*, woraus sich auch der Name Ḏū l-Faqār, der „mit dem Rückgrat", erklärt: Die Klinge war in der Mitte durch einen Steg *(ʿamūd)* verstärkt. Erst die populäre Ikonographie hat daraus die – waffentechnisch unsinnige – zwei Spitzen gemacht.

1.3 Das Glaubensbekenntnis

enthaltene Aussage Muhammads bezüglich dieses Schwertes ist maßgeblich für dessen Ruhm verantwortlich: „Es gibt keinen Helden außer Ali und kein Schwert außer Ḏū l-Fiqār" („Lâ fetâ illâ Ali lâ seyfe illâ Zülfikar"; *Buyruk II*, S, 199). Viele alevitische Jugendliche tragen an einer Halskette einen kleinen Säbel mit zwei Spitzen als Zeichen ihrer Zugehörigkeit zur Gemeinschaft der Aleviten.

Muhammad und Ali sind feste Bestandteile des alevitischen Glaubensbekenntnisses. Beide verweisen auf Gott und sind von ihm abhängig. Dennoch fällt es schwer, das Verhältnis zwischen ihnen zu bestimmen. Im nächsten Abschnitt wird dieser Aspekt genauer betrachtet. Die Verhältnisbestimmung zwischen Muhammad und Ali einerseits und das Verhältnis der beiden zu Gott andererseits wird anhand der schriftlichen Überlieferung der anatolischen Aleviten näher untersucht.

1.3.4 Gott – Muhammad – Ali: Triade oder Trinität?

Die am Anfang des Kapitels (C.1.3) von dem alevitischen Dichter Kul Himmet wiedergegebene Strophe beschreibt die Liebe, deren Inhalt das Glaubensbekenntnis bildet. Jeder einzelne Glaubensartikel bezeichnet ‚die Liebe', sagt der Dichter, und identifiziert auch dessen Sinn mit ihr. Die zweite Strophe des gleichen Gedichts scheint die erste zu erklären. Sie lautet (*Buyruk II.* S. 64):

Allah bir Muhammed Ali ortasında	Gott ist einer [und] Muhammed und Ali sind in seiner Mitte
Beytullah içinde Hak haznesinde	Im Gottes-Haus, in der absoluten Wahrheit
Kudret kandilinde aşk sahrâsında	In der Kraft-Laterne, in der Wüste der Begierde
Cebrâil gördüğü nurdur muhabbet	Das Licht, das Gabriel sah, ist die Liebe

Die in der dritten Zeile erwähnte Kraft-Laterne wurde auch schon in der Schöpfungserzählung erwähnt (vgl. Kapitel C.1.1.1). Die Kraft-Laterne ist der Ort, an dem das grüne und das weiße Licht von Muhammad und Ali platziert waren. Kul Himmet greift dieses Motiv in seinem Gedicht auf und lässt Gabriel in die Laterne schauen und die Liebe sehen. Die Kraft-Laterne wird wohl zum Sinnbild für den einen

Gott, in dessen Mitte Muhammad und Ali ruhen, wie die erste Zeile ausführt. Wie aber kann Gott einer sein und Muhammad und Ali in seiner Mitte haben?

Doch bevor diese Thematik vertieft wird, soll hier ein Textabschnitt über das Verhältnis Gott, Muhammad und Ali angefügt werden. *Buyruk II* überliefert im Rahmen der Thematik „Wegbruderschaft" („Musahiplik"), wie Muhammad seine Nachfolge regelt. Dabei wird Muhammad daran erinnert, das, was ihm von Gott aufgetragen wurde, dem Volk zu verkünden.

„Nachdem der heilige Prophet während der Abschiedswallfahrt seinen Genossen („sahabe"[226]) Ratschläge gegeben, sich bei ihnen bedankt und gesetzt hatte, kam Gabriel, brachte Grüße von Gott („Tanrı'dan selam") und er brachte folgenden Vers („âyet indi"): ‚Ya eyyüher-Resûl belliğ...'[227] („O Prophet, verkünde..."). Dieser [Halb-]Vers bedeutet: ‚Der erhabene Gott gebietet: O Muhammad! Überbringe diesem Volk das anvertraute Gut [Depositum] („emanet") Alis! Daraufhin gebot der heilige Muhammad den Genossen, aus Kamelsatteln eine Kanzel („minber") zu errichten. Er bestieg die Kanzel. Nachdem er Gott gedankt und seinen Genossen eine Rede gehalten hatte, rief er den Imam[228] Ali und ließ ihn neben sich auf

---

226 *Aṣḥāb* (arab. sg. *ṣāḥib*) oder *Ṣaḥāba* (der Einzelne: *ṣaḥābī*) bedeutet „Genosse" und bezeichnet als terminus technicus des Islam die Genossen des Muhammad. Zunächst war diese Bezeichnung auf jene beschränkt, die mit Muhammad längere Zeit in Kontakt standen und ihn auf seinen Zügen begleiteten. Später wurde der Kreis der Genossen immer weiter ausgedehnt, indem man von der Forderung des wirklichen Kontakts absah und auch solche Rechtgläubige zu den Aṣḥāb zählte, die dem Propheten während seines Lebens begegnet waren, die ihn, wenn auch nur ganz kurze Zeit, gesehen hatten, ohne Rücksicht auf das Lebensalter der Betreffenden. Vgl. Ignaz GOLDZIHER, Muhammedanische Studien Band II, Halle 1890, S. 240f.

227 Es handelt es sich hier um den Anfang des Verses 67 der fünften Sure mit dem Namen al-Ma'ida. Zur Vervollständigung sei hier der Vers 67 angeführt: „Du (mein) Gesandter! Richte (den Menschen) aus, was von deinem Herrn (als Offenbarung) zu dir herabgesandt worden ist! Wenn du es nicht tust, richtest du seine Botschaft nicht aus. Gott wird dich vor den Menschen schützen. Gott leitet das Volk der Ungläubigen nicht recht."

228 Auffällig ist, dass hier Ali als Imam bezeichnet wird. Das arabische Wort *imām* bedeutet „Gemeindeoberhaupt", es ist von derselben Wurzel gebildet wie das Wort „Gemeinde". Der Titel wurde nach dem Tod Muhammads für das Gemeindeoberhaupt der islamischen *umma* verwendet. Vgl. zum Begriff *Imāma* und die damit verbundenen Ansprüchen der islamischen Richtungen, Wilferd MADELUNG, „*Imāma*", in: *Encyclopaedia of Islam*, Band III, Leiden ²1971, S. 1163–1169, hier S. 1163; Eine ausführliche Darstellung über die Imamatslehren der verschiedenen Parteien und

1.3 Das Glaubensbekenntnis

der Kanzel Platz nehmen. ‚O Ali, komm und bekunde deine Treue zu mir („benimle"); und die Genossen sollen ihre Treue zu dir („seninle") bekunden.[229] Wer auch immer sich von der Treue zu dir abwendet, wendet sich auch von mir ab. Wer sich von mir abwendet, wendet sich auch von Gott ab. Und wer sich von Gott abwendet, wird in dem ewig lodernden Höllenfeuer gefangen sein...' Auf ein Zeichen des heiligen Propheten näherte sich Ali und bestieg die Kanzel. Der heilige Prophet nahm den Imam Ali an der Hand und zog ihn zu sich und sagte: ‚O ihr Menschen, Gott und sein Gesandter sind besser („yeğdir") als euer Ego („nefsinizden"). Wessen Herr („mevlâ") ich bin, dem ist auch Ali Herr und Führer („önder").'[230] Der heilige Prophet setzte Imam Ali an seiner Stelle ein („kendi yerine atadı") und schrieb („vacip"/„farz") seinen getreuen Genossen den Gehorsam vor, dies alles trat endgültig mit folgendem Koranvers in Kraft: ‚Ihr Gläubigen! Gehorchet Gott und dem Gesandten und denen unter euch, die zu befehlen haben.'[231] Das heißt: ‚Gehorchet Gott und seinem Gesandten. Gehorchet genauso eurem Anführer („önder").' Der heilige Prophet hat das Gehorsam-Sein ihm selbst und dem Imam Ali gegenüber dem Gehorsam gegenüber Gott gleichgestellt (durch den koranischen Vers). Als seinen Nachfolger im Imam-Amt („imamlığa"/„başkanlığa") hat er den Imam Ali vorgesehen („nasbeyledi", arab. *naṣb*). Darüber gibt es auch sehr viele Hadithe: ‚Ich [Muhammad] bin die Stadt der Erkenntnis und Ali ist die Tür zu ihr'. ‚Ali und ich wurden aus dem gleichen Licht geschaffen'. ‚O Ali,

---

Sekten bietet Helga BRENTJES, Die Imamatslehren im Islam nach der Darstellung des Aschʿarī (Abhandlungen der sächsischen Akademie der Wissenschaften zu Leipzig. Philologisch-historische Klasse Band 54/Heft 5), Berlin 1964.

229 Wahrscheinlich will der Text Folgendes ausdrücken. Ali soll seine Treue zu Muhammad öffentlich bekunden, und die anwesenden Genossen sollen es genauso halten und ihm die Treue erweisen.

230 Es ist bemerkenswert, dass Muhammads Ausspruch am Teich Ḥumm (arab. *ġadīr Ḫumm*) auch von der sunnitischen Tradition überliefert wird. Vgl. für Belegstellen Laura VECCIA-VAGLIERI, „Ghadīr Khumm", in: *Encyclopaedia of Islam*, Band II, Leiden ²1965, S. 993–994.

231 *Buyruk* zitiert hier wiederum einen Halbvers aus dem Koran, Sure 4:59. Der arabische Text wird in lateinischer Transkription und in Türkisch wiedergegeben. Zur Vervollständigung sei hier der ganze Vers angemerkt: „Ihr Gläubigen! Gehorchet Gott und dem Gesandten und denen unter euch, die zu befehlen haben (oder: zuständig sind)! Und wenn ihr über eine Sache streitet (und nicht einig werden könnt), dann bringt sie vor Gott und den Gesandten, wenn (anders) ihr an Gott und den jüngsten Tag glaubt! So ist es am besten (für euch) und nimmt am ehesten einen guten Ausgang."

was Aaron für Moses war, bist auch du für mich'. ‚O Ali, seit der Zeit des Propheten Adam bis zu diesen Tagen kamen alle Prophetensöhne aus deren Geschlecht. Meine [Muhammads] Nachkommen sollen aus deinem Geschlecht kommen'. Und danach löste er mit seiner gesegneten Hand seinen Gürtel: Ali schlüpfte in Muhammads Tunika und beide steckten ihre Köpfe durch denselben Ausschnitt („MUHAMMED-ALİ BİR GÖMLEK İÇİNE GİRİP İKİSİ BİR YAKADAN BAŞ GÖSTERDİLER"). In diesem Zustand sagte der heilige Prophet Folgendes: ‚O Ali, dein Fleisch („et") ist mein Fleisch, dein Körper („cisim") ist mein Körper, dein Blut („kan") ist mein Blut, deine Seele („ruh") ist meine Seele. Ich bin du und du bist ich.' Einige von den Heuchlern (sg. „münafık")[232] hörten dieses Hadith des heiligen Propheten, verdrehten („tevil") aus Neid („haset") seine Bedeutung und gaben ihm nach ihrem Gutdünken einen falschen Sinn.

[Die falsche Umdeutung der Worte Muhammads durch die Heuchler lautet wie folgt:]

‚Muhammad sagte: Dein Fleisch ist mein Fleisch, weil er mit Ali verwandt ist. Da er der Cousin von Ali ist, sagte er: Deine Substanz ist meine Substanz. Da er ihm seine Tochter Fatima gab, sagte er: Dein Blut ist mein Blut. Weil Ḥasan und Ḥusayn von ihr geboren wurden, sagte er: Dein Blut ist mein Blut... Er sagte, deine Seele ist meine Seele, weil alle menschlichen Seelen aus der Seele des Propheten geschaffen wurden. Deshalb sagte er: Deine Seele ist meine Seele.' Diese Heuchler glaubten dem Wort des Propheten nicht und sagten ihm:

O Muhammad! Da ihr dieses so behauptet, sollt ihr die Tunika ausziehen, damit wir auch sehen, und mit unserem materiellen („maddi") Auge es anschauen („bakıp") und erkennen („bilelim"), damit unser Herz glaubt („gönlümüz inansın").

---

232 Die koranische Bezeichnung *munāfiq* („Heuchler", pl. *munāfiqūn*) steht für die Medinenser, auf deren Eifer und Treue Muhammad nicht sicher rechnen konnte (vgl. Koran 9:68). Als Heuchler wurden diejenigen bezeichnet, die sich zum Islam bekannt hatten, aber politisch gegen Muhammad opponierten und ihn aus der Stadt vertreiben wollten. Vgl. William Montgomery WATT/Michael MARMURA, Der Islam. Band 2: Politische Entwicklungen und theologische Konzepte (Religionen der Menschheit Band 25,2), Stuttgart 1985, S. 70.

1.3 Das Glaubensbekenntnis

Als der heilige Prophet sie solche Worte sagen hörte, zogen sie sich die Tunika von ihrem gesegneten Leib aus und zeigten sich ihnen. Jene Nicht-Dazugehörigen [„Sezessionisten"] („Hariciler", arab. ḫawāriğ, von ḫaraǧa)[233] schauten und sahen einen Leib (sg. „ceset") und einen Kopf[234], und sagten wiederum:
Da ihr aus der Einheitswelt („birlik alemi") ein Zeichen („nişan") gebt, was für einen Wert hat denn dies, wenn der Leib eins und die Köpfe zwei sind? Eure Köpfe sollten auch eins sein.
Daraufhin zog der heilige Prophet die gesegneten Köpfe in die Tunika hinein und gleich wieder heraus. Es wurde ein Leib und ein Kopf. Als die Nicht-Dazugehörigen („Harici") dies sahen, kamen sie zur Einsicht" (*Buyruk II*, S. 48–49).
Diese Geschichte soll sich bei der Rückkehr Muhammads von der Abschiedswallfahrt aus Mekka 632 am Teich von Ḫumm, auf halbem Weg zwischen Mekka und Medina, im Angesicht der rastenden Pilger ereignet haben.[235] Diese mythologische Erzählung beschreibt Muhammad und Ali als *ein* Wesen, das zunächst mit zwei Körpern zu sehen war. Muhammad war am Ende seiner Mission angelangt und sollte die letzten Anweisungen Gottes befolgen. Auf Gabriels erinnernde Worte verkündet er den Genossen das Offenbarungsgebot, nämlich dass Ali von Gott an seine Stelle bestellt war. Das wird auch unter den Schiiten als Designation *(naṣb)* Alis zum Nachfolger des Propheten interpretiert. Offensichtlich waren Personen anwesend, die entweder Ali in der Nachfolge Muhammads nicht akzeptierten oder die nicht zu den Genossen des islamischen Propheten gehörten. Der Text bezeichnet

---

233 Ḫāriğiten bezeichnet die Anhänger der ältesten religiösen Sekte des Islam. Ihre Bedeutung liegt hinsichtlich der Dogmenbildung vor allem in der Formulierung der Fragen, die sich auf die Theorie des Kalifats und auf die Rechtfertigung durch den Glauben oder durch die Werke beziehen; in der politischen Geschichte ist ihre Rolle hauptsächlich die gewesen, dass sie während der beiden letzten Jahre von Alis Kalifat und während der Umayyadenzeit durch fortwährende Aufstände, die oft zu zeitweisen Eroberung ganzer Provinzen führten, die Ruhe im östlichen Teile des muslimischen Reiches störten. Eine ausführliche Beschreibung dieser Richtung bietet William Montgomery WATT/Michael MARMURA, Der Islam. Band 2: Politische Entwicklungen und theologische Konzepte(Religionen der Menschheit Band 25,2), Stuttgart 1985, S. 1–31 (d.i. Kapitel 1 Die Ḫāriğiten).
234 Wenn hier das zweite Substantiv „Kopf" im Singular sein sollte, ergibt die nächste Frage der „Harici" keinen Sinn. M.E. handelt es sich hier um einen Schreibfehler, denn das Wort Kopf sollte im Plural stehen. Demnach sollte aus der Tunika *ein Leib mit zwei Köpfen erscheinen.*
235 Vgl. Heinz HALM, Die Schia, Darmstadt 1988, S. 10.

sie als „Harici", d. h. als diejenigen, die nicht dazugehören. Besonders relevant für das hier behandelte Thema ist die *Ein-Leib-Erscheinung* von Muhammad und Ali. Diese körperliche Union kam auf die Initiative Muhammads zustande. Er ist derjenige, der aktiv ist, denn er fordert Ali auf, mit ihm die Kanzel zu betreten, und Muhammad ist auch derjenige, der die ganze Handlung zu Ende führt. Ali befolgt die Anweisungen seines Schwiegervaters, ansonsten überliefert der Text keine Reaktionen von Ali. Folgende Punkte sollen aus dieser Erzählung hervorgehoben werden:

1) Muhammad ist von Gott beauftragt, seinen Anhänger Ali als seinen Nachfolger vorzustellen. Das ist keine dynastische Angelegenheit, sondern göttlicher Beschluss. Die Intention der Erzählung ist, Ali als den mit göttlichem Beschluss von Muhammad in seine Nachfolge eingesetzten, rechtmäßigen und legitimen Imam zu zeigen.

2) Der vor Muhammad geleistete Treueid hat eine göttliche Dimension. Wer den Eid verweigert, verweigert demzufolge die Treue gegenüber Gott. Eine weitere Dimension, die sich aber in dieses Schema einfügt, ist Treue und Gehorsam gegenüber Ali, der als Imam und Führer der Gemeinschaft eingesetzt wurde. Ihm die Treue zu verweigern ist gleichzusetzen mit der Verweigerung gegenüber Muhammad und Gott. *Buyruk* zufolge berichtet der Koranvers 4:59 von dieser Tatsache.

3) Womöglich kann in der Ein-Leib-Erscheinung von Muhammad und Ali auch Gott als dritte Kraft hinzugedacht werden. Hierzu passt auch der Gedichtvers von Kul Himmet: „*Gott ist einer [und] Muhammad und Ali in seiner Mitte*". Die Frage ist, ob diese von den Anwesenden bezeugte Erscheinung als eine eschatologische Vorwegnahme der Einheit der beiden Personen mit Gott zu sehen ist.

An dieser Stelle zeigt die ‚Gotteslehre' der anatolischen Aleviten eine Vorstellung, die auf den drei Protagonisten Muhammad, Ali und Gott basiert. „Der Glaube an Allah, an Mohammed, den Gesandten (Resul), und an Ali, den Wegbereiter (Veli) [sic!] – wir nennen diese Gemeinschaft Dreiheit."[236] Es ist bemerkenswert, dass die anatolischen

---

236 In der gleichen Schrift wird als Erklärung für den Begriff ‚Dreiheit' auf Seite 35 Folgendes angeführt: „Mit Üçleme wird die Einheit von Allah-Mohammed-Ali zum Ausdruck gebracht. Die ‚Einheit' bezieht sich im Kern auf das Gottesverständnis von Mohammed und Ali. Es gibt keine Differenz zwischen Allah und dem Gottesverständnis von Mohammed und auch zwischen Ali und Mohammed gibt es keine

1.3 Das Glaubensbekenntnis

Aleviten, um ihr Gottesverständnis zu erklären, den Begriff ‚Üçleme', Dreiheit, verwenden. Doch religionsgeschichtlich betrachtet, begegnen nicht selten solche Dreiheitskonzeptionen in anderen Religionen, die auch *Triaden* genannt werden. Als Beispiel lassen sich hier die Trias Jupiter, Mars und Janus aus dem Altrömischen oder in der von den Griechen stark beeinflussten kaiserlichen römischen Mythologie Jupiter, Juno und Minerva anführen.[237] Auch das hinduistische Trimurti-Konzept ist eine Dreiheit, welche die Vereinigung der drei kosmischen Funktionen der Erschaffung, Erhaltung und Zerstörung/Umformung, durch die Verbildlichung der großen Götter Brahma als des Schöpfers, Vischnu als des Erhalters, Schiva als des Zerstörers darstellt.[238] Sie ist die konzeptionelle Einheit des dreiseitigen kosmischen Prinzips.

An dieser Stelle ist zu fragen, ob das Dreiheit-Konzept der anatolischen Aleviten, vor allem wie es von Ismail Kaplan verstanden wird, sich in ein solches Verständnis einreiht und welche Unterschiede sich zum christlichen Trinitätsverständnis ergeben.

1) Das Triade-Konzept der anatolischen Aleviten steht in einer Spannung zu den oben erwähnten Triaden. In polytheistischen Religionen wird angenommen, dass mehrere voneinander unterschiedene Götter koexistieren. Diese Götter haben nicht nur verschiedene Namen, sondern auch verschiedene Identitäten. Sie sind sich auch nicht ebenbürtig. Ismail Kaplan sagt: „Aleviten glauben an eine

---

Differenz. Damit repräsentiert auch Ali das vollständige Gottesverständnis, das Allah den Menschen geschenkt hat. Üçleme wird im Deutschen in Anlehnung an das christliche Gottesverständnis häufig mit ‚Dreieinigkeit' (lateinisch: ‚Trinität') [sic!] übersetzt. Üçleme hat jedoch mit diesem Begriff gar nichts zu tun … man spricht bei Üçleme oft auch von ‚Dreiheit'. Aber auch dieser Begriff spiegelt den gemeinten Zusammenhang nicht wieder. Deshalb wird hier vorgeschlagen, das türkische Wort in die deutsche Sprache als Fachausdruck einzuführen und von ‚das Üçleme' zu sprechen." LANDES INSTITUT FÜR SCHULE/ALEVITISCHE GEMEINDE IN DEUTSCHLAND (Hrsg.): Das Alevitentum. Informationen und Materialien für den Unterricht (nichtveröffentlichter Vorabdruck) [2003], S. 35–36, zitiert nach Wilfried DETTLING, Das Religionsverständnis der anatolischen Aleviten in Deutschland. Rom 2006, S. 74–75. Auffällig ist, dass der katholische Theologe Dettling sich ohne eine Bemerkung anzufügen mit dieser Erklärung zufrieden gibt.

237 Vgl. Walter BURKERT, Griechische Religion der archaischen und klassischen Epoche (Religionen der Menschheit Band 15), Stuttgart 1977, S. 199–278; Geo WIDENGREN, Die Religionen Irans, (Religionen der Menschheit Band 14), Stuttgart 1965, S. 12–13.

238 Vgl. Jan GONDA, Die Religionen Indiens, I Veda und ältere Hinduismus (Religionen der Menschheit Band 11), Stuttgart 1960, S. 32–35; 73–75; 182–184.

Identität, eine geistliche Gleichartigkeit zwischen Gott, Mohammed und Ali und sprechen als Kultspruch ‚allah-muhammed-ali' oder hak-muhammed-ali'. Dieses Einssein bezieht sich im Kern auf das Gottesverständnis von Mohammed und Ali."[239] Diese Gleichheit intendiert Kaplan zufolge, an dieser Stelle tritt dies deutlich hervor, eine *ontologische* Identifizierung. Denn *„Allah-Mohammed-Ali sind Eins. Sie werden zusammen an- und ausgesprochen und in gleicher Weise angebetet. Nach Auffassung der Aleviten gehören Mohammed und Ali zum Lichte Gottes, das diese Welt seit ihrer Schöpfung erhellt.*"[240] Dieses Konzept lässt sich nicht mehr mit polytheistischen Kategorien erklären.

2) Wenn man also davon ausgeht, dass die Dreiheitskonzeption der anatolischen Aleviten, entsprechend der oben dargelegten Ausführungen, nicht als eine Triade im Sinne von drei Göttern zu verstehen ist, dann könnte man es mit Heinz Halm eher als eine extremschiitische „gnostische Kosmogonie" verstehen. Das Konzept der gnostischen Kosmogonie hat ihren Ursprung bei den irakischen Apokalypsen, in denen Ali vergöttlicht wird, der Muhammad als Propheten entsandt hat. Ali ist in der oben dargestellten Geschichte als Imam angesprochen und bestätigt, woran sich auch das Imambild orientiert. Demnach ist der Imam „mit übermenschlichen Eigenschaften ausgestattet: Seine Autorität beruht nicht auf politischer Macht, sondern auf einem besonderen Wissen (arab. *'ilm*), durch das Gott ihn vor den anderen Sterblichen ausgezeichnet hat; seine Amtsgewalt verdankt er nicht der Berufung durch ein menschliches Gremium, sondern göttlicher Einsetzung (*naṣb*)."[241] Deshalb wird in der obigen Geschichte Muhammad von Gabriel daran erinnert, was er zu tun hat. Entsprechend diesem Verständnis kann der Imam selbst „sein Charisma durch Designation (*naṣṣ*) auf seinen Amtsnachfolger übertragen". Dies entspricht der Lehre, die als „Übertreibung" oder „Extremismus" (*ġulūw*) bezeichnet wird. Den „Übertreibern" (*ġulāt*, sing. *ġālī*) werden drei Ketzereien nachgesagt, die weder der in der Schia vertretenen orthodoxen Imamats-

---

239 Ismail KAPLAN, Das Alevitentum, Köln 2004, S. 38 (Hervorhebung dort).
240 Ebd., S. 38 (Hervorhebung von T.G.M.).
241 Heinz HALM, Die Schia, Darmstadt 1988, S. 54.

1.3 Das Glaubensbekenntnis

lehre entsprechen, noch sich mit der sunnitisch-orthodoxen Lehre in Einklang bringen lassen. Diese sind[242]:
a) Die Gottheit nimmt in den Körpern der Imame Wohnung *(ḥulūl)*
b) Der Glaube an die Seelenwanderung *(tanāsuḫ)*
c) Die spirituelle Deutung des islamischen Gesetzes, das damit seine Verbindlichkeit verliert und nicht mehr wörtlich befolgt werden muss – also offener Antinomismus *(ibāḥa)*.

Zunächst ist festzustellen, dass der Begriff „Dreiheit" (türk. Üçleme), der in der alevitischen Tradition existiert und wohl von Ismail Kaplan auch in der deutschen Sprache eingeführt wurde, irreführend ist. Denn Gott hat nicht nur ein Mal bei Ali Wohnung *(ḥulūl)* genommen und danach nicht mehr, sondern entsprechend der Lehre von der Seelenwanderung *(tanāsuḫ)* geschah dies auch in der darauffolgenden Zeit. Als Bespiel lassen sich der Mystiker al-Ḥallāǧ (hingerichtet 922) oder Hacı Bektaş Veli[243] anführen.

3) Wie verhält sich dieses Konzept zum christlichen Trinitätsverständnis?

Formal lassen sich drei Arten von Dreiheit unterscheiden. Zum einen die additive Terna; zweitens die dreifach differenzierte Einheit einer Triade, und schließlich die Trinität. Dieses letzte Wort behalten Christen der göttlichen Personeneinheit von himmlischem Vater, Sohn Jesus Christus und heiligem Geist vor. Nun ließe sich aber fragen, ob sich die Form der Trinität auch anderswo wiederfinden und daher auch von anderen Trinitäten sprechen lässt.

Dazu wären folgende drei Bedingungen zu erfüllen:

---

242 Ebd., S. 186.
243 Als Beispiel für das *Ḥulūl*-Prinzip, in welches auch Hacı Bektaş Veli aufgenommen wird, bietet die *Vilayetname*. Dort sagt Hacı Bektaş von sich: „Ich bin das Geheimnis Alis, des Befehlshabers der Gläubigen, des Herrn der Welten und des Gottes Löwen. Er ist unser Ursprung und er ist unsere Generation, diese Art von Wundertaten sind unser Erbe. Die Wirkung solcher Wundertaten von unserer Seite soll nicht irritieren, weil dies eine Eingebung Gottes ist" In der türkischen Vorlage lautet dieses Zitat folgendermaßen: „Ben âlemlerin rabbi[,] Tanrının arslanı, mü'minler emîri Hazreti Ali'nin sırrıyım. Bizim [Hacı Bektaş Hünkâr] aslımız, neslimiz odur, bu çeşit kerametler, bize mirastır. Bizden bunun gibi kerametlerin zuhuruna şaşılmaz, çünkü Tanrı nasibidir bu." *Vilayetname I*, S. 7.

a) Es müsste sich um ein durch gegenseitige Selbstübergabe und Selbstunterscheidung konstituiertes ewiges Miteinander handeln.
b) Es müsste sich um ein geschichtlich tatsächliches Verhältnis (Vater-Sohn, Herr-Freund) handeln, in das die Geschöpfe
c) teilnehmend eintreten können (Geist).

Die von Kaplan intendierte ontologische Gleichheit zwischen Gott, Muhammad und Ali artikuliert sich in Richtung christliches Trinitätsverständnis. Dieser Verdacht erhärtet sich, wenn im *Buyruk*, wie mehrfach erwähnt wurde, Muhammad und Ali als göttliche Wesen aus dem Lichte Gottes bezeichnet und in der religiösen Dichtung beide in der Mitte Gottes platziert werden. „Hz. Ali und Hz. Mohammed sind miteinander verbunden wie die zwei Seiten einer Medaille oder die zwei Hälften eines Apfels, wie es das folgende Gedicht ausdrückt: ‚Ali ist Mohammed, Mohammed ist Ali, ich sah sie als einen Apfel, Preis sei Allah' *(Ali Mohammed'dir, Mohammed-Ali. Gördüm bir elmadır, elhamdülillâh)*"[244].

Somit ist die Dreiheitskonzeption des anatolischen Alevitentums etwas anderes als die christliche Trinitätslehre, die auf einer theologischen, innergöttlichen Differenzierung basiert, die allerdings nicht von drei verschiedenen Wesen ausgeht, sondern als eine Wesens-Einheit von Gott Vater, Gott Sohn (Jesus Christus) und Gott Heiliger Geist als drei Personen oder Hypostasen aufgefasst wird.

In den folgenden zwei Gliederungspunkten werden erstens ein moderner alevitischer Ansatz, der hier als „anthropozentrisches Gottesverständnis" bezeichnet wird, und zweitens eine moderne Fragestellung – nämlich die Frage nach der „Personalität Gottes" – behandelt, die sich bei der Klärung des Gottesverständnisses der anatolischen Aleviten als hilfreich erwiesen haben.

1.4 Das anthropozentrische Gottesverständnis

Der Ansatz, der im Folgenden als anthropozentrisches Gottesverständnisses bezeichnet wird, ist unter den in Deutschland lebenden Aleviten vor allem in den jüngeren Generationen vertreten. Diese sind vor allem

---

244 Ismail KAPLAN, Das Alevitentum, Köln 2004, S. 123 (Hervorhebung dort).

1.4 Das anthropozentrische Gottesverständnis

Intellektuelle, die in Deutschland sozialisiert wurden und einen akademischen Hintergrund haben. Namentlich könnten der promovierte Philosoph Ahmet Terkivatan[245] des Alevitischen Kulturzentrums in Bremen, der Soziologe und Leiter des Forschungsprojekts über die Aleviten „Wer sind wir?", Levent Mete[246] aus Frankfurt, oder der Rechts- und Sozialwissenschaftler Ali Ertan Toprak[247], genannt werden.

Diese Personen gehören dem Alevitentum an, sind in Deutschland aufgewachsen und haben ihr Studium hier absolviert. Ihr Ansatz des anthropozentrischen Gottesverständnisses lässt sich folgendermaßen darstellen:[248]

Terkivatan behauptet in einem *ersten* Schritt, dass das Alevitentum keine „Furchtreligion" ist, sondern formuliert in Anlehnung an Albert Einstein, dass die Aleviten eher eine „kosmische Religiosität" haben, die die Gesamtheit des Seienden als ein Einheitliches und Sinnvolles erleben wollen. Das Alevitentum wird als eine kosmische Liebesreligion charakterisiert, die auf Freiwilligkeit basiere und nicht mit Zwang oder Druck arbeite. Dies wird damit begründet, dass diese Gemeinschaft keine Dogmatik, also keine dogmatische Lehre, Gebetsrituale, Textexegese etc. kennt und keinen universellen – apodiktischen – Anspruch formuliert (S. 25). Im *zweiten* Schritt bestimmt er, dass das Alevitentum weder eine *theistische* noch *deistische* Form der Religion bzw.

---

245 Geboren 1972 in Bremen.
246 Von Mete (geb. 1980 in Nordhessen) angebotene Seminarreihe „Wer sind wir?" will der erste Schritt sein für Aufklärung, Bildung und Selbstkenntnis unter den Aleviten. Ziel dieser Initiative sind junge Aleviten, die eine Möglichkeit suchen, Antworten auf dringende Fragen mit dem Seminarleiter gemeinsam zu erarbeiten und um ein besseres Verständnis vom Alevitentum zu bekommen. Unter http://www.alevi-frankfurt.com/anasayfa.html können mehr Informationen zu diesem Thema abgerufen werden. Außerdem hat Levent Mete ein Dokument mit dem Titel „das alevitische Manifest" im Internet veröffentlicht, in dem er sein Verständnis vom Alevitentum darlegt. Online abrufbar unter: http://www.alevi-frankfurt.com/fileadmin/user_upload/das_alevitische_Manifest.pdf (abgerufen am 03.12.2009).
247 Ali Ertan Toprak (geb. 1969 in Ankara) ist Generalsekretär der Alevitischen Gemeinde in Deutschland (AABF) und Mitglied bei Bündnis 90/Die Grünen. Er kam mit zwei Jahren mit seinen Eltern nach Deutschland und studierte Rechts- und Sozialwissenschaften.
248 Die folgende Darstellung dieses Ansatzes basiert auf dem Artikel von Ahmet TERKİVATAN, Was ist das Alevitentum? Über die alevitische Mystik, in: Sic et Non. Zeitschrift für Philosophie und Kultur. Im Netz, 10 (2008), S. 1–29. Online abrufbar unter: http://www.sicetnon.org/content/phil/Alevitische_Mystik.pdf (Abgerufen am 15.10.2009). Die im Text in Klammern angemerkten Seitenzahlen beziehen sich auf diesen Artikel.

des Glaubens bildet, sondern eher *pantheistisch* ist. Demnach wohnt – im Verständnis Terkivatans – dem Alevitentum ein pantheistischer Gott inne (S. 8). Terkivatan erklärt dieses pantheistische Verständnis folgendermaßen: Die Aleviten gehen davon aus, dass alles göttlich ist. „Der Pantheismus geht davon aus, dass Gott in allen Dingen lebt, sogar das Leben des Kosmos' selbst ist, so dass schließlich Gott und die lebendige Natur zusammenfallen: Das All ist die Gottheit selbst. Gott ist die ‚Energie', der Name für das Ganze, für die Einheit zwischen Menschen, Natur und Kosmos. Ein solcher Pantheismus führt schließlich dazu, dass die ganze Schöpfungslehre, die Eschatologie und überhaupt eine theologische Vorstellung der Welt nichtig werden. Wenn es keinen Schöpfer und kein Geschöpf gibt, wenn also ‚Gottheit' der Name oder das Zeichen für das All, für den Kosmos im Ganzen ist, dann wissen wir nichts über den Anfang und das Ende des Kosmos. Das teleologische Modell wird zugunsten des Modells der Spirale, des Kreises ersetzt. *Das Leben oder der Kosmos erwächst aus dem Tod"* (S. 16). Eine Entsprechung dieses Konzepts findet Terkivatan in der alevitischen Mystik: die Lehre von *waḥdat al-mawǧūd* (türk. „mevcut birliği", deutsch: „Einheit der Seienden"). Mit dieser Lehre *waḥdat al-mawǧūd* ist im Wesentlichen die Auflösung des onto-theologischen Dualismus zwischen Schöpfer und Geschöpf, zwischen Gott, Natur und Kosmos[249] zugunsten eines Monismus in Form einer ‚Allgottheitslehre' vorprogrammiert, die als das gleiche identifiziert wird, das bereits bei Xenophanes und Parmenides und später bei Spinoza zu finden ist (S. 16).[250] Nach diesem dargelegten Selbstverständnis gibt es keinen Anfang und kein Ende mehr, so dass die Vorstellung von einem allmächtigen, absolut transzendenten Gott als Schöpfer und Erlöser sowie die *Eschatologie* hinfällig werden. Der Mensch selbst wird zum *Erlöser*. Dadurch muss

---

[249] Ali Ertan Toprak äußert sich in diesem Sinne, wenn er wie folgt wiedergegeben wird: „Das [anatolische Alevitentum] ist Pantheismus als Monotheismus. Das Verständnis vom allmächtigen Gott irgendwo hinter den Wolken ist uns fremd. Deshalb sind wir auch immer verfolgt worden, weil wir die fünf Säulen nicht befolgt haben. Das hat dazu geführt, dass die Aleviten sich eine islamische Maske aufgesetzt haben, um in einer Islam dominierten Region überleben zu können. [...] meine These ist, wie gesagt, dass es sich um eine vorislamische Religion handelt." Mely KIYAK, 10 für Deutschland. Gespräch mit türkeistämmigen Abgeordneten, Hamburg 2007, S. 214–237, hier S. 220 (Hervorhebung dort).
[250] Vgl. Adel Theodor KHOURY/Ludwig HAGEMANN/Peter HEINE, Islam Lexikon A–Z. Ideen–Geschichte–Gestalten, Freiburg im Breisgau 2006, S. 465.

1.4 Das anthropozentrische Gottesverständnis

er Verantwortung für sich, für den anderen und überhaupt für das Ganze übernehmen. Da dies aber nur im *Diesseits* möglich ist, wird der Vorstellung vom *Jenseits*, sowie einer damit verbundenen *Eschatologie* der Legitimationsboden entzogen. Gemäß der formulierten Allgottheitslehre wird auch der Tod in den ewigen Kreislauf mit einbezogen. Entsprechend der Thanatologie der alevitischen Lehre stirbt zwar der Mensch, aber als bloße körperliche, vegetative Existenz. Die Seele des Menschen stirbt nicht, sondern nimmt eine andere Gestalt, einen anderen Körper, eine andere körperliche Existenz an (S. 3). (Für das Prinzip der Seelenwanderung siehe Kapitel C.3.2.2.1). Dieses pantheistische Gottesverständnis manifestiert sich nach Terkivatan in der Struktur der alevitischen *Versammlungen* („cem"). „In den rituellen Zeremonien sitzen die Gemeinschaftsmitglieder in Kreisform, und zwar Gesicht zu Gesicht. Das Ego hat damit die Möglichkeit, dem alter Ego ins Gesicht zu schauen. Denn bildlich gesprochen, wird das Gesicht des alter Egos als Gottes Gesicht angesehen. Zudem müssen die Teilnehmer mit sich selbst und mit anderen Menschen im *Reinen* sein" (S. 24, Anm. 71).

Terkivatan wendet im *dritten* Schritt eine bestimmte Hermeneutik an, die er *pantheistisch* nennt. Dieser pantheistischen Hermeneutik legt er den *inneren Sinn* (*bāṭin*) zugrunde, den er schon bei dem aserbaidschanischen Dichter Seyyid Imadeddin Nesimi (ca. 1370–1447) vertreten sieht. „Erkenne dich selbst[,] um Gott zu erkennen", oder „wie kann ich sagen, dass die göttliche Wahrheit (Gott) unabhängig von dir existiert, da ich das Geheimnis der göttlichen Wahrheit in dir sah" (S. 23). Der Mensch wird in die Mitte gestellt, „als ein der Natur gleichgestelltes Wesen mit göttlicher Substanz. So spielt bei den Aleviten der Mensch die zentrale Rolle. Alevitum"[251] sei die Möglichkeit und der Weg eines Individuums, im Einklang mit sich selbst und seiner Umwelt auf ehrenhafte und seiner Natur entsprechendste Art und Weise zu leben. Im Alevitum bilde Mensch – Gott – Natur eine Einheit, die durch ihre jeweilige Erscheinungsform ineinander greifen. So sei der Mensch – wie die Natur auch – eine Erscheinung Gottes, welcher in der alevitischen Metaphysik als Grundsubstanz des Universums angesehen werden kann.

---

251 Levent Mete verwendet in seiner Schrift „Alevitische Manifest" den Begriff „Alevitum". Auch für das Zitat siehe Levent METE, Das alevitische Manifest, in: http://www.alevi-frankfurt.com/fileadmin/user_upload/das_alevitische_Manifest.pdf, S. 3 (abgerufen am 03.12.2009).

Die Darstellung des Philosophen Terkivatan scheint die Tradierungsgeschichte des anatolischen Alevitentums nicht zu berücksichtigen. Denn diese Gemeinschaft konnte in der Geschichte ihre religiöse Identität nur bewahren, weil sie feste Formen für die Gebetsrituale gebildet hatte. Es dürfen aber auch die Schriften, die als Grundtexte gelten, allen voran die *Buyruk*-Schriften, die einen sehr hohen Stellenwert genießen, nicht vergessen werden (vgl. Kapitel B.2.1). Bei dieser ‚Überlebensgeschichte' des Alevitentums spielten und spielen heute noch die religiösen Spezialisten, die *Dedes,* eine konstitutive Rolle. Die besondere Stellung des *Dedes* innerhalb des Alevitentums lässt sich auf zwei Charakteristika von besonderer Prägnanz zurückführen: *erstens* das Fehlen, wie Terkivatan richtig betont, von verschriftlichten Dogmen bzw. eines kanonischen Textes, und *zweitens* das *Batını*-Religionsverständnis (arab. *bāṭinī,* d.i. „verborgen"). Die beiden Punkte scheinen sich zunächst zu widersprechen. Eine *Batını*-Vorstellung setzt normalerweise die Existenz von schriftlichen oder zumindest sprachlichen Quellen voraus, denn erst im Verhältnis zu ihnen bzw. durch ihre Auslegung gewinnen die *Batını*- und *Zahiri*-Aspekte (arab. *ẓāhirī,* d.i. „sichtbar") ihre Bedeutung. Im alevitischen Synkretismus schließen sie sich jedoch nicht völlig aus, sondern ergänzen sich in einer bunten Einheit. Der *Batını*-Charakter der alevitischen Lehre tritt vor allem in seinem Verhältnis zum Islam und Koran zutage. So ist der Koran für einen gläubigen Aleviten nicht verbindlich, er lehnt ihn aber auch nicht ab. Er versteht ihn nicht buchstabengetreu bzw. wörtlich – er interpretiert ihn anders als ein orthodoxer Muslim, und dies rechtfertigt er mit dem *Batını*-Verständnis seines Glaubens.[252]

Diese Besonderheiten des Alevitentums machen die *Dedes* zu den wichtigsten Autoritäten im sakralen Bereich: Sie tradieren das religiöse Wissen, interpretieren es und weisen ihre Adepten (arab. sg. *ṭālib*) an, es richtig zu gebrauchen. Außerdem sind allein sie in der Lage, aus dem islamischen Kanon, der ‚äußerlichen Verkleidung' *(ẓāhir),* die ‚verborgene Wahrheit', die ‚innere geheime Bedeutung' *(bāṭin)* der Offenbarung zu enthüllen. Aus diesem Grund genießt nicht die Schrift,

---

252 Dieser und folgender Abschnitt folgt und lehnt sich an die Abhandlung von Hüseyin AĞUİÇENOĞLU, Das alevitische *Dede*-Amt, in: Robert LANGER/Raoul MOTIKA/Michael URSINUS (Hrsg.), Migration und Ritualtransfer. Religiöse Praxis der Aleviten, Jesiden und Nusairier zwischen Vorderem Orient und Westeuropa, Frankfurt am Main 2005, S. 133–145, hier S. 140–141.

1.4 Das anthropozentrische Gottesverständnis

sondern der *Dede*, der für ihre Auslegung zuständig ist, die größte Loyalität in der alevitischen Gemeinschaft. Somit wird er zu einer unverzichtbaren *Mittlerinstanz* zwischen ‚Wahrheit' bzw. Gott und dem ihm ‚anvertrauten' Adepten.

Die hier angeführte traditionelle Funktion der *Dedes* und der Überlieferungsgeschichte scheint für Terkivatan keine Rolle zu spielen.

Welche Konsequenzen hat dieses Modell für das Selbstverständnis der anatolischen Aleviten? Es könnten dagegen einige systematische Gründe angeführt werden.

1) Gibt es keine Grenze zwischen Schöpfer und Geschöpf, so vermischt sich das Transzendente mit dem Immanenten. Der Schöpfer wird hinfällig, da der Mensch selbst zum Schöpfer wird.
2) Indem der Mensch sich nicht auf Gott als sein Endziel hinbewegt, sondern sich im Kreis-lauf befindet, gibt es keine Eschatologie bzw. kein Endziel. Wie ist dann Sinn denkbar?
3) Durch die Aufhebung der Eschatologie und die Verlagerung von allem in das Diesseits ersetzt der Mensch das Göttliche bzw. rückt er ins Zentrum und wird zum Maßstab von allem. Es wird eine anthropozentrische Weltanschauung – keine Religion – proklamiert, die nicht mehr mit einem monotheistischen Religionsverständnis, in dem Gott der Schöpfer ist, vereinbar ist. Somit wird auch der Gedanke, Gott habe die Welt aus dem Nichts erschaffen, obsolet (vgl. Kapitel C.1.1).
4) Der Umstand bzw. der Glaube, dass Gott sich in allen einzelnen Wesen und Welterscheinungen verkörpert, lässt keinen Raum mehr zu für Dualität und Transzendenz. Deshalb beinhaltet dieses System keinen jedem Menschen persönlich zugewandten, personalen und überdies wesenhaften Gott[253].
5) Ebenso löst sich die Personalität Gottes in diesem Denken auf, wie auch die Personalität des Menschen und der Selbstwert der Weltdinge aufgehoben sind.
6) Außerdem ergeben sich aus diesem System auch Konsequenzen für das organisierte Alevitentum inner- und außerhalb Deutschlands.

---

253 „Ein unpersönlicher Gott ist gar kein Gott, sondern bloß ein missbrauchtes Wort, ein Unbegriff, eine *contradictio in adjecto*, ein Schibboleth für Philosophieprofessoren, welche, nachdem sie die Sache haben aufgeben müssen, mit dem Worte durchzuschleichen bemüht sind." Arthur SCHOPENHAUER, Parerga und Paralipomena I. Kleine philosophische Schriften, Frankfurt am Main 2006, S. 131.

Demnach wäre das anatolische Alevitentum nicht mehr innerhalb des Islam zu verorten.
7) Vermutlich wird hier nicht eine Philosophie betrieben, die sich von der alevitischen Tradition anregen lässt, sondern es wird eher mit Begriffen, die philosophisch-weltanschaulich schick klingen, hantiert, um jungen akademischen Aleviten das Gefühl zu geben, ihr Glaube sei auf der Höhe abendländischer Reflexion. Tatsächlich aber entpuppt er sich als Show, ist aber so doch sehr bemerkenswert; denn hier will man offenbar kemalismus-kompatibel eine Religionsgemeinschaft verbegrifflichen.
8) Schließlich herrscht bei den Vertretern dieses Ansatzes ein negatives Bild vom Islam, das auch auf andere Religionen übertragen wird.

1.5 Gott als Person

Die Fragestellung des ‚Personseins' Gottes bietet Gelegenheit, Gemeinsamkeiten und Unterschiede zwischen anatolisch-alevitischem und christlichem Verständnis von Gott herauszuarbeiten. Doch bevor diese Thematik vertieft wird, soll hier zunächst grundsätzlich über die Analogie des menschlichen Redens von Gott Folgendes angemerkt werden: Jeglicher auf Gott angewandte menschliche Begriff, auch der Begriff Person, sagt mehr, was Gott nicht beschreibt, als was ihn beschreibt.[254] Jedoch haben wir keine anderen Mittel, von Gott zu reden, als mit menschlichen Worten. Wenn im Folgenden der Frage der Personalität Gottes nachgegangen wird, ist der grundsätzliche Dissens und Konsens im Gottesbild des Christentums und des anatolischen Alevitentums herauszustellen. Zwar wird das Personsein Gottes in der christlichen Theologie überwiegend im Zusammenhang mit der Trinitätstheologie behandelt; in diesen Ausführungen geht es aber eher darum, anhand von Themen wie „das Verhältnis von Schöpfer und Geschöpf", „Gottesverheißung und Treue" das Personsein Gottes als relationales Gegenüber, auf den das menschliche Leben bezogen ist, herauszustellen.

---

254 Vgl. für das IV. Lateran Konzil von 1215 Heinrich DENZINGER/Peter HÜNERMANN (Hrsg.), Kompendium der Glaubensbekenntnisse und kirchlichen Lehrentscheidungen. Lateinisch-Deutsch, Freiburg im Breisgau u. a.⁴⁰2005, Nr. 800–803.

1.5 Gott als Person

Hier ist darzustellen, was für ein Gottesbild im anatolischen Alevitentum herrscht. Vorangestellt wird eine kurze Ausführung zur Begriffsgeschichte von „Person". Da hier klar werden muss, was genau unter dem Personbegriff verstanden wird, ist eingangs zu rekapitulieren, was die deutschsprachige nachkonziliare Standardliteratur zur theologischen Darstellung der Frage beigetragen hat. Da auch nichtchristlichen Lesern die Argumentation klar werden soll, muss die Bibel hier ausführlicher als üblich zu Wort kommen.

1.5.1 Zur Begriffsgeschichte von ‚Person'

Zunächst geht es hier um die Entwicklung des Begriffs ‚Person'.[255] Obwohl der etymologische Ursprung des Wortes ‚Person' (lat. persona) unklar und unsicher ist, kann ein Zusammenhang mit dem griechischen πρόσωπον (prosōpon, d.i. Maske, Gesicht) hergeleitet werden. Eine andere mögliche Erklärung sieht den Ursprung im phönizischen *parsū*; dort bezeichnet der Begriff die Maske, durch die der Schauspieler im Theater spricht und an der sich die von ihm zu verkörpernde Rolle zeigt. Daneben wird ‚persona' zur Bezeichnung von grammatischen ‚Personen' gebraucht. Ebenso kann ‚persona' das Ansehen einer Person meinen.[256] Dennoch umfasst der vorchristliche Begriff der Person noch nicht den Gedanken der gleichen, jedem Menschen zukommenden Würde. Auch sind mit ihm noch keine universalen Freiheitsrechte verbunden.

Der christliche Personbegriff wurde entwickelt, als es darum ging, Gottes Auftreten in der Welt und Geschichte ins Wort zu bringen. Noch in der Mitte des 5. Jahrhunderts, zur Zeit des Konzils von Chalcedon (451), das die christologischen Streitigkeiten mit seiner langdiskutierten und auf Ausgleich bedachten Formel von den „zwei Naturen, die in einer Person zusammenkommen"[257], zu einem gewissen Abschluss brachte, wurde dem *prosōpon* ein Terminus aus der Philosophie ὑπόστασις (hypostasis, d.i. „Selbststand") – der in relativer Nähe

---

[255] Die Darstellung dieses Abschnitts stützt sich auf den Artikel von Armin G. WILDFEUER, *„Person, Personalität: I. Philosophisch"*, in: *Lexikon für Theologie und Kirche*, Band 8, Freiburg im Breisgau ³1999, Sp. 42–46.
[256] Vgl. Manfred FUHRMANN, „Person. I. Von der Antike bis zum Mittelalter", in: Historisches Wörterbuch der Philosophie, Band 7, Basel 1989, Sp. 269–283, hier Sp. 270.
[257] Denzinger-Hünermann, Nr. 302.

zu „Wesen" so viel bedeutet wie „konkrete Wirklichkeit" – zur Seite gestellt. Beide Begriffe (*prosōpon* und *hypostasis*) wurden gebraucht, um die eine personale Wirklichkeit in Jesus Christus zu benennen.[258] Person wird ausgesagt von Jesus Christus – der Menschen und zugleich Gottes Sohn ist – und von der Personalität Gottes, der *einer* ist und doch als Vater den Sohn und den Geist sendet.

Gottes Personsein lässt sich beschreiben: Gott erweist sich als Person, weil er durch die Geschichte seinem Volk Israel gegenübersteht, es begleitet und anleitet. Dazu gehört sein Bund mit diesem Volk, der freiwillig und dauerhaft geschlossen wird. Personsein Gottes heißt auch, dass er einen Willen, eine Absicht hat, und dass er überraschen kann, dass aber dennoch eine Kontinuität erkennbar ist: Treue. Das Personsein in Gott bedeutet jene Wirklichkeit, die im andern ihrer selbst zu sich kommt.[259] Am Beispiel der Liebe verdeutlicht, bedeutet das: „In der Liebe wird das Du als solches, als *anders*, als von mir verschiedenes gesucht. Ihm schenke ich mich, *es* empfange ich, mit *ihm* verbinde ich mich. Dies alles aber nicht, um mich und den anderen in undiffe-

---

[258] Die Verwendung des Begriffs Person ist in der Christologie keineswegs in jeder Hinsicht deckungsgleich mit der Rede von den trinitarischen, ‚innergöttlichen Personen'. In der Lehre von Jesus Christus soll der Personbegriff vor allem die Einheit zwischen göttlichem Sinn und Wirken und menschlicher Existenz gewährleisten. Die menschliche ‚Natur' Jesu muss nach dem Konzil von Chalcedon (451) so gedacht und beschrieben werden, dass sie durch die ‚Person' des göttlichen Wortes personalisiert, personifiziert ist. Vom Menschsein Jesu muss also auch alles das aussagbar sein und ausgesagt werden, was die heutige Anthropologie als das Wesen menschlicher Personalität thematisiert. Dennoch muss das alles so geschehen, dass deutlich wird und festgehalten werden kann: Diese Weise des personalen menschlichen Selbstvollzuges Jesu Christi ist getragen und ermöglicht durch die ‚Person' des göttlichen Wortes. Sie ist das Einheitsprinzip von Gott und Mensch in Jesus. In der Christologie hat der Begriff ‚Person' also die Einheit in der bleibenden Unterschiedenheit – nicht Geschiedenheit – zu gewährleisten. In der Gotteslehre, im Bekenntnis zu Gott dem Dreieinigen aber hat der Personbegriff umgekehrt die Aufgabe, die Differenz der Identität, die Unterschiedenheit in der Einzigkeit, die ‚Dreiheit' der Personen in der ‚Einheit der Natur' zum Ausdruck zu bringen. Eine ausführliche Darstellung über das Personverständnis, der terminologische Herkunft, die theologiegeschichtliche Entwicklung und Verwendung innerhalb der Trinitätstheologie wird geboten in Gisbert GRESHAKE, Der dreieine Gott. Eine trinitarische Theologie, Freiburg im Breisgau 1997, hier S. 67–70. Eine kompakte Darstellung bietet Gisbert GRESHAKE, „Person, „Personalität: II. Theologisch und systematisch-theologisch", in: *Lexikon für Theologie und Kirche*, Band 8, Freiburg im Breisgau ³1999, Sp. 46–50.

[259] Wolfhart PANNENBERG, Person und Subjekt, in: Wolfhart PANNENBERG, Grundfragen systematischer Theologie. Gesammelte Aufsätze, Band 2, Göttingen 1980, S. 80–95, hier S. 85.

1.5 Gott als Person

renziertem ‚Liebesgefühl' aufzulösen und zu vermischen, sondern um mich und ihn *als* jeweils andere gelten zu lassen und so einander im anderen zu finden und zu erfüllen. [...] Denn die hier gelingende Selbstvergessenheit unbedingter Liebe bewahrt sowohl das Selbstsein wie auch das Anderssein der jeweiligen ‚Beziehungspole'. Ja, sie lässt das jeweiligen Anderssein erst ganz zur Geltung kommen, so dass in der liebenden Vereinigung von Vater und Sohn im gemeinsamen Geist der Liebe zugleich auch ihre Verschiedenheit ‚unvermischt' hervortritt."[260]

Der Begriff ‚Person' kann im Türkischen mit dem aus dem Arabischen entlehnten Wort „şahıs"' wiedergegeben werden. Ebenfalls bezeichnet das türkische Wort „kişi" Person, allerdings zielt es eher auf eine numerische Aufzählung von Menschen hin. Das ursprüngliche Wort „şahıs" bedeutet Individuum, aber erst in der Zeit nach der Republikgründung schienen beide Begriffe sich anzunähern, so dass in der Gegenwart beide als Synonyme verwendet werden können. Neben den beiden Worten ist auch der arabische Begriff *ḏāt*, was übersetzt „Wesen" bedeutet, zu nennen, dessen türkische Schreibweise „zât" allerdings auch „Person" meinen kann. Das arabische Wort *šaḫṣ* kommt im Koran nicht vor.[261] Im *Buyruk II* wird dagegen der Begriff öfter verwendet und kann beispielsweise an einer Stelle im Zusammenhang mit der Schöpfung des Menschen belegt werden.[262] Demnach schuf Gott eine große Zahl von menschlichen Personen.

Harry A. Wolfson (1887–1974) zufolge benutzten christliche Theologen wie Johannes von Damaskus (ca. 650–754) den griechischen Begriff ὑπόστασις, der im Arabischen mit *šaḫṣ* wiedergegeben wurde, um die Trinität zu erklären.[263]

1.5.2 Das christliche Gottesverständnis

Das christliche Gottesverständnis basiert auf der Erfahrung des auserwählten Volkes Israel mit seinem lebendigen Gott, den Jesus seinen

---

260 Medard KEHL, Hinführung zum Glauben, Kevelaer ²2009, S. 139–140.
261 Vgl. Ian Richard NETTON, „*Shakhṣ*", in: *Encyclopaedia of Islam*, Band IX, Leiden ²1997, S. 247–248.
262 Hier sei die Stelle wiedergegeben (*Buyruk II*, S. 165): „Er schuf hundertzwanzigtausend Personen („şahıs") in der Gestalt des Menschensohns („âdem-oğlu")". Für den Sinnzusammenhang siehe Kapitel C.1 dieser Arbeit.
263 Vgl. Medard KEHL, Hinführung zum Glauben, Kevelaer ²2009, S. 40–43.

Vater nennt und von dem die Christen im Apostolischen Glaubensbekenntnis sagen: ‚Ich glaube an Gott, den Vater.' Somit bekennen sich die Christen zu Gott, der sich als Vater Jesu Christi erweist. Jesus bezeichnet den Gott Abrahams, Isaaks und Jakobs als seinen himmlischen Vater. Deshalb wird im Folgenden zunächst die ‚alttestamentliche' Gotteserfahrung herausgestellt, um dann die spezifisch christliche Akzentsetzung im Glauben an diesen einen Gott darzustellen.

Der Erfahrungsrahmen der Geschichte Israels mit Gott wird in der Erzählung von dem brennenden Dornbusch in einer einzigartigen Weise zum Ausdruck gebracht. In der Selbstoffenbarung Gottes mit den Worten „Ich bin der ich-bin-da"(אֶהְיֶה אֲשֶׁר אֶהְיֶה d. i. 'ähyä 'ašär 'ähyä, Ex 3,14) wird die Urerfahrung Jahwes als Person-Wirklichkeit ausgedrückt. Das bedeutet nicht eine Anthropomorphisierung Gottes, weil er gerade als Person das heilige Geheimnis bleibt jenseits einer Projektion von irdischen Verhältnissen in das Gottesbild.[264] Auf der Grundlage der Offenbarung und im Rahmen der Analogie menschlicher Sprache und Erkenntnis bietet das Person-Sein Jahwes die Voraussetzung für eine Ich-Du-Beziehung zwischen Jahwe und Israel sowie einzelnen Gläubigen, insofern diese teilhaben am Bundesverhältnis.

Wenn die Schrift das Verhalten Gottes gegenüber seinem Bundesvolk in der Geschichte mit Begriffen zum Ausdruck bringt, die aus dem Gemüts- und Seelenleben des Menschen entnommen sind (z. B. Eifersucht, Mitleid u. ä.), dann liegt hier kein mythisches Gottesverständnis vor, wie etwa eine personifizierte Weltprojektion auf einen apersonalen Seinshorizont. Alle diese Prädikate haben ihren Brennpunkt in der Rede vom *„Herzen Gottes"* (vgl. Gen 6,6; Jer 3,15; 15,1 u. a.). Im Herzen Gottes begründet sich die sich frei schenkende personhafte Liebe, die im personalen Wesensvollzug Gottes ihre unversiegbare Quelle hat. Schöpfung, Bund und erhoffte Vollendung sind Ausdruck des leidenschaftlichen Engagements Gottes für sein Volk und die Verpflichtung des Volkes auf die Bundestreue. Im Engagement für seine Schöpfung und sein Bundesvolk erweist sich das innere Wesen Gottes als tätige, sich mitteilende, schöpferische und auf eine Antwort ausgehende Liebe.[265]

---

264 Vgl. Dtn 4,15: „Denn eine Gestalt habt ihr an dem Tag, als der Herr am Horeb mitten aus dem Feuer zu euch sprach, nicht gesehen."
265 Vgl. Medard KEHL, Hinführung zum Glauben, Kevelaer 22009, S. 40–43.

1.5 Gott als Person

Diese scheinbar vermenschlichte Form des Glaubenszeugnisses wird einerseits durch das gleichzeitige Bekenntnis von der Raum und Zeit überragenden Transzendenz[266] Jahwes vor dem anthropomorphen Missverständnis bewahrt. Andererseits erfährt diese Redeweise ihre Mitte und ihren Zusammenhang in der Weise, wie die Israeliten Jahwe nie als „das Unendliche", sondern immer als „Er", als „Ich", als „Selbst" schlechthin artikulieren: „Darin äußern sich personale Urgegebenheiten, wie Erkenntnis und Weisheit, Wille und Freiheit, und dies nicht nur im Gegenstand, sondern schon in der Tatsache des Sprechens selbst, in welchem das Alte Testament schließlich alles ‚Walten Gottes nach außen' zusammenschließt und so vom kosmisch-schöpferischen, vom geschichtsmächtigen und vom spezifisch-offenbarenden Wort Jahwes kündet."[267]

Das Bekenntnis zu Jahwe übt seine rettend-aufrüttelnde und zukunftsweisende Funktion nicht selten gerade darin aus, dass es herkömmliche Denk- und Verhaltensmuster kritisch in Frage stellt, Verirrungen tadelt, ja – vor allem im Mund der Propheten – sich gegen Israel selber wendet und ihm schreckliches Gericht androht. Auf diese Weise begleitet Gott als forderndes und verheißendes *Gegenüber* das Volk auf seinem geschichtlichen Weg.

Wesentlich ist aber die Selbstmitteilung der Personwirklichkeit Gottes durch sein Wort, in dem er die Schöpfung hervorbringt, sich in der Offenbarung personal vergegenwärtigt und durch das er Heilsgeschichte auf ihr eschatologisches Ziel hin terminiert.[268]

Wie entwickelt nun die christliche Erfahrung die Gotteserkenntnis Israels im Sinne der Personalität weiter?

1) Die Gottesgewissheit Jesu: Die alttestamentliche Gotteserfahrung bildet die Basis für den christlichen Gottesglauben. Drei Aspekte haben wohl die Gottesgewissheit, in welcher Jesu aufwuchs, geprägt, wie sie ihm von seinen Mitmenschen übermittelt wurden.[269] (a) Die

---

266 Das philosophische Wort Transzendenz kann im Türkischen mit „aşkınlık" oder „duyular üstü" übersetzt werden.
267 Alfons DEISSLER, Die Grundbotschaft des Alten Testaments, in: Bruno DREHER/ Norbert GREINACHER/Ferdinand KLOSTERMANN (Hrsg.), Handbuch der Verkündigung I, Freiburg im Breisgau 1970, S. 154–183, hier S. 162.
268 Jürgen WERBICK, Gott verbindlich. Eine theologische Gotteslehre, Freiburg im Breisgau 2007, S. 589.
269 Vgl. Rudolf KILIAN, Gott und Gottesbilder im Alten Testament, in: Bernhard CASPER (Hrsg.), Des Menschen Frage nach Gott, Donauwörth 1976, S. 96–114, hier S. 113.

für Israel schicksalshaften geschichtlichen Ereignisse, (b) die darin sich immer neu erweisende geheimnisvolle Lebendigkeit Gottes und (c) sein auf diese Weise sich zur Erfahrung bringendes personales Gegenübersein. Das ist wichtig, weil die alttestamtliche Gotteserfahrung ein integraler Bestandteil des neutestamentlichen Evangeliums wird und sich darin die endgültige und unüberbietbare Gestalt des Alten Testaments zeigt.

2) *Die christologische Reflexion:* Der christliche Glaube erkennt den Logos, mit dem Gott sich in seiner Schöpfung zeigt, gegenwärtig macht und selbstverpflichtet, in der Geschichte Jesu und in der Person des erhöhten Christus wieder. Personsein wird darin als Kommunikationsgeschehen offenbar. Im Gottessohn ereignet sich die doppelte Vermittlung von Gott zu den Menschen und von den Menschen zu Gott. Denn Gott bindet sich in der Jesusgeschichte so an seinen geschichtlichen Leib, dass er erkennbar, ja verwundbar wird; andererseits aber ist in der vertrauensvollen und gehorsamen Vaterbeziehung Jesu als Sohn Gott gerade als der uns nicht Verfügbare offenbar: Inkarnation und Transzendenz Gottes ermöglichen sich gegenseitig. In Jesus Christus lässt sich unterscheidend christliche Weise, an Gott zu glauben, finden. Denn aufgrund der Begegnung mit Jesus Christus glauben die Christen an Gott in der Teilhabe an der Zuversicht Jesu. In ihm erfahren sie die Einlösung aller Versprechen unserer Wirklichkeit. Sie erfahren sich als Teil der unaufhaltsamen Dynamik, in der alles teilnimmt an der göttlichen Wirklichkeit, so dass die Verheißung des „Gott alles in allem" eingelöst wird. Das bedeutet: „Weil Gott selbst in diesem Menschen mitten in unserer Geschichte gegenwärtig ist, weil in ihn, den vorbehaltlos auf Gott Vertrauenden, die ganze Liebe des ‚dabeiseienden' Grundes aller Dinge gleichsam wie in ein unbegrenzt offenes Gefäß ‚hineinströmen' und sich an uns weiterschenken kann, darum ist diese Gestalt nicht mehr nur wie alle sonstige erfahrbare Wirklichkeit ein Versprechen, das auf anderes, Größeres hinweist, sondern bereits die endgültig geglückte und unüberbietbare Erfüllung aller Versprechen."[270] So ist in der christlichen Reflexion auf die Jesusgeschichte Personsein als Gegenwart und Verheißung von Lebensfülle erkennbar.

---

270 Medard KEHL, Hinführung zum Glauben, Kevelaer ²2009, S. 64–65.

Eine ähnliche Bedeutung besitzt auch die Rede vom Geist Gottes. Der Heilige Geist ist Gott selbst und stellt bei der Schöpfung der Welt und des Menschen, bei jedem Berufungsgeschehen und ebenso in der je personalen Antwort eines Menschen, „in seinem Herzen", Gottes dynamisches, inspirierendes und begnadendes Wirken dar. In seinem Heiligen Geist wird Gott dem Bundesvolk und dem einzelnen Glaubenden auf innerlichste und intimste Weise präsent (vgl. Röm 5,5). „Geist" benennt hier eindrucksvoll zugleich die Gegenwart Gottes als personales Gegenüber und die geistig-geistlich antwortende Glaubensperson: „So bezeugt der Geist selber unserem Geist, dass wir Kinder Gottes sind" (Röm 8,16).

Durch Jesus Christus richtet der Gott Israels seine eschatologische Herrschaft auf. Dies bedeutet auch, dass der Mittler der Gottesherrschaft Herz und Willen des Menschen Gott so zuwendet, dass die Menschen als Bundespartner in ein neues Gerechtigkeitsverhältnis zu Gott eintreten.[271] So wird der christliche Personbegriff als Grund des freien Ja zur Herrschaft Gottes deutlich.

3) *Trinitätstheologischer Erkenntnisgewinn*: Die Trinitätstheologie erweist, dass Personsein erst in der Relation zueinander zustande kommt: „Der Sohn hat seine Gottheit nur durch sein Verhältnis zum Vater, ebenso wie der Vater nur Gott ist in der Zeugung des Sohnes, so dass beide, Vater und Sohn ihr göttliches Wesen nur haben durch die Gemeinschaft des Geistes."[272] Keine der trinitarischen Personen hat ihr Wesen aus sich und durch sich selbst. Personalität wird so als nur aus Beziehung mögliches Geschenk erfahren.

Wenn wir uns nun den anatolisch alevitischen Texten zuwenden, so können wir bereits recht präzis benennen, was wir eigentlich wissen wollen, wenn wir fragen, ob Gott dort als Person anerkannt wird oder lediglich pantheistisch, als Prinzip. Wie ist das Verhältnis von Schöpfer und Geschöpf? Ist Gottes Personsein in seiner Verheißung und Treue ein relationales Gegenüber, auf das das menschliche Leben bezogen ist?

---

271 Jürgen WERBICK, Gott verbindlich. Eine theologische Gotteslehre, Freiburg im Breisgau 2007, S. 583.
272 Wolfhart PANNENBERG, Person und Subjekt, in: Wolfhart PANNENBERG, Grundfragen systematischer Theologie. Gesammelte Aufsätze, Band 2, Göttingen 1980, S. 80–95, hier S. 85.

1.5.3 Das alevitische Verständnis von Gott als Person

Vorweg muss betont werden, dass hier keine der vorangegangenen Darstellung vergleichbaren Ausführungen zum Gottesverständnis des anatolischen Alevitentums folgen werden. Der Grund dafür ist, wie bereits angedeutet, dass das anatolische Alevitentum in seiner Geschichte lange Zeit unterdrückt wurde, sich nicht an die Öffentlichkeit wagte, sich im Geheimen tradieren musste, an keinem öffentlichen und wissenschaftlichen Diskurs teilnehmen konnte und deshalb keine differenzierte und reflektierte Theologie zu entwickeln vermochte. Sicherlich sind Aspekte in den uns vorliegenden Schriften enthalten, die nichts mit dem christlichen Verständnis von Gott gemein haben und sogar im Widerspruch dazu stehen. Dennoch gibt es Aspekte, die dem christlichen Gottesbild entsprechen oder ihm nahe kommen können. Beides ist im Folgenden herauszuarbeiten.

Die Schriften der anatolischen Aleviten sprechen von Gott nicht als eine farb- und konturlose Gottheit ‚hinter den Wolken', sondern von Gott als dem höheren Wesen, das alles Sein zum Leben erweckt hat (vgl. Kapitel C.1.1). Die Frage, die es zu beantworten gilt, ist: Handelt es sich hier um eine Gottheit, die dem Menschen und seiner Geschichte ‚wirklich persönlich' nahe kommt? Oder handelt es sich um eine Energie, die alles durchströmt?

In diesem Zusammenhang wird hier die Rede sein von personhaften Zügen dieses Wesens, denn die alevitischen Grundschriften haben keine feste Vorstellung von *Person*. Wie eingangs angemerkt, begegnen in den Texten zwei Begriffe, „şahıs" und „kişi", denen im Deutschen „Person" entspricht. Neben den beiden Begriffen ist auch ein arabisches Wort zu nennen: *ḏāt*, das übersetzt „Wesen" bedeutet. Seine türkische Schreibweise „zât" kann nämlich auch „Person" meinen.

Hier wird also eine externe Fragestellung an die alevitischen Schriften herangetragen; sie könnte allerdings für interne Klärungsprozesse und heutige Integrationsvorgänge entscheidend sein. Entsprechend beginnen auch die anatolischen Aleviten selbst, sich die Frage nach dem Wesen Gottes zu stellen. Der im Kapitel C.1.4 vorgestellte Ansatz einer anthropozentrischen Gottesvorstellung muss in diesem Zusammenhang gesehen werden. Immerhin bekennen sich einige anatolische

1.5 Gott als Person

Aleviten zu einem Pantheismus; er wäre mit einem monotheistischen Gottesbild nicht vereinbar.

Daher wird hier der Frage nachgegangen, inwiefern in den anatolisch-alevitischen Schriften von Gott als personaler Wirklichkeit gesprochen wird und wie diese Wirklichkeit sich im Glauben der Gemeinschaft artikuliert. Welche Gottesvorstellung favorisieren die anatolischen Aleviten; eine personale, in der Gott als Gegenüber steht und durch die Geschichte hindurch dem Menschen beisteht, oder eine apersonale Vorstellung, die Gott als Energie oder Kraft beschreibt und sich eher dem Pantheismus zuschreiben lässt?

1.5.3.1 Personhafte Züge Gottes: Du bist der Schöpfer und ich bin das Geschöpf

Im Folgenden geht es darum, die personhaften Züge Gottes, die in den Schriften der anatolischen Aleviten angesprochen werden, zusammenzutragen. Als personhafte Züge Gottes lassen sich folgende Eigenschaften anführen: Gott hat einen Willen; Gott hat einen Plan; Gott spricht und ist ansprechbar; Gott hört, erhört und handelt; Gott überrascht und ist zugleich als Kontinuität erkennbar. Anhand dieser Gesichtspunkte lässt sich die Frage untersuchen, ob die vorliegenden Schriften ein personales Gottesbild haben.

1.5.3.1.1 Gott hat einen Willen und einen Plan

Dass Gott einen Willen hat und ihn nach einem bestimmten Plan umsetzt, lässt sich vor allem in den Schöpfungserzählungen[273] der anatolischen Aleviten aufzeigen. Gott, der als Schöpfer am Werk ist, schuf das Oben und Unten, den Himmel und die Himmelsrichtungen, Erde, Mond, Sonne, Sterne etc. So beschreibt *Buyruk* diese Tätigkeit, die nicht willkürlich geschieht, sondern nach einem gewollten und bestimmten Plan durchgeführt wird (vgl. *Buyruk II*, S. 163). Warum hat Gott all diese Dinge erschaffen? Erstens wollte Gott seine Stärke offenbaren; zweitens schuf Gott das alles, weil er einen Zeugen („şahit") und einen Spiegel („ayna") für sein Dasein (oder sein Wesen; „kendi varlığına") haben wollte; hier ist ausdrücklich von Gottes Willen („istek") die Rede. Der Schöpfergott handelt nach seinem Willen und schafft sich

---

[273] Für eine ausführliche Darstellung der Schöpfungserzählungen siehe Kapitel C.1.1.

ein Gegenüber, das wie der Engel Gabriel den Menschen nennt, als das „Geschöpf" (schlechthin) bezeichnet wird. Das Geschöpf, nämlich der Mensch, ist kein Zufallsprodukt, sondern er wurde aus dem Willen Gottes („Hakk'ın iradesi") erschaffen. Der Mensch wird in *Buyruk* ausdrücklich Person („şahıs") genannt, was ihn von den Engeln und anderen Wesen unterscheidet (vgl. *Buyruk II*, S. 165). Es wird sonst von keinem Geschöpf Gottes berichtet, dass es mit dem Willen Gottes geschaffen ist.

Aus einer anderen Schöpfungserzählung, die ebenfalls im *Buyruk* wiedergegeben wird, geht hervor, dass Gott nach einem genauen Plan handelt: Er ließ nämlich, bevor er den Menschen schuf, den Engel Gabriel aus allen Teilen der Welt Boden holen und die Erde mit Feuer, Wasser und Wind zu einem Teig kneten. Aus diesem Teig wurde dann ein Leib geformt. Wörtlich heißt in dem *Buyruk*text: „Der allmächtige Gott machte ihn sich ähnlich und bereitete ihn mit eigener Hand vor". Danach wurden Liebe, Vernunft, Ego und die Seele gebracht und dem Abbild Gottes eingepflanzt und Adam erwachte zum Leben und nieste (*Buyruk II*, S. 171). Diese Stelle zeigt auch, dass die menschliche Person in einem Abbildverhältnis zu Gott steht; Gott ist also Personalität zuzusprechen.

Das hier ins Leben gerufene Geschöpf ist ein Abbild Gottes, der es mit eigener Hand geformt und gestaltet hat. Bei diesem Vorgang läuft alles nach einem Plan Gottes, der die Reihenfolge der Geschehnisse bestimmt. Am Ende dieser Handlung stand ein Mensch, der nach dem Vorbild Gottes mit einem Willen ausgestattet ins Leben gerufen wurde. Diesen Menschen sprach Gott mit dem Namen Adam an und machte ihn zu einem Gegenüber für sich. Als der Mensch ins Leben hinein erweckt wurde, sagte er als erstes: ‚Gelobt sei der Herr der Welten'. Darin liegt wohl der Hinweis, dass der Mensch in einer Relation zu Gott steht, die einmalig ist. Er ist das Geschöpf, das den Schöpfer als Herrn anerkennen kann. Und wohl aufgrund dieses besonderen Verhältnisses steht der Mensch über allen Geschöpfen Gottes. Dass Gott gleich nach der Erschaffung des Menschen den Engeln befahl, sich vor Adam niederzuwerfen, bestätigt diese Beobachtung. Die Personhaftigkeit des Menschen rührt daher, dass Gott ihn mit einem Willen ausgestattet und nach seinem Abbild geschaffen hat. Darin liegt auch der Hinweis auf die Personhaftigkeit des Schöpfers.

1.5.3.1.2 Gott spricht, ist ansprechbar, hört, erhört und handelt

Dass Gott kein stummes Wesen ist, wurde bereits in der eben angeführten Schöpfungserzählung deutlich. Das Gottesbild, das die Schriften der anatolischen Aleviten zeichnen, zeigt uns einen Gott, der nicht einfach in sich ruht, sondern lebendige Kommunikation zu seinen Geschöpfen sucht. D. h., er spricht und lässt sich ansprechen, er hört und erhört die Gebete der Menschen und handelt. Man kann von einem interaktiven Gott sprechen, der eben nicht einfach Sein ist.

Im Folgenden werden einige Stellen aus den Grundtexten der anatolischen Aleviten zusammengetragen, in denen Gott mit seinen Geschöpfen kommuniziert. Dabei spricht Gott entweder jemanden an, erklärt oder kommentiert einen Sachverhalt. Als Beispiele lassen sich folgende Stellen anführen:

Gott spricht jemanden an: „O Moses! …" (*Buyruk II*, S. 4); „O Muhammad! …" (ebd. S. 5; *Buyruk I*, S. 79); „O Adam …" (*Buyruk II*, S. 10); „O Elija! …" (ebd. S. 15); „O ihr Nachkommen Adams …" (ebd. S. 162); „O Engel …" (ebd.; *Buyruk I*, S. 79); Gott befiehlt Adam niederzuknien (vgl. ebd. S. 162). Er ruft die Geschöpfe ins Dasein durch ein Wort „werdet!" („var olun!") (ebd. S. 164). Gott fragt den Engel Gabriel: „O Engel, wer bist du, und wer bin ich?" (ebd. S. 162).

Gott spricht etwas aus: „Der erhabene Gott sagt, dass …" (*Buyruk II*, S. 3; 4); „Folgendes Wort kam von Gott …" (ebd.).

Gott leistet einen Schwur: „Um meines Gottseins willen, werde ich jeden Wunsch meines Dieners erfüllen" (ebd. S. 6). Gott erklärt, warum er Himmel und Erde erschaffen hat (ebd. S. 164).

Alle diese Bespiele, in denen auf Gottes Sprachfähigkeit hingewiesen wird, können beliebig erweitert werden. Außerdem verdeutlichen sie, dass Gott für den Menschen ansprechbar ist. Dass aber Gott den Menschen hört und erhört, geht aus dem Gespräch mit dem Propheten Elija hervor. An dieser Stelle darf ein Ausschnitt aus dem im vorangegangenen Abschnitt zitierten Dialog Elijas mit Gott wiederholt werden. In diesem Dialog erhält Elija Antwort von Gott auf sein Hadern:

„Der Prophet Elija wurde traurig und begann laut zu weinen. Der erhabene Gott sprach ihn an und tadelte ihn, indem er sagte: ‚Fürchtest du dich etwa, weil du zu mir kommen wirst? Ich schwöre bei meiner Heiligkeit und Erhabenheit, wenn du aus diesem Grund traurig bist, werde ich deinen Namen aus dem Buch der Propheten tilgen und herausnehmen.' Der Prophet Elija [antwortete]: ‚O

Herr der Welten! Ich, dein Geschöpf, weine nicht, weil ich gestorben bin oder Kummer habe und traurig bin, da ich bei dir angekommen bin.'[274] Der erhabene Gott sagte: ‚Warum haderst du dann, o Elija?' Dieser erwiderte: ‚Nun, o Hak, ich erflehe von deinem heiligen Haus („dergâhından") Folgendes: Um des Segens willen der Zwölf Namen („bu oniki isimler bereketi için") nimm die Seele deines schwachen Geschöpfes nicht, bis ich ihre gesegneten Gesichter sehe, mein Gesicht im Staub ihrer heiligen Füße wälze, ihre vielen Werke sehen und ihnen dienen werde.' Der erhabene Gott sagte aus seiner ehrenvollen Großzügigkeit: ‚Gegrüßt sei Elija! So belohnen wir die Gutmütigen! O Elija! Aus meiner Heiligkeit und Erhabenheit habe ich dir ein neues Leben zugewiesen (verlängert), du sollst bis zum Jüngsten Gericht leben" (*Buyruk II*, S. 14–15).

Die sich hier abspielende Szene zeigt, dass Gott auf seine Geschöpfe achtet und sich um ihre Sorgen und Nöte kümmert. Gott spricht Elija an und vernimmt, was diesen Menschen bedrückt. Er bleibt aber nicht untätig, sondern erhört und erfüllt die Bitte Elijas. Unabhängig von der Frage, wie denn Gott mit einem Menschen sprechen und doch seine Transzendenz wahren kann, ist somit deutlich, dass die Menschen ihn ansprechen und bitten können. Denn dadurch kommt das personale Gegenübersein Gottes zum Tragen, freilich ohne dass dabei die Unverfügbarkeit Gottes aufgehoben wird. Elija spricht mit Gott, den er als sein Gegenüber wahrnimmt. Ja, das ‚Person'-Sein Gottes ist die Möglichkeit für eine Ich-Du-Beziehung zwischen Gott und Mensch. Elija erhofft sich nicht Hilfe von einer apersonalen Wirklichkeit, von einer Energie, Kraft oder einem „Es", sondern er weiß sich von Gott getragen und beschützt und kann sich auf die Fürsorge Gottes gegenüber seiner Schöpfung verlassen. Gerade darin zeigt sich die menschliche Bezogenheit auf Gott. Was im Alten Testament als kommunikatives Walten Gottes beschrieben wird, kann auch hier am Beispiel des Sprechens, Hörens und Erhörens beobachtet werden.

In der Gegenwart sind Tendenzen unter den anatolischen Aleviten zu beobachten, die allmählich ein anderes Gottesbild in den Mittelpunkt

---

[274] „Ey Âlemlerin Rabbi! Ben kulun öldüğüm için ağlamıyorum ya da sana kavuştuğum için üzülüp taslanmıyorum." Der letzte Nebensatz könnte wörtlich übersetzt „da ich in dich münde" lauten.

rücken als das oben Dargestellte. Der in Kapitel C.1.4. (Anthropologisches Gottesverständnis) dargelegte Ansatz von in Deutschland lebenden anatolischen Aleviten, bildet hierfür ein Beispiel. Was für ein Gottesbild favorisieren diese Stimmen? Kann man im anatolischen Alevitentum heute von einer personalen Wirklichkeit Gottes sprechen, oder wird diese durch ein apersonales Verständnis von Gott ersetzt?

1.5.3.2 Das apersonale Gottesverständnis: In Allem kreist Gott

In einem personalen Gottesglauben wird von Gott nicht nur als Energie oder Kraft gesprochen, sondern es herrscht eine Vorstellung von einem personalen Wesen, von einem „Du" als Gegenüber zum „Ich". Die Vorstellung von einem apersonalen Gott, wie sie im Pantheismus vertreten wird, geht davon aus, dass Gott als einzige, absolute, ewige, unendliche und unpersönliche Substanz oder Natur in allen Dingen lebt, so dass in ihm das absolute Sein und die lebendige schöpferische Natur zusammenfallen. Ein solches Gottesverständnis drückt sich auf verschiedene Weisen aus.

Von einem apersonalen Gott, der lediglich Energie ist, geht Ahmet Terkivatan aus, für den die Gottheit eine Energie ist, die den Namen für das Ganze trägt und die Einheit zwischen Mensch, Natur und Kosmos bildet. Folgerichtig nennt er diesen Ansatz einen Pantheismus, in dem die Lehren von Schöpfung und Eschatologie nichtig werden. Dabei ist weder eine theologische Qualifikation der Welt als im Gegenüber geschaffene möglich, noch ein Wissen über den Anfang oder das Ende des Kosmos. Schließlich wird das teleologische Modell, das besagt, dass alles auf Gott hingeordnet ist, aufgelöst. Anstelle dessen wird ein Modell wie eine Spirale oder ein Kreis angenommen, in dem sich der Mensch nach oben oder unten bewegt, ohne je anzukommen.[275] Terkivatan sieht diese Vorstellung schon in der anatolisch-alevitischen Mystik-Lehre von *waḥdat al-mawǧūd* (türk. „mevcut birliği", deutsch: „Einheit des Vorhandenen") vertreten.[276] Dieser mystische Pantheis-

---

275 Ahmet Terkivatan, Was ist das Alevitentum? Über die alevitische Mystik, in: Sic et Non. Zeitschrift für Philosophie und Kultur. Im Netz, 10 (2008), S. 1–29 (http://www.sicetnon.org/content/phil/Alevitische_Mystik.pdf Abgerufen am 15.10.2009).
276 Die schiitische Mystik spricht wie Ibn al-ʿArabi allgemein von *waḥdat al-mawǧūd*, als nicht des Vorhandenen, sondern des Vorhandenseins. Vgl. Richard Gramlich, Die schiitischen Derwischorden Persiens II, Wiesbaden 1976, S. 8–10

mus erblickt das Göttliche im Innersten der Dinge, bevorzugt in der Seele. Das Geschöpf wird durch das Abstreifen der sinnlichen Hülle selbst Gott.[277] So vervollkommnet erkennt es, dass es allerdings schon immer Gott war.

Die Seele des Menschen stellt offensichtlich den Dreh- und Angelpunkt solcher Thesen dar. Denn das Ziel des Menschen ist im anatolischen Alevitentum *al-insān al-kāmil* zu werden. Die Wanderung auf dem mystischen Pfad vollzieht der Mensch mittels seiner Seele, die während der Reise geläutert wird. Die Seele, die im anatolischen Alevitentum als göttlich betrachtet wird, erkennt am Ende dieser mystischen Reise, dass sie göttlich ist. Ismail Kaplan spricht von der Seele als geheime Kraft Gottes.[278] Sie ist der Ort, an dem sich Gott im Menschen widerspiegelt. Die heilige Kraft ermöglicht es dem Menschen, am Ende der mystischen Wanderung seinen Ursprung, der schon immer in ihm war, zu erkennen, nämlich, dass Gott mittels Seele und Verstand im Menschen ist, oder dass er selbst Gott ist.[279] Durch die Lehre von der heiligen Kraft erscheint Gott als eine kosmische Kraft, die jedem Menschen innewohnt, die aber erst, wenn der Mensch den Zustand von *al-insān al-kāmil* erreicht hat, entdeckt werden kann. Da die Seele des Menschen göttlich ist bzw. ein Teil der kosmischen Kraft ist, stirbt sie nicht, sondern wandert von einer Gestalt in die andere.

Der Schöpfergott, auf den Ismail Kaplan in seinen Ausführungen immer wieder zu sprechen kommt, erfüllt seine Aufgabe sozusagen, indem er alles erschaffen hat bzw. indem er alles in Bewegung setzt. Da das Glaubenssystem, das von Kaplan, Tur und Korkmaz auf unterschiedliche Weise entfaltet wird, aber faktisch auf das gleiche Ziel hinausläuft, nämlich auf die Lehre vom Kreislauf der Dinge und der Reinkarnation („devriye"), wird Gott nicht zu einem Gegenüber, auf den das menschliche Leben seinen Bezug nimmt. Gott ist nicht mehr das Ziel der Schöpfung, sondern er verschwindet hinter den Wolken und verstummt. In diesem Kreis-Lauf bleibt für Gott kein Platz mehr.

---

277 Eine ausführliche Darstellung dieser These findet sich im Kapitel C.1.4. Dort wurden auch mögliche Vorbehalte gegenüber diesem Ansatz formuliert.
278 Vgl. Ismail KAPLAN, Das Alevitentum, Köln 2004, S. 38.
279 Vgl. Esat KORKMAZ, Yorumlu İmam Cafer Buyruğu, Istanbul ³2007, S. 275; Seyit Derviş TUR, Erkânname, Rüsselsheim 2002, S. 277.

In seinen neuesten Lesarten erweist sich der anatolisch-alevitische Glaube als Deismus bzw. als Pantheismus.[280]

Im anatolischen Alevitentum scheinen sich folgende Lehren herauszukristallisieren, die für die Zukunft dieser Gemeinschaft von Bedeutung sind.
1) Die Grundtexte des anatolischen Alevitentums belegen einen Schöpfergott-Glauben, nach dem von Gott als dem Lebensspender und Erhalter der Welt gesprochen wird. Außerdem wird ausdrücklich gesagt, dass Gott durch seine Schöpfung erkannt werden möchte und er deshalb den Menschen nach seinem Abbild erschaffen und ihn mit einem Willen ausgestattet hat.
2) Andererseits zeichnet sich gerade durch die mythischen Erzählungen in den *Buyruk*-Schriften ein vom Schöpfergott-Glauben abweichendes Bild, in dem Gott als Licht, Energie oder Kraft bezeichnet wird und dadurch seine personalen Konturen einbüßt.
3) Diese Sicht von einem apersonalen Gottesverständnis wird verstärkt durch die Lehre von der Seelenwanderung, die zu einer unabdingbaren Bedingung für das Erreichen des Zieles auf dem mystischen Pfad wird. In dem postulierten Kreislauf-System wird Gott nicht mehr der Bezugspunkt des menschlichen Lebens, hat keine Funktion mehr. Der Mensch, der das Ziel erreicht, nämlich *al-insān al-kāmil* wird, entdeckt, dass er selbst Gott ist.
4) An diesem Punkt ansetzend entwickeln anatolische Aleviten in der Gegenwart neue Theorien über das Wesen Gottes. Wie oben zusammenfassend dargelegt wurde, tendieren Mitglieder dieser Gemeinschaft – jedenfalls diejenigen, die sich zu diesem Thema schriftlich äußern – zu einer apersonalen Gottesvorstellung.

2. Der Mensch als Spiegel des Universums Herkunft – Verantwortung – Ziel

Das türkische Wort für Mensch ist ‚insan', arabisch *insān*. Roger Arnaldez (1911–2006) gibt eine fantasievolle Etymologie des Ibn 'Abbās

---

280 Vgl. Peter BYRNE, „*Deismus*", in: *Religion in Geschichte und Gegenwart*, Band 2, Tübingen ⁴1999, Sp. 614–623.

(ca. 619–687) bezüglich des Wortes *insān* wieder: „Man is called *insān* because he receives the alliance of God and then forgets *(fa-nasiya)*". Weiter wird angemerkt: „the *aṣl* of this word is said to be *insiyān*, the *ifʾilān* form of *nisyān*".[281] Der Mensch ist also berufen, mit Gott in Vertrautheit zu leben, und da er dies vergessen (*nāsin*, „vergessend") hatte, bekam er den Namen ‚Mensch' (*insān*).

Der Mensch spielt nach Levent Mete „die zentrale Rolle"[282] im anatolischen Alevitentum und ist auch Gegenstand zahlreicher religiöser Dichtungen. Als Beispiel dieser geistlichen Poesie werden hier vier Strophen von dem alevitischen Dichter Aşık Daimi (1932–1983) in der Übersetzung von Ismail Kaplan wiedergegeben, die den Menschen in diesem Sinn rühmen:

Kainatın aynasıyım[283]	Ich bin der Spiegel des Universums
Mademki ben bir insanım	Denn ich bin ein Mensch
Hakkın varlık deryasıyım	Ich bin der Ozean der Wahrheit
Mademki ben bir insanım	Denn ich bin ein Mensch
İnsan hakta hak insanda	Der Mensch und die Wahrheit sind eins[284]
Ne ararsan var insanda	Was du suchst, findest du im Menschen
Çok marifet var insanda	Der Mensch besteht aus Erkenntnissen[285]
Mademki ben bir insanım	Denn ich bin ein Mensch
Tevratı yazabilirim,	Ich könnte die Thora schreiben
İncil'i dizebilirim,	Die Bibel[286] könnte ich in Verse fassen
Kuran'ı sezebilirim,	Den verborgenen Gehalt des Koran erfühle ich[287]
Mademki ben bir insanım.	Denn ich bin ein Mensch

---

281 Das Wort *nisyān* bedeutet der Vergessende. Roger Arnaldez, „*Insān*", in: *Encyclopaedia of Islam*, Band III, Leiden ²1971, S. 1237–1239, hier S. 1237.
282 Levent Mete, Das alevitische Manifest, in: http://www.alevi-frankfurt.com/fileadmin/user_upload/das_alevitische_Manifest.pdf, S. 14 (abgerufen am 03.12.2009).
283 Ismail Kaplan, Das Alevitentum, Köln 2004, S. 40–41 (Hervorhebung dort).
284 Besser: „Der Mensch ist in der Wahrheit und die Wahrheit ist in dem Menschen."
285 Besser: „Der Mensch hat viel Erkenntnis."
286 Im Türkischen wird für „Bibel" *İncil* (arab. *inğīl*) verwendet, die koranische Bezeichnung für die an Jesus ergangene Offenbarung.
287 Das Wort „verborgen" steht nicht im Text, wörtlicher: „Den Koran kann ich erfühlen."

2. Der Mensch als Spiegel des Universums 159

Daimiyim harap benim	Ich, Daimi bin ein Trümmerhaufen[288]
Ayaklara turap[289] benim	Ich bin die Erde unter[290] den Füßen
Aşk ehline şarap benim	Ich bin ein Instrument, durch dessen Klang Gottes Liebe auftönt[291]
Mademki ben bir insanım	*Denn ich bin ein Mensch*

Der Dichter *Daimi*, dessen Name übersetzt „der Ewige" bedeutet, rühmt den Menschen als das höchste Wesen und dennoch muss er einsehen, dass der Mensch vergänglich ist und nur aus einem Trümmerhaufen besteht. Wahrscheinlich zielen aber seine Zeilen auf eine Unterscheidung zwischen dem Geist/der Seele und dem Leib des Menschen. Seine Einsicht, dass er Trümmerhaufen und Erde unter den Füßen ist, weist ihn auf seine vergängliche leibliche Existenz hin. Doch im Geiste ist der Mensch fähig, alles zu vollbringen.

Das Menschenbild der anatolischen Aleviten scheint auf den ersten Blick eine Mischung zu sein, die Parallelen mit buddhistisch-hinduistischen und jüdisch-christlichen Vorstellungen aufweist. Hinduistisch gefärbt sind die Lehren von einem zyklischen Denken. Demnach bildet der Mensch eine erste Stufe in der unbegrenzten Entwicklung zum Göttlichen hin. Was diese Vorstellung besagt, wird im folgenden Abschnitt C.2.4 über die Vervollkommnung des Menschen näher erläutert. Das anatolische Verständnis vom Menschen kennt auch eine Reinkarnationslehre, die zusätzlich zur gegenwärtigen Daseinsform eines Menschen die vorangegangenen unzähligen Existenzen sieht (siehe Kapitel C.3.2 über Emanation – Inkarnation). Demnach hängen von dem Verhalten eines Menschen auch seine zukünftigen Reinkarnationen ab.

---

288 Bemerkenswert hier, dass der Dichter „Daimi" heißt, das bedeutet „ewig". Demnach kann diese Zeile heißen, „Ich bin dauerhaft und schon verfallen".
289 „Turab" (türk.: „Toprak") ist das arabische Wort für Erde, vielleicht wollte der Dichter hier auf den im *Buyruk* belegten alidischen Titel „Ebû Türab"(„Vater der Erde") anspielen (vgl. *Buyruk II*, S. 171).
290 Genauer: „Den Füßen bin ich der Erdboden, dem Liebesvolk bin ich der Wein".
291 Wörtlich: „Ich bin der Wein für das Volk der Liebe." Vermutlich übersetzt Ismail Kaplan in dieser Strophe das Wort ‚Wein' nicht, um alte Vorurteile gegenüber den anatolischen Aleviten nicht noch mehr Stoff zu liefern. Man kann diese Haltung als apologetische Unanstößigkeitserklärung bezeichnen, oder auch von Purgierung reden; denn purgiert werden traditionell deutsche Schulbuchtexte, wenn die Lehrer den Originaltext für zu sexualisiert halten, z. B. bei Fausts Walpurgisnacht.

Als Abfolge und Checkliste systematisierte, didaktisch tradierbare Erlösungsregeln mit Wegmetapher sind aus weisheitlichen Religionen und anderen Ethosträgern vertraut. Buddhistische Vorstellungen weisen dem Menschen einen achtfachen Pfad als Ausweg aus seinen Daseinsverflechtungen. Bei den anatolischen Aleviten hat der mystische Pfad Vier Tore und Vierzig Stufen, die den Menschen zu seinem Ziel – was auch immer darunter verstanden wird – führen.

In der vormodernen westlich christlichen Theologie wird von einander ablösenden ‚Ständen' (Status) des Menschen gesprochen. Diese Stände dokumentieren den Zusammenhang von Heilsgeschichte und Anthropologie. Demnach lassen sich folgende vier Stadien des Menschseins unterscheiden: a) Urstand (status naturae integrae et elevatae); b) Stand des Sünders (status naturae lapsae); c) Stand des durch Christus Erlösten (status naturae reparatae et sanctificatae); d) Stand des in der Schau Gottes Vollendeten (status naturae glorificatae).[292]

Doch was ist der Mensch? Woher kommt er? Was ist seine Bestimmung auf dieser Welt? Und wohin geht er? Was ist sein Ziel? Also, welche Antworten gibt das anatolische Alevitentum auf die anthropologischen Grundfragen?

Herkunft des Menschen

2.1 Der Mensch als Zeuge und Spiegel für Gottes Dasein

2.1.1 Was ist der Mensch?

Der Mensch ist ein Geschöpf Gottes. Das alevitische Geschaffen-Sein des Menschen kann als Entsprechung zum jüdisch-christlichen Menschenbild angesehen werden (vgl. Kapitel C.1.1). Demnach verdankt der Mensch seine Existenz nicht sich selbst, sondern einem anderen höheren Wesen. Die *Makalat* berichten, dass Gott, als er den Menschen erschaffen wollte, aus verschiedenen Teilen der Welt Erde holen ließ, damit diese Kreatur als etwas Besonderes zum Leben erweckt

---

292 Vgl. Karl-Heinz MENKE, „*Mensch. V. Systematisch-theologisch*", in: *Lexikon für Theologie und Kirche*, Band 7, Freiburg im Breisgau ³1998, Sp. 113–117.

2.1 Der Mensch als Zeuge und Spiegel für Gottes Dasein

wird.[293] Und das Besondere scheint zu sein: die geschaffene Kreatur ist nicht lokal gebunden, keine Gegend ist privilegiert. Vielmehr ist der Mensch damit schon als universal angelegt. Es findet sich eine Egalitätsbegründung im Schöpfungsvorgang. Das *Buyruk* weist daraufhin, dass der Mensch ein gewolltes und geplantes Wesen ist, das von Gott erschaffen und mit besonderen Fähigkeiten ausgestattet wurde.[294] Dort heißt es: „Schließlich quoll („coştu") der Wille („isteği") Gottes über, und er wollte einen Zeugen („şahit") und einen Spiegel („ayna") für sein Dasein („kendi varlığına") schaffen" (*Buyruk II*, S. 165). Der hier nachgezeichnete Vorgang verweist auf ein Orgasmusgeschehen, dessen Ergebnis der Mensch bildet. Der Mensch ist ein Wesen, das aus der höchsten Liebeskraft Gottes entstanden ist. Deshalb wird er zum Zeugen und Spiegel für Gott.

2.1.2 Das Woher und Wohin des Menschen

Der Mensch ist entstanden aus einem freien Akt Gottes, der ihn für sich als Zeugen und Spiegel für sein Dasein schuf. Was hier mit einem Spiegel für Gottes ‚Dasein' ausgedrückt wird, erschließt sich wiederum aus dem *Buyruk* selbst. Der Mensch hebt sich unter den Geschöpfen Gottes nicht nur ab, weil er aus einer besonderen – nämlich genau keiner besonderen! – Erde etc. geschaffen wurde, sondern weil Gott ihn nach seinem Abbild schuf. „Der allmächtige Gott machte ihn sich ähnlich und bereitete ihn mit eigener Hand vor („hazırlamak")" (*Buyruk II*, S. 172). Das von ihm gewollte Geschöpf stattete Gott mit „Liebe, Vernunft und Seele" aus (ebd.). Weil der Mensch von Gott als ein vollkommenes Wesen geschaffen wurde und ihn dadurch von allen anderen Geschöpfen abgehoben hat, gebührte ihm – auf Gottes Befehl hin – die ehrerbietige Verneigung anderer Geschöpfe. Der Mensch wurde lebensfähig, weil Gott ihn alle Namen der Lebewesen lehrte (Koran

---

293 Vgl. die Ausführungen zu den *Makalat*-Schriften im Kapitel B.2.3. und zu den Schöpfungserzählungen im Kapitel C.1.1.
294 Doch kann vom *Buyruk* genauso abgeleitet werden, dass, wenn der Mensch geboren wird, er zunächst ein animalischer Mensch ist. *Buyruk* spricht von einem Tier in menschlichem Körper. Wenn er auf dem mystischen Weg lange genug geläutert wird, wird er zum menschlichen Wesen. Erst dann kann er zur Stufe des Menschen („âdem mertebesi") aufsteigen. Vgl. *Buyruk II*, S. 29 und 124.

2:30), Welt und Natur in seinen Dienst stellte (vgl. Psalm 8).[295] Doch an welchem Ort sich der Mensch in dieser Phase, nachdem Gott ihn geschaffen hatte, aufgehalten hat, wird in den *Makalat* nicht weiter erwähnt. Das *Buyruk* nennt hier ausdrücklich, dass Gott Adam im Paradies wohnen ließ. Zwar ist nach den Grundschriften der anatolischen Aleviten der Mensch die gute Schöpfung Gottes, die Erfahrung aber, die bereits das erste Menschenpaar im Paradies machte, zeigt, dass er Schwachheit und Sündhaftigkeit in sich trägt. Außerdem können auf die Frage, woher der Mensch komme, aus den Grundtexten der anatolischen Aleviten verschiedene Antworten abgeleitet werden, wie zum Beispiel der Glaube an die Präexistenz des menschlichen Geistes vor seiner Vereinigung mit dem Leib. In diesem Zusammenhang wird von Abstieg, Wiedergeburt oder vom Kreislauf des Daseins gesprochen (siehe Kapitel C.3.2).

Im Gegensatz zur koranischen Darstellung (vgl. Koran 20:115–122; 7:19–25; 2:35–37) übertraten laut *Buyruk* Adam und seine Frau nicht ein Gebot Gottes, welches ihnen verboten hatte, von der Frucht eines Baumes zu essen, und sie zwang, das Paradies zu verlassen, sondern Eva aß von einem Weizen und bat Adam, es ihr gleichzutun. Dies alles soll sich durch eine List des Satans ereignet haben, wie *Buyruk II* berichtet. Diese Szene wird mit einem Nebensatz geschildert, es heißt dort: „Schließlich kam er [Adam] – durch die List des Teufels – aus dem Paradies heraus. Er weinte tausend Mal und tausendundeinen Tag. Der erhabene Gott verzieh ihm seine Sünde. Adam wurde verziehen" (*Buyruk II*, S. 172).

Doch die Sehnsucht des menschlichen Geistes nach Gottesnähe bleibt (vgl. *Buyruk II*, S. 65). Denn der Mensch genoss nach der obigen Erzählung eine gewisse Zeit die Nähe Gottes. Die Trennung von ihm und der Abstieg in die Welt schmerzten den Menschen. Um dies zu überwinden, wurde die Lehre der Seelenwanderung (siehe Kapitel C.3.2.2.1 dort wird die Frage des Wohin des Menschen behandelt) entwickelt.

Die *Makalat* greifen auf die Erzählung von der Erschaffung des Menschen zurück und bieten eine Darstellung, in der nicht nur die Schöpfung der ersten Menschen – Adam und Eva – thematisiert wird, sondern auch, aus welcher Linie sich die Nachfahren Adams verbreite-

---

295 Vgl. Ali YILMAZ u. a. (Hrsg.), Maḳâlât Hünkâr Hacı Bektâş-ı Veli, Ankara 2007, S. 114.

2.1 Der Mensch als Zeuge und Spiegel für Gottes Dasein 163

ten. Folgende Erzählung belegt die Herkunft des Menschen als ein von Gott geschaffenes Wesen.[296]
„Der erhabene Gott („Hak Teâlâ") schuf Eva (Havvâ) aus der linken Rippe Adams . [Gott] hat sie Adam als Partnerin („eş") bestimmt („kılmak") und es entstanden [aus ihr] Nachkommen von neunzig Generationen. Der Erhabene („Cenâb-ı Hak") sagte: *‚... und es wurde gesagt, dass Šīṯ („Şit")[297] aus einem Wurf[298](?) zur Welt kam.'* Danach gab Adam Šīṯ seinen Besitz.[299] Er bekam neunzig Generationen von Söhnen und Töchtern. Die Menschheit hat sich von diesen ausgebreitet. Adam hatte zehn Söhne und zehn Töchter. Ihre Namen werden als Vehme, Vedd, Svâa, Yeğûse, Yeûka, Hivâa, Seze, Nasr, Abdünnasr, Hâbîl, Kâbîl und Sâlîh angegeben.[300] Es wurde gesagt: *‚Fürchtet Gott, in dessen Namen ihr einander zu bitten pflegt, und die Blutsverwandtschaft!'*[301]"

Der hier zitierte Koranvers hebt in der klassischen Deutung hervor, dass der Mensch gottesfürchtig sein soll, denn dadurch hütet er sich vor der Strafe Gottes und verdient seine Belohnung. Die gegenseitigen Rechte und Pflichten regeln das menschliche Zusammenleben. Es ist aber auch nach dem Koran Gottes Wille, dass der Mensch Norm des Guten ist und seine Pflichten nach deren Übereinstimmung mit seinem Willen misst. Unter den Menschen ergeben sich Rechte und Pflichten aus Gottes Gesetz, dem Rechtsempfinden, das dem Menschen von Ihm

---

296 Ali YILMAZ u. a. (Hrsg.), Makâlât Hünkâr Hacı Bektâş-ı Veli, Ankara 2007, S. 122.
297 Der Name Šīṯ („Şis") wird im Koran nicht erwähnt, so dass die *Makalat* hier auf biblische Erzählungen zurückgreifen. Diese aus biblischer Tradition stammenden Erzählungen werden in der islamischen Exegese als ‚Israiliyat' bezeichnet. Nach der alttestamentlichen Erzählung hatte Adam, nachdem Kain seinen Bruder Abel ermordet hatte, mit seiner Frau noch einen Sohn mit dem Namen Set (Setzling) bekommen (vgl. Genesis 4,25–26) und soll er seinen Sohn Enosch als Nachfolger hinterlassen haben (vgl. Genesis 5,3–8). Für weitere Angaben siehe Clément HUART, „*Shīth*", in: *Handwörterbuch des Islam*, Leiden 1976, S. 695.
298 Die türkische Vorlage verwendet hier ein arabisches Wort „batındaṇ", das wörtlich übersetzt wohl „aus dem Bauch" bedeutet.
299 Wahrscheinlich sollte es hier heißen: „Adam bestimmte Šīṯ zu seinem Nachfolger."
300 Obwohl der Text anfangs von jeweils zehn Namen für die Söhne und Töchter Adams spricht, folgen nur 12 Namen. Davon stehen wohl sieben für Frauen, nämlich Vehme, Vedd, Svâa, Yeğûse, Yeûka, Hivâa, Seze und fünf für Männer: Nasr, Abdünnasr, Hâbîl, Kâbîl und Sâlîh.
301 Hier handelt es sich um eine nicht als solche gekennzeichnete Koranstelle 4,1b. In der Übersetzung von Rudi Paret wird in Klammern folgende Übersetzungsmöglichkeit angeboten: „Fürchtet Gott, in dessen Namen – und in dem der Blutsverwandtschaft – ihr einander zu bitten pflegt."

mitgegeben wurde. Dazu gehört, dass die Menschen beispielsweise die Blutsverwandtschaft beachten und keinen Inzest praktizieren.

Außerdem ist es auch unter Aleviten üblich, eine Zumutung mit der Eindringlichkeitsverstärkung „in Gottes Namen" zu versehen, damit soll der Mensch an seine Verantwortung vor Gott und der Gemeinschaft erinnert werden.

Unmittelbar auf diese Mahnung, Gottes Gebote zu halten, folgt eine Darstellung über die Entwicklung eines Menschen. Wie es scheint, handelt es sich dabei um einen Vorgang, der sich bei jeder Zeugung eines neuen Lebens wiederholt.

Die Erzählung der *Makalat* fährt fort:

„Das Wasser des Mannes wird nutfe[302] und das Wasser der Frau emsâç genannt. Der erhabene Gott sagt: *‚In Wahrheit haben wir den Menschen, um ihn einer Prüfung zu unterziehen, aus einem nutfen (aus einem mit den Wässern des Mannes und der Frau befruchteten Ei)[303] geschaffen und ihn hörend und sehend gemacht'*.[304] (Wenn ein Mann sich seiner Frau[305] („hanımına") nähert, geht ein Wasser von ihm aus, und ebenfalls von einer Frau geht ein Wasser aus. Gott befiehlt zwei Engeln diese miteinander zu vermischen. Die Engel fragen: ‚O Herr! Möchtest du aus diesen zwei Tropfen („nutfe") einen Menschen schaffen?' Gott, der Herr antwortet: ‚[Ja,] Ich werde schaffen, o Engel'.).

Setzen wir unser Wort fort: Jedes Mal, wenn das Wasser eines Mannes sich mit dem Wasser einer Frau vermischt, weht ein Wind vom Himmel her („arştan[306] bir yel eser gelir") und berührt die Brust

---

[302] Wahrscheinlich bezeichnet das Wort „nutfe" einen Tropfen vom männlichen Samen und „emsâç" die Eizelle der Frau.

[303] Die türkische Vorlage bietet an dieser Stelle mit Klammern eingerahmte Textpassagen, die hier entsprechend wiedergegeben werden.

[304] Dieser Satz stammt aus dem Koran 70:2 und wird im Text als solcher nicht gekennzeichnet. In der Übersetzung von Rudi Paret lautet dieser Vers: „Wir haben den Menschen aus einem Tropfen, einem Gemisch (von Sperma) geschaffen, um ihn auf die Probe zu stellen. Und wir haben ihm Gehör und Gesicht verliehen." Auffällig ist, dass die *Makalat* im Koranvers nicht enthaltene Begriffe in den Text einfügt. Außerdem machte Gott nach den *Makalat* den Menschen hörend und sehend, bei Paret heißt es, Gott verlieh dem Menschen ‚Gehör' und ‚Gesicht'.

[305] Auffällig ist hier, dass der türkische Text die Frau mit einem modernen Wort „hanım" bezeichnet und nicht die ältere Version „karı" („Weib") verwendet. Das deutet auf eine Aktualisierung der Sprache durch Übersetzer.

[306] Das Wort „arş" bedeutet „Thron", demnach heißt dieser Stelle wörtlich „weht ein Wind vom Thron her …".

2.1 Der Mensch als Zeuge und Spiegel für Gottes Dasein

der Mutter. Jenes Wasser senkt sich zum Mutterleib („ana rahmine") und verbreitet sich. Der erhabene Gott sagte: ‚Aus einem Wasser zwischen dem Rücken und den Rippen [wird der Mensch gezeugt(?)]'[307]. Danach [nachdem ein Mensch gezeugt wird] kommen auf Befehl Gottes zwei Engel und bringen aus dem Grab jenes Geschöpfes („o kulun") eine Handvoll Erde („toprak").[308] Jene zwei Wasser verteilen sich. Sie vermischen und kneten [es], vierzig Tage bewegen sie es mit ihrer rechten Hand und das befruchtete und an die Mutterleib-Wand geklebte Ei („yumurta", „alaka", Koran 92:2) entsteht. Danach bewegen sie es mit ihrer linken Hand vierzig Tage und es wird ein Stück („parça") lebendiges Fleisch („canlı et", „mudga"). Der erhabene Gott sagt: ‚Danach bewegt er es [oder ihn] in seiner rechten Hand'[309]. Danach nehmen sie [die Engel] es/ihn auf ihre rechte Hand und bewegen es/ihn vierzig Tage. Sie lassen es/ihn zwanzig Tage ruhen.

Bevor er [Gott] den ganzen Leib erschafft, werden die Nebenknochen geschaffen. Weil die Knochen sich als letztes in der Erde auflösen, nachdem der Mensch gestorben ist. Am zweiten Tag schafft er den rechten Arm („sağ kol") und den Finger („parmak") des Bekenntnisses („şehâdet"). Am dritten Tag schafft er den Kopf und den linken Arm. Am vierten Tag schafft er die Hände. Am fünften Tag schafft er das linke Bein. Am sechsten Tag schafft er das rechte Bein. Am siebten Tag schafft er die 360 Adern, die Hälfte davon ist beweglich, die andere Hälfte ist unbeweglich. Die Hälfte der Adern füllt sich mit Blut und die andere Hälfte mit Luft. Wenn er sich nicht

---

307 Es handelt sich hier um ein nicht gekennzeichnetes Koranzitat aus der Sure 86:6–7: „Er [der Mensch] ist aus hervorquellendem Wasser (d. h. aus Sperma) geschaffen, das zwischen Lende und Brustkasten(?) herauskommt."
308 Es ist bemerkenswert, dass schon bei der Erschaffung des Menschen an sein Ende gedacht wird. Dies ruft den Satz in Erinnerung „von der Erde bist du genommen, zur Erde wirst du zurückkehren" (vgl. Genesis 3,19).
309 In der türkischen Vorlage heißt es: „Sonra onu sağ avucu içine döndürür". Hier ist nicht klar, wer an dieser Stelle handelt: Gott oder die Engel. Da von dem Geschöpf grammatikalisch im dritten Person Singular („o") gesprochen wird, bleibt es außerdem unklar, ob das Geschöpf als ‚er', nämlich als einen Menschen oder als ‚es', das Fleisch, das Geschöpf bezeichnet wird. Obwohl der Satz feierlich ‚der erhabene Gott sagt' eingeleitet wird , handelt es sich hier nicht um ein Zitat aus dem Koran und werden keine Gottesworte überliefert, sondern lediglich was Gott tut.

bewegt und seine Adern sich bewegen, entsteht eine Krankheit (?).[310] Am achten Tag schafft er die 740 teiligen („parça") Knochen.[311] Am neunten Tag schafft er 100.024 [Stück] Haare. Danach beauftragt der erhabene Gott vier Engel. Ein Engel schreibt seine [des Menschen] Hunger[zeit] und ein anderer Engel schreibt sein schlechtes Schicksal („kötü talih") auf. Der eine Engel schreibt die Fürsorge Gottes („rızk" [„Providentia"]) und der andere schreibt die Ereignisse, die ihn treffen werden, auf. Am zehnten Tag kommt die Seele („ruh"), da der Mond-Tag erreicht ist. Zitat: *‚Wenn die Seele eintritt, bewegt sich das Kind im Mutterbauch („ana karnı").'*[312] D. h. jedes Mal, wenn eine Seele [in einen neu entstehenden Fötus] eintritt, bewegt sich das Kind im Mutterleib („ana rahmi"). Der erhabene Gott befahl, dass der Mutterleib für das Kind zu einer Gebetsnische („mihrab") wird, weil es sich dort vor Gott niederwirft („secde yapar"). Aufgrund des Segens der Niederwerfung kann seine Mutter nicht jeden Bissen („lokma") essen, weil alle diese Erhabenheit aufgrund der Seelengebung an den Menschen („insana can verilmesi") verursacht wird. Alle diese Großartigkeit geschieht für den Menschen.
Setzen wir unser Wort fort: An dem Tag, an dem Gott dem Menschen Seele und Vernunft gibt, ist der Erlass („fermân") für die Erschaffung des Menschen verabschiedet. Somit hat der erhabene Gott die Erschaffung des Menschen vollendet."[313]

Was beabsichtigt die obige Erzählung zu vermitteln? Folgendes lässt sich zusammenfassend festhalten:
1) Die Initiative für die Erschaffung des Menschen liegt allein bei Gott, der ihn für sich als ‚Spiegel' und ‚Zeuge' für sein Dasein wünscht. Gott will damit einerseits offenbar sich selbst (Spiegel) erkennen und andererseits andern (Zeugnis) bekanntmachen, wie er ist. Dabei lässt er bei der Erschaffung dieser Kreatur von verschiedenen

---

310 In der türkischen Vorlage ist der Satz unklar formuliert: „Ne zaman ki, hareket etmez, damarları hareket etse hastalık olur."
311 *Buyruk* beziffert die Zahl der Knochen im menschlichen Körper als 444, die mit 777 Nerven („sinir") bedeckt sind. Über diesen Nerven liegen 366 Adern, die wiederum von 312.000 Haaren bedeckt sind (*Buyruk II*, S. 4).
312 Es wird keine Quellenangabe für diesen als Zitat angekündigten Satz gemacht.
313 Ali YILMAZ u. a. (Hrsg.), Maḳâlât Hünkâr Hacı Bektâş-ı Veli, Ankara 2007, S. 122–126.

Orten der Welt Erde herbeibringen. Das Materielle und Vergängliche liegt dem menschlichen Körper zu Grunde.

2) Die aus verschiedenen Orten zusammengetragene Erde könnte auf die Gleichheit der Menschen auf der ganzen Welt hinweisen. Da Gott nicht aus einem bestimmten Ort eine bestimmte Bodensorte bevorzugt, kann dies als die universelle Gleichheit aller Menschen, und zwar egal in welcher Region auch immer sie leben oder leben müssen, dienen. Vielleicht wird hier durch den Verfasser der *Makalat* auch ein Stück alevitische Geschichte verarbeitet.

Die anatolischen Aleviten beschreiben gerne ihre Geschichte als eine leidvolle, in der sie oft unterdrückt und als Menschen zweiter Klasse behandelt wurden. Die Botschaft ist hier: Ob Sunniten oder Aleviten, Christen oder Juden, wir alle sind Geschöpfe Gottes und von unserem Wesen her gleich!

3) Eine andere wichtige Botschaft, die hier vermittelt wird, ist: Der Mensch besteht nicht nur aus Erde, also aus Materiellem, sondern auch aus Geistigem. Die Schöpfung des Menschen wird vollendet, indem Gott dem Menschen seine Seele einhaucht. Damit besteht der Mensch aus Materie und Geist. Das gilt nach dieser Lehre nicht nur für Adam, sondern auch für jeden Menschen, der gezeugt wird und einen Mond-Tag erreicht hat.

4) Hier werden naturwissenschaftliche Erkenntnisse wie die Einnistung in der Gebärmutterwand und mythische Phasenstrukturierungen miteinander vermengt.

5) Schon bei der Entstehung des Menschen werden die Überreste des menschlichen Körpers, die sich zuletzt in der Erde auflösen, als Erstes geschaffen. Dies weist auf die Begrenztheit des menschlichen Körpers hin, der nicht unendlich ist.

2.1.3 Vorherbestimmung des Menschenschicksals

Im sunnitisch-orthodoxen Islam wird die Lehre von der Vorherbestimmung und Freiheit des Menschen in der Regel durch das Hendiadyoin *qaḍā' wa-qadar* (türk. „kaza ve kader") ausgedrückt (vgl. Koran 16:93).[314] *Qaḍā'* kann als der urzeitliche göttliche Willensentscheid und

---

314 Duncan Black MACDONALD, „Ḳaḍā'", in: *Handwörterbuch des Islam*, Leiden 1976, S. 245–246; DERS. „Ḳadar", in: *Handwörterbuch des Islam*, Leiden 1976, S. 246–247. Die

qadar als dessen unerbittliche Ausführung in der Zeit erklärt werden. Im anatolisch alevitischen Kontext wird hingegen von der Freiheit („özgürlük") des Menschen gesprochen. Es werden die sittliche Verantwortung des Menschen, die Möglichkeit der Selbstvervollkommnung auf dem mystischen Weg und die Freiheit als die Fähigkeit, die den Menschen von anderen Lebewesen unterscheidet, betont.[315] Jeder Mensch trägt selbst die Verantwortung für sein Handeln, das nicht von Gott bestimmt ist, aber vor Gott geschieht.[316] Den anatolischen Aleviten ist die Vorstellung von *qaḍā' wa-qadar* fremd.

Das Thema ist sowohl in der bisherigen Alevitenforschung als auch in den klassischen wie zeitgenössischen Eigendarstellungen unerwähnt. Die Vermutung liegt nahe, dass zwei Behauptungen einfach nebeneinander stehengelassen werden, ohne dass sie auf ihren offenkundigen Widerspruch hin untersucht oder zu vereinigen versucht würden: Das Schicksal ist von den Schreibengeln jedem individuell vorherbestimmt, sozusagen vor-geschrieben, und der Mensch ist in seinem Handeln frei, kann also zum jeweiligen Entscheidungszeitpunkt zwischen mehreren Möglichkeiten wählen. Angesichts dieses Befundes könnte man pointiert formulieren: Die alevitische Gemeinschaft listet ihre Glaubenslehren auf, ohne sie zu durchdenken. Es geht um ein identitätsstiftendes Wiederholen der Tradition, nicht um ein ratio-stiftendes Einholen des Tradierten; hier handelt es sich um Mythologie, nicht Theologie, um eine Bemühung um Gemeinschaft, nicht um Rechenschaft.

2.1.4 Sünde und Vergebung

Die alevitischen Schriften – besonders das *Buyruk* – sprechen von der Sünde nicht als einer Angelegenheit, die zwischen dem Sünder und Gott geklärt wird. Die Verfehlung des Einzelnen, ob sie heimlich oder öffentlich geschieht, betrifft auch die Gemeinschaft und muss vor der Versammlung bekannt werden. Der genuine Behandlungsort der Verfehlungen der Gemeinschaftsmitglieder ist die *Cem*-Versammlung. Zu Beginn der rituellen Versammlung ist die Frage zu stellen, ob die Einzelnen mit sich selbst und mit ihren ‚Nächsten' („komşu") im Rei-

---

beiden Bezeichnungen sind jedoch im heutigen Durchschnittsempfinden zu einem einzigen Begriff zusammengewachsen.
315 Vgl. Ismail KAPLAN, Das Alevitentum, Köln 2004, S. 42.
316 Vgl. ebd., S. 40.

2.1 Der Mensch als Zeuge und Spiegel für Gottes Dasein

nen sind. Das Ritual wird „rızalık" („das Einvernehmen") genannt. Im anatolisch-alevitischen Kontext wird das Einvernehmen als die Endstufe der toleranten Haltung gesehen, d. h. das Tolerant-Sein besagt, dass jemand etwas aushält und duldet. Beim Einvernehmen wird die Toleranzhaltung zu einem harmonischen Miteinander. Ein zweiter Aspekt des Wortes Einvernehmen weist auf die Verantwortung gegenüber der Gemeinschaft. Hier kommt der Aspekt des Verhörs ins Spiel, d. h. der Einzelne wird von der Gemeinschaft zur Rechenschaft gezogen. Im Allgemeinen werden unter Sünde oder Verfehlung die Handlungen aufgefasst, die gegen das alevitische Wertesystem verstoßen, wie es in den Vier Toren und Vierzig Stufen (vgl. Kapitel C.2.4.3) und den drei Beherrschungen („eline, diline, beline sahip ol") definiert wird (vgl. Kapitel C.2.3).

Im *Buyruk* wird zwischen großen, kleinen und mittleren Sünden unterschieden. Seyyid Safî zählt folgende Verhaltensweisen als kleine Sünden auf, die eventuell von einem Adepten begangen werden:[317] Wenn der Adept im Gespräch mit seinem Meister die Stimme erhebt – zu laut spricht und gar dem Meister widerspricht –, sich nicht auf das Gesagte konzentriert, ohne Erlaubnis etwas unternimmt, lügt und über jemanden schlecht redet. Ebenfalls zählt es zu den kleinen Sünden, wenn jemand aus der Gemeinschaft über den Adepten etwas Schlechtes berichtet, das dieser begangen hat. Zugleich weiß der Seyyid auch zu raten, was der Adept tun muss, damit er Vergebung erfährt. Er sagt, wenn der Sündige seine eigene Verfehlung selbst erkennt, sich bei der Versammlung der Gemeinschaft in die Mitte begibt[318] und um

---

[317] Die Übersetzung dieser Erzählung erfolgt sinngemäß, da die türkische Vorlage viele Wiederholungen enthält und verschachtelte Sätze bildet.

[318] An dieser Stelle wird das Wort „peymençe" verwendet, das im türkischen Wörterbuch nicht enthalten ist. Aus dem Sinnzusammenhang kann aber die Bedeutung von „Dâr'a durmak" entnommen werden. Daher wird hier vermutet, dass es sich an dieser Stelle entweder um eine ältere Schreibweise oder um ein Fremdwort handelt, das der Text verwendet. „Dâr'a durmak" bedeutet wörtlich „im/zum Hof stehen". Im alevitischen Kontext ist „Dâr'a durmak" der Platz zur Klärung von Streitigkeiten. Also jener Platz, an dem die Schuldigen vor der versammelten Gemeinschaft zur Rechenschaft gezogen werden. Ein weiteres Wort in diesem Zusammenhang ist „Dâr'a çekmek", das ‚anklagen' oder ‚angeklagt werden' bedeutet. Diese Vorstellung orientiert sich am Geschick von al-Ḥallāǧ, der seinen Anklägern Rede und Antwort stand und am Ende die Konsequenzen dafür getragen hat. Deshalb wird diese Praxis unter den anatolischen Aleviten auch Dar-ı Mansur genannt. Vgl. Fuat BOZKURT (Hrsg.), Buyruk, Istanbul ³2006, S. 141.

Vergebung bittet, dann soll die Gemeinschaft ihm verzeihen. Falls der Adept aber bei der Tat gesehen wird und er selbst nicht einsichtig ist und nicht von sich aus seine Verfehlung bekennt, soll der Beobachter („Gözcü")³¹⁹ ihn bei der Versammlung melden. Wenn er aber bereut und dem vorgeschriebenen Weg der alevitischen Gemeinschaft gegenüber Gehorsam (wörtlich: „auf dem Weg seinen Nacken hält"; „yola boyun vermek") bekennt und vor der Versammlung einsichtig wird, soll er drei Gebote („üç erkân") auferlegt bekommen. Die „tarîk"³²⁰

---

319 Für die Organisation und Durchführung einer Cemversammlung werden 12 Dienste benötigt, die symbolisch für die 12 Imame stehen. Der ‚Beobachter' gehört zu diesen 12 Diensten, daneben gibt es folgende Dienste: 1) der Dede, der je nach Region auch Mürşid oder Pir genannt wird, leitet die rituelle Cemversammlung; 2) der Rehber („Wegweiser") unterstützt den Dede und begleitet die Adepten und die Liebenden (türk. „Mürit", arab. murīd); 3) der Gözcü („Beobachter"), sorgt für Ordnung während der Versammlung und dafür, dass keine Unberechtigten an der Versammlung teilnehmen; 4) der Çerağcı („Zünder des Lichts") entzündet das symbolische Licht, während der Versammlung; 5) der Zakir („Saz-Spieler") spielt das Saz-Instrument („Langhals-Laute") und singt religiöse Lieder; 6) der Ferraş (wörtl. „Kehrer") ist für den Reinigungsdienst zuständig; 7) der Sakka oder Sucu („Wasserverteiler") sorgt für Wasser und andere Getränke bzw. organisiert die symbolische Handwaschung; 8) Kurbancı oder Sofracı („Schächter" oder „Tafeldiener") bezeichnet denjenigen, der das Opfertier schlachtet und für die gleichmäßige Verteilung des Mahls zuständig ist; 9) der Pervane (wörtl. „Propeller") oder Semahçı – semah bezeichnet den rituellen Tanz – ist verantwortlich für den reibungslosen Ablauf von Semah-Ritualen; 10) der Peyik („Bekanntmacher") gibt Ort und Zeit der Cemversammlung den Gemeinschaftsmitgliedern bekannt; 11) der İznikçi („Schuhbewacher"); 12) der Bekçi („Wächter") hält im Wohngebiet wache. Unter der osmanischen Herrschaft fürchteten die anatolischen Aleviten Störungen während der rituellen Versammlung, daher wurde dieser Dienst eingerichtet. Heutzutage jedoch hat dieses Amt nur symbolischen Wert, da es beispielsweise in Deutschland legal ist, Cemversammlungen abzuhalten. Die Bezeichnungen der einzelnen Dienste variieren je nach Quelle, aber an der Zahl 12 wird festgehalten. Vgl. Buyruk I, S. 83–83; Buyruk II, S. 134–135; Ali Duran GÜLÇIÇEK, Der Weg der Aleviten (Bektaschiten). Menschenliebe, Toleranz, Frieden und Freundschaft, Köln ²1996, S. 86–87; Ismail KAPLAN, Das Alevitentum, Köln 2004, S. 75–76.

320 Dieses Wort wir folgendermaßen erklärt: „tarik: – der befolgte Weg; – der Stab, der den richtigen Weg zeigt. Im Gottesdienst wird der Stab tarik von einem so genannten tarikçi, einer Art Lektor, getragen. Er hat die Aufgabe, die Regel und den Ablauf des Gottesdienstes zu erklären." Ebd., S. 185 (Glossar). „Tarik" ist also ein Stab, der den richtigen Weg zeigt. Dieser Stab hat sein Vorbild im Paradies und dient zur Züchtigung bei Verfehlungen. Im Buyruk I wird berichtet, dass Gott mit einem Stab, den Gabriel aus dem Tubabaum – nach dem Koran ein paradiesischer Baum, dessen Wurzel nach oben und Äste nach unten wachsen – anfertigen ließ, ein Mal auf den Rücken von Muhammad schlug, damit zwischen ihm und Muhammad keine Zwist herrschen soll. Die Länge des Stabs wird zwischen 75–90 cm angegeben, außerdem soll er mit Versen aus dem Koran verziert sein. Vgl. Buyruk I, S. 144. Wiederum

2.1 Der Mensch als Zeuge und Spiegel für Gottes Dasein 171

(„die Stockschläge") der kleinen Sünden sind drei und auch ihre Umsetzungen („tercüman"[321]) sind drei, der Adept soll sie annehmen (*Buyruk II*, S. 128–129).
Das Verhalten des einsichtigen Sünders wird nicht sanktioniert. Dem Uneinsichtigen wird jedoch eine Strafe auferlegt.
Zu den ‚mittleren Sünden' („orta günahlar") werden folgende Verhaltensweisen gezählt: „Durch einen Fehler in der Öffentlichkeit negativ auffallen. Wenn einen Aleviten die Hand eines ‚yezîdî' berührt[322], oder er seine Hand über ihn erhebt. Wenn er in seinem Herzen Hass

---

wird im *Buyruk I* das Wort „tarik" als die Bezeichnung für einen Stab oder einen Stock verwendet, mit dem bestraft wird. Nach einer Erzählung sagte Ijob („Eyüp") zu seiner Frau: „… weil du dem Wort der Feinde geglaubt und mir Kummer bereitet hast. Wenn ich mit Gottes Hilfe von meinen Schmerzen geheilt werde, wird es meine Pflicht sein, dir mit einem Stock 99 Schläge zu verpassen („sana doksan dokuz değnek vurmak boynumun borcu olsun"). Nachdem er geheilt wurde, band er 100 Weizenhalme zusammen und schlug ihr [auf den Rücken]." Ebd. S. 135. In der rituellen Zeremonie der anatolischen Aleviten wird diese Bestrafung auch mit „Tarik çalmak" bezeichnet. Das bedeutet, den Sünder „nach dem alevitischen Glauben während der religiösen Zeremonie mit einem Stab schlagen. Die Zahl der Schläge hängt von dem Grad seiner Sünde ab." Fuat BOZKURT (Hrsg.), Buyruk, Istanbul ³2006, S. 137, Anm. 356.

321 „Tercüman" bedeutet wörtlich „Übersetzer" oder „Dolmetscher". Eine eigensinnige Erklärung wird von Gülçiçek geliefert, der dieses Wort als „ein zeremonielles Interpretationsgebet. Festgelegter Gebetstext" definiert. Ali Duran GÜLÇIÇEK, Der Weg der Aleviten (Bektaschiten). Menschenliebe, Toleranz, Frieden und Freundschaft, Köln ²1996, S. 208 (Glossar). Doch diese Definition lässt sich nicht aufrechterhalten, da sich in keinem Zusammenhang für das Wort „tercüman" eine Entsprechung als ‚festgelegter Gebetstext' findet. Wir scheinen es hier wiederum mit einer apologetischen Verharmlosung zu tun zu haben. Denn im weiteren Verlauf der Textpassage (siehe große Sünde) wird die Strafe des Pönitenten als „vierzig Wege" bestimmt und danach auf „zwölf Wege" reduziert, so dass am Ende der Satz „oniki tarikin tercümanı bir kurbandır" steht. Hier hat das Wort ‚tercüman' die Bedeutung von *entsprechen*. Übersetzt lautet der Satz „die zwölf Stöcke entsprechen einem Opfer". Vgl. *Buyruk II*, S, 129. Ismail Kaplan benutzt das Wort, das in *Buyruk* häufig verwendet wird, nicht.

322 „[B]ir yezîdinin eli" bedeutet „die Hand eines Yezîdi oder Yaziden". Wer oder was ist ein „yezîdi"?
Yazid I. (644–683) war der zweite Kalif der Umayyaden-Dynastie (680–683). In seiner Regierungszeit fand die Schlacht von Karbala statt, in der nach schiitisch-alevitischer Zählung der dritte Imam al-Ḥusayn b. ʿAlī b. Abī Ṭālib getötet wurde. Dieses Ereignis gilt als eine der dunkelsten Stunden der alevitischen Geschichte. Laura VECCIA-VAGLIERI, „Al-Ḥusayn b. ʿAlī b. Abī Ṭālib", in: *Encyclopaedia of Islam*, Band III, Leiden ²1971, S. 607–615. Yazīdī oder Yazīdīya ist der Name einer kurdischen Stammesgruppe und ihrer eigenartigen altertümliche Züge aufweisenden Religion, die hauptsächlich im Irak verbreitet ist. Vermutlich meint der Text „yezîdî" in der ersten Bedeutung einen Anhänger des Yazid I.

empfindet und aus Rache gegen jemand etwas unternimmt. Wenn er etwas behauptet, was er nicht gesehen hat. Wenn er in Abwesenheit einer Person über diese etwas Falsches behauptet und sie des Diebstahls beschuldigt" (*Buyruk II*, S. 129). Der Pönitent wird auch in diesem Fall, wie oben beschrieben, zur Rechenschaft gezogen und sein Vergehen wird mit fünf Stockschlägen geahndet.

Die großen Sünden („büyük günahlar") betreffen hier hauptsächlich das Verhältnis zwischen dem Adepten und seinem Erzieher („mürebbi")[323] oder Meister („Mürşid")[324]. Es betrifft sein Verhalten, wenn er zum Beispiel ohne Erlaubnis der Versammlung fernbleibt, irgendetwas unternimmt, aus dem Haus seines Meisters etwas mitnimmt oder den Meister beleidigt, und vor allem, wenn der Adept sich von dem Weg abwendet, letzteres bereut und sich wieder auf den richtigen Weg begibt, gilt dies als eine große Sünde. Deshalb muss er, auch wenn er sich in die Mitte der Versammlung stellt, sich niederwirft und mit dem Gesicht den Boden berührt, mit vierzig Stockschlägen („kırk tarîk") bestraft werden. Und wenn ihm die Versammlung die vierzig Schläge erlässt („bağışlamak"), dann bekommt er zwölf Stockschläge („oniki tarîk"). Sie sind Pflicht, und es ist der Versammlung nicht erlaubt, ihm einen von den zwölf Schlägen zu erlassen. Die Strafe muss vollzogen werden („yürütmek gerek"). Die zwölf Stockschläge („oniki tarîk") entsprechen einem Opfer[tier]. Die Veteranen („Gaziler") sollen es akzeptieren und annehmen (*Buyruk II*, S. 129).

Obwohl auch bei den großen Sünden die rituelle Versammlung der Gemeinschaft der Ort ist, Rechenschaft abzugeben, hat sie nur ein bestimmtes Maß an Kompetenz, die Sünde zu vergeben. Hier wird festgehalten, dass eine große Sünde des Adepten unbedingt bestraft werden muss. Letztendlich werden die Schläge doch erlassen, da das Opfertier angenommen wird. Außerdem muss die begangene Verfehlung binnen einem Jahr in der *Cem*versammlung vorgetragen werden, damit der Pönitent zur Rechenschaft gezogen werden kann.[325]

---

[323] „Mürebbi" bedeutet wörtlich „Brücke", also eine Instanz, die hier aber einen (geistichen) „Formator", Erzieher meint, der zwischen dem Adepten und seinem Meister steht.
[324] Für die einzelnen Bezeichnungen des Meisters im anatolisch alevitischen Kontext siehe Kapitel C.2.4.3 dieser Arbeit.
[325] Vgl. Ismail KAPLAN, Das Alevitentum, Köln 2004, S. 57.

2.1 Der Mensch als Zeuge und Spiegel für Gottes Dasein

Diese Praxis des Sündenbekenntnisses ist bis in die Gegenwart ein wichtiger Bestandteil des alevitischen Glaubenslebens. In einem ‚Handbuch' für alevitische Ritualversammlung („cem") gibt der *Dede* Mehmet Yaman folgendes Bußgebet wieder, das zu Beginn des Rituals von dem Ritualleiter rezitiert wird:

„Buße für unsere Sünden („tevbe günahlarımıza"); Gott möge vergeben (estağfirullah), Gott möge vergeben [und] Gott möge vergeben! Wir widersagen („tevbe") allen unseren Sünden, die wir durch Hände, Zunge, Lende, bewusst oder unbewusst, öffentlich oder heimlich begangen haben. O du, Besitzer des Universums, großer Gott! („Ey evrenin sahibi Ulu Tanrı!").
Wir widersagen von ganzem Herzen jederlei Sünde, Anschwärzung[326], Fehler, Empörung, kleinen oder großen Sünden, die wir seit unserer Geburt bis heute wissend oder unwissend begangen haben. Wir bereuen es („tevbe") und versprechen es nicht zu wiederholen und suchen Zuflucht bei Gott. Der Knecht macht Fehler, der Sultan verzeiht. Wir bereuen es und suchen Zuflucht bei Gott. Unser Erster ist unser Ahne („atamız") Adam, unser Letzter ist der Anführer der zwei Welten („iki cihan serveri") Muhammad Mustafa. Wir glauben an und bezeugen alle Gesandten („peygamberler"), Gottesfreunde („veliler"), Propheten („nebiler") und die wahren Heiligen („gerçek erenler"), die in der Zeit zwischen diesen beiden kamen und gingen. Wir glauben an sie und bezeugen ihre Rechtmäßigkeit („hak"). Wir sind den Geboten des Weges von Hak-Muhammad-Ali verpflichtet. O, unser heiliger Gott! Verzeihe („yarlığa") unsere Sünden und nimm unsere Reue an!"[327]

Bemerkenswert ist bei dieser Handlung, dass der versammelten Gemeinschaft und dem *Dede*, wie in der obigen Erzählung, eine richterliche Funktion zukommt. Die Anwesenden haben die Befugnis, dem Pönitenten zu verzeihen und ihn von seiner Schuld loszusprechen, wenn er einsichtig wird.

---

326 In der türkischen Vorlage werden „kov" und „gıybet" benutzt, die sich beide mit dem Wort „Anschwärzung" ins Deutsche übertragen lassen.
327 Mehmet YAMAN, Alevilikte Cem („Die rituelle Versammlung im Alevitentum"). İnanç – İbadet – Erkân („Glauben – gottesdienstliche Handlungen – Grundpflichten"), Istanbul 1998, S. 50–51. Dieses Gebet findet sich auch im *Buyruk II*, S. 58 wieder, das im Kapitel C.2.4.3 dieser Arbeit wiedergegeben wird. Mehmet Yaman gibt das Gebet in einem modernen flüssigen Türkisch wieder.

„Wenn ein Anhänger des Weges eine Verfehlung begeht und einsichtig wird, freiwillig seine eigene Schuld erkennt und von sich aus vor die Gemeinschaft tritt und sagt: ‚Ihr Heiligen, seid mir gnädig, wascht mich nach den Pflichten des Weges und macht mich rein.'[328] Und wenn die anwesenden Heiligen der rituellen Versammlung von seiner Sünde absehen, dann ist über ihn gerichtet und er ist davon reingewaschen worden, weil in jener Versammlung („meclis") neben den Dreien–Siebenen–Vierzigern („ÜÇLER–YEDİLER–KIRKLAR"[329]) auch Gabriel und die Engel des Himmels anwesend sind und er [Gabriel] bezeugt: ‚O Gemeinde! Dieser Knecht hat aufrichtig seine Sünde bekannt und griff die Initiative auf, packte seine Sünde eigenhändig an und reinigte sein Herz. Die Heiligen der Versammlung haben ihm verziehen (wörtlich: „sahen von seiner Sünde ab"), und auch ich verzeihe ihm. Die dort anwesenden Engel des Himmels sagen: ‚Wir haben ihm auch verziehen!'. Wenn Gabriel in den Himmel fliegt und bei Gott angekommen ist, fragt Gott ihn: ‚Was hast du gesehen und gehört?' Wenn Gabriel diese Worte Gottes hört, sagt er: ‚O reine Rechtleitung! („Ey Bâri Huda!") Du bist es, der [alles] sieht und weiß. Was ist dir verborgen? Dein Knecht, der Soundso („filan oğlu filan"), hat aufrichtig seine Sünde gestanden und bereut, hat sich der Versammlung gestellt („Dâr'a durdu"). Die Heiligen der Versammlung („Cem erenleri") haben von seiner Sünde abgesehen. Ich und alle Engel des Himmels haben davon ebenfalls abgesehen...' Der erhabene Gott sagt: ‚Bei meiner Heiligkeit und Erhabenheit und mit der ganzen treuen und reinen Gemeinschaft habe auch ich über die Sünde jenes Knechts Gericht gehalten und von all seinen Sünden abgesehen!"

Eine theologische Reflexion des oben Dargestellten ergibt folgendes Bild:

---

328 Sinngemäß übersetzt bedeutet dieser Satz: Richtet über mich gemäß den Pflichten des Weges, damit ich von meiner Sünde befreit werde."
329 „Üçler" („Dreier") steht für „Hak-Muhammad-Ali"; „Yediler" („Siebener") bezeichnet die sieben großen Dichter, nämlich „Seyyid Nesimi, Fuzuli, Hatayi, Pir Sultan Abdal, Kul Himmet, Yemini, Virani"; „Kırklar" („Vierziger") bezeichnet die vierzig ‚Heiligen', allerdings werden hierfür keine Namen aufgezählt. Vgl. Ali Duran GÜLÇİÇEK, Der Weg der Aleviten (Bektaschiten). Menschenliebe, Toleranz, Frieden und Freundschaft, Köln ²1996, S. 59; Ismail KAPLAN, Das Alevitentum, Köln 2004, S. 181 und 185 (Glossar).

1) Im anatolisch-alevitischen Kontext ist der Mensch nicht nur Gott gegenüber verantwortlich, sondern auch der Gemeinschaft, mit der er zusammenlebt. Den Rahmen, in der diese Gemeinschaft friedlich miteinander leben kann, bilden das ethisch-moralische Wertesystem der Vier Tore und Vierzig Stufen und die drei Beherrschungen („eline, diline, beline sahip ol").
2) Obwohl die Sünde als solche hier eine Materialdefinition, aber keine Wesensdefinition bekommt, wissen die anatolischen Aleviten, dass der Einzelne auch vom Weg abkommen, sich verirren oder eben Fehler gegenüber seinen Mitmenschen begehen kann. Alles, was den Menschen vom Wesentlichen – d. h. von seinem Voranschreiten auf dem anatolisch alevitischen Weg – abhält, die Beziehung zu seinen Mitmenschen schädigt und die Gefahr birgt, dass er das Wesentliche aus den Augen verliert, kann unter Sünde subsumiert werden.
3) Das Sündenverständnis bleibt nicht nur auf der horizontalen Ebene als eine Angelegenheit, die die Beziehung der einzelnen Gemeinschaftsmitglieder zueinander betrifft, sondern hat sozusagen auch eine vertikale Dimension. Das sündhafte Verhalten des Einzelnen betrifft seine Beziehung zu Gott bzw. seinen Vervollkommnungsprozess, den er auf dem Weg durchlebt. Die Schwäche des Einzelnen betrifft also zunächst ihn selbst, aber auch die Gemeinschaft und Gott.
4) Ähnlich verlaufen die einzelnen Schritte bei der Bestrafung bzw. Vergebung. Der Pönitent bemerkt, dass er etwas falsch gemacht hat, bereut es, stellt sich der Gemeinschaft und legt Rechenschaft ab. Indem die Gemeinschaft ihn bestraft und ihm verzeiht, wird auch seine Schuld bei Gott getilgt. Woher die Gemeinschaft diese Befugnis bekommt, wird von Seiten des anatolischen Alevitentums nicht weiter reflektiert, jedenfalls geben die Texte darüber keine Auskunft.

Vermutlich ist diese Befugnis in der geschichtlichen Tradition gewachsen. Denn die anatolischen Aleviten lebten wegen Repressionen von Seiten der sunnitisch-orthodoxen Muslime und der osmanischen Behörden von dem öffentlichen Leben abgeschirmt in abgelegenen Gegenden. Da sie deshalb die Verfehlungen der Einzelnen nicht bei den staatlichen Behörden anklagen konnten oder wollten, entwickelten sie Regeln und Verfahren, um das friedliche

Zusammenleben zu sichern und die Angelegenheiten selbst zu regeln. Im Laufe der Zeit bekam dann diese Praxis einen religiösen Charakter und eine religiöse Begründung.

5) Bemerkenswert in diesem Zusammenhang ist, dass die Mitglieder der Gemeinschaft bei der Versammlung im *Buyruk* „die Heiligen" genannt werden. Damit wird die alevitische Gemeinschaft in ein besonders nahes Verhältnis zu Gott gesetzt und entsprechend der Bezeichnung ‚heilig' der ethisch-moralische Anspruch an sie deutlich gemacht.

Daraus kann die besondere Verantwortung der Anhänger des Weges sich selbst und der Gemeinschaft gegenüber abgeleitet werden, denn in einem derartigen Gemeinschaftsverständnis ist für Menschen, die sich nicht an die ethisch-moralischen Maximen halten und ihr Verhalten der kritischen Prüfung unterziehen wollen, kein Raum. Idealerweise sollte es keine Verfehlung geben, aber die Realität zeigt, dass, wo Menschen sind, auch Verfehlungen nicht ausbleiben.

6) Das in der Gegenwart als ‚Einvernehmen' („rızalık") bezeichnete Konzept ist als ein Instrument zu sehen, das die anatolischen Aleviten entwickelt haben, um den Gemeinschaftsmitgliedern korrigierend beizustehen, damit sie sich mit dieser Verhaltens- und Orientierungshilfe nach und nach zu vollkommenen Menschen entwickeln können.

7) Im Falle, dass ein Pönitent nicht einsichtig wird, ist die versammelte Gemeinschaft der anatolischen Aleviten befugt, ihn aus der Gemeinschaft auszustoßen. Dieser Ausschluss wird „Düşkünlük" („Apostasie") genannt. Damit wird jemand bezeichnet, der sich vom Weg der Gemeinschaft entfernt hat. Dieser Zustand dauert solange an, bis der Apostat einsichtig wird und sich wieder zu den Verhaltensregeln des anatolisch alevitischen Weges bekennt und die entsprechende Buße getan hat.

2.2 Die Seele als Wesensteil des Menschen

Der Mensch im anatolisch alevitischen Weltbild besteht aus zwei Teilen, nämlich aus Materie und Geist. Der grobe Stoff ist seine Natur (türk. „tabiat", arab. *ṭabīʿa*), die aus den vier Elementen Erde, Wasser,

2.2 Die Seele als Wesensteil des Menschen

Luft und Feuer zusammengesetzt ist (*Buyruk II*, S. 145).[330] Zu den Feinstoffen können Seele, Verstand, Herz und Geist gezählt werden (vgl. ebd. S. 171–172).

2.2.1 Die Begriffe ruh – can – nefis

Im Türkischen werden drei bzw. vier Begriffe verwendet, um über den zweiten Teil des Menschen, den Geist, Auskunft zu geben bzw. ihn zu beschreiben. Diese sind: ‚ruh‘ („Geist", „Seele", „Leben", arab. *rūḥ, nafs*)[331], ‚can‘ („Leben", Seele", „Person")[332] und ‚nefis‘ (arab. *nafs*; türk. „Ego", „Person", „Seele" oder „Triebseele"). Der dem türkischen Wort „nefis" verwandte Begriff „nefes" bedeutet wörtlich ‚Atem', aber im übertragenen Sinne bezeichnet er ein „lebendiges Wesen".

Wie oben erwähnt, kann das Wort ‚Seele' im anatolisch alevitischen Sprachgebrauch mehrere Bedeutungen haben. Zunächst kann damit das Selbst, das Ich, das Ego gemeint sein.

„Wenn sie sterben, sterben die Körper, die Seelen sind unsterblich!" („*Ölürse tenler ölür, canlar ölesi değil*"),[333] so besingt der anatolische Dichter Yunus Emre die Unsterblichkeit der Seele. Hatayi skandiert in einem im *Buyruk* überlieferten Vierzeiler (*Buyruk II*, S. 26):

Dinle nefes canlıdır	Höre! Die Seele ist lebendig
Tutmayanlar kanlıdır	Die sie nicht halten, sind blutig
HATAYİ hazer eyle	Hatayi fürchte dich
Bu yol nerdibanlıdır	Dieser Weg ist stufig.

Wohlgemerkt: Im Türkischen werden einmal „can" und einmal „nefes" verwendet. Beide Begriffe lassen sich mit dem Wort ‚Seele' ins Deutsche übertragen. Der Begriff ‚Seele' in seiner türkischen Verwendung ‚can' ist auch die Bezeichnung für einen Aleviten, ohne einen Geschlechtsunter-

---

330 Vgl. auch Ali Yılmaz u. a. (Hrsg.), Maḳâlât Hünkâr Hacı Bektâş-ı Veli, Ankara 2007, S. 44–45.
331 ‚Ruh' bezeichnet nach einem türkischen Wörterbuch die Lebensessenz, die sich im menschlichen Körper befindet, die als unsterblich und unveränderlich gilt. Vgl. Dil Derneği (Hrsg.), Türkçe Sözlük, Istanbul, ²2005, S.1601.
332 Das türkische Wörterbuch definiert „can" folgendermaßen: „1. Das außermaterielle Wesen („varlık"), das das Leben in den Menschen und Tieren ermöglicht und von dem angenommen wird, dass es durch den Tod den Körper verlässt […]. 4. Person". Dil Derneği (Hrsg.), Türkçe Sözlük, Istanbul, ²2005, S. 329–330.
333 Ismail Kaplan, Das Alevitentum, Köln 2004, S. 38.

schied zu machen. In der rituellen Versammlung („cem") der anatolischen Aleviten werden die Gemeindemitglieder stets mit „canlar" (Pl.), „ihr Seelen" angesprochen.

Schon diese knappen Ausführungen zeigen, dass ‚Seele' einer der zentralen, wenn auch unscharfen Begriffe ist, die für die Beschreibung des Menschen verwendet werden. Dies hängt damit zusammen, dass der Begriff völlig verschiedene Eigenschaften des Menschen, nämlich Begehren, Empfinden, Fühlen, Denken, Wollen und Weisheit zusammenfasst. Andererseits bedeutet Seele auch ursprünglicher Lebenshauch, Atem (Geist), die den Gliedmaßen innewohnende Lebenskraft, die im letzten Atemzug den Sterbenden zu verlassen scheint. Seele ist das Prinzip des Lebens, Empfindens und Denkens, dessen Übertragen als inspiratorisch erfüllender und enthusiastisch ergreifender Hauch des Geistes nach außen und innen wirksam ist. Es wird angenommen, dass die Seele den Tod überdauert. An diesem Punkt knüpft sich eng der Gedanke von der *Unsterblichkeit* der Seele an.

Der Begriff ‚Geist' (türk. „ruh") wird als Lufthauch des Windes, in seinem Wehen als zügige Kraft, wie auch nach seiner eigentümlichen unsichtbaren feinen Stofflichkeit, als Element bezeichnet. So verstanden bekommt der Geist geradezu die Bedeutung von Seele und steht als Element neben Erde, Wasser, Feuer, aus denen sich der Körper aufbaut, wie der Geist dem Körper gegenüber, mit dem es im Leben verbunden ist.

Nach anatolisch-alevitischem Verständnis scheint das ethische, sittliche und religiöse Verhalten eines Menschen von der Triebseele („nefis") abzuhängen, deshalb wird diese Thematik im Kapitel C.2.3.1 behandelt. Damit soll die Bedeutung der Seele als Triebseele verdeutlicht werden.

2.2.2 Die Seele als Lebenshauch *(rūḥ)*

Die Erschaffung des Menschen vollendete sich nach anatolisch-alevitischer Darstellung, als der menschliche Körper – als Materie – mit der Seele bzw. dem Leben aufgefüllt wurde. Die Schöpfungserzählungen in den Grundschriften der anatolischen Aleviten berichten davon, dass der menschliche Körper zuerst geschaffen wurde und eine gewisse Zeit geruht hatte, bevor er mit dem Leben bzw. der Seele vereint wurde. Die einzelnen Schöpfungserzählungen wurden im Kapitel C.1.1 behandelt.

2.2 Die Seele als Wesensteil des Menschen

Die den Vorgang der Zusammenführung betreffenden Passagen seien hier in der gebotenen Kürze wiederholt.

Im *Buyruk* heißt es: „Sie brachten die Liebe („aşk"), die Vernunft („akıl"), das Ego („nefs") und die Seele („can") und stellten sie in die vorbereitete Laterne. Adam erwachte zum Leben und nieste („Âdem hayat bulup (dirilip) aksırdı"). Er stand auf und sagte..." (*Buyruk II*, 171–172).[334] Adam, der erste Mensch, wurde zum Leben erweckt, nachdem Liebe, Vernunft, Ego und Seele mit ihm zusammen in die Laterne gestellt wurden. Was nicht ausdrücklich gesagt wird, aber der Text wohl impliziert, ist, dass sich in der Laterne diese Eigenschaften miteinander vermischen. Mit anderen Worten, die Schöpfung des Menschen ist erst nach diesem Vorgang vollendet, d. h. die Seele ist nicht allein für das menschliche Leben maßgebend, sondern sie wirkt mit den anderen aufgezählten Eigenschaften zusammen.

Nech'ül Belağa berichtet in einer anderen Reihenfolge, wie Gott den Menschen zum Leben erweckte. Gott schuf zuerst eine Gestalt, also den menschlichen Körper. „Gott ließ ihn eine gewisse Zeit ruhen. Danach hauchte er ihn mit seinem Geist („ruh") an. Dadurch erlangte jene Gestalt einen funktionierenden Intellekt („zihin"), benutzbare Vernunft („akıl"), dienende Organe, bewegliche Geräte („aletler") und wurde zu einem Menschen, der mit seiner Erkenntnis („marifet") Recht von Unrecht, Süße, Düfte, Farben und Arten voneinander unterscheiden konnte.[335] Demnach ist der Geist die Initialzündung für den Menschen. Der Geist durchdringt ihn und macht ihn lebensfähig. Dadurch kann er Recht von Unrecht unterscheiden. Anders als im *Buyruk* scheint hier der Geist allein zu wirken und den Menschen zum Leben zu befähigen.

Die *Makalat* betonen in der Schöpfungserzählung die Hilflosigkeit des menschlichen Körpers ohne den Geist. Es wird darauf hingewiesen, dass, nachdem der menschliche Körper geformt wurde, er unzählig viele Jahre bewegungslos lag, da ihm das Leben oder der Geist fehlte. „Schließlich lag er [Adam] unzählig viele Jahre ohne Bewegung. ‚Durch meine [Gott] Kraft werde ich sie [die Brust des Menschen] füllen.' Da-

---

334 Für den Sinnzusammenhang siehe Kapitel C.1.1.
335 Eş-Şerîf Er-Radî, Hz. Ali. Nehcü'l-belâğa, Istanbul 2006, S. 29–33.

raufhin wurde durch Gottes Befehl und Schöpfungskraft Adams Leib mit Leben („can") gefüllt.[336] An dieser Stelle begegnet uns das Leben oder die Seele allein als die Kraft, die die Schöpfung des Menschen vollendet, und es braucht keine weiteren – mitwirkenden – Eigenschaften dazu. Die Seele ist es, die den Menschen zum Leben befähigt.

Die oben angeführten, die Schöpfung des Menschen betreffenden Passagen beinhalten eine gemeinsame Aussage, die wie folgt lauten kann:
1) Der Mensch wurde erst zum Leben erweckt und lebendig, als ihm die Seele, d. h. der Geist oder das Leben, geschenkt wurde.
2) Gott ist hier unmissverständlich derjenige, der dem Menschen diese lebendige Kraft schenkt. Nicht der Mensch nimmt sie sich, sondern sie wird ihm geschenkt.
3) Diese Kraft ist etwas, das nicht aus Materiellem stammt, sondern von Gott herkommt.
4) Der Mensch ist ein vollständiges Geschöpf erst, wenn ihm eine Seele eingeblasen wird, zugleich steht der Geist über dem Materiellen. Denn durch seine Seele und aufgrund des Aufeinander-bezogenseins von Körperlich-materiellem und Geistigen wird der Mensch als Mensch definiert.

Bei der Darstellung der Lehre von der Seelenwanderung wird noch verdeutlicht, welche Konsequenzen sich aus dieser Vorstellung ergeben.

Hieran schließt sich die Frage nach der Konkretisierung der Seele oder des Geistes, von der die alevitischen Schriften sprechen. Wie soll die Seele im Menschen gedacht werden?

2.2.3 Die Unsterblichkeit der Seele („canın ölmezliği")

Es ist in keinem der oben skizzierten Schöpfungserzählungen die Rede davon gewesen, dass die Seele geschaffen wurde. Woher kommt sie aber? Die Antworten darauf können unterschiedlich ausfallen, aber eines haben sie wohl gemeinsam, nämlich dass die Seele dem Menschen von Gott gegeben wurde. Entweder wurde sie mit anderen Eigenschaften, die ihr Vorbild in Gott haben, dem Menschen gegeben, oder Gott

---

336 Ali YILMAZ u. a. (Hrsg.), Maḳâlât Hünkâr Hacı Bektâş-ı Veli, Ankara 2007, S. 113-117.

2.2 Die Seele als Wesensteil des Menschen

hauchte den Menschen an, so dass er dadurch mit Seele gefüllt zum Leben erweckt wurde. Eine eindeutige Aussage darüber, ob und wie die Seele des Menschen geschaffen wurde, gibt es in den Grundtexten der anatolischen Aleviten nicht.[337] Jedoch bemerkt Ismail Kaplan zu diesem Thema, dass Gott „die Menschenseelen gleichzeitig und gleichwertig" schuf. Diese Seelen würden bei Gott ruhen, bis sie in einem Menschen Gestalt annehmen und auf die Welt kommen können.[338]

Der alevitische *Dede* Seyit Derviş Tur bemerkt, dass der Mensch ein Wesen („Varlık") ist, das in sich geistige („ruhsal") und leibliche („bedensel") Besonderheiten vereint. Ohne eine von diesen sei der Mensch undenkbar und erst durch die Vereinigung („birleşme") von Geist und Körper entstehe ein lebendiges Wesen. Für den *Dede* steht in Berufung auf den Koran 38:71–72 fest, dass die Seele göttlichen Ursprungs ist; dort heißt es:

„(Damals) als dein Herr zu den Engeln sagte: ‚Ich werde einen Menschen aus Lehm schaffen. Wenn ich ihn dann geformt und ihm Geist von mir eingeblasen habe, dann fallt (voller Ehrfurcht) vor ihm nieder!'"

Somit ist seiner Meinung nach die Seele eine Partikel Gottes und er bemerkt dazu:

„Wenn also die menschliche Seele eine Partikel („zerre") („parça", d.i. „Teil") Gottes ist, dann ist die Seele göttlich („Tanrısaldır"). Da sie keine Materie ist, ist sie auch nicht an die Zeit gebunden. Sie stirbt nie und wird nie vernichtet."

Über den Tod des Menschen sagt Derviş Tur weiter:

„In welchen Körper auch immer die Seele eingeht, dort lebt sie weiter. Tod eines Menschen bedeutet, dass die Seele den Körper verlässt. Manche Menschen sagen, dass das Gehirn den Körper bewegt, lenkt und des Sehens befähigt. Wogegen das Gehirn ein Körper („cisim") ist. Wenn der Geist („ruh") den Körper verlässt und der Tod eintritt, verliert das Gehirn nichts von seinen Besonderheiten und bleibt als

---

337 *Buyruk II* (S. 166–167) berichtet, dass die Seelen der Propheten aus dem Schweiß des Lichts von Muhammad und Ali („Muhammed-Ali'nin Nûr'undan peygamberlerin ruhları") geschaffen wurden und zwar als sie noch in der Kraft-Laterne waren. Danach soll Gott einen intensiveren Blick auf die beiden geworfen haben, sodass sie noch mehr schwitzten, daraus wurden die Seelen („ruhlar") der Gläubigen („mü'minler"), der Gottsucher („tâlipler"), der Frommen („sofular") und der Muslimen („Müslimler") geschaffen.
338 Vgl. Ismail KAPLAN, Das Alevitentum, Köln 2004, S. 43–44.

Materie an seinem Ort. Aber, da der Geist nicht an seinem Platz ist, werden keine Befehle erteilt, und es gibt keinen, der die Befehle vermittelt und ausführt, deshalb kann der Mensch weder sehen noch fühlen oder sich bewegen."[339]

Seyit Derviş Tur unterstreicht den göttlichen Ursprung der Seele, mit anderen Worten: Für ihn ist die Seele göttlich, und da sie ‚ein Teil' von Gott ist, kann sie nicht sterben. Allerdings wird nicht weiter ausgeführt, was unter einem Teil von Gott zu verstehen ist und wie so etwas überhaupt vorstellbar sein soll. Kann Gott sich teilen? Wie soll man denn die verschiedenen Teile in ihrer Beziehung zum ‚Hauptteil' Gott denken?

So sehr der Ursprung der Seele ohne eindeutige Klärung bleibt, umso deutlicher erscheint, was mit der Seele geschieht, wenn der Mensch stirbt. Die anatolischen Aleviten bezeichnen diesen Umstand als *zu Gott gehen* („Hakk'a yürümek") oder als den *Körper wechseln* („Don değiştirmek"). Sie drücken damit aus, dass der Tod des Menschen nur das Ende für seine leibliche Existenz bedeutet, wie auch Derviş Tur bemerkt. Die Seele ist von diesem Tod ausgenommen. In der *Vilayetname* wird das sechste Kapitel mit der Überschrift „Hacı Bektaş'ın Hakk'a yürüyüşü" („Der Gang Hacı Bektaşs zu Gott") wiedergegeben (*Vilayetname II*, S. 148–152). Darin wird berichtet, wie Hacı Bektaş Veli seine Nachfolge bestimmt und regelt. Er kündet dabei an, dass für ihn die Zeit *zu Gott zu gehen* näher gerückt ist. Da sein engster Vertrauter zu trauern begann, sagte er ihm tröstend: „Biz ölmeyiz, sûret (don) değiştiririz" („Wir sterben nicht, wir verwandeln unsere Erscheinung") (*Vilayetname II*, S. 149). Nach alevitischer Vorstellung bedeutet diese Verwandlung die Annahme eines neuen Körpers, in dem die Seele fortlebt. So hat die Unsterblichkeit der Seele einen unmittelbaren Bezug

---

339 „Madem ki, insandaki ruh Allah'ın bir zerresidir (parçasıdır), o halde ruh Tanrısaldır. Madde olmadığı için, zamana bağlı değildir. Hiç bir zaman ölmez ve yok olmaz. Hangi bedene girerse orada yaşamını sürdürür. İnsanın ölmesi demek, ruhun bedenden ayrılması demektir. Kimi insanlar, bedeni yöneten de, görende, gezdiren de beyindir derler. Hâlbuki, beyin bir cisimdir. Ölüm halinde ruh bedenden ayrılınca, beyin özelliğinden hiçbir şey kaybetmeden, madde olarak yerinde durur. Ama mesajı verecek, verilen mesajı alıp harekete geçirecek, ruh yerinde olamdığı için ne görebilir, ne hissedebilir, ne de hareket edebilir." Seyit Derviş Tur, Erkânname, Rüsselsheim 2002, S. 273.

2.2 Die Seele als Wesensteil des Menschen

zur Reinkarnationslehre, die unter den anatolischen Aleviten geglaubt wird (siehe dazu Kapitel C.3).[340]

Aus diesen Ausführungen können folgende Punkte hervorgehoben werden:

1) Mit Seele oder Geist wird eine immaterielle Wirklichkeit gemeint, die Raum und Zeit übersteigt und Träger intellektueller bzw. intelligenter sowie sittlicher Fähigkeiten ist. Sie kann als sowohl eine wesentliche Qualität des Menschen als auch des Göttlichen bezeichnen.

2) Die Seele wird dem Menschen von Gott verliehen/übereignet, so dass ihr Ursprung bei Gott ist. Sie konstituiert den Menschen. „Für einen Aleviten ist Menschsein ohne Seele undenkbar, denn die Seele begründet das Menschsein des Individuums."[341]

3) Es bleibt jedoch ungeklärt, ob die Seele von Gott geschaffen wurde. Jedenfalls gehen in diesem Punkt die Meinungen unter den führenden alevitischen Autoren auseinander.

4) Dagegen scheint konsensfähig zu sein, was nach dem Tod eines Menschen mit der Seele geschieht. Demnach wandert die Seele von einem Körper in einen anderen. Mit dieser Lehre wird auch die Unsterblichkeit der Seele begründet.

5) Die Unsterblichkeit bedeutet, dass die Seele nicht wie der Körper stirbt und auf die Auferstehung wartet, wie es im Christentum vertreten wird, sondern die Seele kostet den Tod nicht. Das hier Angeführte deutet auf neuplatonisches Gedankengut hin, das vermutlich in den Texten der anatolischen Aleviten Eingang gefunden hat.

Aşık Mahzuni Şerif[342] thematisiert den Glauben der anatolischen Aleviten an die Unsterblichkeit der Seele in einem Lied[343], worin auch der Reinkarnationsgedanke deutlich hervortritt:

---

340 Vgl. Gisbert GRESHAKE, „Reinkarnation. IV. Theologische Beurteilung", in: *Lexikon für theologie und Kirche*, Band 8, Freiburg im Breisgau ³1999, Sp. 1020–1021.
341 Ismail KAPLAN, Das Alevitentum, Köln 2004, S. 44.
342 Aşık Mahzuni Şerif wurde in einem türkischen Dorf Perçenek der Provinz Kahramanmaraş 1939 geboren und starb 2002 in Köln. Er gehört zu den bekanntesten alevitischen Dichtern und Sängern der Gegenwart.
343 Die türkische Vorlage für die Übersetzung des Liedes ist dem Buch entnommen: Ismail KAPLAN, Das Alevitentum, Köln 2004, S. 45.

Ben Mehdi değilim ama erenler	Ich bin kein Mahdi aber ihr Heiligen[344]
Bugün ölür yarın yine gelirim	Heute sterbe ich, morgen komme ich zurück
Ya bir ceylan canda ya bir çiçekte	Entweder als Seele eines Rehs oder einer Blume
Değişerek başka sene yine gelirim	Komme ich umgewandelt in einer anderen Zeit wieder
Böyle emreyledi beni yaradan	So hat befohlen, der mich erschaffen hat
Hep o'ndayım bin yıl geçse aradan	Ich bin mit ihm auch nach tausend Jahren
Tüm canlı geçecek böyle sıradan	Alle Lebewesen kommen der Reihe nach
Geleceğe gider düne gelirim	Ich gehe in die Zukunft und komme in die Vergangenheit

Die menschliche Seele wandert durch die Zeit in verschiedenen Erscheinungsformen. Es stellt sich die Frage, ob es sich dabei um einen Läuterungsprozess, nämlich um die Vervollkommnung des Menschen handelt. Was wird unter der Lehre von dem Weg der Vervollkommnung verstanden? Der übernächste Abschnitt befasst sich mit dieser Thematik.

Verantwortung des Menschen

2.3 Die drei Signacula: „Eline – diline – beline sahip ol"

„Eline, diline, beline sahip ol!" so lautet einer der bekanntesten Sprüche des anatolischen Alevitentums, welcher Hacı Bektaş Veli zugeschrieben wird. „Beherrsche deine Hände, deine Zunge und deine Lende!", diese Maxime mahnt zur Selbstbeherrschung in Bezug auf das Verhalten

---

[344] Wörtlich heißt „eren" im anatolisch-alevitischen Kontext „der bei Gott angekommen ist".

2.3 Die drei Signacula: „Eline – diline – beline sahip ol"

und worauf Acht gegeben soll. Hände, Zunge und Lende bezeichnen drei menschliche Körperbereiche, durch welche die harmonische Beziehung zu den Mitmenschen gefährdet werden kann. Sie stehen aber auch für die menschlichen Triebe, die sowohl männliche als auch weibliche Mitglieder zu einem Fehlverhalten verleiten können. Es geht hier also um die Selbstbeherrschung des Einzelnen, der sich auf dem Weg des anatolischen Alevitentums befindet. Die Signacula dienen auf diesem Weg der Vervollkommnung der Selbstbeherrschung, damit die Triebseele nicht die Oberhand im menschlichen Handeln bekommt. Dieser Aspekt ist von zentraler Bedeutung und gehört zur Lebensaufgabe des Einzelnen. Ob eine alevitische Lebensweise gelingt oder nicht, wird also anhand dieses Kriteriums von außen überprüfbar. Das Kriterium, d.h. die Beherrschung der drei Signacula, kann nur gelingen, wenn der Mensch sich an die Regeln des anatolisch-alevitischen Weges hält und die Triebseele zügelt.

Was aber bedeutet in diesem Zusammenhang ‚Triebseele'? Was sagen die anatolischen Quellen dazu?

2.3.1 Die Triebseele

Die Grundtexte der anatolischen Aleviten sprechen in der Regel von „nefis", dem Ego als Sitz der Triebe (*Buyruk II*, S. 28); die Triebseele, die zum Bösen hindrängt (ebd. S. 29)[345], der Träger aller schlechten Neigungen und Eigenschaften, die „Quelle des Bösen und das Fundament des Schlechten" (*Buyruk I*, S. 118),[346] der Sitz sinnlicher und geistiger Genusssucht (*Buyruk II*, S. 30; 37). In diesem Zusammenhang wird die Bekämpfung des eigenen Egos sogar zur „Lebensaufgabe der Aleviten" deklariert, damit „die Reinigung der Seele" erreicht wird.[347]

‚Nefis' als ‚can' („Ego", „Selbst") bezeichnet in diesem Kontext die Wirklichkeit und Substanz des Menschen: „Wenn du Adam tötest, gibt es kein Blut. Aber wenn du die Seele tötest, gibt es Blut" (ebd. S 97). Obwohl hier ‚Adam' mit der geistlichen Existenz des Menschen identifiziert wird und die Seele („nefes") mit der körperlichen Exis-

---

345 Koran 12:52: „Die (menschliche) Seele verlangt (nun einmal) gebieterisch nach dem Bösen".
346 Vgl. Eş-Şerîf Er-Radî, Hz. Ali. Nehcü'l-belâğa, Istanbul 2006, S. 44; 121–122.
347 Ismail Kaplan, Das Alevitentum, Köln 2004, S. 57.

tenz gleichgesetzt ist, weist diese Unterscheidung auf Folgendes hin. Der Mensch trägt in sich zwei Arten von Ego. Das eine leitet ihn zu Gott und das andere zum Verderben (vgl. ebd. S. 66). Ersteres steht für das Göttliche im Menschen, das zweite für das Teuflische. Der Pharao sprach: „Ich bin Gott"[348] (*Buyruk II*, S. 14; vgl. auch S. 190), und er wurde verworfen. Al-Ḥallāğ sagte: „Ich bin Gott"[349] (ebd. S. 191), und fand Annahme. Hier kann die folgende Unterscheidung gemacht werden: einerseits zwischen einem, der sich selbst preist wie al-Ḥallāğ, der in Wirklichkeit Gott preist, und andererseits der, der sich selbst selbstsüchtig preist, wie der Pharao. Beide Aussagen werden von der Seele des Menschen hervorgerufen, aber eben je nach Veranlagung seiner Seele können sie ihm Vervollkommnung oder Verderben bringen.

Der Mensch soll sich vor der List seiner Triebseele hüten, denn sie gebietet ihm beharrlich, das Böse zu tun (vgl. ebd. 28). Deshalb möchte der alevitische Weg die Fähigkeit, sein Ego zu besiegen, fördern, damit „Ungerechtigkeit, Verlogenheit, Besitzehrgeiz und Zügellosigkeit im Umgang mit Menschen und Natur" erkannt werden und die Bereitschaft, sie zu überwinden, verstärkt wird.[350] Die drei Signacula können als Prinzip der Harmonie oder als die moralische Implikation des anatolisch-alevitischen Weges angesehen werden.

2.3.2 Die drei Signacula als moralische Implikationen des Weges

Im Zusammenhang von Sünde und Vergebung (vgl. Kapitel C.2.1.4) wurden drei Bereiche – der persönliche, gemeinschaftliche und göttliche – erwähnt, die von der Verfehlung des Einzelnen betroffen sein können. An dieser Stelle geht es vor allem um den zweiten Bereich, nämlich um den gemeinschaftlichen Aspekt. Denn die drei Signacula zielen auf das harmonische Zusammenleben unter den einzelnen Gemeinschaftsmitgliedern. Das Prinzip zielt auf die Beachtung dieser Regeln, damit ein Mensch mit sich selbst und mit der Gemeinschaft in Harmonie lebt: „In unserem Weg muss die Person („kişi") seine Hände, seine Zunge und seine Lende beherrschen. Diese drei Siegel („mühür")

---

348 Gemeint ist die Behauptung des Pharaos im Koran 79:24: „ich bin der höchste Herr".
349 Kapitel C.2.4.1 handelt über die mystische Gottesliebe bei al-Ḥallāğ. Für biographische Daten und seinen Spruch siehe dort.
350 Ismail KAPLAN, Das Alevitentum, Köln 2004, S. 57.

2.3 Die drei Signacula: „Eline – diline – beline sahip ol" 187

bewahren die Person vor Bösem. Wenn ein Frommer („sofu") diese [drei Triebe] nicht zügeln kann („gem vuramazsa"), kann er kein Frommer („sofu") werden. Weder kann die Gemeinschaft mit ihm, noch er mit der Gemeinschaft einverstanden sein („razı olamaz")."[351] Das gilt für alle Angehörigen des anatolisch-alevitischen Weges, ob Mann oder Frau, Adept oder Meister.

Wofür stehen die einzelnen Signacula? Bevor diese Frage beantwortet wird, soll darauf hingewiesen werden, dass die drei Signacula nicht ausschließlich in der anatolisch-alevitischen Tradition zu finden sind. Der schwedische Religionswissenschaftler Geo Widengren (1907–1996) subsumiert in Berufung auf Augustinus (354–430) die manichäische Lehre folgendermaßen: „Alles, was die manichäische Ethik den Adepten Manis vorschreibt, kann in die drei bekannten *signacula* zusammengefasst werden: *signaculum oris, signaculum manuum* und *signaculum sinus*. Diese drei ‚Siegel' stehen als Bezeichnungen für umfassendere Gebiete; denn unter *os* werden alle fünf Sinne, unter *manus* alle Taten, unter *sinus* alle Äußerungen des sexuellen Triebes *(omnis libido seminalis)* verstanden"[352].

In dieser Ausführung sind zunächst die drei Beherrschungen der anatolischen Aleviten wiederzuerkennen: „Beherrsche deine Hände" mahnt zunächst nicht zu stehlen. Im weiteren Sinn schließt es auch mit ein, dass der Mensch mit seinen Händen kein Unrecht tun soll. „Beherrsche deine Zunge" zielt auf den Kopfbereich und damit auch auf das kognitiv-sinnliche Empfinden des Menschen: Er soll stets die Wahrheit sagen und auch nichts Böses denken. Schließlich fordert die „Beherrschung der Lende", dass der Mensch sich nicht von seinen Trieben leiten lassen soll. Damit werden die Mitglieder der anatolisch-alevitischen Gemeinschaft daran erinnert, dass außerhalb der Ehe kein Geschlechtsverkehr erlaubt ist. Die im Vergleich zu den manichäischen Siegeln sich zeigende Diskrepanz, kann wohl dadurch erklärt werden,

---

351 Fuat Bozkurt (Hrsg.), Buyruk, Istanbul ³2006, S. 156–157.
352 Als Quelle für die manichäischen Signacula gibt Widengren die augustinische Schrift „De moribus Manichaeorum" Kapitel 10 an. Geo Widengren, Mani und der Manichäismus, Stuttgart 1961, S. 98 (Hervorhebungen dort); vgl. auch Carsten Colpe, Die Formulierung der Ethik in den arabischen Manichäer-Gemeinden, in: Claas Jouco Bleeker u. a. (Hrsg.), Ex orbe religionum (Studies in the history of religions Bd. 21-22), Leiden 1972, S. 401–412, hier S. 411.

dass die Beherrschungen im Laufe der Zeit eine gewisse inhaltliche Veränderung gegenüber der manichäischen Lehre erfahren haben.[353]

Über den manichäischen Kontext hinaus verstehen die anatolischen Aleviten die drei Beherrschungen folgendermaßen:

Die *Hände* zu beherrschen meint, dass der Mensch nicht stehlen und sich nicht an einer ungerechten Behandlung anderer beteiligen oder gewalttätig werden darf. Im Gegenteil, insofern er in der Lage ist, soll er freigiebig sein und bei Verteilung nicht geizen. Er soll das Beispiel Alis nachahmen, „der einmal während des Gebets seinen Ring einem Bedürftigen gegeben hatte" (*Buyruk II*, S. 56; vgl. auch *Buyruk I*, S. 240).

Die *Zunge* zu beherrschen meint, dass der Mensch nicht lügen, falsch aussagen, beleidigen oder jemand zu Unrecht beschuldigen darf. Im Gegenteil soll er immer Gottgedenken („zikir", arab. ḏikr) halten und angenehme Worte von sich geben (vgl. *Buyruk II*, S. 55; vgl. auch *Buyruk I*, S. 240).

Die *Lende* zu beherrschen meint, dass der Mensch seinen sexuellen Trieb zügeln soll, damit er die Kontrolle über seine Triebseele („nefis") und Lust („şehvet") nicht verliert (*Buyruk II*, S. 54; vgl. auch *Buyruk I*, S. 240).[354]

Die drei Beherrschungen ermöglichen den Protagonisten des anatolischen Alevitentums je nach Interessenlage unterschiedliche Interpretationsmöglichkeiten.

Eine kemalistische Auslegung der Siegel liefert z. B. Hıdır Uluer, Vorsitzender des Karacaahmet Sultan Vereins in Istanbul: „Wir wollen eine Gesellschaft erschaffen, die der Demokratie, dem Laizismus, dem

---

[353] „Nach manichäischer Lehre dienen die Siegel folgenden Zwecken: Das erste ‚Siegel' umschließt auch die Reinheit in Gedanken und Worten (…) für alles, was mit dem Mund genossen wird, hat dieses Gebot besonders Gültigkeit. Der Verzehr von Fleisch war verboten, da es vom Fürsten der Finsternis stammt. Das zweite ‚Siegel' bedeutet vor allem das Verbot jeder Handlung, die das Tier- und Pflanzenleben schädigen kann… Das dritte ‚Siegel' schreibt den Manichäern völlige geschlechtliche Enthaltsamkeit vor, auch den Verzicht auf die Ehe. Schon der sexuelle Trieb an sich ist als ein fleischliches Gefühl etwas Böses, aber die Fortpflanzung gilt als etwas noch weit Schlimmeres, denn durch sie wird ja das Wiedersammeln der Lichtpartikel verzögert." Geo WIDENGREN, Mani und der Manichäismus, Stuttgart 1961, S. 98.

[354] Dieses Gebot beinhaltet das monogame Eheverständnis, das vor allem in Abgrenzung zum orthodoxen Islam verstanden wird. Vielehe gilt als Übertretung und wird von der Gemeinschaft sanktioniert. Vgl. İsmail KAPLAN, İnancımız ve Direncimiz, Köln 2009, S. 41.

2.3 Die drei Signacula: „Eline – diline – beline sahip ol" 189

Fortschritt sowie den Prinzipien Atatürks verbunden ist und ‚ihre Hände, ihre Zunge und ihre Lenden' beherrscht."[355]

Ein Angehöriger des alevitischen Weges, der sich nicht an die Regeln hält, muss mit Sanktionen rechnen. „Wenn ein Adept („talip") seine Triebseele („nefis") nicht zügelt, ohne Einverständnis („rızasız") vom Essen („lokma")[356] nimmt oder neben seiner Frau sich einer anderen Frau zuwendet („yelse"), muss er mit 99 Stockschlägen („tarîk") bestraft werden" (*Buyruk I*, S. 168). Außerdem kann eine hartnäckige Nichtbefolgung der ethisch-moralischen Gebote, d.h. der drei Beherrschungen, den Ausschluss aus der sozialen und religiösen Gemeinschaft nach sich ziehen. Doch im anatolischen Alevitentum beschränken sich die drei Signacula nicht nur auf ethisch-moralische Handlungen, sie bieten auch Orientierung für weiteres Verhalten. *Buyruk I* nennt weitere Eigenschaften, die ein Angehöriger des Weges haben sollte. „Nun, o Sufi und o Gläubiger, wenn du nach Glückseligkeit („saadet") suchst, beuge dein Wesen („özünü") zum Boden („turaba"). 1- Sprich freundlich („latif sözlü ol"). 2- Sei freigebig („cömert ol"). 3- Unterscheide zwischen Anfang und Ende und verhalte dich nicht asozial („soysuzluk etme"). 4- Achte auf das Gebot („buyruk") Gottes („Hakk"). 5- Brich keine Herzen mit dem Gebot („Gönül kırmayasın, buyruk ile"). 6- Das

---

355 „Demokrasiye, laikliğe, çağdaşlığa, Atatürk ilkelerine bağlı ‚Eline, Diline, Beline' sahip bir toplum yetiştirmek istiyoruz." Hıdır ULUER, Önsöz („Geleitwort"), in: Gönüllerin Sesi Nr. 55 (1998), S. 3. Eine deutlich von dem türkischen Patriotismus gefärbte, allegorische Interpretation, die nicht mehr die klassische ethisch-moralische berücksichtigt, äußert ein Direktor des Hacıbektaş Museums gegenüber Besuchern. Er meinte sinngemäß: Die Hände stehen für Verantwortung für das Vaterland; die Zunge für die reine türkische Sprache („Öztürkçe") und die Lende für die Nachkommen. Für diesen Hinweis sei Felix Körner gedankt. Diese Sichtweise auf die drei Signacula ist in türkisch-nationalistischen Internet-Foren weitverbreitet. „Deine Hände zu beherrschen bedeutet achte auf deine Stadt, dein Land; deine Lende zu beherrschen meint achte auf die Umgebung und die Region, in der du lebst; deine Zunge zu beherrschen meint achte auf die Sprache, die du sprichst, beherrsche Türkisch und beschütze sie. Im Grunde genommen ist dies ein tiefsinniger Spruch und das ist seine Bedeutung." („Eline, iline, ülkene; beline, beldene, yaşadığın bölgeye; diline, konuştuğun dile, Türkçe'ne hakim ol, sahip çık. Aslında bu çok derin anlamlı atasözümüzün açıklaması da budur.") http://www.uludagsozluk.com/k/eline-diline-beline-sahip-ol/ (abgerufen am 18.03.2010).

356 „Lokma" bezeichnet das Essen, das für eine *Cem*versammlung vorbereitet und anschließend an die Teilnehmen verteilt wird.

Wort Gottes („Hakk kelâmı") trage stets in deinem Mund. 7- Sei ein bescheidenes („mazlum") Geschöpf" (*Buyruk I*, S. 69). Neben diesen Haltungen erwähnt *Buyruk* noch Eigenschaften, die dem Menschen von Geburt an zuteil geworden sind. „Nun gibt es im Menschen drei angeborene Besonderheiten: 1- Scham („Haya"). 2- Sitte („Edep"). 3- Herz[357] („Gönül")" (ebd., S. 70). Diese Eigenschaften gehören zu jenen menschlichen Bereichen, durch die der Mensch sich von der Tierwelt unterscheidet. Sie verweisen wohl auch auf die Besonderheit des menschlichen Geschöpfes unter allen anderen Kreaturen. Die nächsten zwei Aufzählungen weisen auf Eigenschaften hin, die das Herz erhellen bzw. armselig machen. „Es gibt drei Dinge („nesne"), die das Herz erhellen („ruşen"): 1- Das Wissen der Wahrheit („Hakikat ilmi") lernen. 2- Das Wissen des Weges („Tarikat ilmi") lernen. 3- Das Wissen der Erkenntnis („Maarifet") lernen.[358] Drei Dinge machen das Herz dagegen armselig: 1- Schlechter Weggefährte („kötü yoldaş"). 2- Schlechter Nachbar („komşu"). 3- Schlechtes Weib („avrat"). Im Menschen gibt es drei Arten von Moral („ahlâk"): 1- Verleumdung („bühtan"). 2- Unachtsamkeit („gaflet"). 3- Unwilligkeit („pahılık"). Es ist geboten, sich von diesen Eigenschaften zu befreien.

Drei Dinge nehmen das Herz aus der göttlichen Führung („hidayet") weg: 1- Zu leugnen, was es gibt („vara yok demek"). 2- Lügenhaftigkeit („kezzaplık"). 3- Beleidigen (wörtlich: „Herzen brechen", „gönül kırmak"). Um den Pfad zu erreichen, sind vier Dinge nötig: 1- Das Gesetz („şeriat"). 2- Der Pfad („Tarikat"). 3- Die Erkenntnis („Maarifet"). 4. Das Geheimnis der Wahrheit („sırrı hakikat")" (*Buyruk I*, S. 70). Diese Aufzählungen von Ratschlägen könnten noch beliebig erweitert werden.

Die drei Beherrschungen – Hände, Zunge und Lende – bieten als eine Art Zusammenfassung die konzentrierte Lehre über das ethisch-moralische Verhalten der Anhänger des anatolischen Alevitentums. Sie zeigen die Eckpfeiler und die Grenzen für ein gelingendes und harmonisches Leben der Einzelnen mit sich selbst und der Gemeinschaft. Die Signacula sind nicht für sich allein zu betrachten, sondern gehören in das Konzept, welches den einzelnen Mitgliedern des Weges auf ihrer mysti-

---

357 Aus der angeführten Aufzählung wird deutlich, dass das Herz in diesem Zusammenhang nicht nur das menschliche Organ bezeichnet, sondern für Emotionen und Liebe steht, die damit assoziiert werden.
358 Diese das Herz erhellenden drei Dinge sind die Namen von dreien der Vier Tore. Siehe dazu Kapitel C.2.4.3.

schen Wanderung Orientierung und Halt gibt, damit diese sich zu vollkommenen Menschen entwickeln und das Ziel erreichen können. Auch wenn diese Implikationen so allgemein scheinen, dass sie auf beinahe jede Kultur oder Religion zutreffen, grenzt sich in diesem Kontext das anatolische Alevitentum doch bewusst von dem sunnitisch-orthodoxen Islam ab. Es handelt sich hier um ein verinnerlichtes Moralbewusstsein bzw. Gewissen, das einem Gesetzesgehorsam gegenüber steht. Doch die drei Beherrschungen machen auch deutlich, dass es ein Grundproblem menschlicher Schwäche gibt. Der Appell, das Moralproblem durch Selbstbeherrschung zu lösen, steht nur scheinbar im Unterschied zum stärker koranbezogenem Islam, denn im Grunde setzen beide voraus, dass durch Mahnung dem Menschen geholfen werden kann. Aus diesem Bewusstsein heraus haben die anatolischen Aleviten im Laufe der Zeit das Konzept des Einvernehmens („rızalık") entwickelt. Dadurch kann die Gemeinschaft die einzelnen Mitglieder zur Rechenschaft ziehen, damit unter den Gläubigen wieder Eintracht herrschen kann.

Die drei Signicula dienen somit (1) der Harmonie im Leben des Einzelnen und der Gemeinschaft und (2) im Zusammenspiel mit den Vier Toren und Vierzig Stufen als Instrument der Vervollkommnung auf dem mystischen Pfad.

Ziel des Menschen

2.4 Die Vervollkommnung des Menschen („insan-ı kamil olmak")

Al-insān al-kāmil bedeutet wörtlich der vollkommene Mensch. Der Ausdruck begegnet in der islamischen Mystik-Literatur wohl zum ersten Mal bei Muḥyī ad-Dīn Ibn ʿArabī (1165–1240). Eine Schrift von ʿAbd al-Karīm al-Ǧīlī (ca. 1365–ca. 1428) trägt den Titel *al-insān al-kāmil fī maʿrifat al-awāḫir wa-l-awāʾil* („Der vollkommene Mensch. Über die Erkenntnis seiner äußersten und nahe liegensten Merkmale"). Darin behandelt er die Bezeichnung und Namen des „vollkommenen Menschen".³⁵⁹ Doch wer oder was ist mit dem vollkommenen Menschen gemeint?

Die Lehre von *al-insān al-kāmil* zeigt, dass sie, verglichen mit gnostischen Konzepten, verschiedene Formen in sich aufgenommen hat. In der hellenistischen Gnosis wurde mit der Lehre vom πρῶτος ἄνθρωπος versucht, die Stellung des Menschen und seine Verbindung mit dem Universum zu erklären. Demnach bildet der Mensch den Mikrokosmos und das Universum den Makrokosmos, jedoch vereinte der erste Mensch bzw. der vollkommene Mensch beides in sich.³⁶⁰ Gayomart ist in der persischen Mythologie die Bezeichnung für den Urmenschen, der als vollkommener Mensch gilt. Die Lehre und Rede von *al-insān al-qadīm* der Manichäer scheint die vorhergenannten Lehren in sich aufgenommen zu haben, um daraus die Herkunft des ersten Menschen zu erklären. In der jüdischen Kabbala kann diese Lehre mit *Ādām qadmōn* („אָדָם קַדְמוֹן") identifiziert werden.³⁶¹

Die Lehre von *al-insān al-kāmil*, wie sie im islamischen Kontext verstanden wird, ist in der Sufi-Tradition entstanden. Diese Lehre besagt, dass der ursprüngliche, archetypische Mensch alle Eigenschaften Gottes in sich verkörpert hatte. Er hat diesen perfekten Status durch den Sündenfall verloren, und infolge dessen wurde er von seinem Schöpfer getrennt.³⁶² Die Trennung beginnt mit der Austreibung Adams aus dem Paradies. Die theologische Reflexion über diese Trennung führte die Sufis zu der Lehre von *al-insān al-kāmil*. Diese Lehre besagt auch, dass der ursprüngliche archetypische Mensch, der Adam vor dem Sündenfall war, in unmittelbarer Beziehung zu seinem Schöpfer stand. Deshalb trägt jeder Mensch in sich das Potenzial, diesen ursprünglichen Zustand wiederzuerhalten.³⁶³

Der vollkommene Mensch kann nach der islamischen Mystik als jemand definiert werden, der in vollem Umfang seine wesentliche Ein-

---

359 Ignaz GOLDZIHER, „ʿAbd al-Karīm bin Ibrāhīm al-Djīlī", in: Handwörterbuch des Islam, Leiden 1976, S. 6.
360 Vgl. Wilhelm BOUSSET, Hauptprobleme der Gnosis, Göttingen ²1973, S. 160 und 220.
361 Gershom SCHOLEM, „*Adam Kadmon (Primordial Man)*", in: *Encyclopaedia Judaica*, Band 1, London ²2007, S. 378–379; Ernst MÜLLER, „Adam Kadmon", in: Jüdisches Lexikon. Ein enzyklopädisches Handbuch des jüdischen Wissens in vier Bänden, Frankfurt am Main ²1987, hier Band 1, S. 87.
362 Vgl. Roger ARNALDEZ, „*Al-insān al-kāmil*", in: *Encyclopaedia of Islam*, Band III, Leiden ²1971, S. 1239–1241.
363 Vgl. Ismail KAPLAN, Das Alevitentum, Köln 2004, S. 42.

2.4 Die Vervollkommnung des Menschen

heit mit Gott erkannt hat. Anders ausgedrückt: *al-insān al-kāmil* ist die reinste Verkörperung der Menschheit, der Theosoph, der die Einheit mit Gott verwirklicht hat. Und diejenigen, die diese Ebene erreicht haben, werden *Awliyā'* („Freunde [Gottes]") oder ‚Heilige' genannt.[364]

Für die Sufis bildete der islamische Prophet Muhammad den Prototypen des vollkommenen Menschen, sogar des Übermenschen, dessen Präexistenz besonders in orthodoxen Kreisen ziemlich früh zum Dogma wurde.[365]

Nach diesen knappen Ausführungen über den vollkommenen Menschen bietet sich eine erste Antwort auf die Frage an, wer der vollkommene Mensch ist: In der islamisch-mystischen Tradition ist dieser Mensch der Prophet Muhammad. Aber wie diese Lehre von *al-insān al-kāmil* in der islamischen Mystik entwickelt wurde, lässt sich nicht eindeutig aus dem Koran herleiten. Dennoch zeigt sich, dass einige Koranstellen in diesem Sinn interpretiert werden können und in der Geschichte interpretiert wurden. Folgende Angaben im Koran werden im Sinne dieser Lehre interpretiert: Der Mensch wurde als „Kalif Gottes" (2:30) geschaffen und die Kinder Adams sind huldreich (17:70); er ist in bester Form geschaffen (95:4); alles wurde in seinen Dienst gegeben (45:13); ihm wurden alle Namen gelehrt (2:31) und alles ihm anvertraut (33:72). Des Weiteren wurden Stellen, die die Schöpfung des Menschen thematisieren, zu Rate gezogen: Gott schuf den Menschen und hauchte ihn mit seinem heiligen Geist an; diejenigen, die dies wissen, machte er zu seinen Freunden und gab ihnen Wissen (18:65); Muhammad bildet für den Menschen das schönste Beispiel (33:21), ist Erbarmen für die Welten (21:107). Diese und ähnliche Koranverse wurden in der Mystik verwendet, um die Idee vom vollkommenen Menschen islamisch zu begründen. Schließlich wurde auch auf die Ḥadīṯ-Literatur zurückgegriffen, die bei der Begründung dieser Lehre eine wichtige Rolle gespielt hatte.[366]

---

[364] Vgl. Richard GRAMLICH, Der eine Gott. Grundzüge der Mystik des islamischen Monotheismus, Wiesbaden 1998, S. 133–134.
[365] Vgl. Ignaz GOLDZIHER, Neuplatonische und gnostische Elemente im Ḥadīṯ, in: Zeitschrift für Assyriologie und verwandte Gebiete Band 22 (1909), S. 317–344, hier S. 324. Der Text ist Online verfügbar unter: http://menadoc.bibliothek.uni-halle.de/dmg/periodical/pageview/ 109182 (abgerufen am 25.02.2010).
[366] Mehmet S. AYDIN, „İnsân-ı Kâmil", in: *Türkiye Diyanet Vakfı İslâm Ansiklopedisi*, Band 22, Istanbul 2000, S. 330–331.

In Anlehnung an Annemarie Schimmel (1922–2003) werden im Folgenden unter den vielen verschiedenen Zweigen der islamischen Mystik zwei Wege, nämlich die „mystische Gottesliebe" und die „theosophische Mystik" besonders hervorgehoben.[367] Denn die Lehre von *al-insān al-kāmil*, wie sie im Kontext des anatolischen Alevitentums verstanden wird, scheint besonders aus diesen beiden Strömungen heraus entwickelt worden zu sein. Sie bekam aber im Laufe der Zeit eigene Charakterzüge. Es scheint, dass in der anatolisch-alevitischen Lehre vom vollkommenen Menschen die mystische Gottesliebe und theosophische Mystik ineinandergefügt und daraus der Weg der Vervollkommnung entwickelt wurde. Daher sollen für ein besseres Verständnis zuerst die wesentlichen Aspekte der beiden Mystik-Konzeptionen und deren wichtigste Vertreter vorgestellt und im Anschluss daran der Weg der anatolischen Aleviten zur Vervollkommnung des Menschen[368] beschrieben werden.

2.4.1 Die mystische Gottesliebe: „Ich bin die absolute Wahrheit"

Für den Sufi ist, wie auch für jeden Muslim, das im Koran offenbarte Gotteswort Zentrum und Grundlage seines Lebens. Der Begriff „Sufismus" („Tasavvuf", *taṣawwuf*) leitet sich wohl von *ṣūf*, „Wolle" ab und weist auf das Wollgewand der Asketen hin.[369] „Die Berufung zur Mystik entsteht gewöhnlich aus einer inneren Auflehnung des Gewissens gegen die sozialen Ungerechtigkeiten, nicht nur gegen die Fehler der anderen, sondern zuerst und vor allem gegen die eigenen Fehler, verbunden mit einem heftigen Verlangen nach innerer Läuterung, um Gott um jeden Preis zu finden."[370] Mittelpunkt der sufischen Lehre ist die Liebe (arab. *ḥubb, ʿišq, maḥabba*), die immer im Sinne von Hin-

---

367 Annemarie SCHIMMEL, Mystische Dimensionen des Islam, Köln 1985 (mit ausführlicher Bibliographie). Im Folgenden im Text angeführte Zitate stammen aus diesem Buch. Die in Klammern angegebenen Seitenzahlen verweisen ebenfalls auf diese Veröffentlichung.
368 In der Darstellung von Ismail Kaplan gehört „der Glaube an den Weg zur Vervollkommnung der Menschen (insan-i kamil)" zu den Grundlagen des anatolischen Alevitentums. Ismail KAPLAN, Das Alevitentum, Köln 2004, S. 42–43.
369 Das Wort Sufi weist auch auf die Gewohnheit, das wollene Gewand anzuziehen. William C. CHITTICK, „Taṣawwuf", in: *Encyclopaedia of Islam*, Band X, Leiden ²2000, S. 313–324, hier S. 313.
370 Louis MASSIGNON, „Taṣawwuf", in: *Handwörterbuch des Islam*, Leiden 1976, S. 736–740, hier S. 737.

2.4 Die Vervollkommnung des Menschen

wendung (zu Gott) zu verstehen ist.[371] Die Sufis glauben, dass sich die Liebe in der Projektion der göttlichen Essenz auf das Universum ausdrückt. Dies lässt sich oftmals in den berauschten Gedichten islamischer Mystiker erkennen, die die Einheit mit Gott und die Gottesliebe besingen. Da diese poetischen Werke meist mit überraschenden Metaphern durchsetzt sind, wurden sie in der Geschichte von islamischen Rechtsgelehrten oft argwöhnisch betrachtet. In ihren Augen enthalten die Gedichte ketzerische Aussagen, wenn beispielsweise der Suchende vom ‚Wein' berauscht ist; wobei in der Symbolik des Sufismus der Wein für die Liebe Gottes steht, der Šayḫ für den Mundschenk und der Derwisch für das Glas, das mit der Liebe gefüllt wird, um zu den Menschen getragen zu werden.[372]

Definitionen von Liebe, Erkenntnis und Bedingungen der schwierigen Wanderung auf dem mystischen Pfad wurden zu Beginn des neunten Jahrhunderts allmählich herausgebildet.[373] Von zentraler Bedeutung waren die Fragen: Wie kann man Gott erkennen? Wie ihn lieben, der jenseits aller Beschreibung ist, der transzendent ist und den die Blicke nicht erreichen, obwohl er dem Menschen „näher ist als seine Halsschlagader"? (vgl. Koran 6:103 und 50:16). Wie kann man also die Liebe zu Gott definieren?

Einer der bekanntesten Vertreter der Strömung der mystischen Gottesliebe ist al-Ḥallāǧ. Er wird im Türkischen Hallac-ı Mansur genannt und ist im Glaubensleben der anatolischen Aleviten eine wichtige Figur. Neben dem Aspekt seiner Lehre von der mystischen Gottesliebe ist al-Ḥallāǧ unter den anatolischen Aleviten besonders verehrt, weil

---

[371] Die Liebe ist hier als die Liebe zu Gott zu verstehen. „Über die Liebe – Inbegriff des mystischen Strebens, Frucht der Gotteserkenntnis, einigendes Band zwischen Mensch und Gott, reine Gottesgabe und mystischer Zustand *(ḥāl)* – soll und kann man eigentlich gar nichts sagen, denn jeder weiß, was sie ist, und dennoch, oder gerade deshalb, entzieht sie sich einer Definition. Sie ist ein Zustand des Herzens, ‚zu subtil, um in Worte gefaßt zu werden', jedoch wie Qušayrī [gest. 1074] feststellt, unmittelbar und ohne nähere Erläuterung jedem evident: ‚Für die Liebe gibt es keine deutlichere und verständlichere Beschreibung oder Definition als Liebe.'" Richard GRAMLICH, Die schiitischen Derwischorden Persiens II, Wiesbaden 1976, S. 297–299.
[372] In dem alevitischen Gebetsritus *Cem* wird Wein („Dem") als ein liturgisches Element gebraucht und von dem *Dede* an die Anwesenden zum Trinken überreicht.
[373] Vgl. Annemarie SCHIMMEL, Gärten der Erkenntnis. Das Buch der vierzig Sufi-Meister, Köln ²1985, S. 305.

er den ungerechten Tod durch die sich für Orthodox haltenden und diese Orthodoxie verteidigen wollenden Kreise seiner Zeit erlitten hat. Ismail Kaplan zufolge gehört al-Ḥallāğ zu den „Gründern der alevitischen Glaubenslehre".[374] Er ist für die anatolischen Aleviten zu einem Heiligen geworden, der sich gegen das Gesetz aufgelehnt und den Preis dafür mit seinem Leben bezahlt hat. Gerne wird er von den anatolischen Aleviten im Konflikt mit sunnitisch-orthodoxen Muslimen vereinnahmt und sein Schicksal mit dem ihrigen verglichen. Er ist für sie zu einem Symbol für den Widerstand gegen Ungerechtigkeit geworden, in dessen Tradition sie sich sehen.[375]

Über ihn wird eine Geschichte überliefert, die das Geheimnis seines Lebens veranschaulicht: „Als Hallaj im Gefängnis war, fragte ihn ein Derwisch: ‚Was ist die Liebe?' Er sprach: ‚Du wirst es heute sehen und morgen sehen und übermorgen sehen!' An jenem Tage töteten sie ihn, am nächsten Tage verbrannten sie ihn, und am dritten Tage gaben sie seine Asche dem Wind…"[376] Al-Ḥusayn Ibn Manṣūr al-Ḥallāğ[377], der ‚Baumwollkrempler', ist zum Erzmärtyrer des Sufismus geworden, weil er mit den Worten *anā l-Ḥaqq*[378] („Ich bin die Absolute Wahrheit" – d.h. Gott) das Aufgehen des Menschen in Gott bezeugt und das Sprechen Gottes durch den Menschen behauptet hatte. Es wird berichtet, dass, als al-Ḥallāğ an der Tür seines Meisters Abu l-Qāsim Ğunayd Ibn Muḥammad (gest. 910) in Bagdad anklopfte und gefragt wurde, wer da sei, er mit den Worten *anā l-Ḥaqq* geantwortet haben soll, wofür er vermutlich mit dem Leben bezahlen musste. Dieser Spruch ist in al-Ḥallāğs Kitāb aṭ-ṭawāsīn[379] enthalten und wurde wahrscheinlich aus dieser Schrift entnommen und später gegen ihn polemisch verwendet.

---

374 Ismail KAPLAN, Das Alevitentum, Köln 2004, S. 194, Anmerkung 69.
375 Al-Ḥallāğ ist zu einer tragenden Säule geworden, auf der die alevitische Erziehung gründet. Vgl. ebd., S. 87f.
376 Die Geschichte wird von ʿAṭṭar Farīduddīn (gest. 1220) überliefert, zitiert nach Annemarie SCHIMMEL, Mystische Dimensionen des Islam, Köln 1985, S. 100.
377 Al-Ḥusayn Ibn Manṣūr al-Ḥallāğ geboren 858 in der Provinz Fars, wuchs in Wasiṭ und Tustar auf, wo Baumwolle angebaut wurde und hatte wie sein Vater den Beruf eines Baumwollkremplers (das bedeutet al-Ḥallāğ) ausgeübt. Loius MASSIGNON, „Al-Ḥallādj", in: *Encyclopaedia of Islam*, Band III, Leiden ²1971, S. 99–104.
378 Al-Ḥallāğs viel zitiertes Wort *ana l-Ḥaqq* wurde eingehend untersucht von Louis MASSIGNON, La Passion de Husayn Ibn Mansûr Hallâj, Nouvelle édition in 4 Bände, Paris 1975, hier Band 1, S.168–176.
379 Annemarie SCHIMMEL, Gärten der Erkenntnis. Das Buch der vierzig Sufi-Meister, Köln ²1985, S. 42–61.

2.4 Die Vervollkommnung des Menschen

Der genaue Anlass, warum er diesen Spruch verwendet, bleibt unklar.[380]

Al-Ḥallāǧ war den Behörden seiner Zeit aufgrund seltsamen Gebarens und exotischer Korrespondenz aufgefallen und schien gefährlich, weil er sich für gerechtere Besteuerung einsetzte. Über den Mann, der zum Gegenstand von Hass und Liebe, zum Musterbeispiel des Leidens, zum Erzketzer orthodoxer Theologen und zum Ideal verzückter Sufis wurde, bemerkt Ibn al-Nadīm, der sich wohl feindlicher Quellen bediente, folgendes:

„Al-Husain ibn Mansur al-Hallaj war ein gerissener Mann und ein Hexenmeister, der sich an die Sufischule heranmachte und ihren Sprachstil annahm. Er behauptete, jede Wissenschaft zu kennen, doch (seine Behauptungen) waren unwahr. Er wusste sogar etwas über Alchemie. Er war unwissend, frech, unterwürfig, doch mutig in der Gegenwart von Königen; er versuchte große Dinge und wollte dringend einen Regierungswechsel. Unter seinen Anhängern behauptete er, göttlichen Rang (zu haben), indem er von göttlicher Einigung sprach…"[381]

Was zeichnete al-Ḥusayn Ibn Manṣūr al-Ḥallāǧ aus und wie hat er seinen Weg der Liebe zu Gott verstanden? Ausgehend vom *Kitāb aṭ-ṭawāsīn* („das Buch des Ṭa und Sin"), in dem Fragen der göttlichen Einheit und der Prophetologie behandelt werden, versucht Annemarie Schimmel durch die überlieferten Schriften und Briefe al-Ḥallāǧs mystische Erfahrungen zu veranschaulichen. Folgende Zeilen, die dialektischen Charakter haben, scheinen eine typisch mystische Mentalität aufzuzeigen:

„Lass dich nicht von Gott täuschen und verzweifle nicht an Ihm; begehre seine Liebe nicht, und gib dich nicht damit zufrieden, Ihn nicht zu lieben; sprich nicht über Ihn, um Ihn zu bestätigen, und neige dich nicht Seiner Negation zu. Und hüte dich vor dem Bekenntnis Seiner Einheit!" (S. 111).

Al-Ḥallāǧs paradoxe Ratschläge zielen darauf, das unaussprechliche Geheimnis der Liebesbeziehung zwischen Mensch und Gott zu enthüllen. Diese Liebesbeziehung ist das Kernthema, das sich wie ein roter

---

380 Vgl. Annemarie Schimmel, Mystische Dimensionen des Islam, Köln 1985, S. 103.
381 Bayard Dodge, The Fihrist of al-Nadim. A 10th Century Survey of Muslim Culture, 2 Bände, New York 1970, hier Band I, S. 474, zitiert nach Annemarie Schimmel, Mystische Dimensionen des Islam, Köln 1985, S. 102.

Faden durch das Leben al-Ḥallāǧs zieht. Er proklamiert nicht nur eine passive Liebe, die aus reinem Gehorsam besteht. „Liebe ist, daß du vor deinem Geliebten stehst, wenn du deiner Qualitäten beraubt bist und die Qualifizierung von Seiner Qualifizierung stammt" (ebd.). Der Weg, den er hier für die Liebe vorschlägt, wird durch Leiden verwirklicht. Es liegt an dem Menschen, der mit dem göttlichen Willen vereinigt werden kann, den Weg einzuschlagen, das Leiden zu akzeptieren und sich sogar danach zu sehnen. „Leiden ist Er selbst, während das Glück von Ihm kommt" (S. 112). Schimmel bemerkt, dass es sich hier um eine der entschiedensten Aussagen al-Ḥallāǧs handelt. Das Leiden besitzt bei ihm einen positiven Wert. Der Mensch lernt dadurch zu verstehen, dass Liebe, Kern des göttlichen Wesens und das Mysterium der Schöpfung ist.

Ein Wort, das er benutzte, um diese ‚leidenschaftliche' und ‚überströmende Liebe' auszudrücken, ist ‛išq[382]. Indem al-Ḥallāǧ Gott bedingungslose Liebe anbietet, wird er mit der beseligende Schau, ohne ein dazwischenstehendes ‚Ich', belohnt (vgl. S. 112).

Al-Ḥallāǧ war kein Pantheist, urteilt Schimmel, und sein Wort *anā l-Ḥaqq* drückt nicht die Einheit alles Seienden *(waḥdat al-wuǧūd)* aus. In seiner Lehre hält er immer fest an der absoluten Transzendenz Gottes, der durch seine Existenz in der Vor-Ewigkeit *(qidam)* von allem getrennt ist, was in der Zeit geschaffen *(ḥadaṯ)* wurde. Der ungeschaffene göttliche Geist kann sich nur in seltenen Augenblicken der Ekstase mit dem geschaffenen menschlichen Geist vereinen, dann wird der Mystiker zum persönlichen Zeugen Gottes und kann sagen: *anā l-Ḥaqq*.

Al-Ḥallāǧs Tod scheint mit einem Geheimnis umhüllt zu sein, das in etwa mit den folgenden Zeilen umrissen wird: „Der Heilige ist jener, der die Sünden und die Qualen der Welt auf sich nimmt; der ungerechte Tod ist für ihn eines der Mittel zur Erfüllung. Er ist eine lebende Anklage gegen die Welt; sein Dasein beleidigt die Tyrannen, sein Tod lässt seine Henker zittern, seine Heiligsprechung ist Sieg des Glaubens,

---

[382] Richard Gramlich vermutet, dass „unter ‛išq weder Leidenschaft noch Verliebtheit, noch ein gesteigertes Gernhaben zu verstehen ist, sondern die (auf Seiten der Menschen) unerfüllte Liebe, die Liebe auf schmerzlicher Distanz, das ungestillte Liebesverlangen im Gegensatz zum Liebesgenuß." Richard GRAMLICH, Die schiitischen Derwischorden Persiens II, Wiesbaden 1976, S. 304–305.

2.4 Die Vervollkommnung des Menschen

der Liebe und der Hoffnung".[383] In diesem Sinne gilt al-Ḥallāğ für die anatolischen Aleviten als einer, der zum vollkommenen Menschen geworden ist.

2.4.2 Die theosophische Mystik

In der Geschichte der Sufismus kann der Tod von al-Ḥallāğ als Zäsur betrachtet werden. Im 10. Jahrhundert gab es nur wenige überragende Meister, wie zum Beispiel Muḥammad Ibn ʿAbd al-Ğabbār (gest. 965), Abū Ṭālib al-Makkī (gest. ca. 996), Abū Bakr Muḥammad al-Kalābāḏī (gest. ca. 994), obwohl der Sufismus sehr stark verbreitet war.

Abū Ḥāmid Muḥammad al-Ġazzālī (gest. 1111) war unter seinen Zeitgenossen ein bekannter ašʿarītischer Theologe, der an der berühmten Niẓāmiya Madrasa[384] in Bagdad lehrte. Er legte sein Lehramt nieder und schrieb nun sein Hauptwerk, *iḥyāʾ ʿulūm ad-dīn* („Die Wiederbelebung der religiösen Wissenschaften") über den mystischen Weg zum lebendigen Gott. Das Werk, das in vierzig Kapitel eingeteilt ist,[385] beginnt mit der Darlegung der religiösen Pflichten des Muslims, lehrt Gebotenes zu tun, Verbotenes zu vermeiden und führt im vierten Buch zu den Erfahrungen mystischer Art: zur Sehnsucht, Liebe, Zuneigung, zu Gottvertrauen und Ähnlichem, bis das vierzigste Buch die Haltung des guten Muslim zum Tode darlegt.[386] Dieses Werk al-Ġazzālīs hat den gemäßigten Sufismus für viele Muslime akzeptabel gemacht und gehört zu den wichtigsten Schriften des Mittelalters.[387]

Ein weiteres Werk al-Ġazzālīs trägt den Titel *miškāt al-anwār* („Die Lichternische"), eine Anspielung auf den Lichtvers des Koran 24:35 ist. Darin werden mystische Spekulationen dargelegt, die fast gnostisch – theosophisch – sind. Mit al-Ġazzālī neigte sich gewissermaßen die frü-

---

383 Émile DERMENGHEM, Le culte des saints dans l'Islam magrebin, Paris 1954, S. 94, zitiert nach Annemarie SCHIMMEL, Mystische Dimensionen des Islam, Köln 1985, S. 113.
384 *Madrasa* (türk. „Medrese") ist die Bezeichnung für eine Lehranstalt, in der die islamischen Wissenschaften gepflegt wurden.
385 Vierzig ist die Zahl der Geduld und der Anzahl der Tage, die der Adept in der Klausur zu Beginn des Pfades verbringt.
386 Maulana Dschelaladdin RUMI, Von Allem und vom Einen. Fihi mā fihi. Aus dem Persischen und Arabischen von Annemarie Schimmel, München 1988, S. 255–258.
387 Vgl. Annemarie SCHIMMEL, Mystische Dimensionen des Islam, Köln 1985, S. 142. Die im Folgenden im Text angeführte Zitate stammen wiederum aus diesem Buch. Die in Klammern angegebene Seitenzahlen verweisen ebenfalls auf diese Schrift.

he, voluntaristische Mystik,[388] deren Ziel das Entwerden *(fanā')*[389] des menschlichen Willens im Göttlichen war und in der die hingebungsvolle Gottesliebe das zentrale Gefühl war, ihrem Ende zu.

Die Ausführungen al-Ġazzālīs in seinem Werk *Miškāt al-anwār* finden sich in den mystischen Theorien von Šihāb ad-dīn Yaḥya al-Suhrawardī wieder, der aufgrund seiner Hinrichtung 1191 den Beinamen al-Maqtūl („der Getötete") bekommen hat. Er entwickelte eine

---

[388] Vgl. Annemarie SCHIMMEL, Sufismus. Eine Einführung in die islamische Mystik, München 2000, S. 36.

[389] „Der Mystiker strebt nach dem Nichtsein, nach dem, was er war, bevor er war. Der Gewordene will entwerden. Im metaphysischen Sinn ist Entwerden oder Entwordensein *(fanā')* die Realisierung dessen, was wir eigentlich sind: Nichtseiende, die zu sein scheinen, weil uns das Sein geliehen wurde. Doch wie, wer nur geliehene Güter besitzt, nicht deren wahrer Besitzer ist, so macht uns das geliehene Sein nicht zu Eigentümern des Seins, zu wirklich Seienden. Der Entwerdende gibt das Leihgut Sein seinem eigentlichen Besitzer zurück. Der Schein wird abgelegt, das Wahre, das eigene Nichtsein, wird verwirklicht." Richard GRAMLICH, Der eine Gott. Grundzüge der Mystik des islamischen Monotheismus, Wiesbaden 1998, S. 289–290.

Nach Ibn al-ʿArabī werden sieben Arten des Entwerdens, die in aufsteigender Linie stehen, aufgezählt:

„Den Zuwiderhandlungen (muḫālafāt) entwerden, so daß sie einem dank der göttlichen Bewahrung und Behütung nicht in den Sinn kommen.

Den menschlichen Handlungen entwerden, indem man sich des Handelns Gottes bewußt wird. Man sieht Gott als den Handelnden hinter dem Vorhang der Dinge, die der Erscheinungsort seines Handelns sind.

Den Eigenschaften der geschöpflichen Wesen entwerden: dem Hören, Sehen und allen anderen Eigenschaften. Gott wird, wie ein bekanntes Gotteswort lehrt, für die Menschen Gehör, Gesicht usw.

Dem eigenen Wesen entwerden, indem man Gott – oder auch ein Geschöpf – sehend, sein eigenes Wesen nicht sieht. Der ganzen Welt entwerden durch die Schau Gottes oder des eigenen Wesens – ähnlich wie man (Stufe 4) dem eigenen Wesen durch die Schau Gottes oder eines Geschöpfes entwird.

Allem Nichtgöttlichen durch Gott entwerden. ‚In diesem Entwerden entwirst du notwendig deinem Sehen, so daß du nicht weißt, daß du dich im Zustand der Schau einer Realität (ḥaqq) befindest, da kein Ding (und mithin auch nicht dein Sehen) für dich Gegenstand der Schau ist.' […]

Den göttlichen Eigenschaften und ihren Bezügen (nisab) entwerden. Der Mensch sieht Gott ‚nicht wie manche Betrachter als Ursache. Und er sieht die Schöpfung nicht als Verursachtes, sondern er sieht sie als Realität (ḥaqq), die, im Erscheinungsort selber, in der Form von dessen Disposition (istiʿdād, zum Beispiel der Disposition für die Barmherzigkeit) als solcher (nicht in der Form tatsächlicher Barmherzigkeit) erscheint. Da er keine Spur (aṯar) Gottes (wie die Barmherzigkeit, die eine Spur seiner Barmherzigkeit wäre) in der Schöpfung sieht und ihn daher nichts darauf verweist, daß es einen Bezug oder eine Eigenschaft oder eine Qualifikation (Gottes) gibt, läßt ihn diese Schau den Namen und Eigenschaften und Qualifikationen entwerden'". Ebd., S. 316.

2.4 Die Vervollkommnung des Menschen

Theosophie der Erleuchtung, in der er auf altägyptische, hermetische, griechische und altiranische Traditionen zurückgriff und ein System schuf, das seine Nähe zu hellenistischen und gnostischen Strömungen nicht verleugnet. Al-Suhrawardī gilt als der Meister der Philosophie der Erleuchtung *(šayḫ al-išrāq)*. „Was metaphysisch als Existenz *(wuǧūd)* begriffen wird, fällt mit dem zusammen, was in der Urerfahrung als Licht erfahren wird *(nūr)*. So gilt in diesem Kontext: Existenz ist Licht".[390] Den Kerngedanken seines mystischen Systems fasst Schimmel wie folgt zusammen: „Die Essenz des Ersten Absoluten Lichtes, Gott, schenkt fortwährende Erleuchtung, wodurch sie immer deutlicher manifestiert wird, und bringt alle Dinge ins Sein, indem sie es durch ihre Strahlen mit Leben begabt. Alles in der Welt ist von dem Licht seiner Essenz abgeleitet, und alle Schönheit und Vollkommenheit sind die Gaben Seiner Güte; diese Erleuchtung vollkommen zu erreichen, ist das Heil" (S. 370).

In den Werken Suhrawardīs spielen Engel eine besondere Rolle. Gabriel gilt als der Archetyp der Menschheit *(rabb an-nauʿ al-insānī)*, er kann wiederum mit dem ‚heiligen Geist' gleichgesetzt werden und als solcher mit dem urewigen Geiste Muhammads, dem Prototyp und Modell der Menschheit (S. 371). Gabriel ist auch der Schutzengel der ganzen Menschheit. „Die Seele besaß früher Existenz in der Engelwelt, und ‚wenn sie den Leib betritt ... wird sie in zwei Teile geteilt: einer bleibt im Himmel, und der andere steigt hernieder in das Gefängnis oder in die Festung des Körpers'. Deswegen ist die Seele in dieser Welt unglücklich; sie sucht nach ihrer anderen Hälfte und muß mit ihrem himmlischen Urbild wieder vereinigt werden, um vervollkommnet zu werden und damit wieder ganz sie selbst zu sein" (ebd.). Das Streben der Seele, sich mit der anderen Hälfte zu vereinigen, kann als der Prozess der Vervollkommnung verstanden werden. Durch die Vereinigung der Seele wird auch der Mensch zu *al-insān al-kāmil*.

Muhyī ad-Dīn Ibn al-ʿArabī, dessen Schriften für die meisten Sufis nach dem 13. Jahrhundert den Höhepunkt mystischer Theorien bilden,

---

[390] Toshihiko Izutsu, The Paradox of Light and Darkness in the Garden of Mystery of Shabastari, in: Joseph P. Strelka (Hrsg.), Anagogic Qualities of Literature. The Pennsylvania State University Press, University Park & London 1971, S. 299, zitiert nach Annemarie Schimmel, Mystische Dimensionen des Islam, Köln 1985, S. 369 (Hervorhebung von T.G.M.).

wird *aš-šayḫ al-akbar*, der Größte Meister genannt, obwohl er von der Orthodoxie stets angegriffen wurde. In seinen Werken werden Einflüsse von Gnostizismus, Hermetismus und Neuplatonismus deutlich, und er gilt als Vertreter des islamischen Pantheismus oder Monismus. „Ibn ʿArabis Pantheismus ist klar, wenn er sagt, daß das letzte Ziel der Liebe ist, die Liebe wirklich zu kennen, daß die Wirklichkeit der Liebe aber identisch mit Gottes Wesen ist. Liebe ist nicht eine abstrakte Qualität, die dem Wesen zugefügt ist. Sie ist nicht eine Beziehung zwischen einem Liebenden und einem geliebten Objekt. Das ist die wahre Liebe der ‚Gnostiker', die kein einzelnes Objekt der Liebe kennen … Wenn mein Geliebter erscheint, mit welchen Augen sehe ich ihn? Mit seinem Auge, nicht mit dem meinen; denn niemand sieht ihn als Er selbst."[391]

Die Sichtweise von Ibn al-ʿArabī über die Offenbarung Gottes aus dem reinen Sein *(ʿamā)*, aus der absoluten Innerlichkeit, in der Welt der geschaffenen Dinge, kann wie folgt ausgedrückt werden: „Wir selbst sind die Attribute, mit denen wir Gott beschreiben; unsere Existenz ist geradezu eine Vergegenständlichung Seiner Existenz. Gott ist für uns notwendig, damit wir existieren können, während wir notwendig für Ihn sind, damit Er Sich für Sich Selbst manifestiert".[392] „Der Mensch", sagt Ibn al-ʿArabī „vereinigt in sich die Form Gottes und die Form des Weltalls. Er allein offenbart die göttliche Wesenheit mit all ihren Namen und Attributen. Er ist der Spiegel, durch den Gott sich selbst reflektiert, und darum die letzte Ursache der Schöpfung. Wir selbst sind die Attribute, mittels deren wir Gott schildern, unser Dasein ist nur eine Vergegenständlichung des göttlichen Daseins. Ebenso wie wir Gottes bedürfen, bedarf Gott unser, damit ihm selbst seine Wesenheit offenbar werde".[393] Annemarie Schimmel lässt Reynold A. Nicholson (1868–1945) zu Wort kommen, der das Konzept von Ibn al-ʿArabī als eine Theorie bezeichnet, in der korrelative Bezeichnungen eigentlich nur als Namen für verschiedene Aspekte ein und derselben Wirklichkeit stehen, wobei jeder Aspekt notwendigerweise des anderen bedarf und mit ihm austauschbar ist. Je

---

391 Abu'l-Aʿlā Affifi, The Mystical Philosophy of Muḥyi'Dīn Ibnul-ʿArabi, Cambridge University Press, London 1939, S. 172, zitiert nach Schimmel, Mystische Dimensionen des Islam, Köln 1985, S. 376.
392 Henry Corbin, Imagination créatrice dans le soufisme d'Ibn ʿArabi, Paris 1958, S. 182, zitiert nach Schimmel, Mystische Dimensionen des Islam, Köln 1985, S. 378.
393 Zitiert nach Reynold A. Nicholson, „al-insān al-kāmil", in: Handwörterbuch des Islam, S. 212–213, hier S. 213.

2.4 Die Vervollkommnung des Menschen

nach Standpunkt ist Gott (aktuell) Mensch und der Mensch ist Gott, oder Gott (konzeptuell) ist nicht Mensch und der Mensch ist nicht Gott. In einem von Dichtern gern gebrauchtes Bild ausgedrückt: Schöpfer und Geschöpf sind wie Wasser und Eis, das gleiche Sein in verschiedenen Gestalten und Manifestationen (S. 379). Ein zentraler Ausdruck in dem System Ibn al-ʿArabīs ist *waḥdat al-wuǧūd*[394] („Einheit des Seins"). Ein anderes Wort, das von den anatolischen Aleviten gerne als eigenständiger Gottesname benutzt wird, verwendet Ibn al-ʿArabī nach einer Vision, in der er die höchste göttliche Wesenheit in der Gestalt des Wortes *hū(wa)* („Er") leuchtend gesehen haben soll.[395]

Schließlich spielt im System von Ibn al-ʿArabī die Verehrung Muhammads eine wichtige Rolle, indem Muhammad mit dem vollkommenen Menschen identifiziert wird. Er ist die totale Theophanie der göttlichen Namen, das gesamte Universum in seiner Einheit, wie das göttliche Wesen es sieht. Muhammad ist der Prototyp des Universums wie der des Menschen; denn er ist ein Spiegel, in dem jedes das andere erblickt. In diesem System ist der vollkommene Mensch als Medium eine Notwendigkeit für Gott, durch das Er erkannt und manifestiert wird (S. 385).

Eine andere wichtige Gestalt, die im Zusammenhang der Lehre von *al-insān al-kāmil* erwähnt werden muss, ist ʿAbd al-Karīm al-Ǧīlī. Er

---

394 Diesen Ausdruck verwendet Ahmet Terkivatan, um sein Konzept von einem anthropozentrischen Gottesbild zu installieren. Vgl. Kapitel C.1.4 der vorliegenden Arbeit. *Wuǧūd* hat in der Sufisprache mehrere Bedeutungen. Die gebräuchlichsten Weisen dieses Ausdrucks stellt Richard Gramlich zusammen:
Befindlichkeit, Dasein, Vorhandensein, Sein im umfassendsten Sinne. So in dem Ausdruck *waḥdat ul-wuǧūd*.
Dasein in einem begrenzten Sinne: der Mensch, die menschliche Existenz, die Natur (*ṭabīʿa*) des Menschen, insofern damit eine gottfremde Instanz gemeint ist.
Haben, Besitzen, Reichsein, Bedürfnislosigkeit, im Gegensatz zu Armut und Nichthaben, Mangel (ʿAdam). Daher der Gottesname *al-wāǧid*, gleichbedeutend mit *al-ġanī*, der Bedürfnislose, Reiche.
Metaekstatisches Gottfinden; oder: ekstatisches Gottfinden, jedoch in einer höheren Form von Ekstase. Ibn al-ʿArabī definiert: wuǧūd ist das Anrühren Gottes in der Ekstase (*wiǧdānu l-ḥaqqi fi-l-waǧd*).
Belegstellen für die einzelnen Verwendungsweisen werden angeboten in: Richard GRAMLICH, Die schiitischen Derwischorden Persiens II, Wiesbaden 1976, S. 14–15, Anmerkung 42.
395 Der alevitische Gottesname „Hu" im türkischen auch „hü" wird am Ende eines Tischgebets als Antwort der Anwesenden laut rezitiert, wie zum Beispiel „Sagen wir hü (Gott) für die Wahrheit". Ismail KAPLAN, Das Alevitentum, Köln 2004, S. 148.

weicht in seinen Ausführungen von der Theorie Ibn al-ʿArabīs ab. Seine Ausführungen, die für das hier behandelte Thema relevant sind, lassen sich folgendermaßen zusammenfassen: Nach al-Ǧīlī ist die Wesenheit (arab. *ḏāt*) das, woran Namen und Attribute geknüpft sind, obwohl in Wirklichkeit kein Unterschied zwischen der Wesenheit und ihren Attributen besteht. Sie kann entweder existieren oder nicht existieren. Aber nach dieser Unterscheidung gibt es das reine Sein, das mit Gott identifiziert wird, oder ein Sein, das mit dem Nichtsein – die geschaffenen Dinge – verbunden ist. Das absolute oder reine Sein ist die einfache Wesenheit ohne Manifestation von Namen, Attributen und Beziehungen.[396] So werden in Offenbarung und der göttlichen Manifestation verschiedene Ebenen unterschieden: sie entfaltet sich von der Ebene der Essenz zu der Ebene der Attribute, der Ebene der Handlungen, der Ebene der Ähnlichkeiten und der Ebene der Sinneswahrnehmungen. Das ermöglicht wiederum die Unterscheidung in verschiedene Grade der mystischen Enthüllung *(taǧallī)*, wie der Adept sie im Laufe seiner geistigen Entwicklung erleben kann.[397] Der Adept entwickelt sich nach diesem Konzept zum vollkommenen Menschen, der die Emanation des Absoluten Seins aus sich selbst und dessen Rückkehr zu sich selbst darstellt, er bewegt sich aufwärts durch eine Reihe von Erleuchtungen, bis er schließlich in der Wesenheit aufgeht. Am Ende steht Tawḥīd („Einheit"), also das islamische Einheitsbekenntnis. Doch bevor der Mensch vollkommen wird, muss er sich auf einen Weg begeben, der aus drei Stufen besteht. Die erste Stufe für den Menschen bildet die Erleuchtung der Namen: Hierbei „... wird er [der Mensch] vernichtet unter der Ausstrahlung des Namens, durch den Gott sich offenbart, so dass, wenn wir Gott mit jenem Namen anrufen, der Mensch uns antwortet, weil der Name von ihm Besitz ergriffen hat".[398] Die zweite Stufe ist die Erleuchtung der Attribute. Sie kann der Mystiker in diesem Stadium je nach Fassungskraft, der Fülle seiner Erkenntnis und Festigkeit seines Entschlusses aufnehmen. D. h. jeder kann auf verschiedene Weise Gottesmanifestationen erkennen. Die letzte Stufe bildet die Erleuch-

---

396 Reynold A. NICHOLSON, *„Al-insān al-kāmil"*, in: *Handwörterbuch des Islam*, Leiden 1976, S. 212–213, hier S. 213.
397 Annemarie SCHIMMEL, Mystische Dimensionen des Islam, Köln 1985, S. 399.
398 Reynold A. NICHOLSON, *„Al-insān al-kāmil"*, in: *Handwörterbuch des Islam*, Leiden 1976, S. 212–213, hier S. 213. Die Darstellung der drei Stufen ist diesem Artikel entnommen.

2.4 Die Vervollkommnung des Menschen

tung der Wesenheit, die das Siegel der Vergöttlichung auf den vollkommenen Menschen drückt. *Al-insān al-kāmil* wird jetzt zum Pol *(quṭb)* des Weltalls, er ist allmächtig, nichts bleibt ihm verborgen; ihm gebührt, dass die Menschen sich anbetend vor ihm verneigen, weil er der Stellvertreter *(ḫalīfa)* Gottes in der Welt ist. Indem der vollkommene Mensch gleichzeitig eine göttliche und eine menschliche Natur besitzt, bildet er ein Bindeglied zwischen Gott und den erschaffenen Dingen. Sein universeller Charakter *(ǧamʿīya)* gibt ihm eine einzigartige und überragende Stellung in der Ordnung des Daseins.

Aus den oben dargelegten Ausführungen können folgende Aspekte, die für die Lehre vom vollkommenen Menschen wichtig sind, hervorgehoben werden:
1) Die Lehre vom vollkommenen Menschen bezeichnet einerseits den Zustand des ersten Menschen, der vor dem Sündenfall bei Gott war,
2) andererseits wurde später der vollkommene Mensch mit Muhammad identifiziert, dessen Präexistenz proklamiert wurde.
3) Die Sufimeister sehen zwar Muhammad als einen vollkommenen Menschen an, lehren aber, dass auch jeder, der sich auf die Suche nach Gott begibt, zu einem *insān al-kāmil* werden kann.
4) Dabei entwickeln die verschiedenen Sufi-Strömungen unterschiedliche Wege, wie man dieses Ziel erreichen kann.

Das Verständnis der anatolischen Aleviten von *al-insān al-kāmil* basiert hauptsächlich auf den oben angeführten Sufimeistern bzw. Sufi-Strömungen, deren Lehre aufgenommen, erweitert, verändert und angepasst wurde. In dem folgenden Abschnitt geht es darum, die Lehre vom vollkommenen Menschen in den Schriften der anatolischen Aleviten darzustellen.

2.4.3 Die Lehre der anatolischen Aleviten von *al-insān al-kāmil*

„Die Essenz des Weges" (Weg, türk. „Tarikat", arab. *ṭarīqa*) der anatolischen Aleviten „ist die Wahrheit", heißt es im *Buyruk II*. „Der Juwel des Weges ist die Armut („miskinlik")[399]. Der Schatz des Weges

---

[399] In der türkischen Vorlage wird in Klammern der erklärende Satz „tüm varlığından sıyrılmaktır" hinzugefügt. „Das bedeutet einem ganzen Dasein entwerden". Damit

ist das Wissen („ilim"), [geistige] Reife („kemal") und die Erkenntnis („marifet")[400]. Frucht des Weges ist die Liebe („sevgi")" (*Buyruk II*, S. 77). Diese Eigenschaften beschreiben nicht nur den Weg des anatolischen Alevitentums, sondern sind zugleich Verheißung für jeden Menschen, der sich auf diese mystische Wanderung begibt. Doch der Adept muss selber die Initiative ergreifen und sich aktiv auf dem Weg bemühen. Seyyid Safî erklärt, was der Adept tun muss, um an das Ziel zu gelangen:

„Eines Tages fragte Šayḫ Sadreddin: O Šayḫ ! Was sagst du über den Einheitsring[401] („Tevhîd halkası")?

Seyyid Safî antwortete: Der Ring ist der Chor der Heiligen. Wer auch immer in den Chor der Heiligen eintritt, der wird einer von ihren ergebenen Diener („bendelerinden"), einer von ihren Freunden („dostlarından").[402] Und wenn er in einen Adeptenchor („tâlib[403] korosu") eintritt, wird er von 70000 Vorhängen („hicab", ḥiǧāb) befreit und ihm zeigt sich jederzeit die Selbstenthüllung des Wesens („tecallây-ı zât")[404], sein Herz („gönül") und seine Augen werden durch die gute Nachricht („müjde") erfüllt, er erreicht sein Ziel und seine Wünsche werden erfüllt. Und wer auch immer in diesem Chor sich selbst aufgibt („vaz geçmek"), der ist ein wahrer Märtyrer („şehit")".

Um diesen Zustand zu erreichen, muss ein Mensch bereit sein, sich auf diesen Weg einzulassen. Seyyid Safî sagt weiter:

---

ist wohl gemeint, dass der Mensch seine irdische Existenz aufgeben und sich auf die Suche nach Gott begeben soll. Das erinnert an die Selbstaufgabe al-Ḥallāǧs.

400 „Marifet", also Erkenntnis, wird als „Hakk'ı tanımak" erklärt, das bedeutet wiederum „Gott erkennen".

401 Mit „Einheitsring" ist hier wohl „Kreis der vereinigenden Liebe" gemeint.

402 In der türkischen Vorlage lautet dieser Satz: „Her kim erenlerin korusuna (sic!) girerse o kişi erenlerin bendelerinden (dostlarından) olur". Eine andere Übersetzungsmöglichkeit könnte lauten: „Wer auch immer in den Chor der Heiligen eintritt, der wird zu einem Freund der Heiligen". Das Wort „bendelerinden" wohl die osmanisch-türkische Form des in religiöser Terminologie häufig verwandten *banda*, das hier die Bedeutung von „ergebenem Diener oder Verehrer" hat. Es handelt sich wohl hier um die dem oder den Heiligen ergebenen Diener bzw. Verehrer. zu bestimmen. Für die Übersetzung als „entwird" spricht, dass es sich um eine Transformation des Einzelnen handelt, damit er in den Zustand der Heiligen gelangen kann.

403 „Ṭālib" kann auch „Suchende" oder in diesem Kontext „Gottsucher" bedeuten.

404 In der türkischen Vorlage lautet dieser Nebensatz: „ve her zaman ona tecallây-ı zât hâsıl olur". Im Arabischen bedeutet *ṭaǧallī* Selbstenthüllung und *ḏāt* Wesen, in der türkischen Schreibweise „zât" kann das Wort allerdings auch „Person" meinen.

2.4 Die Vervollkommnung des Menschen

„Der wahre Gottsucher („Hak tâlibi") entfernt sich von der Welt („avamdan") und betritt den Chor der Heiligen. Der so handelnde Adept wird seine Ängste in der Welt überwinden. Er gehört zu den Heiligen Adepten und für ihn gibt es keinen Tod. Er geht von dieser Welt ins Jenseits hinüber, als ob er von einem Haus ins andere umziehen würde. Am Tag des Jüngsten Gerichts wird er ohne Befragung und Rechenschaft im Bereich der Heiligen sein. Er wird im Paradies („Cennet-ül Me'va") und im sechsten Paradies („Firdevs-i Âlâ") Gottes Angesicht („Tanrı'nın yüzünü") und sein Licht („nurunu") sehen und mit diesem Licht beschenkt" (*Buyruk II*, S. 34).
Jedem, der sich auf diesen Weg begibt, stellt der Seyyid die Selbstenthüllung Gottes in Aussicht, und dass er schon in dieser Welt keine Angst mehr zu haben braucht. Der Tod kann ihm nichts mehr anhaben, und im Jenseits bekommt er im Paradies einen Platz und darf Gott sehen – für immer. Wer diesen Weg bis zum Ende geht, wird zum *al-insan al-kāmil*. In diesem Zustand „betrachtet der [vollkommene] Mensch dauerhaft („dâima") seinen Geliebten („mahbubunu", „sevgilisini") und seine Augen voll dieser Liebe erblicken ihn überall. Er ist zum Pol („kutup")[405] geworden" (*Buyruk II*, S. 34–35). Bis zu diesem Zustand muss der Mensch sein Entwerden *(fanā')* in Gott und sein Bestehen *(baqā')* durch ihn erlangen (vgl. *Buyruk II*, S. 65).
Diese knappen Ausführungen zeigen, dass der Zustand des vollkommenen Menschen im alevitischen Kontext kein Automatismus ist, sondern den Menschen auffordert, Gott zu suchen und sich auf einen mystischen Weg zu begeben. Deshalb haben die anatolischen Aleviten im Laufe der Zeit die Lehre von den vier Toren und vierzig Stufen entwickelt, um ihre Mitglieder auf diesem mystischen Pfad zu begleiten.
Der Mensch muss den Weg allein gehen, bedarf jedoch eines Rechtleitenden[406] („Mürşid", *muršid*), der ihn auf dem Pfad führt. Neben

---

405 Das arabische Wort *quṭb* ist eine andere Bezeichnung für den vollkommenen Menschen. Bei den schiitischen Derwischen bezeichnet ‚Pol' den ersten sichtbaren Herrn eines Ordens. Vgl. Richard GRAMLICH, Die schiitischen Derwischorden Persiens II, Wiesbaden 1976, S. 158.
406 Die alevitischen Schriften kennen verschiedene Bezeichnungen für diese Funktion. Neben „Mürşid" (*Buyruk II*, S. 21, u.ö.) werden „Üstâd" (arab. *ustād* aus dem Pers. *ustāḏ*) Lehrmeister (ebd., S. 24, u.ö.), „Pir" – persisches Äquivalent für arab. *šayḫ* (türk. „Şeyh", ebd., 21, u.ö.) „Hochbetagter" (ebd., S. 30, u.ö.) und „Rehber" (pers. „Weg-Führer" ebd., S 29, u.ö.) Führer ohne einen Unterschied wie Synonyme gebraucht. In der hier gebotenen Übersetzung werden alle diese Bezeichnung mit

dem wahren gibt es aber auch falsche Meister. Ein falscher Meister ist, der sich zwar berechtigterweise in aller Öffentlichkeit Lehrer („Pîr") nennen lässt, aber der den Weg, der das Geheimnis der Heiligen ohne jenen Unterschied dem Volk kundtut[407], dessen Gebet zum Fluch und sektiererisch („sapkınlık") wird. Diesem soll niemand folgen oder seinen Rat annehmen. Denn „wenn ein Blinder einen Blinden führt, stürzt er ihn in die Grube".[408] Ein wahrer, oder besser ein vollkommener Meister („Mürşid-i kâmil") ist jemand, der seine Adepten von der Dunkelheit des Unwissens („cehâletin karanlıklarından") in das Licht der göttlichen Rechtleitung („hidâyet nûruna") führt und beim Sterben ihren Glauben vor dem Teufel rettet (vgl. *Buyruk II*, S. 149). Zu diesem Meister steht ein Adept wie in einem Vater-Sohn-Verhältnis.

„Der Adept, der in den Weg eintreten möchte, soll vor seinem Meister („yol atası")[409] knien und ihm Treue versprechen. Der Vater („ata") hält die rechte Hand seines Sohnes („oğlunun"), führt seinen Daumen über den Daumen des Adepten, und beim Schwur des Weges halten sie ihre Hände. Der Sohn reicht seine rechte Hand dem Vater, und mit seiner linken Hand klammert er sich fest an die Tunika seines Vaters; das bedeutet, die Hand ist meine, die Tunika ist deine. Du sollst uns auf dem Weg der Wahrheit richtig begleiten.' Wer den Adepten begleitet, soll ihm Umkehr („tevbe") und Ratschläge („telkin") erteilen, alles was der Vater sagt, soll der Sohn genau vernehmen und ihm nachsprechen.
Zuerst spricht er drei Mal ‚ich widersage allen meinen Sünden, und bitte Gott um Vergebung!… („estağfirullah")."

„O mein heiliger Gott! Wir[410] bereuen zutiefst und bedauern alle Fehler, Schuld, große oder kleine Sünden, die wir wissentlich oder unwissentlich begangen haben, seit wir geboren sind bis jetzt. Wir

---

„Meister" wiedergegeben, da zwischen dem Adepten und seinem Führer auf dem Weg ein Schüler-Lehrer-Verhältnis herrscht, scheint dies m.E. treffender zu sein. Ein Meister ist jemand, der „den Adepten von der Unwissenheit zur Erkenntnis und in das göttliche Licht („hidâyet nûru") führt" (*Buyruk II*, S. 149).

407 Gemeint ist damit, dass der Meister das Geheimnis des Weges ‚Uneingeweihten' nicht verraten darf.

408 „Kör körü götürür kuyuya düşürür" (*Buyruk II*, S. 149.). Das erinnert an das Wort im Matthäusevangelium 15,14: „Wenn ein Blinder einen Blinden führt, werden beide in die Grube fallen".

409 Wörtlich übersetzt bedeutet „yol atası" Weg-Vater.

410 Wahrscheinlich spricht hier der Adept mit „wir" von sich selbst.

2.4 Die Vervollkommnung des Menschen

bitten Gott um Vergebung, damit wir solche Fehler nicht wieder zu begehen und kehren um. Der Untertan begeht Fehler, der König verzeiht. [Ich suche] Umkehr („tevbe") und bitte Gott um Vergebung. Unseren Ursprung haben wir von unserem Vater Adam, und unser Ende ist der Anführer („server") der zwei Welten („iki cihan"): Muhammad Mustafa. An alle Propheten und Heilige, die [in der Zeit] zwischen diesen beiden kamen und gingen, glauben wir und bezeugen ihre Rechtmäßigkeit („hak"). Gepriesen sei Gott („Elhamdülillah"), gepriesen sei Gott. Unsere Religion ist der Islam, unser Buch ist der Koran, unsere [Gebets-]Richtung ist die Kaaba und unsere Konfession ist die des Imam Ǧaʿfar aṣ-Ṣādiq. Es gibt keinen Gott außer Gott, und Muhammad ist sein Prophet, und Ali ist der Freund Gottes. Unser Weg ist gerade. Vor dem Šāh der Welten habe ich Umkehr gelobt: Ich habe versprochen, alles, was durch unseren Weg und unsere Lehren verboten ist, zu unterlassen. Unter der Zeugenschaft („tanıklık") der anwesenden Seelen habe ich die Tunika des Meisters („Pîr") gehalten und mich auf den geraden Weg der Heiligen begeben. Und wenn ich mein Wort breche („sözümden dönersem"), soll der Ḏū l-Fiqār des auserwählten Ali mich treffen…" (*Buyruk II*, S. 58).

Die hier eingegangene Bindung ist für das Voranschreiten auf dem Weg sehr wichtig, denn „ohne einen Meister lässt sich der Weg nicht gehen" und „ohne den Meister ist Gott nicht zu erkennen" (*Buyruk II*, S. 160). Außerdem befindet sich ein Mensch nicht auf dem Weg, solange er sich nicht einem Meister untergeordnet hat (vgl. ebd. S. 161 und S. 146).

Şeyh Safî beschreibt, wie sich ein Adept gegenüber seinem Meister und auf dem Weg verhalten soll, seine Vergleiche sind jedoch für einen Außenstehenden nicht leicht nachvollziehbar:

„Ein Adept muss wie ein Kamel („deve"), Esel („eşek") und Schwein („domuz") sein. Das Kamel trägt die Last und ist ein Herdentier. Wenn jemand einen aus der Herde am Zügel nimmt und weiterführt, folgen auch die anderen nach. Denkt nicht, dass die anderen protestieren („karşı gelmek") werden. So soll auch der Adept wie in einer Karawane ein lasttragendes Kamel sein und gegenüber seinem Meister („Rehber") nicht protestieren. Wenn ein Esel Wasser sieht, ist er starrköpfig („inatçı"). Der Adept stellt seine Existenz („varlığını") dem Meister zur Verfügung und scheut dabei weder Kosten noch Mühe, wenn er ihn („Mürşid") sieht, da der Meister [für ihn] wie Wasser ist. Das Wasser reinigt und macht sauber. Der Meister kann auch das Herz des Adepten reinigen. Der Vollkommene Meister („Mürşid-i Kâmil") kann den Menschen („insan") zum Inbegriff der Hölle („cam-i cihannumâ"), ja sogar zum Spiegel Gottes („Tanrının aynası") machen. Und er [der Adept] soll an dem Ort, wo die Cem-Zeremonie („cem töreni") gehalten wird, anwesend sein, damit er durch aufbauende Worte („özlü söz") an Erkenntnis („marifet") gewinnt. Und ein Schwein ändert nicht die eingeschlagene Richtung. So soll auch der Adept seine Richtung nicht ändern. Das ist der richtige Weg („sırat-ı müstakim[411], doğru yol"): Der Adept soll richtig gehen, sprechen, die Herzen der Freunde nicht brechen, sein Herz soll beim Meister und seine Zunge gütig sein, damit er auf diesem Weg sein Ziel erreicht" (*Buyruk II*, S. 29).

Der Adept soll sich seinem Meister anvertrauen und ihm gehorsam sein. Er soll all das befolgen, was ihm aufgetragen wird, ohne kritisches Nachfragen – wie ein Kamel. Er soll auch mit allen ihm zu Verfügung stehenden Mitteln seinem Meister helfen. Schließlich gibt es kein Zurück von dem eingeschlagenen Weg. Sich vom Weg abzuwenden ist schwerstes Verbrechen. Denn „wenn ein Adept sich von den Heiligen wendet, widersagt er seinem Meister („Pîr") und nimmt den Teufel an" (*Buyruk II*, S. 30), das bedeutet für ihn, „dass er von dieser Welt ins Jenseits ohne den Glauben geht" (ebd. S. 33). Und damit der Mensch diese Welt nicht als Ungläubiger verlässt, kann er ein Adept werden und sich auf diesen mystischen Pfad begeben, dessen einzelne Stationen in den folgenden Gliederungspunkten veranschaulicht werden. Doch bevor die Vier Tore und Vierzig Stufen im Einzelnen dargestellt werden, soll auf die „Musahiplik"-Konzeption eingegangen werden, denn es ist die Bedingung einer vollen Mitgliedschaft in der anatolisch-alevitischen Gemeinschaft.

2.4.3.1 Die Wegbruderschaft („Musahiplik")

Das Wort Musahip wird aus dem arabischen Wort ṣāḥīb, Genosse, Weggefährte abgeleitet und bezeichnet im anatolischen Alevitentum eine

---

[411] Im Koran 1:6 heißt es: „Führe uns auf den geraden Weg *(ṣirāṭa l-mustaqīm)*". Sieht sich vielleicht der alevitische Weg als Alternative dazu? Jedenfalls benutzt der Text die gleiche Bezeichnung für den Weg, den der Adept gehen soll.

2.4 Die Vervollkommnung des Menschen

rituell eingegangene Wahlverwandtschaftsbeziehung („Musahiplik") zu einer anderen Person. Als eine eigenständige Institution beinhaltet sie religiöse, ethisch-moralische sowie soziale Elemente und ist eine der wichtigsten Einrichtungen der Glaubensgemeinschaft. Musahiplik oder Wahlverwandtschaft wird in der Tradition der anatolischen Aleviten auf die Wahlbruderschaft zurückgeführt, die zwischen Muhammad und Ali eingegangen war. Im *Buyruk II* wird über die ‚Wahlbruderschaft' zwischen Muhammad und Ali im Zusammenhang der letzten Pilgerfahrt des islamischen Propheten berichtet, die Muhammad auf seiner Abschiedswallfahrt mit Ali am Teich Ḫumm eingegangen sein soll (*Buyruk II*, S. 48–49).[412]

Die Wahlverwandtschaft kann erst eingegangen werden, wenn davor ein öffentliches Bekenntnis zum alevitischen Weg vor der versammelten Gemeinschaft abgelegt wurde. Die Wahlverwandtschaft wird in einer gleichnamigen Cem-Zeremonie („Musahiplik Cemi")[413] zwischen zwei gleichrangigen Parteien eingegangen. „Jede Seele („can") muss einen Meister und einen Wahlbruder haben"[414], lautet eine *Buyruk*-Überschrift, die auf diese Verpflichtung hinweist. Dort verlangt Seyyid Safî, „dass jeder einen Meister und einen Wahlbruder haben solle". Jeder Meister ist für seinen Adepten verantwortlich und ein Adept, der keinen Meister und Wahlbruder hat, darf kein Dergâh („Kloster") betreten. Schließlich wird Musahiplik zwischen zwei Ehepaaren geschlossen, unter denen keine Blutverwandtschaft besteht. Um eine solche Bindung einzugehen, müssen *Buyruk I* zufolge die Ehepaare gleich sein. Beispielsweise kann zwischen

1) einem reichen Paar und einem armen Paar,
2) einem Dede-Paar und einem Adepten-Paar,
3) einem jungen Paar und einem alten Paar,
4) zwei Paaren aus verschiedenen Nationalitäten,
5) zwei Paaren, die in großer räumlicher Entfernungen voneinander leben,

keine Wahlverwandtschaft eingegangen werden (vgl. *Buyruk I*, S. 63).

Erst durch diese freiwillige, zwischen zwei Paaren geschlossene Musahiplik sind diese Personen vollinitiierte Mitglieder der anatolischen

---

412 Diese Erzählung wurde im Kapitel C.1.3.4 behandelt.
413 Mehr dazu siehe Kapitel C.3.1.1.
414 „Her can, mürebbî ve müsahib edinmeli."

Gemeinschaft und haben uneingeschränkten Zugang zu den Cem-Zeremonien. Die Musahiplik gilt als nicht wieder lösbare Bindung, die bis zum Tod andauert. In der Wahlverwandtschaft gelten die Paare wie Geschwister aus einem Elternhaus, die zur gegenseitigen wirtschaftlichen Unterstützung verpflichtet sind und gegenseitig über das moralische Verhalten wachen (vgl. *Buyruk II*, S 42 und 92).[415] Diese verwandtschaftliche Beziehung gilt auch für die Kinder beider Familien, so dass eine Heirat unter deren Kindern nicht erlaubt ist. Auch eine Heirat mit der Frau eines verstorbenen Wahlbruders ist nicht erlaubt (vgl. *Buyruk I*, S. 63f.).

Die Musahiplik zeigt ein weiteres Charakteristikum des anatolischen Alevitentums, das in dieser Form dem sunnitisch-orthodoxen Islam fremd ist. Die Musahiplik-Institution betont die Gemeinschaftsbezogenheit des anatolischen Alevitentums, in dem die einzelnen Mitglieder auch übereinander wachen und somit kollektiv den Weg zum Ziel, *al-insān al-kāmil* zu werden, beschreiten. Doch um das Ziel zu erreichen, muss jedes einzelne Gemeinschaftsmitglied die Regeln des Weges einhalten und sein Leben nach den Prinzipien führen, wie sie die Vier Tore und Vierzig Stufen vorgeben.

2.4.3.2 Vier Tore und Vierzig Stufen

Der alevitische Glaubensweg wird als ein Prozess verstanden, den der Mensch, der Gott sucht, durchwandern muss. Denn diese Lehre stellt in Aussicht, dass der Mensch, der Gott sucht, ihn auch erreichen kann, und bietet dafür Hilfestellung an. Der dritte Teil der *Makalat* trägt die Überschrift „nach wie vielen Stufen der Mensch Gott erreicht."[416] Das ist nicht zufällig, denn dieser Weg möchte seine Anhänger gezielt zu vollkommenen Menschen ‚erziehen', damit sie zur Einheit gelangen können.

Ismail Kaplan betitelt sein Kapitel über die Vier Tore und Vierzig Stufen „Das alevitische Wertesystem und die alevitische Ethik". Damit umfasst das System alle Lebensbereiche eines Menschen. Doch meint

---

415 *Buyruk II* betont sehr stark die Verpflichtung, den Wahlbruder in wirtschaftlich schwierigen Zeiten zu unterstützen, und fordert dazu auf, ihm wenn nötig die Hälfte des eigenen Vermögens zu überlassen (*Buyruk II*, S. 95f.).
416 Ali YILMAZ u. a. (Hrsg.), Makâlât Hünkâr Hacı Bektâş-ı Veli, Ankara 2007, S. 65.

2.4 Die Vervollkommnung des Menschen

Kaplan, dass diese Gebote, „die zu wechselseitigem Respekt und Liebe anhalten und ein gutes Zusammenleben der Gemeinschaft ermöglichen", nicht religiös sondern ethisch sind. Ein großer Bestandteil dieser Lehre sind allgemeingültige Tugenden, die „in der [alevitischen] Erziehung und Bildung als Richtziele vorgeschrieben sind: zum Beispiel das Lernen, die Fürsorge für andere zeigen, die Natur lieben und schützen, Gutes wollen und tun, das eigene Ego beherrschen und bekämpfen, nicht hinterhältig und nachtragend sein, gerecht sein, ehrliches und rechtmäßiges Verhalten zeigen, Ehrfurcht und Achtung haben, ein harmonisches (konfliktfreies) Leben in der Gemeinschaft anstreben, geduldig sein, bescheiden sein, freigiebig sein, alle Menschen als gleich betrachten, die Wahrheit frei aussprechen."[417] Dieses Wertesystem soll den Anhängern des anatolischen Alevitentums helfen, auf dem Weg zur Vervollkommnung zu reifen. Dabei kommt der alevitischen Hermeneutik besondere Bedeutung zu, um die verborgenen *(bāṭinī)* Deutungen der Glaubens- und Schriftaussagen zu übernehmen und in das Vier-Tore-Vierzig-Stufen-System einzubetten.[418]

Weder *Buyruk I* noch *Buyruk II* enthalten ausführliche Beschreibung der Vierzig Stufen, sondern es werden in *Buyruk II* lediglich die einzelnen Namen der Vier Tore erwähnt: die Scharia („Şerîat"), der Weg („Tarîkat"), die Erkenntnis („Mârifet") und die Wahrheit („Hakîkat"). Ergänzend wird hinzugefügt, dass die Vier Tore als Symbol für den Menschen stehen, denn „die Vier Tore entsprechen den vier Elementen[419], aus denen der Mensch besteht. Scharia steht für den Wind

---

417 Ismail KAPLAN, Das Alevitentum, Köln 2004, S. 47.
418 Vgl. ebd., S. 47. Um dieses Wertesystem zu erklären, versucht Kaplan durch eine Öllampen-Metapher auch die alevitische Hermeneutik von *ẓāhirī* und *bāṭinī* zu verdeutlichen. Er schreibt: „Die Öllampe als Nutzware kann äußerlich betrachtet und wahrgenommen werden (äußerliche Ordnung). Ohne ihr Licht kann die Bedeutung einer Lampe aber nicht verstanden werden. Allein das Licht als wichtige Funktion wahrzunehmen, reicht jedoch nicht aus, sondern man muss die Funktionalität der Öllampe physikalisch begreifen. Man muss verstehen können, dass das Licht durch das Brennen des Öls entsteht. Das Öl kann aber ohne Docht nicht brennen. Um diese Kenntnis zu erlangen, benutzen wir unsere Augen, unser Vorwissen und unseren Verstand (Erkenntnis). Das Licht als Erscheinung des Geheimnisses des Öls ist das Ergebnis, das am Ende eines Prozesses zustande kommt, indem das Ziel mittels der Materie ausschließlich durch den Verstand erreicht wird (Wahrheit)." Ebd. S. 47–48. Die dort angegebene Tabelle zeigt, welche Denk- und Wahrnehmungsvermögen des Menschen angesprochen werden.
419 Die Idee der vier Elemente *('anāṣir arba'a)* hat ihren Ursprung in der antiken griechischen Philosophie. Dort herrschte ein anthropomorphes Gottesbild und in Hinblick

(„yel", „rüzgar"), der Weg für das Feuer („ateş"), Erkenntnis für das Wasser („su"), die Wahrheit für die Erde („toprak") (*Buyruk I*, S. 95; *Buyruk II*, S. 195).[420] „Wenn eines von diesen Elementen fehlen würde, wäre die Zusammensetzung gestört und der Körper nicht gesund" (*Buyruk II*, S. 145). Die vier kosmologischen Elemente stehen im alevitischen Kontext für Vollkommenheit und Ganzheit. Die Vier Tore repräsentieren die verschiedenen Denk- und Wahrnehmungsvermögen eines Menschen.

Die vier Elemente, die bei der Erschaffung des Menschen verwendet wurden, finden auch in den *Makalat* entsprechende Erwähnung. Dort symbolisiert jede Materie ein Volk. Dem entsprechend steht der Wind für die Gläubigen („abidler") und das Feuer für die Asketen („zahidler"). Damit sind diejenigen gemeint, die sich aus dem weltlichen Bereich zurückgezogen haben und eine Art monastisches Leben führen. Das Wasser steht für die Wissenden („ârifler"), und die Erde symbolisiert die Liebenden („muhibler").[421]

Im Folgenden geht es darum, die einzelnen Stufen des Weges vorzustellen und die Bedeutung für den Vervollkommnungsprozess zu veranschaulichen. Die in den *Makalat* erwähnten Stufen (vgl. Kapitel B.2.3) werden an dieser Stelle wiederholt und deren Aussagegehalt verdeutlicht. Der Tradition zufolge verläuft der Weg durch Tore, die - wie in Befestigungsanlagen durchaus nachvollziehbar - nicht etwa nur Türflügel sind; ein Tor ist vielmehr ein Gebäude, das eine bestimmte Anzahl von Treppenstufen umschließt.

---

auf die Erschaffung des Menschen wurde vertreten, dass die Menschen und die Welt nicht aus dem Nichts (ex nihilo), sondern aus der unvergänglichen Materie, die übrigens die gleiche Substanz hat wie Gott selbst, geformt wurde. Diese Materie wurde Archē (griech. ἀρχή, „Ursprung" oder „Anfang") genannt, die in verschiedenen Zeiten mit Wasser, Luft, Feuer oder Erde identifiziert wurde. Außerdem wurden manchmal auch alle vier Elemente als Archē bezeichnet. Einen Überblick der Entwicklung dieser Lehre im islamisch mystischen Kontext bietet Bekir H. KARLIĞA, „*Anâsır-ı Erbaa*", in: *Türkiye Diyanet Vakfı İslâm Ansiklopedisi*, Band 3, Istanbul 1991, S. 149–151.

420 Diese Elemente wurden in der persischen und Mithras-Religion als Götter verehrt. Vgl. Wilhelm BOUSSET, Hauptprobleme der Gnosis, Göttingen ²1973, S. 223.
421 Vgl. Ali YILMAZ u. a. (Hrsg.), Makâlât Hünkâr Hacı Bektâş-ı Veli, Ankara 2007, S. 44–55.

2.4 Die Vervollkommnung des Menschen

2.4.3.2.1 Das erste Tor: die Scharia als äußerer Anfang

Die Reise auf dem mystischen Pfad beginnt für die Mitglieder des anatolischen Alevitentums mit dem Tor der Scharia, das auch als Ordnung bezeichnet wird. Damit wird auf keinen Fall das sunnitisch islamische Gesetz („şeriat") bezeichnet, sondern es geht um die Außenseite des Menschen.[422] Der Mensch erfährt sich mit einem Körper umhüllt und entdeckt seine materielle Natur als Geschöpf. Seine Geschöpflichkeit verbindet ihn gleichzeitig mit anderen Lebewesen. Zwar glauben die anatolischen Aleviten, dass sie dieses Stadium, bzw. das erste Tor durch die Geburt hinter sich gelassen haben und schon vor dem zweiten Tor stehen; dennoch werden die zehn Stufen aufgezählt, für deren Beschreitung aber ein Alevit – nach der Deutung von Ismail Kaplan – nichts Weiteres zu unternehmen braucht. Die einzelnen Stufen nach der *Makalat*-Schrift lauten[423]:

1) Den Glauben bekennen
2) Wissen erwerben
3) Almosen geben, fasten, wenn möglich auf die Pilgerfahrt gehen, auf dem Wege Gottes kämpfen, sich waschen
4) Ehrlich sein Geld verdienen, Zinsen als unerlaubt ansehen
5) Heiraten
6) Keinen Geschlechtsverkehr in der Zeit der Menstruation und des Wochenbetts
7) Beschneidung der Gläubigen
8) Die Güte
9) Sich sauber kleiden und sauber essen
10) Das Gute befehlen und sich vor unanständigen Taten hüten

---

[422] Vgl. Ismail KAPLAN, Das Alevitentum, Köln 2004, S. 49. Jedoch weist Markus Dressler darauf hin, dass innerhalb des anatolischen Alevitentums sich zwei Meinungen bezüglich des ersten Tores gegenüberstehen: Es gibt „zwei alevitische Erklärungen des ersten Tores, des şeriat kapısı („Tor der Scharia"). In der ersten Erklärung steht ‚Sharia' nicht wie in der schriftloyalen Islam-Interpretation für das religiöse Recht, sondern für die grundlegenden Regeln des mystischen Weges. Dieses şeriat-Verständnis kann als bāṭinī-Entsprechung der sunnitischen ẓāhirī-Interpretation von şeriat gedeutet werden. In der zweiten Interpretation ist die Stufe der şeriat diejenige ‚für gewöhnliche Leute' („sıradan insanlar için"), auf der es darum geht, zunächst die äußeren Regeln der Religion zu befolgen." Markus DRESSLER, Die alevitische Religion. Traditionslinien und Neubestimmungen, Würzburg 2002, S. 111.
[423] Die türkischen Bezeichnungen der einzelnen Stufen wurden im Kapitel B.2.3.2 angegeben. Vgl. auch Ali YILMAZ u. a. (Hrsg.), Maḳâlât Hünkâr Hacı Bektâş-ı Veli, Ankara 2007, S. 68–75.

Die Stufen eins bis drei beinhalten, außer der Opfer-Pflicht, vier der fünf Säulen des Islam, die außer dem Glaubensbekenntnis nicht als eigenständige Stufen auf dem mystischen Weg gesehen werden, sondern kollektiv eine Stufe bilden. Daneben wird dem „Wissen erwerben" eine Stufe zugestanden. In diesen Stufen ist weniger eine graduelle Intensivierung als vielmehr eine lebensgeschichtliche Situierung vom Schulkind zum Verantwortungsträger zu finden, z. B. nachdem man sich durch das Glaubensbekenntnis an den Weg bindet, soll eine Vertiefung in der Lehre geschehen, die durch das Praktizieren der Riten unterstützt wird. Alle diese Stufen lassen sich auch aus dem Koran herleiten (vgl. Koran u. a. 37:35; 3:97) und stehen sozusagen auf dem Boden des sunnitisch-orthodoxen Islam. Etwas anders konnotiert und entgegen der Behauptung, dass die anatolischen Aleviten durch die Geburt dieses Tor hinter sich gelassen haben, zählt Ismail Kaplan folgende einzelne Stufen auf[424]:

1) Glauben und bezeugen (Glaubensbekenntnis aussprechen);
2) lernen (Wissenschaft lernen);
3) Gottesdienst verrichten (dazu gehört beten, fasten, milde Gaben geben);
4) ehrliches legales Einkommen haben;
5) Ausbeutung (haram) und Ungerechtes vermeiden;
6) die Achtung der Männer Frauen gegenüber;
7) die Ehe suchen (außereheliche Verhältnisse vermeiden);
8) Fürsorge für andere zeigen;
9) reines Essen zu sich nehmen, für gutes Ansehen sorgen;
10) Gutes wollen und tun.

Die Stufen, die in den *Makalat* und bei Kaplan aufgezählt werden, weisen Ähnlichkeiten auf. Es geht in beiden Fällen darum, dass der Mensch sich einer bestimmten Ordnung und Lebensweise unterwerfen soll. Der Mensch bekennt sich zum Glauben an Gott, indem er das Glaubensbekenntnis ausspricht. Das kann im Sinne der sufischen Lehre von der mystischen Gottesliebe, also als Hinwendung zu Gott verstanden werden. Der Mensch bekundet die Bereitschaft, Wissen zu erwerben, damit er den Sinn und das Geheimnis des Lebens besser versteht. Das Wissen begleitet ihn auf seiner irdischen Pilgerschaft. Die dritte Stufe

---

424 Ismail KAPLAN, Das Alevitentum, Köln 2004, S. 49.

zielt darauf, dass der Mensch sein Leben vor Gott führt. Er soll seine Treue gegenüber Gott durch das Gebet und die Verantwortung für seine Mitmenschen durch milde Gaben erweisen. Schließlich können die restlichen Stufen als Appell an die sittlich-moralische Lebensführung des Einzelnen verstanden werden, damit dieser sein Leben nach dem alevitischen Wertesystem führt und auf seinem Weg, ein vollkommener Mensch zu werden, fortschreitet. Es zeigt sich allerdings, dass es sich bei dem als spezifisch alevitisch gepriesenen Wertesystem um nichts weiter handelt als allgemeinste Anständigkeitsregeln islamischer Couleur. Wenn der Mensch diese Stufen hinter sich gelassen hat, folgt nach dem Tor der Scharia das Tor der Tarîkat („Weg").

2.4.3.2.2 Das zweite Tor: der mystische Weg als innerer Anfang

Sehen die anatolischen Aleviten das erste Tor durch die Geburt als ‚durchschritten' an, so dass der Einzelne sich vor dem zweiten Tor befindet, erscheint jetzt umso deutlicher, dass hier eine nach außen sichtbare Entscheidung getroffen wird, ob jemand die Wanderung auf dem mystischen Weg („Tarîkat") anfangen bzw. entsprechend der Lehre von der Seelenwanderung („devriye") fortsetzen möchte.[425] In der anatolisch alevitischen Tradition steht die Bezeichnung „mystischer Weg" („Tarîkat") nicht für eine bestimmte Ordenstradition oder den sufischen Weg als solchen, auch wenn gewisse Ähnlichkeiten bestehen.[426] Jedoch zeigen sich vor allem zwischen den Stufen, die in der *Makalat*-Schrift für das zweite Tor erwähnt werden, und der schiitischen Derwisch-Tradition gewisse Parallelen, wie unten erläutert wird.

Für die mystische Wanderung braucht der Mensch einen Begleiter („Mürşid"), der ihn auf dem Weg anleitet und führt. Die einzelnen Stufen für das zweite Tor nach der *Makalat*-Schrift lauten:
1) Die Hand reichen und sich bekehren
2) Ein Adept werden
3) Die Haare scheren und sich dem Orden angemessen kleiden
4) Mit dem Eifer des heiligen Kampfes *(Ğihād)* brennen
5) Dienst tun
6) Ehrfurcht vor Gott haben
7) Mit der Hoffnung leben

---

425 Siehe Kapitel C.3.2.2.
426 Vgl. Ismail KAPLAN, Das Alevitentum, Köln 2004, S. 49.

8) Eine Jacke, einen Korb, eine Schere und einen Rosenkranz tragen; von allem eine Lehre ziehend auf dem richtigen Wege leben
9) Ein Mann des Ratschlags und der geistlichen Zwiesprache sein
10) Die Liebe, der Ehrgeiz und die Armut
11) Die Seele[427]

Diese zehn bzw. elf Stufen deuten, wie die Stufe drei explizit besagt, die Voraussetzungen und Verpflichtungen beim Eintritt in einen Orden an. Eine auffällige Ähnlichkeit zeigen die hier aufgezählten Stufen mit den Zuständen (ḥāl, pl. aḥwāl „Zustand"; maqām, pl. maqāmāt „Standplatz"), die ein schiitischer Derwisch durchschreiten muss. Dort beginnt der Weg auch mit der Umkehr. Die Sufis lehren, „daß der erste Standplatz auf dem Weg zu Gott die tawba, die Umkehr, Buße, Reue sei. Man setzt voraus, daß jeder Mensch, religiös gesehen, zunächst einmal auf dem falschen Weg ist, auf dem Weg der Sünde, der religiösen Gleichgültigkeit, des Gehorsams gegenüber den Wünschen der Triebseele. Der Weg zu Gott kann daher nur damit beginnen, daß man kehrt macht und eine grundsätzlich neue Richtung einschlägt."[428] Auch in den alevitischen Listen wird also aufgezählt, welche äußeren Zeichen ein Derwisch bei seinem Eintritt in den Orden setzt. Er zeigt sich in der Öffentlichkeit mit den Insignien – Rosenkranz etc. – eines Derwisches, damit die Menschen ihn erkennen können. Doch erwähnt der Text auch, dass der Derwisch ein Mann des Ratschlags sein soll. D. h. er ist auch Ansprechpartner für Menschen, die vielleicht in einer Notsituation nach einer Weisung suchen oder Trost bei Trauer erfahren möchten.

Auffällig ist, dass Ismail Kaplan bei der Aufzählung der zehn Stufen des zweiten Tores einen wichtigen Aspekt, nämlich die Umkehr nicht erwähnt bzw. von den Makalat nicht übernimmt. Demnach muss ein Adept[429]
1) sich dem geistlichen Lehrer (pir) anvertrauen;
2) sich dem Lernen hingeben;
3) auf äußeres Ansehen verzichten;

---

427 Die Makalat zählen elf statt zehn Stufen. Ali YILMAZ u. a. (Hrsg.), Maḳâlât Hünkâr Hacı Bektâş-ı Veli, Ankara 2007, S. 75–78.
428 Richard GRAMLICH, Die schiitischen Derwischorden Persiens II, Wiesbaden 1976, S. 280.
429 Ismail KAPLAN, Das Alevitentum, Köln 2004, S. 49–50.

2.4 Die Vervollkommnung des Menschen 219

4) das eigene Ego bremsen und dagegen kämpfen (sabır, „Geduld");
5) Achtung haben;
6) Ehrfurcht haben;
7) auf Gottes Hilfe hoffen;
8) sich auf den Weg Gottes begeben;
9) gemeinschaftbezogen sein, Harmonie zeigen;
10) Menschen und Natur lieben und schützen und auf weltliche Güter verzichten.

Diese Aufzählung akzentuiert die Gemeinschaftsbezogenheit des Weges, indem der Mensch sich einem Meister anvertraut, sich in die Lehren des Weges vertieft, dadurch bescheiden wird und seinen Egoismus bekämpft. Durch die so gewonnenen positiven Eigenschaften und Tugenden soll das harmonische Zusammenleben in der Gemeinschaft gefördert werden. Gleichzeitig zielen die einzelnen Stufen auf die innere Reife des Adepten, damit er sich auf das Wesentliche konzentriert und gottesfürchtig wird. Hierbei handelt es sich wohl um eine starke Anlehnung an den von al-Ġazzālī entworfenen mystischen Weg zum lebendigen Gott, in dem die Befolgung der religiösen Vorschriften zur mystischen Erfahrung führt und Sehnsucht, Zuneigung, Gottvertrauen und Gottesfurcht die zentralen Aspekte bilden. Hier beginnt für den Adepten wohl der innere Reifungsprozess, der durch die Stufen der Erkenntnis weiter vertieft wird. Das Tor des mystischen Weges („Tarîkat") verlässt der Adept, wenn er die einzelnen Anforderungen der zehn Stufen erfüllt hat.

2.4.3.2.3 Das dritte Tor: die Erkenntnis als Hingabe und Ehrerbietung
„Marifet" bedeutet die mystische Erkenntnis, die auf dem Weg zur Vervollkommnung des Menschen erworben wird. Die einzelnen Stufen dieses Tores unterstreichen die ethisch-moralischen Prinzipien, die in den vorangegangenen Toren angesprochen wurden, und ergänzen diese. Die Formung bzw. die Einleitung für die innere, geistige Reife des Menschen wird fortgesetzt.
Die einzelnen Stufen nach der *Makalat*-Schrift lauten[430]:

---

[430] Ali YILMAZ u. a. (Hrsg.), Maḳâlât Hünkâr Hacı Bektâş-ı Veli, Ankara 2007, S. 78.

1) Der Anstand („edep")
2) Die [Gottes]furcht („korku")
3) Zügelung der übertriebenen Ansprüche („perhizkarlık")
4) Die Geduld („sabır")
5) Die Schamhaftigkeit („utanmak")
6) Die Großzügigkeit („cömertlick")
7) Das Wissen („ilim")
8) Die Armut („miskinkik")
9) Die Erkenntnis („marifet")
10) Die Selbstbeherrschung („kendini bilmek")

In der *Makalat*-Schrift werden keine erklärenden Angaben zu den erwähnten zehn Stufen gemacht. Vielleicht steht die Überlegung dahinter, dass in diesem Tor der Einzelne selbst sich dafür entscheiden soll, wie er das auf den erwähnten Stufen Verlangte umsetzen bzw. erfüllen soll. Er ist in der Gemeinschaft auf sich selbst angewiesen, und niemand kann ihm – außer der Benennung des Weges selbst – Vorgaben machen. Das gilt auch für das vierte Tor der Wahrheit. Hier scheint also vorausgesetzt, dass eine Verinnerlichung der Regeln stattgefunden haben muss.

Ismail Kaplan weist bei seiner Darstellung dieses Tores auf die Bedeutung des menschlichen Bewusstseins hin. „Das menschliche Bewusstsein führt zur Erkenntnis der wahren Bedeutung des Menschen." Diese Erkenntnis besteht darin, dass der Mensch in der Mitte der Schöpfung, ja als die „Schönheit der Schöpfung" gesehen wird. Das drückt sich aus „als Einssein von Körper, Emotion, Verstand und Geist [und] führt zu Hingabe und Ehrerbietung."[431] Wem soll aber die Hingabe und die Ehrerbietung zuteil werden? Dem Menschen oder Gott? Vermutlich zielen die Ausführungen von Kaplan darauf, dass der Mensch zum Ort der göttlichen Offenbarung deklariert wird. Denn der Mensch, der sich in der rituellen Versammlung mit den anderen Gemeinschaftsmitgliedern verbunden sieht, erfährt sein Einssein. „In diesem rituellen Einssein wird die Selbsterkenntnis zugleich zur Gotteserkenntnis, zur Offenbarung des Weges zu Gott" (ebd.). Dieser Gotteserkenntnis kann Kaplan zufolge der Einzelne sich jedes Mal im Ritual vergewissern.

---

431 Ismail KAPLAN, Das Alevitentum, Köln 2004, S. 50.

2.4 Die Vervollkommnung des Menschen

Diese Erkenntnis wird nach der Einhaltung der folgenden zehn Stufen erreicht[432]:
1) sich gut benehmen und anständig sein;
2) ehrenhaft leben;
3) geduldig sein;
4) genügsam sein;
5) schamhaft sein;
6) freigiebig sein;
7) sich um Wissen bemühen;
8) Ausgewogenheit und Harmonie bewahren;
9) gewissenhaft sein;
10) Selbsterkenntnis üben.

Bei diesen zehn Stufen handelt es sich um Fähigkeiten, die für einen Adepten nicht (nur) durch die Vernunft zu erreichen sind, sondern sie sollen durch den Seelenblick in seinem Herzen („can gözü/gönül gözü") entdeckt und in seinem Leben verwirklicht werden. Was bedeutet der Seelenblick oder das Herzens-Auge? Das hier überlieferte Gedankengut lehnt sich an Ibn al-ʿArabī an, der den Menschen als Ort der göttlichen Manifestation sieht. Die menschliche Existenz ist von Gott abhängig, und umgekehrt ist Gott auf den Menschen angewiesen, damit er sich für sich selbst manifestiert. In diesem System dient der Menschen als Spiegel, durch den Gott sich selbst reflektiert. Das dritte Tor führt zur mystischen Erkenntnis, dass der Mensch die Manifestation Gottes ist und mit ihm eine Einheit bildet. Die zehnte Stufe mahnt den Menschen, „Selbsterkenntnis" zu üben, d.h. der Mensch soll ständig der Erkenntnis gedenken, dass er Gottesspiegel ist.[433] Wer diese Erkenntnis erlangt hat, hat die Anforderungen der zehn Stufen erfüllt, kann das dritte Tor durchschreiten und das letzte Stadium erreichen. Der Übergang zum letzten Tore erfolgt beinahe nahtlos, da zwischen dem dritten und vierten Tor eine sehr starke Abhängigkeit besteht und die gewonnenen Erkenntnisse unmittelbare und große Relevanz besitzen.

---

432 Ebd., S. 52.
433 Vgl. Seyit Derviş Tur, Erkânname, Rüsselsheim 2002, S. 276.

2.4.3.2.4 Das vierte Tor: die Wahrheit als Selbsterkenntnis

„Hakikat", die Wahrheit, bildet im anatolischen Alevitentum das letzte Tor auf dem mystischen Weg. Der Mensch wurde in den vorangegangenen Toren zu einer ganzheitlichen Wahrnehmung erzogen, die es ihm ermöglichte, sein kognitives mit dem emotionalen Wissen zu vereinbaren. „In dieser Ganzheitlichkeit liegt dann der Schlüssel zur Wahrheit (Hakikat), zur Selbsterkenntnis[,] und dem, was aus ihr folgt."[434]

Die *Makalat*-Schrift zählt folgende zehn Stufen für dieses Tor auf[435]:
1) Zur Erde werden
2) Die 72 Völker nicht missbilligen
3) Was du tun kannst, enthalte [andern] nicht vor („elinden geleni men etmemek")
4) Allem in der Welt Geschaffenem Vertrauen schenken
5) Sich vor Gott, dem absoluten Eigentümer des Besitzes, neigen, um seine Beachtung zu erlangen
6) Gespräch („sohbet"), und Erzählung der Geheimnisse der Wahrheit („hakikat sırlarını söylemek")
7) Geistliche Reise („manevi yolculuk")(„seyir", Verlauf)
8) Das Geheimnis
9) Die Anflehung Gottes („Allah'a yakarmak")
10) Gott in den Menschen sehen (bezeugen, „muşâhede") und Gott erreichen („Allah'a ulaşmak")

In der Aufzählung von Kaplan erfahren die einzelnen Stufen eine Umdeutung oder Ergänzungen, wie folgt[436]:
1) bescheiden sein, alle Menschen achten und ehren, 72 Glaubensgemeinschaften als gleichberechtigt anerkennen;
2) an die Einheit von Allah, Muhammad und Ali glauben;
3) Beherrsche dich (Hüte deine Hand, deine Zunge und deine Lende); nicht lügen, nicht stehlen und nicht gewalttätig werden, keine Untreue in der Ehe;
4) Glauben an die Widerspiegelung Gottes (seyr);
5) Gott Vertrauen schenken;
6) Austausch und Freude über die Erkenntnis, mit Gott und seiner Ge-

---

434 Ismail KAPLAN, Das Alevitentum, Köln 2004, S. 52.
435 Ali YILMAZ u. a. (Hrsg.), Maḳâlât Hünkâr Hacı Bektâş-ı Veli, Ankara 2007, S. 78–81.
436 Ismail KAPLAN, Das Alevitentum, Köln 2004, S. 52–53.

meinde eins zu sein (Yunus Emre: Ich habe genug an der Spaltung/ Trennung gelitten, ich genieße jetzt das Zusammensein. İkilikten usandım, birlik hanına kandım.);
7) Wachsen in dieser Erkenntnis und dabei der Lösung des Geheimnisses Gottes näher kommen;
8) Einklang mit dem Willen Gottes zeigen;
9) sich ins Nachsinnen über Gott versenken (auch kurzzeitiges Versenken in Gott zählt mehr als 70 Jahre Gebet);
10) das Herz von der Sehnsucht nach Gott erfüllen lassen und das Geheimnis Gottes lösen (münacat und müşahede).

Bei dieser Aufzählung wird der Gedanke der Einheit ins Zentrum gerückt. Der Mensch, der sein Ego zur Bescheidenheit erzogen hat, wird demütig. Er entdeckt die Einheit aller Menschen und glaubt an die göttliche Einheit – Triade – Allah, Muhammad und Ali. Für ihn löst sich das Geheimnis auf, er weiß, dass er Gott widerspiegelt. Diese Erkenntnis verlangt von ihm und schenkt ihm die Gabe, Gott zu vertrauen, dass er nicht getäuscht wird. Diese Einheit oder das Einssein wird vor allem im gemeinschaftlichen Leben erfahrbar. Für den Erleuchteten gibt es keine Trennung mehr, er lebt in der Einheit und im Einklang mit dem Willen Gottes. Mit al-Ǧīlī ausgedrückt, geschieht hier die Erleuchtung der Wesenheit, durch die das Siegel auf den vollkommenen Menschen gedrückt wird. Er ist zum Pol *(quṭb)* geworden, vor dem es keine Geheimnisse mehr gibt.

2.4.3.3 Al-insān al-kāmil als Pol der Zeiten

Der mystische Weg der anatolischen Aleviten, der durch Vier Tore und Vierzig Stufen führt, um den Menschen zur Vervollkommnung zu bringen, bedient sich verschiedener Lehren und fügt sie zusammen. Beim ersten Tor, der Scharia, wird die Ordnung betont. Der Mensch muss bereit sein, Regeln zu befolgen und sich einem System zu unterwerfen, damit er sein Ziel erreichen kann. Auch wenn in der Gegenwart die zehn Stufen der Scharia als ‚überschritten' angesehen werden, bleiben sie dennoch auf dem mystischen Weg bestehen, so dass der Adept sie einhalten muss und nicht hinter sie zurückfallen darf.

Im zweiten Tor, der Tarîkat, geht es darum, dass die getroffene Entscheidung, auf dem mystischen Weg zu wandern, öffentlich gemacht wird. Der Adept begibt sich in die Schule eines Meisters, der ihn anleitet und führt. Durch diese Bindung des Einzelnen an einen Meister, mit dem er in intensivem Kontakt steht, bekommt die Gemeinschaft der anatolischen Aleviten einen ordensähnlichen Charakter. Möglicherweise aber übernahmen die anatolischen Aleviten diese Formen von den Ordensgemeinschaften, z. B. von den schiitischen Derwischorden in Persien, mit denen sie die gleichen Lebensräume teilten, und passten sie im Laufe der Zeit ihren eigenen Bedürfnissen an.

Die Tore der Erkenntnis und der Wahrheit spiegeln die Lehre vom *waḥdat al-wuǧūd* wider. Der Mensch vereint alles Sein in sich. Schließlich gibt es für denjenigen, dem diese höchste mystische Erkenntnis zuteil wurde, keine Grenzen mehr. Er erblickt nach dieser Überzeugung, die Einheit von Gott-Muhammad-Ali. Diese Einheit, in der er selbst aufgeht, lässt ihn als vollkommenen Menschen erscheinen, der sich in seinem ethisch-moralischen Handeln und in der Harmonie mit sich selbst und der Natur ausdrückt.

Dieser Vervollkommnungsprozess wird im *Buyruk II* wie folgt ausgedrückt: „Wer sich auf diesen Weg begibt, seinem Meister Gehorsam verspricht, mit Herz und Seele die Regeln des Weges befolgt, nach Gott („Hakk") verlangt, alle Anweisungen des Meisters einhält, der hat seine Triebseele erkannt; dessen Wesen („öz") und Worte („nutku") sind Wahrheit („Hak") geworden. […] Da diese Person („kişi") ihre eigene Essenz („öz") erkannt hat, Gott („Hakk") in ihrem eigenen Leib („vücut") gefunden hat, von sich entworden ist („kendinden fenâ oldu"), bekommt ihre Seele („gönül") Vertrauen („emin"), findet ewig („ebedi") Lebendigkeit („dirlik") und stirbt nicht, sondern bleibt lebendig. Auch wenn jene Person dem Leibe nach stirbt, verwandelt sie nur äußerlich die Erscheinung („don değişir"). Die Person verlässt die Zusammensetzung aus den vier Elementen (Luft, Wasser, Erde, Feuer)[437] und erreicht die reine Person („zât") des heiligen Gottes".[438] Hier wird

---

437 „Bu çar anâsır (hava, su, toprak, ateş) terkibini bırakır, Hazret-i Hakk'ın temiz zâtına ulaşır."
438 Der türkische Text in der Vorlage lautet: „Bir kimse gelse bu yola girse, mürşide el verip etek tutsa, can-u gönülden ikrâr verse belli (evet) dese, Hakk'a tâlib olsa, pîrinin ve mürebbînin [sic!] emrini tutup her vechile sözüne muhalefet etmeyip bu yola boyun vermiş olsa, mürebbisinin gözüne gönlüne girmiş olsa, kendi vücuduna yol bulsa, nefsini tanımış olsa, o kimsenin özü, nutku Hak olmuş olur. Bilen katında böyle bir kişinin her küfrü îmandır. Çünkü o kişi kendi özünü bildi ve Hakk'ı kendi vü-

2.4 Die Vervollkommnung des Menschen

jener Zustand beschrieben, den ein vollkommener Mensch erreicht hat. Eine ähnliche Beschreibung dieses Zustands wird an einer anderen Stelle im Buyruk geliefert. Dort heißt es, „wenn eine Person ihren Meister geliebt und ihm gedient und seine Ratschläge befolgt hat, wird sie auf dem Weg („yol içinde") hohes Ansehen und eine höhere Stellung („menzil ve meratib") bekommen. Unter den Anhängern des Weges weiß sie um die gute und schlechte Seite einer Sache („nesne"). Sie ist vollkommen („kâmil") und vermeidet die gefährlichen Orte („tehlikeli yerlere uğramaz). Die Gebete („dua") dieser Person („işte bu kişinin") finden Wohlgefallen bei Gott, ihr Anflehen gilt als Anbetung Gottes („Hakk'a ibâdet"). Sie sitzt in der Ecke der Zufriedenheit („kanaat köşesi") und überwacht das Tor des Gottvertrauens („tevekkül kapısını bekler"). Solange sie in der Welt ist, ist ihre Substanz („öz") Tapferkeit („er"), ist ihr Wort („söz") die Kraft Gottes („Tanrının kudreti") [ihr Wort wird zur Kraft Gottes], und ihr Aussehen wird zum absoluten Licht („mutlak nûrun sıfatı"). Weil diese Person ein geprüftes ehrliches („yargılanmış riyâsız") Geschöpf Gottes ist, ist ihr Körper („cisim") Leben („can") und ihr Fluch („küfür", *kufr*) Glauben („îman", *īmān*). Ihr Zeichen ist das Zeichen schlechthin („nişanı bî-nişandır") und Gott („Hak") ist ihre Substanz („öz"). Eine Person wie sie ist der Pol der Zeit („kutb-ı zaman"). Solange sie lebt, bleibt sie in dem Standplatz ‚Sterbt-bevor-ihr-sterbt' („ölmeden önce ölünüz makamı"). D. h. bevor sie gestorben ist, ist sie gestorben.[439] Die Person legt die Zusammensetzung der vier Elemente ab und lebt wie ein Geist („RÛH"). Ihr Schatten geht durch die Welt. Wer diesen sieht, meint, ihren Leib („vücudu") gesehen zu haben. Wenn sie aus dieser Welt geht, wird ihr Grab zur Wallfahrtsstätte und ihr Boden zur Sühne („toprağı keffârettir"). Das ist eine allgemein bekannte Sache" (*Buyruk II*, S. 122–123). Aufgabe eines anatolisch alevitischen Menschen ist es, sich auf den mystischen Pfad zu begeben, damit er das Ziel erreichen kann, nämlich *al-insān al-kāmil* zu werden.

---

cudunda buldu ve kendinden fenâ oldu (maddi isteklerinden sıyrıldı) her nesneden onun gönlü emin oldu, bakî ebedî dirlik buldu, ölmedi diri kaldı. Eğer o kişi ölürse dahi zâhiren don değişir; bu çâr anâsır (hava, su, toprak, ateş) terkibini (bileşimini) bırakır, Hazret-i Hakk'ın temiz zâtına ulaşır" (*Buyruk II*, S. 90).
439 Vgl. Kapitel C.3.2.2.1.

Die ethisch-moralischen Prinzipien, denen sich der Mensch auf dem anatolisch alevitischen Weg unterwirft, werden in dem System der Vier Tore und Vierzig Stufen dargestellt. Die konkrete Umsetzung der Weisungen und die Überprüfung, ob die Gemeinschaftsmitglieder sich auch daran halten, geschehen mittels der eingegangenen Wahlverwandtschaftsbeziehung. Darüber hinaus wird das harmonische Zusammenleben und die Solidarität unter den Gemeinschaftsmitgliedern gefördert. Somit kann sich jeder Einzelne in Einklang mit der Gemeinschaft und den vorgegebenen Regeln auf dem Weg zu einem vollkommenen Menschen entwickeln. Doch nur der Einzelne selbst kann wissen, auf welcher Stufe der Vierzig Stufen er sich gerade befindet. Zwar steht ihm ein Meister an der Seite, jedoch darf dieser ihm nur Ratschläge erteilen und nicht über seinen Entwicklungszustand bestimmen. Da die anatolischen Aleviten an die Seelenwanderung glauben, sind sie auch für Reinkarnationstheorien anfällig. Es ist einem Meister allerdings nicht möglich zu beurteilen, ob sein Adept schon Vorexistenz/en hinter sich hat (dazu mehr im Kapitel C.3.2). Deshalb wird bei den anatolischen Aleviten die Selbsterkenntnis betont. Denn nur der Adept selbst kann seine Entwicklung feststellen. Das Endziel lautet Einssein mit Gott. Es bleibt aber unklar, was damit ausgesagt wird. Wird ein Gemeinschaftsmitglied zum vollkommenen Menschen, geht er dann völlig in Gott auf? Oder existiert er weiterhin als eigene Größe in Gott? Und heißt dies, dass der betreffende Mensch nicht mehr reinkarniert wird? Oder kehrt er in diesem Kreislauf wieder zu seinem Ausgangspunkt zurück?

3. Die Vermittlung zwischen Gott und Mensch: Zentralbegriffe

Auch im Glauben der anatolischen Aleviten ist Gott der Schöpfer der Welt und des Menschen. In den vorangegangenen beiden Kapiteln wurde das besondere Gottes- und Menschenverständnis im anatolischen Alevitentum herausgearbeitet. In diesem Kapitel steht der Vermittlungsaspekt zwischen Gott und dem Menschen im Mittelpunkt. Wie kommuniziert der Mensch mit seinem Schöpfer und woher weiß er, was Gott gefällt oder missfällt? Welche Bedeutung kommt hierbei dem Glauben zu und was wird darunter verstanden? Obwohl das anatolische Alevitentum selbst seine Stiftung nicht auf ein unmittelbares Offenbarungsereignis zurückführt, werden nicht selten Aspekte wie Emanation oder Inkarnation erwähnt, um die Verbindung des Menschen mit Gott zu veranschaulichen. Doch was bedeuten Glaube, Emanation und Inkarnation im anatolisch alevitischen Kontext? Gibt es ein Verständnis von einer göttlichen Offenbarung, die sich in einer Heiligen Schrift manifestiert? Welche Bedeutung bekommen Texte, die als ‚heilig' proklamiert werden? Die folgenden Abschnitte wollen den Fokus auf diese Fragen richten und Antworten bieten.

3.1 İman und İnanç

Die Begriffe „îman" („Glaube", īmān) und „inanç" („Vertrauen") werden in den alevitischen Schriften wie Synonyme verwendet, und für die Beschreibung der religiösen Verfassung eines Menschen häufig zusammen genannt.[440] „Der Glaube", wird im *Buyruk* erklärt: Er „bedeutet durch Für-wahrhalten („sıdk") und Vertrauen („itikad") (innerlich) zu glauben. Wenn eine Glaubensbezeugung einer Person nicht rein („ikrarı saf") und der Glaube („inanç") nicht ehrlich („dürüst") (fest) ist, hat sie keinen aufrichtigen Glauben („îman"). Auch eine Religion nimmt ihren Anfang beim Glauben („îman")"[441] (*Buyruk II*, S. 22). Hier erscheinen *etwas Für-wahrhalten* und *Vertrauen auf etwas oder jemand* als das Fundament, worauf der Glaube beruht. Dabei muss der Einzelne sich aufrichtig zu dem Geglaubten bekennen. Diese beiden Merkmale können als die Charakteristika eines religiösen Menschen betrachtet werden. Jedoch scheint beim anatolischen Alevitentum das *Vertrauen auf jemand* zu fehlen.

Außerdem wird zwischen einem *überprüften* („tahkikî") und einem *nachgeahmten* („taklidî") Glauben unterschieden: „Tahkikî Îman („überprüfter Glaube") bedeutet, sich auf diesem [anatolisch alevitischen] Weg mit innerer Überzeugung zu binden, den Meister zu erkennen, nach Gott zu verlangen, den Weggefährten zu finden und nach der Bejahung des Bekenntnisses sich nicht vom Wege abzuwenden.

---

[440] Im christlichen Kontext entspricht „îman" das Glauben und „inanç" steht für den Glaubenden.
[441] In der türkischen Vorlage heißt dieser Satz: „Din dahi imandandır."

Wer dieses Bekenntnis bewahrt, bis er aus dieser Welt ins Jenseits geht und sogar im Jenseits mit seinem Wegbruder auf der gleichen Ebene mit den Heiligen („erenler") vor Gott ist, der wird im wahren Glauben („gerçek iman") die Schönheit Gottes („Hakk'ın cemâlini") sehen.

Taklid[î Îman] ist es, wenn sich jemand mit Skepsis („şüphe") auf den Weg begibt, seinem Meister die Hand, aber nicht das Herz gibt und sich bei jeglicher Kleinigkeit von seinem Meister abwendet, sich von ihm, seinem Wegbruder und der Versammlung der Heiligen („erenler cemi") entfernt und das Bekenntnis leugnet. Der Glaube dieses Adepten ist falsch, und er stellt sich außerhalb der Religion." (*Buyruk II*, S. 143)

Buyruk I verwendet das Bild eines Baumes, um den Glauben zu beschreiben: „Der Glaube ähnelt einem Baum. Die Substanz des Glaubens („imanın aslı") ist die Gottesfurcht („Tanrı korkusudur"). Sein Boden („dibi") ist das Herz („gönül") der Gläubigen („müminler"). Das Herz („gönül") des Glaubens ist der Koran.[442] Das Fell („derisi") des Glaubens ist das Schamgefühl („haya"). Sein Teint („ten") ist die Dankbarkeit („şükür"). Sein Zweig („budak") ist die Gottesfurcht („takva"). Seine Blätter sind die Buße („tövbe"). Seine Früchte sind die göttliche Gnade („inâyet-i ilahi") (*Buyruk I*, S. 242).

Bei dieser Baummetapher begegnet an zwei Stellen die Gottesfurcht, einerseits als Substanz des Glaubens, andererseits als eine aus dem Glauben heraus wachsende Tugend. Aber hier wird Gottesfurcht nicht als Furcht im Sinne des Schreckens verstanden, sondern eher wie der König Salomo im Buch der Sprichwörter betont: „Gottesfurcht ist Anfang der Erkenntnis, nur Toren verachten Weisheit und Zucht" (Sprichwörter 1,7). Gottesfurcht kann etwa das, was als Religion oder Frömmigkeit Gott gegenüber genannt wird, bezeichnen. Wie der biblische und koranische Begriff der Gottesfurcht bezeichnet auch der anatolisch-alevitische keinen Zustand beklommener Angst, sondern das ehrfürchtige Anerkennen der Hoheit Gottes.

---

442 Für die Stellung des Koran im anatolisch-alevitischen Kontext siehe Kapitel C.3.3.

3.1 İman und İnanç

3.1.1 *Cem* als Manifestation des Glaubens

Wie bereits ausgeführt wird die religiöse Zusammenkunft der anatolischen Aleviten als *Ayin-i Cem* oder *Cem* bezeichnet.[443] Die erste Bezeichnung kommt von dem Persischen Wort *Ayin (āy'in)* und bedeutet zunächst „Statuten; Regel; Zeremonie; Doktrin"[444]; *Cem* kann in der Verbindung *Ayin-i Cem* als „Ritual oder Zeremonie des Cem" übersetzt werden. Für eine etymologische Ableitung des Wortes *Cem* kommen drei Möglichkeiten[445] in Betracht. Zwei Worte decken dasselbe Bedeutungsfeld ab, nämlich a) „das Zusammentreffen einer Vielzahl (von Menschen)"[446] oder b) „die Versammlung (einer Gruppe)"[447]. Demnach steht die Bezeichnung *Ayin-i Cem* für das alevitische Versammlungsritual, was schon aus der Wortbedeutung hervorgeht. Entsprechend den beiden oben ausgeführten Wortbedeutungen von *Ayin-i Cem*, die die Versammlung von Menschen betonen, wird unter den anatolischen Aleviten die rituelle Versammlung *Ayin-i Cem* oder kurz *Cem* genannt.

---

[443] Bei der etymologischen Bestimmung des *Ayin-i Cem* wird der Ansatz von Janina Karolewski befolgt. Ausführungen in folgenden zwei Abschnitten lehnen sich stark an den Aufsatz von Janina KAROLEWSKI, Ayin-i Cem – das alevitische Kongregationsritual: Idealtypische Beschreibung des *İbadet ve Öğreti Cemi*, in: Robert LANGER/Raoul MOTIKA/Michael URSINUS (Hrsg.), Migration und Ritualtransfer. Religiöse Praxis der Aleviten, Jesiden und Nusairier zwischen Vorderem Orient und Westeuropa, Frankfurt am Main 2005, S. 109–131, hier S. 112–113.

[444] Heinrich F. J. JUNKER/Bozorg ALAVI, Persisch-Deutsch. Wörterbuch, Wiesbaden ⁹2002, S. 72.

[445] Ausführliche Literaturnachweise hierzu finden sich bei John Kingsley BIRGE, The Bektashi Order of Dervishes (Faksimilenachdruck des Originals von 1937), London 1994, S. 176, Anmerkung 2.

[446] Das Wort *Cem* kann entweder aus dem Arabischen oder aus dem Osmanischen abgeleitet werden. Die arabische Herleitung ergibt sich aus den Radikalen „ğmm". Die Grundbedeutung davon ist „Menschenmenge, Schar". Hans WEHR, Arabisches Wörterbuch für die Schriftsprache der Gegenwart. Arabisch-Deutsch. 5. Aufl. unter Mitwirkung von Lorenz KROPFITSCH neu bearbeitet und erweitert, Wiesbaden 1985, S. 195. Im osmanischen Sprachgebrauch kann Cem als „cem^{mmi} [...] multitude, concurse" nachgewiesen werden. Bahadır V. ALKIM u. a. (Hrsg.), Türkçe/Osmanlıca – İngilizce Sözlük. Redhouse Turkish/Ottoman – English Dictionary, Istanbul ¹⁸2000, S. 220.

[447] Die Bedeutung von „Anhäufung, Vereinigung, Zusammenschluss" wird aus den arabischen Radikalen „ğm'" abgeleitet. Hans WEHR, Arabisches Wörterbuch für Schriftsprache der Gegenwart. Arabisch-Deutsch. 5. Aufl. unter Mitwirkung von Lorenz KROPFITSCH neu bearbeitet und erweitert, Wiesbaden 1985, S. 195. Die osmanische Verwendung ist gleichlautend „cem$^{m'i}$ [...] collections; mass, group". Bahadır V. ALKIM u. a. (Hrsg.), Türkçe/Osmanlıca – İngilizce Sözlük. Redhouse Turkish/Ottoman – English Dictionary, Istanbul ¹⁸2000, S. 220.

Bei der dritten möglichen Etymologie dieser Bezeichnung wird ein Zusammenhang zu Cemşid,[448] einem Großkönig und demiurgischen Helden der altpersischen Mythologie hergestellt, dessen Kurzname *Cem* ist und auf den u. a. die Erfindung von Wein zurückgehen soll. Demnach wird die Bezeichnung *Cem* dadurch erklärt, dass Weinverzehr ein Bestandteil im Ritual der anatolischen Aleviten ist.[449]

Die anatolischen Aleviten führen die Entstehung des *Cem* auf die bekannte Überlieferung zurück, in welcher die Himmelfahrt Muhammads dargestellt wird, nach der er die „Versammlung der Vierzig" („Kırklar Cemi") getroffen haben soll.[450] Ebenfalls werden der Genuss von Wein und der religiöse *Semah*-Tanz in der rituellen Versammlung auf diesen Ur-*Cem* zurückgeführt; diese Vollzüge sollen ebenfalls die Versammlung der Vierzig nachahmen. „Der *Cem*-Gottesdienst und das in ihm verrichtete liturgisches Gebet haben für die Aleviten eine zentrale Bedeutung als gemeinsame Anbetung von *Allah-Muhammed-Ali* und den Heiligen und sind zugleich Wegweisung für ihren Glaubensvollzug"[451]. Hier wird der gottesdienstliche Charakter des *Cem* hervorgehoben und klar ausgesprochen, dass es sich dabei nicht um eine kulturelle Folklore handelt, sondern Gottesdienst („ibadet") stattfindet. Der Religionswissenschaftler Gernot Wießner (1933–1999) bemerkt dazu: „In der Cem-Versammlung wird das Abstrakte mit dem Konkreten, die Mystik mit der Logik, der Begriff mit dem Bild verbunden und dargestellt, so dass sie ineinander existieren können und der Verkehr zwischen den Menschen zum Ort der Manifestation des Heiligen wird."[452] Eine wichtige Funktion des *Cem* ist auch die Erhaltung der Gemeinschaft durch die kollektive ‚Anbetung' Gottes (vgl. *Buyruk I*, S. 172). Das geschieht un-

---

448 Clement HUART, „*Djamshīd*", in: *Encyclopaedia of Islam*, Band II, Leiden ²1965, S. 438–439; vgl. auch Nurettin ALBAYRAK, „*Cem*", in: *Türkiye Diyanet Vakfı İslâm Ansiklopedisi*, Band 7, Istanbul 1993, S. 279–280, hier S. 280.
449 Auf *Ayin-i Cem* in Verbindung mit Cemşid verweist Bahadır V. ALKIM u. a. (Hrsg.), Türkçe/Osmanlıca – İngilizce Sözlük. Redhouse Turkish/Ottoman – English Dictionary, Istanbul ¹⁸2000, S. 104.
450 Die entsprechende Textpassage aus *Buyruk II*, S. 60–61 wurde im Kapitel C.1.2.1 übersetzt und besprochen.
451 Ismail KAPLAN, Das Alevitentum, Köln 2004, S. 65 (Hervorhebung dort).
452 Gernot WIESSNER, Das Alevitentum: Ein Beispiel für religiös-soziale Opposition und religiöses Überleben, in: Alevilerin Sesi – Stimme der Aleviten 2 (1995), S. 35–37.

3.1 İman und İnanç

ter der Leitung eines *Dede*[453], denn „es ist falsch, wenn die Adepten sich im [anatolischen] Alevitentum ohne einen Meister versammeln, CEM halten und behaupten, sie würden auf dem Weg von Muhammad-Ali schreiten" (*Buyruk II*, S. 156; vgl. auch S. 160). Es gibt *Cem*-Zeremonien, die je nach Bedürfnis, ohne an einen bestimmten Termin gebunden zu sein, veranstaltet werden können. Zu den wichtigsten *Cem*-Zeremonien gehören folgende:

1) *Cem der Anbetung und Lehre* („İbadet ve Öğreti Cemi"):
Hierbei handelt es sich um eine Zeremonie, die beliebig oft abgehalten werden kann und deren Funktionen die „Annäherung an Gott", das Gebet und die Unterweisung der Gemeinschaftmitglieder sind. Daneben wird, wie bei jeder *Cem*-Zeremonie, die Möglichkeit geboten, eventuell entstandenen Streit unter den Seelen („Canlar") zu schlichten. Bei Ismail Kaplan wird dieses Ritual „İrşad Cemi"[454] genannt. Die Aspekte der Anbetung und des Gebets werden nicht erwähnt.

2) *Cem des Bekenntnisses* („İkrar Cemi"):
Damit ist die Aufnahme in die religiöse Gemeinschaft und die beschränkte Teilnahme am religiösen Leben der Gemeinschaft verbunden. Bei dieser Initiationszeremonie wird das Bekenntnis („ikrar") zur anatolisch alevitischen Glaubenslehre abgelegt. Eine uneingeschränkte Berechtigung, am Ritualgeschehen teilzunehmen, erlangt ein Mitglied erst nach dem Eingehen einer *Musahiplik*-Verbindung. Der Inhalt des abzulegenden Bekenntnisses wird an verschiedenen Stellen in den *Buyruk*-Schriften überliefert und lautet: „Es gibt keinen Gott außer Allah, Mohammed ist sein Prophet und Ali sein Freund."[455]

---

453 Der Vorsitz einer Cem-Zeremonie ist nicht ausschließlich einem Dede vorbehalten, sondern kann auch mit Frauen besetzt werden, die „Ana" („Mutter") genannt werden, und die gleichberechtigt mit der Leitung einer Zeremonie beauftragt sind. Vgl. Ismail KAPLAN, Das Alevitentum, Köln 2004, S. 89.
454 Er benutzt die Überschrift „Cem-Gottesdienst zum Belehren und Lernen" um die Bezeichnung „İrşad Cemi" zu erklären. Er betont wohl den einführenden und unterweisenden Charakter dieser Zeremonie, damit es a) der Jahrzehnte vom ritualleben ferngebliebenen älteren und b) der nicht unterwiesenen jüngeren Generation ermöglicht werden soll, das Wissen um eine konkrete Ritualpraxis zu erwerben. Vgl. Ismail KAPLAN, Das Alevitentum, Köln 2004, S. 70
455 Für die einzelnen Belegstellen siehe Kapitel C.1.3; Ismail Kaplan bietet dieses Bekenntnis in einer erweiterten Form an: „Gott-Muhammad-Ali [und] Hünkar Bektaşi Veli, ich verlange den Weg der Vervollkommnung und beherrsche meine Hand, mei-

3) *Cem der Wahlbruderschaft* („Musahiplik Cemi"):
Wie aus der Bezeichnung hervorgeht, wird während des Rituals die Weggemeinschaft zwischen zwei alevitischen Ehepaaren geschlossen, die dadurch voll initiierte Mitglieder der Gemeinschaft werden und an allen religiösen Versammlungen teilnehmen dürfen.
4) *Cem der Rechenschaft* („Görgü Cemi" oder „Dara çekme Cemi"):
Das Wort „Görgü" bedeutet „Anstand" und bezieht sich in diesem Zusammenhang auf das Verhalten der Gemeinschaftsmitglieder. Deshalb wird diese Zeremonie auch „Dara çekmek" („zur Rechenschaft ziehen") genannt.[456] Der jährlich stattfindende *Görgü Cemi* bietet die Möglichkeit, das *Musahiplik*-Gelübde zu erneuern und wenn nötig, Streitigkeiten zu schlichten und das Einvernehmen („Rızalık") der Mitglieder untereinander wiederherzustellen.

Da es sich um eine öffentlich nichtanerkannte Glaubensgemeinschaft handelte, bestand die Notwendigkeit, eine gemeinschaftsinterne Rechtsprechung zu entwickeln, um das solidarische und friedliche Leben untereinander zu gewährleisten. Neben dem *Cem der Rechenschaft* gibt es auch den „Düşkünlük Cemi" („Cem des Ausschlusses"). Dabei handelt es sich um die härteste Strafe, die gegen ein Gemeinschaftsmitglied verhängt werden kann und die zu seinem Ausschluss aus der sozialen und religiösen Gemeinschaft führt (vgl. *Buyruk I*, S. 36 und *Buyruk II*, S. 96; 124).
5) *Cem der Totentrauer* („Dardan İndirme Cemi"):
Die anatolischen Aleviten sprechen im Falle des Todes eines Gemeinschaftsmitgliedes von „Hakka yürümek", also von „zu Gott gehen". Deshalb gedenken die Familienangehörige bei dieser Zeremonie des Verstorbenen und beten für sein Seelenheil, damit er „unter dem Segen von *Allah Muhammad Ali*" steht.[457] Dabei werden die Anwesenden aufgefordert, zu sagen, ob sie mit dem Verstorbenen Streit hatten oder Gläubiger sind, damit dies ausgeglichen werden

---

ne Zunge und meine Lende. Alle Seelen sind meine Zeugen; Vergelt's Gott" („Hak-Muhammet-Ali Hünkar Bektaşi Veli, kamil insanlık yoluna talip, elime, dilime, belime sahibim, olsun cemi canlar şahit; Allah Eyvallah"). İsmail KAPLAN, İnancımız ve Direncimiz, Köln 2009, S. 86 (Hervorhebung dort). Vermutlich steht hinter dieser Formulierung die Absicht, möglichst breiten Konsens unter den anatolischen Aleviten zu erzielen.

456 Beide Bezeichnungen lassen sich in den *Buyruk*-Schriften nachweisen: Für „Görgü cemi" siehe *Buyruk II*, S. 100; 131, u.ö. und für „Dara çekmek", S. 102; 105 u.ö.

457 Ismail KAPLAN, Das Alevitentum, Köln 2004, S. 72 (Hervorhebung dort).

3.1 İman und İnanç 233

kann. Somit wird das Einvernehmen zwischen allen Gemeindemitglieder hergestellt und die Seele des Verstorbenen von Streitigkeiten und Schuld befreit.[458]

Neben den genannten *Cem*-Zeremonien können noch verschiedene Feiern erwähnt werden, die an Festtagen oder im Anschluss daran stattfinden.[459] Als Bespiele dafür lassen sich *Aşure*[460] *Cemi* und *Hızır Cemi*[461] anführen. Wenn die anatolischen Aleviten eine Zeremonie abhalten, wird nicht nur einer der oben dargestellten Anlässe genommen, sondern es werden mehrere Zeremonien unterschiedlicher Funktionen miteinander in Kombination durchgeführt. So werden beispielsweise *Musahiplik* und *Görgü* in einer *Cem*-Zeremonie wahrgenommen, da viele der anatolisch-alevitischen Dörfer in der Türkei keinen eigenen Ritualleiter („Dede") hatten und dieser manchmal nur ein Mal im Jahr die Möglichkeit hatte, die Gemeinde zu betreuen.

Bei der rituellen Versammlung der anatolischen Aleviten geht es wohl darum,
1) eine kollektive Identität zu stiften, die über die ethischen Grenzen hinausgeht und religiös begründet wird. Die Frage ‚wer ein Alevit sei', bekommt eine Antwort, die gleichzeitig die Grenzen der anatolisch alevitischen Gemeinschaft markiert. Dabei bekommt der *Cem* eine wichtige Stellung. Somit wird die Bezeichnung „‚Alevit' als

---

458 Zu ausführlichen Informationen über die einzelnen Rituale bei dem Tod eines Gemeindemitglieds (S. 487–502) und über den *Cem* der Totentrauer siehe Seyit Derviş Tur, Erkânname, Rüsselsheim 2002, S. 503–507.
459 Die Terminierung der Festtage findet nach dem gregorianischen Kalender, Hiğra-Kalender oder Rumi-Kalender statt. Der Rumi-Kalender, der dem julianischen Kalender entspricht, war bis in die frühe türkische Republikzeit in Kraft und wird für den *Hızır Cemi* im Februar relevant. (s. Anmerkung 461 zu „Aşure"). Die Muḥarram-Feierlichkeiten orientierten sich an dem Hiğra-Kalender.
460 Der *Aşure*-Feierlichkeit (arab. *ʿāšūrāʾ*) geht im Monat Muḥarram dem zwölftägigen Fasten voraus und findet am 12. Tag dieser schiitischen Trauerzeit statt, dabei wird des Martyriums des Imamen Ḥusayn im Jahr 680 gedacht. Vgl. Philippe Marçais/Arent Jan Wensinck, „*ʿĀshūrā*", in: *Encyclopaedia of Islam*, Band I, Leiden ²1960, S. 705; Mahmoud Ayoub, „*ʿĀšūrāʾ*", in: *Encyclopaedia Iranica*, Band 2, London 2000, S. 874–876; *ʿĀšūrā* (türk. „Aşure") bezeichnet auch eine Süßspeise, die im Anschluss an das Fasten gekocht und verteilt wird.
461 Der als heilig verehrte Hızır steht im Mittelpunkt der Feierlichkeiten. Das Fest findet im Anschluss an ein dreitägiges Fasten im Februar während eines „Cem-Gottesdienstes mit einer besonderen *Hızır*-Liturgie" statt. Ismail Kaplan, Das Alevitentum, Köln 2004, S. 73. (Hervorhebung dort); Arent Jan Wensinck, „*Al-Khaḍir*", in: *Encyclopaedia of Islam*, Band IV, Leiden ²1978, S. 902–905.

Sammelbegriff auch für die Untergruppen wie *Kızılbaş*-Aleviten, *Bektaşi*-Aleviten, *Tahtacı*-Aleviten und weitere Gruppen [verwendet], da sie allen (sic!) den Gottesdienst ‚Cem' haben"[462]. Bei der Begründung der religiösen Identität gelten die Vorschriften des Weges, die im Zusammenhang von *al-insān al-kāmil* thematisiert wurden, als Richtschnur für alle Mitglieder. Somit wird ein Glaubenssystem aufgebaut, in dem die Vollinitiierten mit Rechten und Pflichten auf dem Weg der Vervollkommnung wandern. Es werden demnach alle, die den *Cem* feiern, zu den anatolischen Aleviten gezählt;

2) durch den *Cem* eine Quelle zu schaffen, an der und von der aus die Mitglieder der Gemeinschaft sich ihres Glaubens vergewissern und einander Trost und Hilfe spenden können. Gleichzeitig ist der *Cem* der Ort, an dem Missverständnisse, Streitigkeiten und Verfehlungen beseitigt werden und das harmonische, solidarische Zusammensein bekräftigt wird. Dafür ist die Einvernehmen-Praxis das wichtigste Instrument. Somit kann das Geglaubte durch das eigene Leben und das gemeinschaftliche Leben auch nach außen hin manifestiert werden.

Ein wichtiges Element des rituellen, religiösen Lebens der anatolischen Aleviten bildet der *Semah*-Tanz, auf den im Folgenden eingegangen wird.

3.1.2 *Semah* als transnationales Kommunikationsmittel und Leiter zum Himmel

Semah gehört zu den zwölf Diensten, die während der rituellen Versammlung der anatolischen Aleviten ausgeübt werden. Es handelt sich dabei um einen rituellen Tanz, der von Männern und Frauen durchgeführt wird. Die Tanzenden umkreisen sich und ahmen dabei einen Kranich nach. *Semah* wird nach der Lehre der anatolischen Aleviten auf den Ur-*Cem* zurückgeführt. *Buyruk* berichtet, dass Muhammad während seiner Rückreise aus dem Himmel auf die Versammlung der Vierzig traf und für die Anwesenden – mit Gottes Hilfe – aus einer Weintraube Sirup („şerbet") machte und ihnen zum Trinken gab. Danach sei er spontan

---

462 Ismail KAPLAN, Das Alevitentum, Köln 2004, S. 11 (Hervorhebung dort).

3.1 İman und İnanç

zum Tanz aufgestanden und mit ihm die Vierzig.[463] Die anatolischen Aleviten sehen hier den Ursprung des rituellen *Semah*-Tanzes.

Woher kommt aber die Bezeichnung *Semah*? Markus Dressler leitet das türkisch-arabische Wort *Semah* aus dem arabischen *samāʿ*[464] ab als „Hören".[465] Durch diese Ableitung wird m.E. jedoch nur eine Seite des Wortes akzentuiert und ein zweiter Aspekt, der in dem Wort *Semah* steckt, nicht berücksichtigt. Die türkische Schreibweise des Wortes *Semah* lässt eine zweite Ableitung aus dem Arabischen, nämlich aus *samāʿ* „Himmel" zu.[466] Das Wort *Semah* birgt in sich somit zwei Bedeutungen, die im anatolisch alevitischen Kontext harmonisch nebeneinander existieren und verdeutlichen, was eigentlich mit diesem rituellen Tanz gemeint ist.

Der Aspekt des Hörens richtet den Blick auf die Musik und die Sprache. Das *Saz*[467], ein türkisches Saiteninstrument, spielt in der rituellen Versammlung der anatolischen Aleviten eine besondere Rolle. In der *Cem*-Versammlung werden unter Verwendung der *Bağlama*[468] religiöse Gedichte („Deyiş") vorgetragen oder gesungen und der *Semah* getanzt. Die spirituell-religiöse Poesie[469] gibt meistens traditionelle Erzählungen

---

463 Vgl. *Buyruk II*, S. 60–61 und Kapitel C.1.2.1.
464 Das türkische Wort „Semah" kann auf zwei arabische Wörter *samāʿ* – aus den drei Radikalen *s-m-ʿ* und *samāʿ* ... zurückgeführt werden. In einem arabischen Lexikon finden sich folgende Erklärungen dazu: 1. *samāʿ* bedeutet: „Zuhören; Anhören (e-r S.); Anhören von Musik (bes. bei den Sūfīs); (*gramm.* und *lex.*) allgemein angenommener, eingebürgerter Sprachgebrauch"; 2. „*samāʿ* f., pl., *samāwāt* Himmel, Firmament | der höchste Himmel." Hans WEHR, Arabisches Wörterbuch für die Schriftsprache der Gegenwart. Arabisch-Deutsch. 5. Aufl. unter Mitwirkung von Lorenz KROPFITSCH neu bearbeitet und erweitert, Wiesbaden 1985, S. 598–599 und S. 601.
465 Vgl. Markus DRESSLER, *„Alevīs"*, in: *Encyclopaedia of Islam Three*, Leiden/Boston 1 (2008), S. 93–121, hier S. 113.
466 Das Schluss „h" im Wort „Semah" kann damit erklärt werden, dass die arabische Endung beim Wort *samāʿ* für einen Türkischsprachigen schwer auszusprechen ist. Siehe Anmerkung 465.
467 Dieses Musikinstrument mit sechs Saiten, dessen Klangkörper aus einem Stück Holz hergestellt ist, besteht aus Kastanien- oder Maulbeerholz. Verschiedene Varianten dieses Instruments werden „cura" oder „bağlama" genannt. Ausführliche Informationen über dieses Instrument bietet Ursula REINHARD/Tiago de Oliveira PINTO, Sänger und Poeten mit der Laute. Türkische Âşık und Ozan, Berlin 1989. Eine kurze historische Einführung in türkischer Sprache ist unter http://www.koeln-muzikokulu.de/muezik/baglama-tarihi.html (abgerufen 24.05.2010) abrufbar.
468 Beinahe jeder alevitische *Dede* kann dieses Instrument spielen. Ohne dieses Instrument ist kaum eine *Cem*-Versammlung denkbar.
469 Unter den anatolischen Aleviten gibt es verschiedene Bezeichnungen dafür: „Deme" („Gesagtes"), „Nefes" („Atem"), „Gülbenk" (laut vorgetragene „Fürbitte"), „Duvaz"

und religiöse Geschichten wieder. Häufige Themen sind dabei die Suche nach Wahrheit, die Tragödie von Karbala, in der al-Ḥusain starb, oder die Liebe zum Ahl al-Bayt, etc. Ein Gedicht von Yunus Emre kann hier als Beispiel für die im *Semah* verwendete Poesie angeführt werden:

Yörük değirmeni gibi dönerler	Sie drehen sich wie Mühlen der Nomaden
El ele vermişler Hakk'a giderler	Hand an Hand schreiten sie zu Gott
Gönül Kâbesini tavaf ederler	Sie umkreisen die Kaaba des Herzens
Muhammed'in küsü çalınır burda	Muhammads Enttäuschung erklingt hier
Ol sereverin demi sürünür burda	Der Atem seines Hauptes wird hier gepflegt
Gökteki melekler kanat açarlar	Die Engel im Himmel breiten ihre Flügel aus
Önde bir kılavuz Hakk'a uçarlar	Vorne ein Lotse fliegen sie zu Gott
Müminler üstüne rahmet saçarlar	Barmherzigkeit werfen sie über die Gläubigen aus
Muhammed'in küsü çalınır burda	Muhammads Enttäuschung erklingt hier
Ol sereverin demi sürünür burda	Der Atem seines Hauptes wird hier gepflegt
Derviş Yunus der ki gör n'oldu bana	Der Bettler Yunus sagt, schaut, was mir geschehen ist
Aşkın muhabbeti dokunur cana	Die Liebe Gottes berührt die Seele
Aklını başına devşir divâne	Sei wieder vernünftig, o Narr
Muhammed'in küsü çalınır burda	Muhammads Enttäuschung erklingt hier
Ol sereverin demi sürünür burda[470]	Der Atem seines Hauptes wird hier gepflegt

---

("Gebet"), "Mersiye" ("Gedichte", die entweder die Karbālā-Tragödie oder die Liebe zum Ahl al-Bayt thematisieren). Siehe das Glossar von Ismail KAPLAN, Das Alevitentum, Köln 2004, S. 177–186.

470 Das türkische Gedicht wurde entnommen Fuat BOZKURT, Semahlar: Alevi Dinsel Oyunları ("Die Semah: Religiöse Spiele der Aleviten"), Istanbul 2008, S. 116–117 (Hervorhebung dort).

Dieses Gedicht bietet gleichzeitig eine Andeutung, wie der *Semah*-Tanz von den anatolischen Aleviten verstanden wird. Es kommt darin aber auch der zweite Aspekt des *Semah*-Tanzes zum Ausdruck, nämlich das Motiv der Himmelsreise. Doch bevor diese Ausführung vertieft wird, soll hier noch ein Text angeführt werden, der Einblick in das anatolisch alevitische *Semah*-Verständnis gewährt. In der Gegenwart beschreiben einige anatolische Aleviten den *Semah*-Tanz als die Verbindung zwischen Gott, Mensch und Natur und sprechen von einer „Dreieinigkeit", die sich dadurch realisiert. Auf der Internetseite der *Alevi Toplumu Alevitische Gemeinde e.V.* ist Folgendes nachzulesen[471]:

„Wie wird getanzt? Der Semah wird von Frauen und Männern unterschiedlichen Alters (ohne Kinder unter vierzehn Jahren) praktiziert. Die Kleidung sollte aus den Alltagskleidern bestehen, weil es nicht auf die äußere, sondern auf die innere Vereinigung mit Gott und Natur ankommt. Die Semah-Mitglieder bewegen sich in einer kreisförmigen Figur. Dabei drehen sie sich zusätzlich um die eigene Achse. Die Handinnenfläche der rechten Hand zeigt nach oben und die linke Handinnenfläche ist auf den Boden gerichtet. Es finden keine körperlichen Kontakte, wie zum Beispiel Hände halten, zwischen den Teilnehmern statt. Die dabei dargestellte Figur, also das Drehen in einer ‚Kreisbahn' und das Drehen um die eigene Achse, symbolisiert nicht nur das Universum, wo die Planeten in einer Umlaufbahn um die Sonne und um ihre eigene Achse kreisen, sondern auch die ewigen Kreisläufe des Lebens und der Natur. Denn für die Aleviten ist die Dreieinigkeit von GOTT-MENSCH-NATUR ein sehr wichtiges Element ihrer Religion. Nur wenn alle drei vereint sind, also in Eins verschmolzen sind, kann man zur Wahrheit gelangen. Wenn man nur einen der drei als Schwerpunkt oder als das Höchste anpreist, so verschwindet die Harmonie zwischen allen drei[en], was dann zum Chaos führen kann. Die Aufgabe des Menschen ist also das Erreichen des ‚Eins-Werden[s]' mit Gott und Natur. Die Dreieinigkeit Gott-Mensch-Natur (nicht zu verwechseln mit der christ-

---

471 Die *Alevi Toplumu Alevitische Gemeinde e.V.* (abk. ATAG e.V.) wurde nach eigener Aussage von Studenten gegründet. Als Ziel wird angegeben „die Alevitische Lehre der Menschheit bekannt zu machen und anhand des Alevitischen Bewusstseins für eine friedvolle und Heile Welt zu arbeiten." Der Vereinssitz befindet sich in Stuttgart, Elwert Str. 9. Alle Informationen und das Zitat sind entnommen aus: http://www.alevitentum.de (abgerufen am 25.05.2010).

lichen Dreifaltigkeit) wird vo[n den] Semah-Teilnehmer[n] in dem Ritual symbolisiert. Die langsamen Rhythmen der SAZ (Langhals-Laute) zu Beginn des Semah, (sic!) führen jeden Teilnehmer des Cem's [in] einen mystischen Zustand. Nach und nach werden die Rhyt[h]men schneller und durch diese unterschiedliche[n] Phasen versucht der Semah-Teilnehmer den Zustand der Vereinigung von Gott-Mensch-Natur zu erreichen. Die nach oben und unten gerichteten Hände versuchen dabei symbolisch eine Verbindung/Vermittlung zwischen Erde und Gott darzustellen. Die Flugbewegung des bei den Aleviten heiligen Tieres, des Kranichs (Turna), wird ebenfalls nachgeahmt [...]."

Aus diesem Text können folgende Aspekte hervorgehoben werden:
1) Der *Semah*-Tanz ist für die anatolischen Aleviten eine symbolträchtige Ritualhandlung, in der der Haltung der Hände eine zentrale Bedeutung bekommt, denn „die Hand ist ein Instrument, das Gedanken ausführt."[472] Entsprechend der Hermeneutik dieser Gemeinschaft steht der Handrücken für das Klare, Deutliche, Sichtbare *(ẓāhirī)* und die Handinnenfläche für das Unsichtbare, Mystische, Innere, Verborgene *(bāṭinī)*. Der *Semah*-Tänzer blickt auf die Handinnenfläche, die er wie einen Spiegel vor sein Gesicht hält. In der anatolisch alevitischen Symbolik bedeutet diese Geste, dass der Mensch „Einsicht und Erkenntnis ins Innere des eigenen Ichs" hat. Er ist in der Lage, das Verborgene zu sehen und zu deuten.
2) Gleichzeitig hat der Mensch schlechthin – nach anatolisch-alevitischer Vorstellung – die Schlüsselfunktion, Gott und Natur zu vereinen. Dem obigen Text zufolge kommt erst durch die Zusammenkunft der Triade Gott, Mensch und Natur eine Art absolute Harmonie zustande. Womöglich möchte der Autor suggerieren, dass eine Harmonie zwischen der Triade eine Frucht der alevitischen Religion ist, die sich nur durch den Menschen verwirklichen kann. Somit muss der Mensch dafür Sorge tragen, dass diese Harmonie zustande kommt und bestehen bleibt, damit kein Chaos herrscht.
3) Die Erkenntnisse aus der modernen Astronomie werden herangezogen, um die religiös angenommenen Wahrheiten zu untermauern. Die Bewegungen von Galaxien und Planeten, wie sie im Uni-

---

472 Ismail KAPLAN, Das Alevitentum, Köln 2004, S. 79.

versum zu beobachten sind, stehen hier symbolhaft für „die ewigen Kreisläufe des Lebens und der Natur".[473]

4) Beim *Semah*-Tanz werden die synchronen Bewegungen des Kranichs nachgeahmt. Der Kranich wird unter den anatolischen Aleviten als heilig angesehen. In einem Gedicht meint Pir Sultan Abdal (16. Jh.), dass die Stimme des Kranichs eine „Gabe" von Ali sei.[474] In der alttürkischen Mythologie erscheint der Kranich als ein wachsames Tier, gilt als Bote des Frühlings, steht als Symbol für Langlebigkeit und Reinheit wegen seines weißen Gefieders.[475] Außerdem gilt das Tier in der fernöstlichen Mythologie als Glücksbringer und Sinnbild langen Lebens.

Der *Semah* als eine rituelle Handlung wird von einer gemischten Gruppe von Männern und Frauen ausgeführt. Durch den Klang des Saiteninstruments in Verbindung mit den gesungenen Liedern und den kreisförmigen Bewegungen um die eigene Achse geraten die *Semah*-Tänzer und die übrigen Anwesenden in eine ekstatische Entzückung. Für die Teilnehmer der Zeremonie beginnt wohl eine spirituelle Reise, die an die Himmelreise des islamischen Propheten Muhammad erinnert. Darin sehnen sie sich nach dem Ur-*Cem*, bei dem der Ur-*Semah* von den Vierzig getanzt wurde. Hier findet sich das anatolisch-alevitische Ideal von einer kosmischen Harmonie zwischen Jenseits und Diesseits wieder. Eine kosmische Harmonie besteht nach dem Verständnis dieser Gemeinschaft zwischen Gott, Mensch und Natur. Der anatolische Alevit ist daher darauf bedacht, diese Harmonie nicht zu zerstören. Durch den *Semah*-Tanz wird den Teilnehmern der rituellen Versammlung ermöglicht, die mystische Vereinigung schon in diesem Leben zu kosten. D. h. der *Semah*-Tanz bekommt eine Vermittlungsfunktion zwischen

---

473 Was im anatolisch alevitischen Kontext unter „Kreisläufe des Lebens und der Natur" verstanden wird, wird im folgenden Abschnitt im Zusammenhang von Emanation und Inkarnation weiter vertieft. Siehe Kapitel C.3.2.
474 Vgl. Pertev Naili BORATAV, Die türkische Mythologie. Die Mythologie der Ogusen und der Türken Anatoliens, Aserbaidschans, Turkmenistans, in: Egidius SCHMALZRIEDT/Hans-Wilhelm HAUSIG (Hrsg.), Wörterbuch der Mythologie in 7 Bänden 1990–1999, Band 7/1: Götter und Mythen in Zentralasien und Nordeurasien, Stuttgart 1999, S. 279–386, hier S. 364–365.
475 Vgl. Jean-Paul ROUX, Die alttürkische Mythologie, in: Egidius SCHMALZRIEDT/Hans Wilhelm HAUSIG (Hrsg.), Wörterbuch der Mythologie in 7 Bänden 1990–1999, Band 7/1: Götter und Mythen in Zentralasien und Nordeurasien, Stuttgart 1999, S. 173–278, hier S. 214 und 217.

„Erde und Gott"[476]. Die durch den *Semah*-Tanz erreichte Einheit zwischen Gott, Mensch und Natur ist kein Dauerzustand, sondern muss jedes Mal von neuem hergestellt werden, bis der Zustand des *al-insān al-kāmil* – der vollkommene Mensch – erreicht wird.

Ismail Kaplan betont, dass sich der *Semah*-Tanz der anatolischen Aleviten von einer gewöhnlichen Frömmigkeit der Sufis u. a. dadurch unterscheidet, dass hier bei den Teilnehmern des Rituals trotz der gesteigerten Emotionen und der Ergriffenheit keine ekstatische Bewusstlosigkeit eintritt. „Vielmehr wird der Geist durch minutiöse Beachtung kontrollierter Bewegungen in einem Zustand besonderer Klarheit geführt, der sich auf Verstand und Körper so stark auswirkt, dass am Ende alle drei Bereiche (Geist, Verstand und Körper) zu einem bewusstseinsintegrierenden Einssein geführt werden."[477] Man könnte allerdings fragen, ob sich nicht auch in solchen Erklärungen ein anatolisch-alevitischer Absetzungsreflex vom sunnitischen Islam nach dem Muster irrational-gegen-rational durchschlägt.

Der ATAG e.V. spricht in seiner Darstellung von einer „Dreieinigkeit" – m.E. ist der Begriff Triade zutreffender – von Gott, Welt und Natur. Bei Ismail Kaplan besteht die Triade, die zu einem Einssein geführt werden soll, aus Geist, Verstand und Körper. Die Schilderung Kaplans vermittelt den Eindruck, dass der Mensch durch den *Semah*-Tanz Raum und Zeit überwindet. Was er das „bewusstseinsintegrierende Einssein" nennt, scheint eine psychologisierende Formulierung der Erfahrung zu sein, dass das Göttliche im Menschen lebt. Durch den *Semah*-Tanz befreit sich der Mensch von den Fesseln seiner Kreatürlichkeit und überschreitet jegliche Begrenzung. Symbolhaft wird der Wille der Menschen zur Befreiung durch das Stampfen der Tanzenden dargestellt. In der anatolisch alevitischen Poesie wird das Besagte wie folgt ausgedrückt:

„*In mich passen zwei Welten,*
in nur eine passe ich nicht.
Ich bin eine freie Seele,
in Ort und Körper passe ich nicht gleichzeitig.

---

476 Ismail KAPLAN, Das Alevitentum, Köln 2004, S, 78.
477 Ebd., S. 77.

*Sei still und bleib zurück,
denn auch in Worte passe ich nicht.*"⁴⁷⁸

Nach Kaplan vollziehen die *Semah*-Tänzer symbolhaft die Reise von Muhammad in den siebten Himmel (türk. „miraç") in drei Schritten:
- Der erste Schritt führt aus der Welt und misst von Mekka nach Jerusalem.
- Der zweite Schritt führt aus dem Jenseits und misst vom Himmel bis zur Hölle.
- Der dritte Schritt führt zu Gott (vgl. Kaplan 2004, S. 78).

Auch hier steht am Ende der Reise, die symbolisch beim *Semah*-Tanz zurückgelegt wird, die *Unio mystica*. Demnach muss der anatolisch-alevitische Mensch nicht nach Mekka pilgern, um die Gegenwart Gottes besonders zu spüren, sondern seine Pilgerreise wird hier im Geiste, im Verborgenen (*bāṭinī*) vollzogen. Wohl aus diesem Grund wird im anatolisch-alevitischen Kontext häufig der *Semah*-Tanz mit der Pilgerreise nach Mekka bzw. zur Kaaba⁴⁷⁹ verglichen. Ein bekannter anatolisch alevitischer Spruch lautet: „*Benim Kabem insandır*"⁴⁸⁰ („Meine Kaaba ist der Mensch"). Damit ist ausgesprochen, was das Ziel einer wahrhaftigen Pilgerreise sein sollte: ein menschlicher Mensch zu werden, der bei sich selbst ankommt und zu den Menschen geht. Vor allem das Kreisen um die Kaaba wird mit dem *Semah*-Tanz verglichen. Im *Buyruk* wird über die mystische Pilgerreise, die in das Herz führt, Folgendes überliefert:

„Wer im Volk der Scharia [im sunnitisch-orthodoxen Islam] das nötige Geld hat, geht auf die Pilgerreise, legt eine [bestimmte] Strecke („yol yürür") zurück und besucht („tavaf", „ziyaret") das Haus Gottes („beytullâh", arab. *bayt Allāh*). Und um dem Feuer der Hölle („cehennem ateşi") zu entkommen, versucht er in das Innere der Kaaba („Kâbe") einzutreten. Aber der erhabene Gott sagt: Wer in mein Haus eintritt, wird vor jeglichem Missgeschick („belâ") si-

---

478 Ebd., S. 78. Es gibt keine Autorenangabe für dieses Gedicht.
479 Die Kaaba befindet sich ungefähr in der Mitte der großen Moschee in Mekka im heutigen Saudi Arabien. Für die Geschichte und die islamische Bedeutung der Kaaba siehe Arent Jan WENSINCK, „*Ka'ba*", in: *Handwörterbuch des Islam*, Leiden 1976, S. 236–244.
480 İsmail KAPLAN, İnancımız ve Direncimiz, Köln 2009, S. 40 (Hervorhebung dort).

cher („emin") sein, er wird von den Ängsten im Diesseits und Jenseits befreit. Dies also merke man sich gut: Das Haus des erhabenen Gottes („Hak Taalâ'nın Beytullâhı") ist das Herz der Gläubigen („mü'minlerin gönlüdür"). Der heilige Gesandte („Hz. Resûl") sagt: ‚Das Herz des Gläubigen ist das Haus Gottes („MÜ'MİNİN GÖNLÜ ALLAH'IN EVİDİR"). Das Herz des Gläubigen ist der Thron Gottes' („MÜ'MİNİN GÖNLÜ ALLAH'IN ARŞI'DIR"). Das Herz der Gläubigen ist das Sehvermögen („Nazargâhı'dır") Gottes.[481] [Gott] schaut aus Güte („inâyet"), Barmherzigkeit („merhamet") und Milde („şefkat") täglich siebzig Mal in das reine („hâlis") Herz. In wessen Herz es Gottesfurcht oder -liebe („Hak korkusu yahut sevgisi") gibt, dort zeigt sich die Wirkung („eser") dieses Blickes („bakış"). Und wenn es [Gottesfurcht oder -liebe] nicht gibt, ist er [jener Mensch] eine gebrochene Zunge („sınık dil'dir")[482] [also Lügner], jene Person hat ein Herz aus Stein („taş gönüllü'dür"). Ein Stein kann das Wasser nicht beeinflussen („etki"), und diese Person kann das Wort nicht beeinflussen.

Dies also merke man sich gut: In der Ordenstradition („tarîkat", arab. ṭarīqa) führt die Pilgerreise in das Herz des Wegweisers („Mürebbi").[483] Wer äußerlich zur Kaaba geht, schreitet den Weg zu Fuß, aber wer in die Kaaba des Herzens („Gönülün Kâbesi") eintritt, tut dies mit seinem Gesicht („yüzü üzerine yürür gider")[484]. Du sollst dich anstrengen, schnell mit deinem Herzen die Kaaba zu erreichen („Gönülle Kâbeye varasın", damit du Gott in seinem Haus sehen kannst! („Hakk'ı kendi evinde göresin!")[485]" (*Buyruk II*, S. 117).

Der Text zieht einen Vergleich zwischen dem orthodox islamischen Gebot der Pilgerfahrt zur Kaaba nach Mekka und der spirituell mys-

---

481 Die türkische Vorlage fügt in Klammern für diesen Satz folgende Erklärung: „Baktığı, göründüğü, bulunduğu yerdir". Das bedeutet, das Herz ist „der Ort, durch den Gott sieht („baktığı"), an dem er gesehen wird [und], wo er sich befindet".

482 Die türkische Vorlage fügt in Klammern für diesen Satz folgende Erklärung: „Kalbi temiz değil bozuktur" („Sein Herz ist nicht rein und kaputt").

483 D. h. der anatolische Alevit soll sich darum bemühen, sich seinem Meister gegenüber wohlgefällig zu verhalten.

484 Wörtlich heiß das: „er schreitet hinein auf seinem Gesicht". Hier scheint es sowohl um die Demut des Pilgers zu gehen, der sich niederwirft, als auch um das Antlitz als Sinnbild zwischenmenschlicher Begegnung.

485 Die türkische Vorlage ist an dieser Stelle nicht eindeutig; sie lässt eine zweite Übersetzung zu: „…, damit du Gott in *deinem* Haus sehen kannst" (Hervorhebung von T.G.M.).

tischen Pilgerreise in das Herz des Menschen im anatolischen Alevitentum. Die Kaaba wird als das „Haus Gottes" („beytullah", arab. *bayt Allāh*) bezeichnet. Die Bedeutung dieses Ortes für den orthodoxen Islam trat deutlicher ans Tageslicht, als Muhammad die Änderung der Gebetsrichtung von Jerusalem nach Mekka anordnete. Über das sogenannte *qibla*-Dekret[486] steht im Koran 2:144 Folgendes: „Wir sehen, daß du unschlüssig bist, wohin am Himmel du dich (beim Gebet) mit dem Gesicht wenden sollst. Darum wollen wir dich (jetzt) in eine Gebetsrichtung weisen, mit der du gern einverstanden sein wirst: Wende dich mit dem Gesicht in Richtung der heiligen Kultstätte (in Mekka)! Und wo immer ihr (Gläubigen) seid, da wendet euch mit dem Gesicht in diese Richtung! Diejenigen, die die Schrift erhalten haben, wissen, daß es die Wahrheit ist (und) von ihrem Herrn (kommt). Und Gott achtet sehr wohl auf das, was sie tun" (Übersetzung von Rudi Paret). Seit dieser Regelung gilt, dass alle Muslime sich beim täglichen rituellen Gebet nach Mekka zur Kaaba ausrichten sollen. Wohl auf dieses Gebot zielend wird im *Buyruk* erklärt, dass die Kaaba des Menschen sein inneres Herz sei und nicht das quadratische Haus im heutigen Saudi-Arabien. Der Text macht nicht nur die gebotene Pilgerreise, die ja zu den fünf Säulen des Islam zählt, obsolet, sondern kann auch als eine Grenzmarkierung verstanden werden. Denn wie damals Muhammad sich durch diese Anordnung von den Juden und Christen unterscheiden wollte, richten sich die anatolischen Aleviten, in der rituellen *Cem*-Versammlung beim Gebet nicht gen Mekka. Weder die Pilgerfahrt nach Mekka noch die Kaaba an sich spielen für das religiöse Leben der anatolischen Aleviten eine Rolle.

Das Herz ist – dem *Buyruk*-Text zufolge – die Kaaba, das Haus Gottes, wohin der anatolische Alevit pilgern soll. Es ist das Ziel der mystischen Pilgerreise im anatolisch-alevitischen Kontext. Indem das Herz als das Haus Gottes postuliert wird, meinen die anatolischen Aleviten wohl, das Ziel des Gebets sei Gott und nicht ein Ort oder Gebäude. Der Mensch soll sich Gott zuwenden, der die eigentliche Gebetsrichtung ist. Ein Derwisch sagt: „Das Herz, das der Ort der Erkenntnis ist, ist größer als die Ka'ba, die die Gebetsrichtung des Dienens ist. Die

---

[486] Vgl. Adel Theodor KHOURY (Hrsg.), Der Koran. Arabisch-Deutsch. Übersetzung und wissenschaftlicher Kommentar von Adel Theodor KHOURY, 12 Bände, Gütersloh 1990–2001, hier Band 2, 1991, S. 158–159.

Ka'ba ist das, wohin der Blick des Knechtes sich ständig richtet, und das Herz ist das, wohin der Blick Gottes sich ständig richtet."[487] Das Herz (arab. *qalb*) gehört zu den religiösen Grundvokabeln der anatolischen Aleviten.[488] Es ist die Mitte vom Physischen und Geistigen im Menschen, sozusagen der Treffpunkt von Leib und Seele. Daher kann das Herz als das Zentrum des Menschen betrachtet werden und für den ganzen Menschen stehen. Nach al-Ġazzālī ist das Herz ein Spiegel, in dem Gott sich dem Erkenner offenbart[489]. Deshalb gehört die Reinigung des Herzens[490] zu den Aufgaben des Menschen, und für die Erziehung und Vervollkommnung des Herzens gilt es, die Ratschläge des Meisters zu befolgen. Dem obigen Text zufolge ist das Herz ein Ort, eine religiöse Kraft, ein Spiegel, in dem man Gott schauen kann. Darüber hinaus ist es Gottes Wohnung und sein Thron. Nochmals sei betont: Indem der Text das Herz der Gläubigen als *das Haus* und *die Kaaba* Gottes bezeichnet, wird das orthodox islamische Gebot der Pilgerfahrt nach Mekka für den anatolischen Aleviten überholt. Denn Gott wohnt im Herzen der Gläubigen, und ihn dort zu entdecken gilt die Anstrengung, statt der Reise nach Mekka. Jener Mensch, mahnt der Text, in dessen Herzen Gott wohnt, braucht sich weder im Diesseits noch im Jenseits zu fürchten, denn wo Gott ist, gibt es für das Böse keinen Zutritt. Die folgende Ausführung eines schiitischen Derwischs zu den mystischen Pfaden vermittelt eine Sicht dessen, wofür der Ausdruck „Herz" steht:

> „Das Herz, nach außen hin ein zapfenförmiges Fleischstück, ist die Schatzkammer des Geliebten, sonst nichts. Das göttliche Geheimnis und die Schönheit der Wirklichkeit ist im siebten Gemach (*parda*,

---

487 Richard GRAMLICH, Die schiitischen Derwischorden Persiens II, Wiesbaden 1976, S. 119, Anmerkung 671.
488 Für den Gebrauch des Wortes Herz lassen sich aus dem Koran u. a. folgende Belege anführen: Es wird von Menschen, „die ein Herz haben" (50:37) oder von jemandem, „dessen Herz grob ist" (3:159), oder von einem „gesunden Herzen" (26:29) gesprochen. „Ein Herz haben", bedeutet dass der Gläubige wachsam ist, während er als Zeuge für die Wahrheit der Botschaft Gottes auftritt. Adel Theodor KHOURY (Hrsg.), Der Koran. Arabisch-Deutsch, Band 11, Gütersloh 2000, S. 439.
489 Vgl. Richard GRAMLICH, Die schiitischen Derwischorden Persiens II, Wiesbaden 1976, S. 75.
490 Unter Reinigung des Herzens wird die innere Reinheit des Menschen verstanden. Es reicht also zur Reinheit eines Menschen nicht nur, dass er sich äußerlich von Schmutz wäscht, sondern es gehört auch die innere Reinheit der Seele von jeglichem Bösen.

wörtl. ‚Vorhang') des Herzens als anvertrautes Gut verborgen. Da es der Ort Gottes *(ḥaqq)* ist, hat dort das Nichtige *(bāṭil)* keinen Zugang. Mit anderen Worten: Bis zum vierten Gemach des Herzens – das ist das vierte Tal des mystischen Pfades – sind die Menschen noch Einfällen des Teufels und Einflüsterungen der Triebseele ausgesetzt. Wenn wir aber durch die Tür der Armut und Entwerdung – die das sechste Tal des mystischen Pfades ist – in das Geheimnis des Bestehens *(baqā')* und das Geheimnis des Geheimnisses eingetreten sind, haben dort, wo ja der Ort der Wirklichkeit ist, der Satan und böse Vorstellungen keinen Zugang, und man ist vor ‚Einfällen' geschützt und sicher. Da das Herz der Ort des Geliebten ist, finden wir keine Ruhe, solange wir es an etwas anderes binden, und es wird sich auf die Suche machen nach dem, den es verlor."[491]

Versuchen wir, dem Gesagten eine zusammenhängende Aussage zu entnehmen:

1) Der *Semah*-Tanz ist mehr als folkloristische Darbietung; er ist im anatolisch-alevitischen Kontext eine mystische Gebetshaltung, die den Menschen durch das Kreisen um die eigene Achse und im Gebetskreis auf eine spirituelle Pilgerreise führt. Ziel dieser Pilgerreise ist das Herz, von dem angenommen wird, dass sich darin Gottes Haus und Thron befinden. Das Herz steht hier für die Mitte des Menschen, die sein Wesen ausmacht. Indem er nach Selbsterkenntnis strebt, vollzieht er auf dem mystischen Pfad seine Pilgerreise, die ihn in sein Herz führt, worin er das Einssein mit Gott spürt.
2) Zweck dieser Pilgerreise ist für die anatolischen Aleviten eine mystische Einheit der Triade Gott, Mensch und Natur herzustellen. Dabei spielt der Mensch eine Schlüsselrolle, da er in seiner Person eine Art Vermittlerposition zwischen Gott und der Natur einnimmt.
3) Ein zweiter Aspekt, der sich hier anschließt, ist, dass hier ein Eins-Werden von Gott und Mensch angestrebt wird, d. h. eine mystische Vereinigung zwischen den beiden geschehen soll. Es zeigt sich hier, dass der *Semah*-Tanz eben auch ein Mittel ist, um den Menschen zur Vervollkommnung zu führen. Der Mensch, der in der ekstati-

---

[491] Zitiert aus Richard GRAMLICH, Die schiitischen Derwischorden Persiens II, Wiesbaden 1976, S. 76.

schen Verzückung diese harmonische Einheit spürt, ahnt, was ihn nach *seinem Gang* zu Gott erwartet.
4) Die Verherrlichung des Menschen als die Kaaba dieser Gemeinschaft klingt in den Ohren der orthodox-islamischen Gemeinschaft ketzerisch. Sie kann auch als Grenzmarkierung zwischen dem orthodoxen Islam und der anatolisch-alevitischen Gemeinschaft gesehen werden. In dieser Abgrenzung zum orthodoxen Islam ist wohl auch ein Protestschrei einer unterdrückten Minorität herauszuhören, die sich in einem bewussten Befreiungsschlag neu orientiert: Wir wollen nicht mehr mit unseren Unterdrückern in die gleiche Richtung beten, sondern schaffen uns etwas Eigenes.

3.2 Emanation – Inkarnation

Von Emanation und Inkarnation sprechen die anatolischen Aleviten im Zusammenhang mit der Frage einer Vermittlung zwischen Gott und Menschen bzw. zwischen Gott und Welt. Im Folgenden geht es darum, die Verwendung beider Begriffe aus den Schriften und der Überlieferungstradition dieser Gemeinschaft zu verdeutlichen.

3.2.1 Emanation

Das aus dem lateinischen stammende Wort „emanatio" gehört zu den Schlüsselwörtern der Gnosis. Religionsgeschichtlich wird in Anlehnung an platonisches Denken die Weisheit „Ausfluß und Herrlichkeit des Allherrschers" genannt. Die gnostischen Autoren verwendeten gerne das Bild des Wassers, das aus einer Quelle wie durch die abgestuften Becken hellenistischer Brunnen herabfließt oder das Bild des Lichtes, um die Emanationsvorstellung zu verdeutlichen.[492] Mit der Emanationslehre versucht man, eine Erklärung für die Entstehung der Welt und das Verhältnis zwischen Schöpfer und Schöpfung zu liefern. Solche emanatorischen Vorstellungen können im Kontext der anatolisch-alevitischen Schriften in Bezug auf von Muhammad und Ali gesehen wer-

---

492 Vgl. Günther LORENZ, *„Emanation. I. Religionsgeschichtlich"*, in: *Religion in Geschichte und Gegenwart*, Band 2, Tübingen ⁴1999, Sp. 1243–1244, hier Sp. 1243.

3.2 Emanation – Inkarnation

den, d. h. die Erklärung von Ursprung bzw. Entstehung Muhammads und Alis weisen emanatorische Züge auf.

Die anatolisch-alevitische Schöpfungserzählung setzt bei der Erschaffung von Muhammad und Ali an. Im *Buyruk* heißt es dazu[493]:
„Der erhabene [und] heilige Gott („Hakk Taâlâ hazretleri") schuf aus seiner majestätischen Großzügigkeit und Gnade ein grünes Meer und warf dem Meer einen erziehenden Blick zu („terbiye nazar saldı"). Das Meer bewegte sich und brauste auf; heraus kam („dışarı çıktı") ein Juwel („cevher")[494]. Der erhabene [und] heilige Gott ergriff dieses Juwel und teilte es in zwei Teile; der eine war grün, der andere weiß. Der erhabene [und] heilige Gott stellte jene Lichter („nūr") in die wie eine Kuppel („kubbe") schwebende Laterne („kandil"). Das grüne Licht war von Muhammad Mustafa, das weiße von dem auserwählten Ali („Mürtezâ[495] Ali"). Diese wurden vor allen Seelen erschaffen. […] [Gabriel] sah zwei Lichter, die ein Leib geworden waren („TEK-VÜCUT olmuş"), das eine weiß, das andere grün. […] ‚ENE KÜNTÜ KENZEN MAHFİYYEN'[496], d. h. ‚ich war ein verborgener Schatz („gizli hazine idim") und wünschte mir, erkannt zu werden, ich liebte mich selbst („kendi kendimle muhabbet ettim") und schuf dieses Volk und offenbarte ihm meinen Schatz.' […] Bevor die Engel im Himmel, die Tafel, der Stift, der Sitz, das Paradies, die Hölle, der Weltraum („uzay")[497] waren, habe ich dreihundertzwanzigtausend Jahre vor der Erschaffung des Himmels- und Erden-Volkes mit meiner starken Hand aus dem Licht meiner Schönheit („cemâlimin nûrundan") die Seelen von Muhammad und Ali geschaffen, sodass sie meine ersten Geschöpfe waren. Denn am Ende der Zeiten werden sie auch wiederkommen. […] Danach wurde in dem gleichen Glanz des Lichts von Muhammad

---

493 Die hier in gekürzter Form wiedergegebene Textpassage wurde im Kapitel C.1.1.1 der vorliegenden Arbeit unter der Überschrift „eine apologetische Schöpfungserzählung" ausführlich behandelt.
494 Vgl. Michael KEENE/Michael JENKINS, „*Djawhar*", in: *Encyclopaedia of Islam*, Band XII (Supplement), Leiden ²2004, S. 250–262; vgl. auch Simon Van den BERGH, „*'ayn*", in: *Encyclopaedia of Islam*, Band I, Leiden ²1960, S. 784–785.
495 Dieses Ali-Epitheton bedeutet „der (bei Gott) Gefallen gefunden hat".
496 Bei dieser Wendung handelt es sich um ein in türkischer Lautung wiedergegebenes, Ḥadīṯ qudsī: *anā kuntu kanzan mahfīyan*.
497 Der Autor verwendet arabisch-türkischen Plural „semalar" d. h. „Himmel" und erklärt ihn mit dem modernen Wort „Weltraum".

und Ali eine Perle („inci") geschaffen. In dieser Perle weilten die Seelen von Muhammad und Ali. Man nannte diesen Ort Meer der Meere („Ummân-ı Uman")." (*Buyruk II*, S. 162–164).

Bei einer aufmerksamen Lektüre der Geschichte zeigen sich gnostische und philosophische Begriffe, die das ausdrücken, was unter Emanation verstanden wird. Denn der Begriff *Emanation* in der Bedeutung von „Ausfluss" kann im Türkischen mit „akıntı", „dökülme", oder mit technischen Worten wie „akış", „sızıntı" oder „çıkış" wiedergeben werden.[498] In der oben angefügten Geschichte steht das grüne Meer symbolhaft für Gott, aus dem ein Juwel *herauskommt*. Das Juwel, das aus dem Meer herauskommt, ist nicht geschaffen, sondern es fließt heraus. Es wird in zwei geteilt. Die grüne Hälfte wird mit Muhammad und die weiße Hälfte mit Ali identifiziert. Auffällig ist auch, dass Muhammad und Ali als Lichtwesen oder Lichtgestalten erscheinen. Das Licht ist wiederum eine beliebte gnostische Metapher.[499] Welche Erkenntnisse können noch aus dem Text gewonnen werden? Und sind Muhammad und Ali Geschöpfe oder Emanationen Gottes?

3.2.1.1 Muhammad und Ali als Strahlen des göttlichen Lichts

Die in der vorliegenden Arbeit behandelten Schriften der anatolischen Aleviten zeichnen in überwiegendem Maße ein Schöpfungsbild, das die Lehre von der *creatio ex nihilo* bejaht. Dennoch sind Stellen zu finden, die, wie am Bespiel des obigen Textes deutlich wird, Einflüsse aus dem philosophisch-gnostischen Umfeld zeigen oder starke Beeinflussung aufweisen. Nicht nur in den Schriften der anatolischen Aleviten, sondern auch in den gegenwärtigen Publikationen der Mitglieder dieser Gemeinschaft lassen sich diese Denktendenzen nachweisen. Wenn Ismail Kaplan stellvertretend für die Gemeinschaft der anatolischen Aleviten in Deutschland erklärt: „Aleviten glauben an eine Identität, eine geistige Gleichartigkeit zwischen Gott, Mohammed und Ali"[500], dann ist der Ursprung dieser Formulierung nicht im traditionell orthodoxen Islam zu suchen, sondern im *Buyruk*, genauer gesagt: in der

---

498 Vgl. Karl STEUERWALD, Deutsch – Türkisches Wörterbuch, 2 Bände, Istanbul 1998, S. 65–66.
499 Vgl. Heinz HALM, Die islamische Gnosis. Die extreme Schia und die 'Alawiten, München 1982, S. 36.
500 Ismail KAPLAN, Das Alevitentum, Köln 2004, S. 38.

3.2 Emanation – Inkarnation

oben angeführten Meer-Metapher (vgl. auch *Buyruk I*, S. 213–214). Diese Aussage Kaplans bringt die Emanationslehre im anatolisch-alevitischen Kontext auf den Punkt: Nämlich, dass Muhammad und Ali *Ausflüsse* Gottes sind. Sie sind nicht minderwertiger als Gott, sondern ihnen gebührt die gleiche Verehrung und sie gehören zum gleichen Licht.[501] Ein solches Verständnis erhöht beide Gestalten aus der Reihe der geschaffenen Wesen und stellt sie auf Seiten Gottes, von dem angenommen wird, dass er der Ursprung von allem ist. Muhammad und Ali wurden in der vorliegenden Arbeit entsprechend ihrer Bedeutung für diese Gemeinschaft als zwei Bestandteile der anatolisch-alevitischen Triade, die aus Gott, Muhammad und Ali besteht, charakterisiert. In den Ausführungen von Ismail Kaplan wird eine Gleichwertigkeit der Akteure in diesem Triaden-Verständnis stillschweigend vorausgesetzt, denn sonst wäre es nicht möglich zu erklären, weshalb Muhammad und Ali „in gleicher Weise" angebetet werden sollen. Dennoch bleibt noch eine Frage offen, nämlich, ob Muhammad und Ali als *Ausflüsse* von Gott für diesen zu einer Realitätsminderung führen, wie man andererseits angesichts der Tatsache, dass sie „nur" Ausflüsse Gottes sind, auch fragen kann, ob sie selbst gegenüber Gott eine Realitätsminderung erfahren. Ist das Emanierte aus der gleichen Substanz wie das Emanationsprinzip und subsistiert es als ein Teil von ihm? Umgekehrt stellt sich die Frage, ob durch die Emanation eine Realitätsmehrung auf Seiten des Emanationsprinzips erfolgt.

In den Ausführungen von Ismail Kaplan bleiben diese Fragen zunächst offen. Das graphische Schema des Gott-Welt-Verhältnisses bei Kaplan zeigt Muhammad und Ali zusammen in einem Kreis dargestellt. Beide sind durch einen Kreis symbolisiert, der gleichfarbig mit dem großen Kreis ist, der für Gott, also „Allah/Hak" steht.[502] Eine andere terminologische Auffälligkeit ist, dass Kaplan seine Schreibweise dieser Triade geändert hat. In seinem Buch von 2005 verwendete er durchgehend „Allah-Mohammed-Ali" zur Bezeichnung des besonderen Verhältnisses zwischen diesen, doch in seinem Werk, das er 2010 in Deutschland in türkischer Sprache veröffentlicht hat, begegnet dem Leser eine Schreibweise ohne trennende Bindezeichen, nämlich „HakMuhammetAli". Die drei Akteure werden nicht mehr durch

---

501 Vgl. ebd., S. 38.
502 Vgl. ebd., S. 58; İsmail KAPLAN, İnancımız ve Direncimiz, Köln 2009, S. 62.

Trennzeichen voneinander unterschieden, sondern sie verschmelzen zu einem Namen. Diese Änderung der terminologischen Schreibweise deutet auf eine Entwicklung innerhalb des Denksystems von Kaplan hin. Für ihn besteht hinsichtlich der Seins-Qualität in der Triade kein Unterschied, sondern Muhammad und Ali sind Emanationen Gottes, oder Emanationen dessen, was Kaplan unter „Wahrheit" („Hak") versteht. „Muhammad und Ali sind ein Teil des göttlichen Lichts und werden nicht getrennt. Sie sind heilig. Deshalb werden sie in der Graphik als heilige Kraft („kutsal güç") / die Wahrheit („Hakikat") berührend, dargestellt."[503] In den Darstellungen von Ismail Kaplan gibt es keine Anhaltspunkte dafür, dass Emanationsprinzip oder Emanate eine *Realitätsminderung* erfahren hätten.

Geschieht dann durch die Emanation eine Realitätsmehrung? Mit Ismail Kaplan kann die Frage mit Nein beantwortet werden, doch es gibt andere Stimmen aus dem anatolisch-alevitischen Kreis, die zu einem von diesem abweichenden Urteil kommen.

3.2.1.2 Die Wissensmehrung Gottes durch die Emanation oder Emanation als Notwendigkeit für die Selbsterkenntnis Gottes

Seyit Derviş Tur[504] und Esat Korkmaz[505] gehören zu jenen anatolischen Aleviten, die außerhalb der Türkei leben und sich auch zum anatolischen Alevitentum schriftstellerisch äußern. In ihren Schriften ist zwar nicht explizit von der Emanation Gottes die Rede, doch berühren sie in ihren katechetischen Ausführungen dieses Thema.

In seiner anatolisch-alevitischen ‚Gotteslehre' erklärt Seyit Derviş Tur, dass die Erschaffung des Menschen nicht aus dem Nichts geschehen ist. Der Mensch ist „entweder durch die Transformation des einen

---

503 „MuhammetAli, Hak'tan bir nur parçasıdır, ayrılmazlar. Onlar kutsaldırlar. Bu nedenle grafikte kutsal güce/Hakikate bitişik olarak gösterilmişlerdir." İsmail KAPLAN, İnancımız ve Direncimiz, Köln 2009, S. 63.
504 Siehe Anmerkung 137 für die biographischen Angaben von Seyit Derviş Tur.
505 Esat Korkmaz ist 1946 in Demirci bei Manisa geboren. Er studierte Forstwissenschaften an der Universität Istanbul. Wegen seiner sozialistischen Einstellung wurde er im Jahre 1980 aus dem staatlichen Dienst im Forstministerium („Orman Bakanlığı") suspendiert. Seitdem bezeichnet er sich als Autor und Forscher („Yazar-Araştırmacı") und hat zahlreiche Bücher und Artikel zum Thema Alevitentum verfasst. Korkmaz lebt in Frankreich. Vgl. Esat KORKMAZ, Yorumlu İmam Cafer Buyruğu, Istanbul ³2007, S. 6.

3.2 Emanation – Inkarnation

(„bir") und einzigen („tek") göttlichen Wesens („o ilahi varlık") von einem zum anderen Zustand („bir halden, başka bir hale") entstanden oder durch die Zerteilung des göttlichen Wesens selbst in kleinstmögliche Teile, wobei es sich in jedem kleinen Teil selbst widerspiegelt. Denn alles, was im Universum ist, ist eine Widerspiegelung und Spiegel für das Antlitz des Einen-Ganzen („o tek olan bütün")".[506]

Neben der Negierung der Lehre von der *creatio ex nihilo* ist der Aspekt der Zerteilung hervorzuheben. Demnach dividiert sich Gott in mehrere, nicht mehr teilbare kleine Teile und somit besteht das ganze Universum aus einem einzigen Wesen. Dieses klare pantheistische Gedankengut ist für den hier behandelten Zusammenhang u. a. deshalb von Bedeutung, weil hier eine Teilung des einen Wesens geschieht. Durch diese Teilung geschah nach Seyit Derviş Tur eine *Realitätsminderung*, d. h. das eine Ganze verteilt sich auf mehrere kleine Partikel, die sich erst mit der Zeit bewusst werden, dass sie göttlichen Ursprungs sind, ja das göttliche Wesen selbst sind. „Um das gut zu verstehen, muss das sogenannte Buch des Universums („,Kainat' denen kitab") sehr sorgfältig gelesen und erforscht („araştırmak") werden. Der Mensch selbst ist die Quelle („kaynak") dieses Buches."[507]

Nach Seyit Derviş Tur Dede entstand nichts zufällig, sondern nach dem Willen der Wahrheit („Hak'ın isteği"), d. h. Gottes. Zur Begründung des göttlichen Willens fügt er eine Stelle aus *Buyruk* an: „Ich war ein verborgener Schatz und wünschte mir, erkannt zu werden".[508] Damit handelt es sich bei diesem Emanationskonzept nicht um ein automatisches und blindes Hervorgehen, sondern zu diesem Konzept gehört das voluntative Moment dazu. Um seine Ausführungen von der Wesenseinheit allen Seins zu verdeutlichen, fügt der Autor mehrere Bespiele an, von denen hier eines wiedergegeben sei: „Stellt euch einen Baum vor. Dieser Baum hat Wurzeln, einen Stamm, Äste, Triebe, Blätter, Blüten und Früchte. Wie können wir Menschen uns verständlicher ausdrücken, um einen Aprikosenbaum zu beschreiben, wenn wir die

---

506 In der türkischen Vorlage lautet dieser Satz: „Bir ve tek olan o ilahi varlığın, kendisini bir halden, bir başka hale geçmesi ile meydana gelmiştir veya kendisini bölünebilecek en küçük parçalara bölmesi ver her küçük parça kendisini yansımasının şeklidir. Çünkü evrende var olan herşey, o tek olan bütünün tüm sırlarının yansıması ve cemalinin aynasıdır." Seyit Derviş Tur, Erkânname, Rüsselsheim 2002, S. 277.
507 Ebd.
508 Ebd., S. 275; vgl. auch *Buyruk II*, S. 162.

einzelnen Teile des Baumes aufzählen oder indem wir die Art des Baumes benennen? Natürlich können wir sein Wesen, wenn wir ihn Aprikosenbaum nennen, können wir sein Wesen exakter ausdrücken."[509]

Diesem pantheistischen Konzept zufolge liegt allem Sein das göttliche Wesen inne, aber nur der Mensch hat eine Partikel des göttlichen Geistes („Allah ruhunun bir zerresi") in sich, die ihn in die Lage versetzt, hinter allem das absolute Wesen, nämlich Gott zu sehen. Obwohl jedem Menschen diese Fähigkeit gegeben ist, kann diese alles durchdringende Einheit nur der vollkommene Mensch („İnsan-i Kâmil") erblicken. Als Bespiel für Personen, die diesen Zustand des vollkommenen Menschen erreicht haben, werden Al-Ḥusayn Ibn Manṣūr al-Ḥallāğ (gest. 922), Hacı Bektaş Veli (ca. 13. Jahrhundert), Kaygusuz Abdal (ca. 1341–1410) und Fuẓūlī (1495–1556) angeführt.

Die Ausführungen von Esat Korkmaz befürworten diesen Emanations-Pantheismus. Er räumt dem Emanierten die Möglichkeit ein, seinen Ursprung zu erweitern, d. h. er geht davon aus, dass in diesem System eine *Realitätsmehrung* stattfindet. Was bedeutet das? Zunächst ist anzumerken, dass Esat Korkmaz einen *Buyruk*-Kommentar erstellt hat, dessen Text an vielen Stellen von den *Buyruk I*- und *Buyruk II*-Ausgaben, die in der vorliegenden Arbeit vorgestellt wurden, abweicht. Zwar gibt Korkmaz an, der *Buyruk*-Ausgabe von Fuat Bozkurt aus dem Jahr 2006 zu folgen, jedoch sind bei genauerer Betrachtung zahlreiche Ergänzungen und Kürzungen des Textes festzustellen. Die für das hier behandelte Thema relevante Textpassage, die der kommentierten *Buyruk*-Ausgabe von Esat Korkmaz entnommen wurde, kann auch als Bespiel für die von ihm ergänzten Texte dienen. Unter der Überschrift „Anasır-ı Erbaa" findet sich folgender Text:

„Im Grunde besteht der Mensch aus vier Elementen („nesne"[510]), die ‚anasır-ı arbaa' genannt werden. Diese sind Feuer, Wind, Wasser und Erde. Diese vier Elemente basieren auf vier Böden („dört tabana oturur") und haben vier Funktionen. Das Feuer zieht den Menschen zum Schlechten hin („insanı kötülüğe sokar"); ein schlech-

---

509 Seyit Derviş TUR, Erkânname, Rüsselsheim 2002, S. 275.
510 Wörtlich bedeutet das türkische Wort „nesne" „Objekt", allerdings scheint dem Autor dieser Zeilen das Wort sinnvoller mit „Element" wiederzugeben, da es sich hier nicht um fassbare Objekte handelt und da Korkmaz selbst sogleich mit der osmanischen Pluralform „die vier Elemente" aufwartet.

tes Ego ist wie eine Verlängerung des Feuers. [...] Der Wind tadelt („azarlamak"); der Tadel ist eine Verlängerung des Windes. [...] Das Wasser gibt Inspiration („ilham") und Herz („gönül"); das Herz zu schenken („vermek") und es anzunehmen („kabul etmek") ist wie eine Verlängerung des Wassers. [...] Die Erde ermöglicht Gelassenheit („rahatlık"); der Seelenfriede („ruh huzuru") einer Person ist wie eine Verlängerung der Erde. Gott („Tanrı") hat das Paradies über der Erde gegründet. Erde bedeutet [ist] Adam; er ist das detaillierte Buch („ayrıntılı kitap") der höchsten Wissenschaft („en yüce bilim"). Gott sagt: ‚Wer sich kennt, kennt [auch] Gott'. Im Glauben ist die Erde der Šāh der Tapferkeit Ali („Şah-ı Merdan Ali"). Deshalb wird er mit dem Namen Ebu Turab erwähnt, d.h. ‚Sohn der Erde' („*toprak oğlu*")[511] [...]. Da die Erde das höchste Wesen („en yüce varlık") ist, das dem Menschenkind geboten wurde, bedeutet Erde, dass eine Person ihrer eigenen Essenz bewusst wird („kişinin kendi özünü bilmesi")".[512]

Bemerkenswert ist an dieser Textpassage nicht nur, dass hier die menschliche Selbsterkenntnis[513] mit Gotteserkenntnis gleichgesetzt wird, sondern auch die in einer Anmerkung von Korkmaz erfolgte Kommentierung. Nach einer knappen Definition des alevitisch-bektaschitischen Systems bietet der Autor eine Erklärung, wie die Vermittlung bzw. Kommunikation zwischen Gott und Welt bzw. zwischen Gott und Mensch gedacht werden kann.

„In der alevitisch-bektaschitischen Philosophie, die eine idealistisch-materialistische („idealizm-materyalizm") Zusammensetzung („bileşim") ist, gilt, dass Gott, das natürliche Element/das reine Juwel oder dessen Intellekt und Seele das Ende einer Kurven-Vertiefung („alçalan eğri") und der Anfang einer Kurven-Erhöhung („yükselen

---

511 Das Ali-Epiteton Ebu Turab übersetzt Korkmaz fälschlicher Weise ins Türkische mit „Sohn der Erde". Das Wort „Ebu" arabisch *Abū* bedeutet Vater, demnach musste die Übersetzung „Vater der Erde" heißen.
512 Esat KORKMAZ, Yorumlu İmam Cafer Buyruğu, Istanbul ³2007, S. 272–273 (Hervorhebung dort).
513 Bei den Sufi-Dervischen verbreitete Annahme, dass die Selbsterkenntnis zur Gotteserkenntnis führt, wird auf ein angebliches Prophetenwort zurückgeführt: *Man 'arafa nafsahū fa-qad 'arafa rabbahū*, bedeutet „wer sich erkennt, der erkennt seinen Herrn." Wahrscheinlich handelt sich um eine Übersetzung eines Wortes von Klemens von Alexandrien: ἑαυτὸν γὰρ ἐὰν γνῷ θεὸν εἴσεται. Richard GRAMLICH, Die schiitischen Derwischorden Persiens II, Wiesbaden 1976, S. 27, Anmerkung 100 (Literaturhinweis dort).

eğri") ist; das symbolisiert ein Entfremdungs-Stadium Gottes, in dem er seine Göttlichkeit nicht ausüben kann, da das natürliche Element/ das reine Juwel die letzte Kette dieser Entfremdung ist, [d. h.] weniger Gott ist („en az Tanrı'dır"). In der Philosophie wird das natürliche Element/ das reine Juwel durch die sogenannten anasır-ı arbaa ‚*vier Elemente*' *(„dört öğe")* vertreten. Diese sind Wasser, Wind, Feuer und Erde. Hacı Bektaş Veli gründet die Lehre von den vier Toren und vierzig Stufen auf der Grundlage dieser vier Elemente. Er springt von der Ebene des Glaubens („inanç") auf die Ebene des Intellekts („akıl"). Er wendet sich an die am wenigsten göttliche Substanz aufweisenden, d. h. am wenigsten Gott seienden Objekte. Da die in den Objekten enthaltene göttliche Substanz die Beziehungen zwischen diesen Objekten nicht lenken kann, führt er [Hacı Bektaş Veli] das ein, was sich als Naturgesetz oder als innere Dynamik eines nicht lebendigen Objekts [oder] als Instinkt eines lebendigen Wesens bemerkbar macht („dışa vuran"), nämlich als der als Naturgott („Doğatanrı") verehrte („kutsanan") ‚*Intellekt der Natur*' *(„doğanın aklını")* und als der sich in Form von Geist widerspiegelnde, als Menschengott („İnsantanrı") verehrte ‚*Intellekt des Menschen*' *(„insanın aklını")*. Er begründet eine ‚materiell-gesellschaftliche Welt-Sicht' („nesnel-toplumsal dünya görüşü"), die sowohl Natur als auch Gesellschaft umfasst und im mystischen Sinn Gott aus der Ignoranz („cehalet") rettet. In der Zeit nach diesem Punkt tritt ein Umschlag („çevrim") außerhalb des Wissens/der Lenkung Gottes vom Idealismus zum Materialismus ein; es beginnt ein Prozess („süreç"), der sich innerhalb seiner Gesetze/Bedingungen durch Entstehung-Entwicklung-Veränderung Schritt für Schritt aus der ‚Entfremdung' entfernt. Dieser Prozess ist eine andere Beschreibung des aristotelischen Konzepts des Akt-Potenz-Schemas der ‚Potenzialität-Aktualität'.

[...] Die Transformationen der Kurven-Erhöhungen vom Entstehungskreis („varoluş çemberi") entwickeln sich („evrilirler") vom Abstrakten („soyut") zum Konkreten („somut") hin. Dies[e Vorstellung] speist sich aus der Wahrnehmung („algılama"), dass alles um die Erde („dünya") kreist. Wie auf der Linie[514] eines Kreises, so treten auch die abstrakten Bewegungen in der Wahrnehmung her-

---

[514] In der türkischen Vorlage wird von einer imaginären „Linie des Kreises" („çember yayı") gesprochen.

3.2 Emanation – Inkarnation

vor; Atlas („atlas"), Sternbilder („burçlar"), Saturn („Zühal"), Jupiter („Müşteri"), Mars („Merih"), Sonne, Venus („Zühre"), Merkur („Utarit") und Mond gelten als göttliche Orte, an denen sich die über die neun Geister („dokuz ruh") und neun Intellekte („dokuz akıl") vermittelten Wissens-Anschauungen konkretisieren.[515] Aus diesen neun Himmelsetagen zeigen sich im Allgemeinen im Universum und im Besonderen in der [Erd]atmosphäre Hitze, Kälte, Dürre und Feuchtigkeit als die Vorzeichen eines elementaren Prozesses/Lebens an. Aus diesen vier Elementen in Verbindung mit den vier Eigenschaften entstehen drei Welten („âlem"), nämlich die Welt der Nichtlebendigen, die Welt der Pflanzen und die Welt der Tiere. Die Welt der Tiere zeigt sich als das neunte und letzte Evolutionsstadium und endet nach einem Stufe für Stufe höheren Aufstieg zu Gott bei *al-insān al-kāmil*, der den vollkommenen/reifen/perfekten Menschen darstellt.

Gott negiert gewissermaßen seine eigene Existenz, indem er sich in das natürliche Element/das reine Juwel, d. h. in Wasser, Wind, Feuer und Erde als Hitze, Kälte, Dürre und Feuchtigkeit transferiert. Gott ist ohnmächtig („aciz") zu erkennen („bilmek") [was geschieht], geschweige denn, dass er dies lenken könnte, wie bei einem materiellen Prozess, der sein Potenzial in sich trägt und von einem Platz zum anderen / von einem Stadium ins andere / von einer Stufe zur anderen übergeht. Wenn dieser Ausdruck passt, ist Gott im wahrsten Sinne des Wortes ein ‚Welt'-Ignorant („*dünya*' cahili"). Die ‚Welt', von der Gott nichts weiß, zu kennen/erfahren und seine eigene ‚*Ignoranz*' („kendi ‚*cehaletine*'") zu beenden, benötigt er den Menschen, der die meiste göttliche Essenz in sich trägt, d. h. der am meisten Gott ist. Generell durch den Menschen, im Besonderen mittels des vollkommenen Menschen im Glauben bekommt Gott die Gelegenheit, die Welt zu kennen/erfahren, die als vergängliche Scheinwahrheiten-Welt („dünya")verehrt wird, in Wahrheit aber nichts anderes ist als

---

515 Dieser freiübersetzte und nicht präzise Satz, lautet in der türkischen Vorlage folgendermaßen: „Her şeyin dünya çevresinde döndüğü algısıyla beslenen ve bir çember yayını izleyen hareketin soyutlanması olarak bilince çıkan zaman sürecinde;dokuz ruh, dokuz akla verilen bilgilerin görüntülerinin belirdiği tanrısal mekânlar olarak Atlas, Burçlar, Zühal, Müşteri, Merih, Güneş, Zühre, Utarit ve Ay biçiminde somutlanır."

ein materieller Prozess, in dem in der Bedeutung von Wesen und Tatsache die Elemente materielle Besonderheiten aufweisen."[516]
Die oben angeführten Ausführungen von Esat Korkmaz sind wenig präzise und an vielen Stellen erklärungsdürftig. Dennoch wird versucht, dem Text eine zusammenhängende Aussage zu entnehmen:

Esat Korkmaz legt allem Seienden vier Elemente – Feuer, Wind, Wasser und Erde – zugrunde und identifiziert jedes Element mit einem menschlichen Verhalten, das es verursacht oder prägt. Dabei fällt der Erde eine besondere Rolle zu. Wie es auch sprachlich naheliegt, wird Erde mit Adam gleichgesetzt und das Erforschen des Menschen für die höchste Wissenschaft erklärt. Ziel dieser Wissenschaft ist, Gott zu kennen bzw. zu erkennen; der Weg dazu führt aber durch den Menschen. Anders ausgedrückt: Indem der Mensch sich selbst erkennt, gelangt er zur Gotteserkenntnis. In einem zweiten Schritt beschreibt der Autor seine Sicht der Göttlichkeit und den Zusammenhang der Dinge mittels der „alevitisch-bektaschitischen Philosophie". Demnach muss man sich die Göttlichkeit als Kreis vorstellen. Der Kreis befindet sich in vertikaler Stellung, die gleichzeitig die Hierarchie verdeutlicht, nämlich je höher ein Element sich auf der oberen Hälfte des Kreises befindet, desto göttlicher ist es. Umgekehrt bedeutet dies, je niedriger ein Element sich auf der unteren Hälfte des Kreises befindet, umso weniger ist es göttlich. In diesem „idealistisch-materialistisch" genannten System ist die Fülle der Göttlichkeit im Zenit des Kreises, wo die vier Elemente zusammenkommen, angesiedelt. Doch ist die Göttlichkeit auf dem ganzen Kreis in geminderter Form zu finden. D. h. ein Element enthält im Nadir des Kreises den geringsten Anteil an Göttlichem. Der Autor unterteilt nun diesen Kreis in neun Himmelsetagen, die mit dem mythologischen Gesamtträger des Universums (Atlas), mit einem Planeten (Saturn etc.) oder einem anderen Himmelskörper (Sonne) identifiziert werden.

In Berufung auf Hacı Bektaş Veli unterscheidet Esat Korkmaz drei Arten der göttlichen Erscheinung, die jedem Element innewohnen, nämlich das *Naturgesetz* („doğa yasası"), der *Intellekt der Natur* („doğa aklı") und der *Intellekt des Menschen* („insan aklı"). Die drei Arten der göttlichen Erscheinung ermöglichen alles Seiende wiederum in drei Klassen zu unterteilen: Das Naturgesetz gilt für nicht lebendige Wesen.

---

516 Esat KORKMAZ, Yorumlu İmam Cafer Buyruğu, Istanbul ³2007, S. 274–276.

3.2 Emanation – Inkarnation

Der Intellekt der Natur gilt für Pflanzen und Tiere; der Intellekt des Menschen dagegen nur für den Menschen, da sich darin der göttliche Geist widerspiegelt. In diesem Denksystem wohnt das Göttliche in verschiedenen Formen den Objekten und Elementen inne, aber nicht vollkommen, sondern in geminderter Form. Da im Bereich des Naturgesetzes die Göttlichkeit so abgeschwächt ist und nichts bewirken kann, ist der Mensch der einzige Ort, an dem und durch den die Göttlichkeit mit der ‚Welt' kommunizieren kann. Aufgrund dieser Tatsache nennt Esat Korkmaz Gott „Welten-Ignorant" und räumt ihm die Möglichkeit ein, sein Wissensdefizit durch den Menschen, der sich zu einem vollkommenen Menschen entwickelt, zu überwinden. Der vollkommene Mensch bildet gleichzeitig die letzte Kette, das neunte Evolutionsstadium der Entwicklung vom Tier zum Menschen, der bei Gott ‚ankommt'. Durch die Vorstellung von einem Entstehungskreis („varoluş çemberi") wird ein Modell präsentiert, in dem sich die Dinge in einer bestimmten Dynamik zum Göttlichen hin entwickeln. Das bedeutet:

1) Esat Korkmaz vertritt hier einen klaren Evolutionspantheismus. Für ihn emaniert das Göttliche in allem Seienden und erfährt eine Realitätsminderung. Das Göttliche verharrt nicht in absoluter Selbstidentität und Einfachheit, sondern ist ständiger Veränderung unterworfen. Dadurch vermag das Göttliche weder irgendwelche Naturprozesse zu beeinflussen noch zu wissen, was auf der ‚Welt' vor sich geht.

2) Außerdem ist das Göttliche auf das erworbene Wissen des Menschen angewiesen, um überhaupt etwas zu erfahren und zu wissen. Durch die absolvierten Evolutionsstadien eignet sich der Mensch Wissen an, das ihn zu der letzten Stufe befähigt und dort zu einer Wissensquelle für das Göttliche wird. Nur dadurch kann das Göttliche die Welt erfahren.

3) Hervorzuheben ist in diesem System, dass Erde und Mensch gegenseitig auf sich verweisen und Ali als Vater der Erde („Ebu Turab") bezeichnet wird. Das deutet auf seine herausragende Gestalt, die hier Muhammad überlegen erscheint und in diesem System wohl für das Göttliche steht. Denn wie der *Buyruk*-Text suggeriert, ist die Erde das höchste dem Menschen anvertraute Gut, deshalb soll der Mensch sich seiner eigenen Essenz bewusst werden. Wenn also Adam Erde bedeutet und Ali Vater der Erde ist, dann steht Ali für nichts anderes als die innere göttliche Essenz im Menschen, die es zu entdecken gilt.

4) In diesem evolutionspantheistischen System wird von einer Entwicklung von nicht bzw. weniger Göttlichem zum Göttlichen hin gesprochen. Hier kann man fragen, ob auch innerhalb des Systems aus bestimmten Gründen ein Zurückfallen möglich ist, oder die Entwicklung wie in einer Einbahnstraße in einer Richtung verläuft.

5) In den Ausführungen von Esat Korkmaz wird kein Gottesbild beschrieben, das mit den monotheistischen Gottesvorstellungen kompatibel wäre, sondern Gott begegnet als Energie, Naturgesetz, oder menschlicher Intellekt.

6) Schließlich scheint der Hinweis des Autors auf Aristoteles den Eindruck erwecken zu wollen, dass seine Ausführungen philosophisch sind und somit das anatolische Alevitentum im philosophischen Denken begründet sei; da aber das unerwartete Auftauchen des Akt-Potenzschemas weder begründet noch einleuchtend ist, wirken solche Bemerkungen wie Imponiergehabe und wenig seriös. Auch der Hinweis auf die astrologischen Erkenntnisse zur Begründung seiner Theorie zielen wohl darauf, das anatolische Alevitentum als ‚modern', nämlich als vereinbar mit einer zeitgenössisch-naturwissenschaftlichen Denkweise darzustellen.

3.2.2 Inkarnation

Inkarnation bedeutet, wörtlich übersetzt, Fleischwerdung. Die Begriffs- und Wortbildung von Inkarnation ist in der christlichen Theologie des zweiten Jahrhunderts verankert. Der Inkarnationslehre liegt der Satz aus dem Johannesevangelium Kapitel 1,14 zugrunde, wo es heißt: ὁ λόγος σὰρξ ἐγένετο („Das Wort ward Fleisch"). Damit wird Jesus Christus als der präexistente göttliche Offenbarer verstanden, der als Offenbarung der unüberbietbaren Zuwendung und Gnade Gottes menschlich erfahrbar wurde.

Der vom Deutschen Idealismus universalisierte Inkarnations-Begriff[517] wird durch die moderne Religionswissenschaft aufgegriffen und insbesondere für die mannigfachen Abstiege eines Gottes in die Welt

---

517 Vgl. Peter HÜNERMANN, „Inkarnation. I. Begriffs- und Religionsgeschichte", in: *Lexikon für Theologie und Kirche*, Band 5, Freiburg im Breisgau ³1996, Sp. 498–500, hier Sp. 500.

3.2 Emanation – Inkarnation

verwendet. Somit bedarf die Verwendung des Begriffes Inkarnation einer gründlichen Klärung, ob das Wort für eine christlich verstandene Bedeutung oder eher für fernöstliche Vorstellungen steht. „Der religionswissenschaftliche und der christliche Gebrauch unterscheiden sich formal, weil in der Mitte des christlichen Verständnisses die Identität des gekreuzigten Jesus mit der Selbstmitteilung Gottes steht".[518]

Der mit der Verwendung des Begriffs Inkarnation verbundene Denkfehler besteht darin, dass man Manifestation – ein Gott zeigt sich in menschlicher Gestalt – mit dem Inkarnationsgeschehen – Bindung des Offenbarungsvorgangs als Selbstüberantwortung an eine bestimmte geschichtliche Größe – verwechselt.

Aufgrund dieser Unterscheidung ist zu klären, ob es im anatolisch-alevitischen Kontext eine analoge Vorstellung zum christlichen Verständnis von Inkarnation gibt. Im vorigen Kapitel wurde der von Esat Korkmaz vertretene Ansatz als Evolutionspantheismus bezeichnet. Bei seinen Ausführungen spricht der Autor vom „Mensch-Gott" („İnsantanrı")[519]. Auf den ersten Blick scheint zwar die Terminologie eine Ähnlichkeit mit dem christlichen Inkarnationsgedanken, nämlich mit der Menschwerdung Gottes[520], aufzuweisen, aber dies steht in dem verwendeten Kontext für den „Intellekt des Menschen" („İnsan aklı")[521], der das Göttliche im Menschen ist und als Antrieb des dort vertretenen Evolutionspantheismus gilt. Wenn anatolische Aleviten von der „Menschwerdung" sprechen, dann meinen sie nicht die Menschwerdung Gottes, d. h. Inkarnation, sondern eher, dass der Mensch die „heilige Kraft", oder die „lebensspendende Energie" Gottes, die ja in ihm ist, wiederentdeckt. „Der Glaube an die Menschwerdung: Die Aleviten glauben, dass jeder Mensch einen Teil der heiligen Kraft [d.i. Gott] in sich trägt, die er durch den richtigen Weg [d.i. der anatolisch-alevitische Weg, Anm. T.G.M.] wieder entdecken kann".[522] Die heilige Kraft, die der anatolische Alevit entdecken soll, ist das Sich-Bewusst-Werden,

---

518 Peter HÜNERMANN, „Inkarnation. I. Begriffs- und Religionsgeschichte", in: Lexikon für Theologie und Kirche, Band 5, Freiburg im Breisgau ³1996, Sp. 498–500, hier Sp. 500.
519 Esat KORKMAZ, Yorumlu İmam Cafer Buyruğu, Istanbul ³2007, S. 275.
520 Terminologisch könnte man dies mit dem arabischen Begriff ḥulūl beschreiben, jener Vorstellung, die von der Einwohnung Gottes im menschlichen Körper ausgeht. Vgl. dazu oben Kapitel C.1.1.1.
521 Esat KORKMAZ, Yorumlu İmam Cafer Buyruğu, Istanbul ³2007, S. 275.
522 LANDESINSTITUT FÜR SCHULE/ALEVITISCHE GEMEINDE IN DEUTSCHLAND (Hrsg.), Das Alevitentum. Informationen und Materialien für den Unterricht (nicht veröf-

dass er als Emanation Gottes eine Partikel von diesem in sich trägt. Seine Lebensaufgabe besteht darin, auf dem anatolisch-alevitischen Weg Läuterung zu erfahren, um diese Partikel Gottes, eben die heilige Kraft, in sich zu entdecken und damit die Menschwerdung zu vollziehen, nämlich *al-insān al-kāmil* zu werden.

Die hier knapp ausgeführten Beispiele zeigen, dass die Inkarnationsvorstellung, wie sie im Christentum vertreten wird, im anatolisch-alevitischen Kontext keine Entsprechung findet. Doch ist in einem anderen Zusammenhang durchaus von Inkarnation die Rede, und zwar im Sinne von Reinkarnation und Seelenwanderung. Im Folgenden geht es darum, die Vorstellungen beider Konzepte im anatolischen Alevitentum näher zu beleuchten

3.2.2.1 Seelenwanderung – Reinkarnation: „Deine Seele wandert heimlich von einem Haus ins andere"

Eine der unter den anatolischen Aleviten sehr verbreitete Erzählung über den Tod von Ali kann als Ausgangspunkt für die Vorstellungen der Mitglieder dieser Gemeinschaft von „Reinkarnation" (türk. „Reinkarnasyon") und „Seelenwanderung" („devriye") genommen werden. Um es gleichweg zu sagen, ist die Vorstellung von der Seelenwanderung eine unter den anatolischen Aleviten allgemein anerkannte Lehre[523], obwohl eine genauere Definition und das, was darunter zu verstehen ist, des Öfteren Klärungsbedarf aufweist. Die angekündigte Erzählung handelt von dem Vermächtnis des vierten Kalifen Ali und darüber, wie seine Söhne mit seinem Leichnam nach seinem Tod verfahren sollen.

„Am dritten Tag nach seiner Verletzung wurde der heilige Ali zum Märtyrer. Bevor er starb, hinterließ er ein Vermächtnis und sagte: *‚Wenn ich gestorben bin, wird ein Araber kommen, mich in einen*

---

fentlichter Vorabdruck), [2003], S. 35–36, zitiert nach Wilfried DETTLING, Das Religionsverständnis der anatolischen Aleviten in Deutschland, Rom 2006, S. 74.

523 Vgl. Fuat BOZKURT, Das Gebot. Mystischer Weg mit einem Freund, Hamburg 1988, S. 218; Ismail KAPLAN, Das Alevitentum, Köln 2004, S. 43–46. Mit den Mitgliedern der Alevitischen Gemeinde in Deutschland bezüglich dieses Themas geführte Interviews können als ein weiterer Beleg dafür dienen, wie verbreitet diese Lehre ist und wie selbstverständlich davon berichtet wird. Darauf gründend sagt Dettling, dass „die Vorstellung der Seelenwanderung ein allgemein akzeptiertes Faktum des [anatolisch-] alevitischen Glaubens ist". Wilfried DETTLING, Das Religionsverständnis der anatolischen Aleviten in Deutschland, Rom 2006, S. 78–85, hier S. 78.

3.2 Emanation – Inkarnation

Sarg legen auf sein Kamel laden und fortbringen. Niemand soll ihn daran hindern.' Als der heilige Ali starb, kam ein Araber, legte den Leichnam in einen Sarg, lud diesen auf sein Kamel und trug ihn fort. Sein [Alis] Sohn Ḥasan hielt sich weder an das Vermächtnis seines Vaters noch an die Ratschläge seines Bruders Ḥusayn und folgte dem Mann, der den Leichnam auf einem Kamel forttrug. Als er den Schleier von dem Gesicht des Arabers weggenommen hatte, sah er, dass dieser Ali selbst war, er [Ḥasan] blickte in den Sarg und sah, dass auch der im Sarg Liegende Ali war. Als in dem Moment das Kamel sprach: ‚*Habe ich euch nicht verboten, hinter dem Kamel herzugehen?*', erkannten sie[524] [Ḥasan und Ḥusayn], dass auch das Kamel der heilige Ali war."[525]

Die gleiche Erzählung findet sich in der in deutscher Sprache veröffentlichten *Buyruk*-Ausgabe von Fuat Bozkurt. Einleitend zu dieser Erzählung schreibt er:

„Das wichtigste aus dem Islam stammende Element des alevitischen Glaubens ist die Liebe zu Ali. Dabei versteht man darunter allerdings einen Ali, der sich von der historischen Figur stark unterscheidet. Für manche Dedes ist er niemand anderes als Muhammed selbst. Er hat die Welt niemals verlassen, sondern unter unterschiedlichen Namen für die rechte Ordnung gesorgt. Im alevitischen Verständnis vermischt sich die islamisch-historische Figur Alis mit den Führern und Helden der alten Türken, sodaß er gleichzeitig auch Oğuz Khan[526], Bilge Khan [ca. 683–734],

---

[524] Die Erzählung legt nahe anzunehmen, dass, obwohl Ḥusayn das Vermächtnis seines Vater nicht brechen will, seinen Bruder nicht aufhalten kann und doch mit ihm zusammen oder hinter ihm her, der Karavane folgt.

[525] İsmail KAPLAN, İnancımız ve Direncimiz, Köln 2009, S. 69, Anmerkung 38 (Hervorhebung dort). Eine ähnliche Geschichte wird in einer abgewandelten Form von Hacı Bektaş Veli erzählt. Vgl. *Vilayetname II*, S. 148–150.

[526] Es handelt sich um eine legendäre Gestalt, Oğuz Khan (türk. „Oğuz Han"), der ca. 150 v. Chr. gelebt haben soll. Er gilt als Vater aller Turkvölker. „In welcher Zeit ist Oğuz Khan („Oğuz Kağan") geboren? Wir können diese Zeit sehr früh, sogar als vor der Zeit datieren. Oğuz Khan ist mit der Erscheinung der Türken in der Weltgeschichte geboren… Seine Entstehungszeit gleicht der Entstehungszeit der Menschheit („Varolduğu zaman insanlığın varolduğu zamandır"). Seine Geburt ist göttlich („tanrısaldır"), seine Entwicklung außergewöhnlich („olağan üstü"). Als er ins heiratsfähige Alter kam, kam während er zu Gott betete die Tochter der Himmel („göklerin kızı") zu ihm herunter, oder das Licht („NUR") kam in der Gestalt von einem Mädchen („kız") zu ihm […]". Umar Ö. OFLAZ, Oğuzname („Legende der Oghuzen"). Köklere giden yol („Der Weg zu den Wurzeln"), Gaimersheim 2007, S. 28.

Dede Korkut⁵²⁷, Hacı Bektaş Veli oder Schach İsmail Hatâyi ist. Das hängt mit der Vorstellung von der Seelenwanderung *(devriye)* zusammen..."⁵²⁸
Diese Ausführungen Bozkurts belegen – wie schon erwähnt – die Selbstverständlichkeit dieser Lehre unter den Anhängern des anatolischen Alevitentums. Diese Vorstellungen wurden wohl aus der in der Geschichte erfahrenen Bedrängtheit heraus entwickelt, worauf sie auch hinweisen. Denn wie die schiitische Annahme, dass der entrückte Imam als Mahdi zurückkehren und eine Befreiung aus der Unterdrückung herbeiführen wird, scheint auch bei den anatolischen Aleviten der Glaube an die Seelenwanderung ein Zeichen der Hoffnung geworden zu sein.

Aber was ist damit gemeint, bzw. welche Konsequenzen ergeben sich für das menschliche Leben daraus? Was bedeutet diese Lehre darüber hinaus im Hinblick auf die Vermittlung zwischen Gott und Mensch?

Das hier behandelte Thema berührt die anatolisch-alevitische Vorstellung von der Unsterblichkeit der Seele; darauf wurde ausführlich im Kapitel C.2.2.3 eingegangen. Für den Tübinger Islamwissenschaftler Heinz Halm ist die Lehre von der Seelenwanderung ein kosmogonisch-soteriologischer Mythos, ein Kennzeichen der islamischen Gnosis, die mit folgenden Elementen in Zusammenhang gebracht wird: „[...] die Entfaltung des einen, unbekannten Gottes zu einem vielgestaltigen, oft in Pentaden geordneten Pleroma, die Entstehung des Kosmos aus einem Akt rebellischer Überheblichkeit *(istikbār)* oder schuldhaften Vergessens *(nasy, nisyān)*, oft auch die Erschaffung des Kosmos durch einen subalternen Demiurgen, die Fremdheit der menschlichen Seelen in der Welt, meist als Folge eines Abstiegs oder Sturzes *(habṭ)*, die erzwungene Wanderung *(tanāsuḥ)* der unerlösten Seelen durch mehrere

---

527 Dede Korkut („Großvater Korkut") ist die Hauptfigur in dem gleichnamigen türkischen Nationalepos. Das Werk ist ein wohl im 15. Jahrhundert zusammengestellter Erzählzyklus aus zwölf Geschichten. Dede Korkut spielt bei jeder Geschichte die Hauptfigur. Vgl. Hendrik BOESCHOTEN (Hrsg.), Das Buch des Dede Korkut. Heldenerzählungen aus dem türkischen Mittelalter, (Reclam Bibliothek), Stuttgart 2008.
528 Fuat BOZKURT, Das Gebot. Mystischer Weg mit einem Freund, Hamburg 1988, S. 218 (Hervorhebung dort). Die von Bozkurt wiedergegebene Version der obigen Geschichte weicht von Kaplans Darstellung hinsichtlich des Todeszeitpunktes und der ethnischen Herkunft des Mannes ab. Bozkurt spricht einfach von einem „Mann", der den Leichnam abholen soll und nicht von einem „Araber" wie Kaplan.

3.2 Emanation – Inkarnation

körperliche ‚Hüllen' *(ẓarf, haykal)*, ‚Formen' *(qālab)* oder ‚Gewänder' *(qamīṣ)*, ihre schließliche Erlösung, ihr ‚Entrinnen' *(naǧāt)* als Folge der ‚Erkenntnis', der Gnosis (*'ilm*, gelegentlich auch *ma'rifa*), und ihre Heimkehr zum Ursprung."[529] Halm charakterisiert die Vorstellung der Seelenwanderung als ein schiitisches Phänomen, das durch die Erwartung der Wiederkehr *(raǧ'a)* des entrückten Imams als Mahdi, des Rechtgeleiteten genährt wird. Im Zentrum dieser chiliastischen Heilserwartung steht 'Alī b. Abī Ṭālib. Die anatolisch-alevitische Überlieferung über seinen Tod muss wohl in diesem Zusammenhang gelesen werden. Gleich nach dem Ableben von Ali verbreitete sich der Glaube unter seinen Gefolgsleuten, Ali sei nur „entrückt" und nicht wirklich tot, er werde zurückkehren und die irakische Opposition siegreich gegen die Dynastie der Umayyaden (661–750) führen, denn nur die Leute des Prophetenhauses *(ahl al-Bayt)* seien die rechtmäßigen Führer der islamischen Gemeinschaft. Dieser Glaube an die *raǧ'a* wurde – wie es scheint – dann auf die Nachkommen Alis, die als rechtmäßige Imame angesehen werden, übertragen; die *raǧ'a* wurde zum Symbol der Hoffnung der irakischen Opposition.[530] Hierhin gehört auch die Vorstellung, der Glaube an *tanāsuḫ* (Verbalsubstantiv des 6. Stammes von *nasaḫa*, „aufeinanderfolgen"), eben die Seelenwanderung, die die aufeinanderfolgenden Wiedergeburten bezeichnet.

Die anatolisch-alevitische Lehre von der Seelenwanderung gründet sich auf die Annahme, dass Ali nicht stirbt, sondern wiederkommt und in Gestalt der Imame weiterlebt. Das ist der Ausgangspunkt für die Entfaltung dieser Lehre: „Diese Religion [das anatolische Alevitentum] gründet sich gleichzeitig auf den Glauben, dass die Seele („ruh") von jeher in einer Welt unzähliger Wesen ständig umherwandert (rein-

---

529 Heinz HALM, Die islamische Gnosis. Die extreme Schia und die 'Alawiten, München 1982, S. 14.
530 Vgl. Marshall G. S. HODGSON, „*Ghulāt*", in: *Encyclopaedia of Islam*, Band II, Leiden ²1965, S. 1093–1095, hier S. 1094. *Ġalī* ist eine Bezeichnung für jemand „der übertreibt, über die Grenze und Maß hinaus geht" (ebd. S. 1093). Als „Übertreiber" *(ġulāt, ġalīya)* wurden diejenigen alidischen Gruppen im Irak bezeichnet, von denen einige die Reinkarnation annahmen und die Hauptträger der anti-umaiyadischen Strömungen waren. Sie wurden erst später, etwa im 8. Jahrhundert, von der schiitischen Orthodoxie aufgrund ihrer extremistischen Anschauungen mit dieser Bezeichnung disqualifiziert. Als Kennzeichen der „Übertreibung" *(ġulūw)* gelten vor allem die Vergöttlichung Alis und der Imame: ein Glaube, der sich zwangsläufig aus der Erwartung der Wiederkehr des Imams ergeben musste. Vgl. Rainer FREITAG, Seelenwanderung in der islamischen Häresie, Berlin 1985, S. 4.

carnation). [...] Denn Hatayi sagt in einem Gedicht: ‚*In Tausenden von Körpern kreiste Ali*'".⁵³¹ Wahrscheinlich hat sich die Annahme der Seelenwanderung stufenweise verbreitet, nämlich ausgehend von dem Gedanken, dass es Gott ist, der sich von einem in den andern menschlichen Körper begibt. Die *Buyruk*-Schriften kennen diese Vorstellung. Im *Buyruk II* heißt es, „das in allem Kreisende ist der Kreislauf Gottes selbst" („Herşeyde dönüp dolaşan, Tanrının dönmesi dolaşmasıdır" (*Buyruk II*, S. 186). Und *Buyruk I* zählt die verschiedenen besonderen Weisen, durch die Gott sich zeigt, auf: „Denn der Erhabene („Taalâ Hazretleri") zeigt sich seinen Geschöpfen, die gläubig („Mümin") und ergeben („Müslim"), Dervische („Derviş") und Sufis sind, in sieben Gestalten (yedi suret"): Erstens in seiner eigenen Gestalt; zweitens in der Gestalt des Meisters; drittens in der Gestalt des Lehrers; viertens in der Gestalt, die er liebt[;] fünftens in der Gestalt eines unschuldigen vierzehnjährigen Jünglings; sechstens in der Gestalt seiner Liebe; siebtens in der Gestalt des 33-jährigen Paradiesbewohners."⁵³²

Vor allem die Gestalten Nummer zwei, drei und vier bieten einen weiten Spekulationsraum, in wem und durch wen sich Gott denn nun zeigt. Zweifellos gilt unter den anatolischen Aleviten Ali als der Hauptlehrer und Meister, und es kann davon ausgegangen werden, dass er eine Gestalt ist, die Gott liebt. Daher überrascht der Glaube daran nicht, dass Ali nicht gestorben ist, nicht aufhört zu existieren, sondern in den Imamen weiterlebt. Der Kreis derjenigen, die neben den Imamen nicht sterben, wird auf die Lehrer erweitert, bis die Seelenwanderung schließlich nicht nur Ali nachgesagt wird, sondern auch anderen Menschen.

Es gilt in diesem Glauben, dass jede Seele, nachdem sie in einem bestimmten Körper eine Weile verbracht hat, sich von diesem trennt und in einen anderen Körper hinüberwechselt („don değiştirmek",

---

531 Irène MÉLIKOFF, Uyur idik uyardılar („Wir schliefen und wurden gewarnt"). Alevilik – Bektaşilik Ataştırmaları („Untersuchungen zum Alevitentum – Bektaschitentum"). Çeviren ([Aus dem Französischen] „übersetzt von") Turan KIRIMLI, Istanbul 1993, S. 61.

532 „Zira Taalâ Hazretleri Mümin ve Müslim ve derviş ve sûfî kullarına yedi kimsenin suretinde görünür. Birinci: kendi suretinde[.] İkinci: ustad *(ustaḏ)* suretinde görünür. Üçüncü: pir suretinde görünür. Dördüncü: kendinin sevdiği suretinde görünür. Beşinci: On dört yaşında masûm pâk suretinde görünür. Altıncı: Muhabbeti suretinde görünür. Yedinci: Otuzüç yaşında cennet ehli suretinde görünür." *Buyruk I*, S. 146.

3.2 Emanation – Inkarnation

oder „devriye").[533] Wenn heute Mitglieder der anatolisch-alevitischen Gemeinschaft über diesen Aspekt ihres Glaubens sprechen, klingt das so: „In diesem Leben bin ich hier, bezüglich unserer Seele aber glauben wir, dass es außer dieser hier auch noch andere Welten gibt ... denn der Körper kann zwar sterben, die Seele aber lebt [weiter, Anm. T.G.M.] und sie wird immer [weiter, T.G.M.] leben ... So sagt zum Bespiel Hacı Bektaş: ‚Wenn du Mensch bist, dann stirbst du nicht'... Ich meine damit, dass die Seele wiedergeboren („yeniden doğma") wird und dass sie von einem Körper zum anderen wandert. Und sie kann überall wiedergeboren werden ... bis wir die Stufe der Vollkommenheit erreicht haben."[534] Zwar reduziert diese Ausführung von Dede Hasan Kılavuz, in Berufung auf Hacı Bektaş, den Menschen auf seine geistige Existenz, weil der Körper nur zu einer austauschbaren äußeren Hülle wird, lenkt aber den Blick auf einen weiteren Kontext, mit dem die Lehre der Seelenwanderung in Zusammenhang steht, nämlich die Vervollkommnung des Menschen. Wie im Kapitel C.2 der vorliegenden Arbeit dargelegt wurde, ist das Ziel eines jeden Menschen bei den anatolischen Aleviten, die Vollkommenheit zu erreichen. „Das Ziel, das der Mensch in seinem Leben hat[,] ist klar. Er soll vollkommen werden; und das kann er hier auf Erden erreichen [...] Und man kommt so lange – immer wieder – auf die Erde zurück, bis die Vollkommenheit erreicht ist."[535] Der Mensch, der das Ziel vor Augen hat, *al-insān al-kāmil* zu werden, soll angesichts der vielen Anstrengungen auf dem mystischen Pfad nicht resignieren, denn seine Mühe ist nicht umsonst. Er hat nach seinem Tod die Möglichkeit, – allerdings in einer anderen menschlichen Gestalt – seine Wanderung auf dem Pfad fortzusetzen, wenn er sich davor an die Regeln des Weges gehalten hat. So muss er nicht resignieren und kann hoffen, dass er irgendwann das Ziel erreichen wird. Obwohl Ismail Kaplan sich den Begriff Reinkarnation nicht aneignen möchte, bestätigt er doch „auf jeden Fall, dass die Seelen die Möglichkeit haben, sich zu vervollkommnen und bis diese Vervollkommnung abgeschlossen ist,

---

533 Vgl. Ismail KAPLAN, Das Alevitentum, Köln 2004, S. 44.
534 Interview mit Hasan Kılavuz, Vorsitzender des Geistlichen Rates der Alevitischen Gemeinde in Deutschland e.V. (AABF) am 21.12.2004, zitiert nach Wilfried DETTLING, Das Religionsverständnis der anatolischen Aleviten in Deutschland, Rom 2006, S. 78.
535 Interview mit Kemal Süzgeç, Künstler, Alevitisches Kulturzentrum Mannheim (AKM) am 15.10.2004, zitiert nach Wilfried DETTLING, Das Religionsverständnis der anatolischen Aleviten in Deutschland, Rom 2006, S. 79–80.

kann die Seele immer wieder [auf die Welt, Anm. T.G.M.] kommen".⁵³⁶ Es steht somit fest, dass die Lehre von der Reinkarnation bzw. Seelenwanderung ein fester Bestandteil der *al-insān al-kāmil*-Lehre ist und auch ohne Hemmung von den Vertretern der anatolisch-alevitischen Gemeinschaft aus der eigenen Tradition heraus begründet wird.

Sinan Erbektaş verwendet den Begriff Reinkarnation völlig selbstverständlich und erklärt: „Den Gedanken der Reinkarnation finden wir ganz klar in unserer Tradition. ... die Aleviten glauben an die Reinkarnation, an die Wiedergeburt"⁵³⁷. Auch Kemal Süzgeç zeigt sich bei der Verwendung des Begriffs offensiv: „[...] die Menschheit braucht die Reinkarnation von beispielhaften Menschen; denn nur dadurch entwickelt sich der Mensch weiter. [...] dass sich Ali zum Beispiel immer wieder in einem anderen Gesicht oder Körper zeigt; und dadurch konnte die Vollkommenheit Gottes immer wieder erkannt werden und so wurden die Menschen immer wieder auf den richtigen Weg zurückgeführt".⁵³⁸ Als Garant dafür, dass die Vollkommenheit Gottes nicht vergessen wird, erscheint Ali immer wieder in einer anderen Gestalt. Auffällig ist hier, dass Ali auf die Welt kommt, und nicht Muhammad. Steht denn Ali Gott näher als Muhammad? Wegen seines tragischen Todes hinterließ Ali offenbar mehr Fragezeichen, mehr Sehnsucht nach seiner Gegenwart, mehr Verlangen, dass sein ungerechtes Sterben durch Wiederkehr ausgeglichen würde.

Aber was passiert mit einem Menschen, der sich in einem Leben nicht an die Regeln des mystischen Pfades hält? Welche Konsequenzen erwarten ihn?

3.2.2.2 Heute sterbe ich, und morgen komme ich zurück

Aşık Mahzuni Şerif skandiert in einem oben zitierten Lied⁵³⁹:

| Ben Mehdi değilim ama erenler | Zwar bin ich kein Mahdi, o Ihr Heiligen |

---

536 Interview mit Ismail Kaplan, Bildungsbeauftragter der Alevitischen Gemeinde in Deutschland e.V. (AABF) am 09.12.2004, zitiert nach Wilfried DETTLING, Das Religionsverständnis der anatolischen Aleviten in Deutschland, Rom 2006, S. 79.
537 Zitiert nach Wilfried DETTLING, Das Religionsverständnis der anatolischen Aleviten in Deutschland, Rom 2006, S. 81.
538 Zitiert nach Wilfried DETTLING, Das Religionsverständnis der anatolischen Aleviten in Deutschland, Rom 2006, S. 82.
539 Siehe Kapitel C.2.2.3.

3.2 Emanation – Inkarnation

Bugün ölür yarın yine gelirim	Heute sterbe ich, und morgen komme ich zurück
Ya bir ceylan canda ya bir çiçekte	Entweder als Seele einer Gazelle oder einer Blume
Değişerek başka sene yine gelirim[540]	Umgewandelt komme ich in einer anderen Zeit wieder.

Wenn ein Mensch durch mehrere Reinkarnationen seine Reise auf dem mystischen Pfad fortsetzt, kann man davon ausgehen, dass der Weg nicht immer nur zu den höheren Stufen führt. D. h. neben einem Aufstieg muss es für denjenigen, der sich nicht an die Regeln des Weges hält, ein Absteigen geben. Das kann einerseits als Strafe, andererseits als eine weitere Möglichkeit gesehen werden, sich intensiver an die Vorschriften zu halten. In diesem Zusammenhang wird der Vierzeiler von Aşık Mahzuni Şerif verständlicher, denn seine Betonung, dass er kein Mahdi sei, ist als Bekenntnis zu verstehen, dass er sich noch auf dem mystischen Pfad befindet. Seine zweite Zeile deutet auf den Weg, den er noch vor sich hat. Des Weiteren drückt er die Ungewissheit aus, in welcher Gestalt er im nächsten Leben wiedergeboren wird. Somit räumt er die Möglichkeit ein, statt als Mensch als Tier oder Pflanze auf die Welt zu kommen. *Buyruk* schärft ein, dass derjenige, der sich nicht an die Regeln des Weges hält, wie ein Ungläubiger zu behandeln ist. Damit steht diese Person außerhalb der anatolisch-alevitischen Gemeinschaft (*Buyruk II*, S. 143). Entsprechend glauben die Mitglieder dieser Gemeinschaft, dass eine Seele („can"), die es nicht verdient hat, in einen menschlichen Körper überzugehen, als Tier oder Pflanze wiedergeboren wird.[541] Wobei die anatolischen Aleviten zwischen „glückbringenden Tieren" („uğurlu hayvanlar") und „unglückverheißenden Tieren" („uğursuz hayvanlar") unterscheiden.[542] Zur ersten Kategorie

---

540 Der türkische Text ist entnommen aus Ismail KAPLAN, Das Alevitentum, Köln 2004, S. 45.
541 İsmail KAPLAN, İnancımız ve Direncimiz, Köln 2009, S. 61–62; Vgl. auch das Interview mit Sinan Erbektaş, worin er ausdrücklich die Möglichkeit einräumt, dass eine Seele in einem anderen Leben als Tier oder Pflanze geboren werden kann. Wilfried DETTLING, Das Religionsverständnis der anatolischen Aleviten in Deutschland, Rom 2006, S. 81; Wobei die anatolischen Aleviten zwischen „glückbringenden Tiere" und „unglückverheißenden Tiere" unterscheiden.
542 Die folgende Aufzählung von Tierarten ist auch in diesem Werk verzeichnet. Fuat BOZKURT, Das Gebot. Mystischer Weg mit einem Freund, Hamburg 1988, S. 215–217.

gehören Kranich, Taube, Hirsch, Wolf, Pferd und Gans, dagegen gelten Hase, Rebhuhn und Maultier als unglückbringend. Wer also ein rechtschaffenes und frommes Leben geführt hat, wird von Gott in seinem nächsten Leben in einen angenehmen, schönen Körper versetzt, während die Seele des sündigen Ungläubigen in einer entstellten Form gequält und gedemütigt wird, als Hund, Affe, Schwein, Skorpion und Mistkäfer.[543] Da die Seele des aus diesem Leben Scheidenden im anatolisch-alevitischem Glauben in einer anderen Gestalt wiedergeboren wird, erhält ein neugeborenes Kind den Namen des Verstorbenen, damit dieser in ihm weiterlebt.

Versuchen wir, das bisher Dargestellte zusammenzufassen:
1) Die anatolischen Aleviten glauben, dass das Ziel des menschlichen Lebens die Entwicklung zu *al-insān al-kāmil* ist. Dabei kommt der Seele des Menschen, die als unsterblich gilt, eine besondere Bedeutung zu. Da der Weg auf dem mystischen Pfad mühsam ist und davon ausgegangen wird, dass der Mensch es in *einem* Leben nicht schaffen kann, die Entwicklung zu einem vollkommenen Menschen zu durchlaufen, wurde die Lehre von der Seelenwanderung („devriye") entwickelt.
2) Diese Lehre nahm ihren Ausgang von der Annahme, dass Ali nicht tot sei, sondern in den rechtmäßigen Imamen weiterlebe. Später weitete sich dieser Glaube dahingehend aus, dass jede menschliche Seele als unsterblich galt. Hieraus erklärt sich, warum eine Seelenwanderung aus der Sicht der anatolischen Aleviten logisch erscheint. Die Seele des Menschen erhält dadurch mehrere Möglichkeiten, sich im Leben zu bewähren und den Aufstieg zu *al-insān al-kāmil* zu vollziehen.
3) Wo ein Weg nach oben führt, führt auch ein Weg nach unten. Daher muss nach der anatolisch-alevitischen Lehre der Seelenwanderung ein Mitglied, welches sich nicht an die Regeln des Weges hält, mit Konsequenzen rechnen. D. h. zur Strafe für sein unangemessenes Verhalten wird es im nächsten Leben in niedrigerer Gestalt, als Tier oder Pflanze wiedergeboren. Derjenige, der sich an die Regeln hält, setzt seine Reise im nächsten Leben fort, bis er das Ziel erreicht hat.

---

543 Vgl. Fuat BOZKURT (Hrsg.), Buyruk, Istanbul ³2006, S. 163.

Die Seele des Menschen bewegt sich in einer Spirale nach oben und nach unten.

Bei der theologischen Beurteilung der anatolisch-alevitischen Lehre der Seelenwanderung fallen folgende Punkte auf:
1) Die Lehre von der Seelenwanderung ist weder mit dem islamischen noch mit dem biblischen Auferstehungsglauben vereinbar. Sie steht der Erwartung von Auferstehung und Gericht, Paradies und Hölle entgegen. Da Himmel und Hölle in den Körpern selbst sind und der Mensch mit seinem Ableben entweder auf dem mystischen Pfad befördert oder zurückversetzt wird, erhält er seinen Lohn oder seine Strafe auf Erden und eine neue Bewährungsprobe.
2) Die Leib-Seele-Einheit des Menschen wird zugunsten der Seele aufgelöst, da die Körper als Wohnsitze oder Gewänder zu betrachten sind, welche man abträgt und nach Gebrauch wegwirft und darauf ein neues Gewand anzieht.
3) Damit verbunden steht hinter der Lehre von der Seelenwanderung der Gedanke, dass der Mensch die Vollendung des eigenen Lebens selbst leisten muss. Gerade weil ein Leben nach menschlichem Empfinden dafür normalerweise nicht ausreicht, sei eine Folge von „devriye" („Reinkarnation") zu postulieren. Immer bestimmt dabei das Gesetz von der Ursache und Wirkung die Lebenssituation in der je neuen Reinkarnation, bis es der Mensch schließlich erreicht hat, der zu werden, der er sein soll. Gegen diesen Ideenkomplex führt die christliche Sicht das „Prinzip der Gnade" an, d.h. nicht der Mensch muss Menschsein und Menschwerden leisten, dies ist vielmehr *Geschenk* und *Gabe* Gottes. Zwar ist das Geschöpf mit seiner Freiheit in den Prozess seiner Reinigung und Vollendung hineingenommen, jedoch ist es lediglich seine Aufgabe, der Gnade Gottes zu entsprechen und sich seinem Gnadenwirken zu öffnen.
4) Schließlich vertritt im Unterschied zu einem Verständnis von Zeit und Geschichte im Anschauungsbild von Kreis oder Spirale der christliche Offenbarungsglaube die Überzeugung von einer unwiederholbaren, zielgerichteten Geschichte, in deren einmaliger Kontingenz sich Gott offenbart und der Mensch durch Gottes Wort und Verheißung im jeweils unwiederbringlichen Kairos und in befristeter Zeit auf ein endgültiges Ziel hin ausgerichtet ist. Die Bedeutung von der Einmaligkeit der Geschichte betont beispielsweise der

> Hebräerbrief 9,26–27: Wie Gottes Sohn ein für allemal sein Leben hingegeben hat, so ist es jedem „Menschen bestimmt, ein einziges Mal zu sterben, dann kommt das Gericht". Eine solche Auffassung widerspricht dem „Re-", dem „Noch einmal", das in Re-Inkarnation, eben „devriye" angezeigt ist.

Der Theologe Medard Kehl weist noch auf die Kluft hin zwischen Schöpfer und Geschöpf, die der Mensch nicht von sich aus überwinden kann. Er schreibt dazu: „Im Gegensatz zur Wiedergeburtslehre betont der christliche Glaube: Alles, was in der Welt existiert, auch unser innerstes geistiges Selbst, unsere Seele oder unser ‚Personkern' (wie immer man den entscheidenden ‚Identitätsträger' des Menschen bezeichnen will) – *alles* ist geschaffen, ist endlich, ist nicht göttlich! Darum gibt es einen unendlichen, von uns her nicht zu übersteigenden Abstand zwischen Schöpfer und Geschöpf, zwischen Gott und der Welt. Darum kann ich auch in tausend und abertausend möglichen Wiedergeburten von mir aus nicht göttlich-vollkommen werden, oder mich dem Göttlichen allmählich annähern in meiner geistigen oder sittlichen Vollkommenheit. Das Geschöpf bleibt ewig Geschöpf, und darum endlich, unvollkommen."[544] Doch den bleibenden Unterschied zwischen Schöpfer und Geschöpf betonend wird in der christlichen Theologie der Theosis[545]-Gedanke vertreten, d.h. die Vergöttlichung, bzw. der Aufstieg des Menschen zu Gott als gnadenhafte Teilhabe am Ursprung seiner Existenz."[546] In der griechischen Patristik prägte Athanasius den Satz: Der Logos „ist vermenschlicht worden, damit wir vergöttlicht werden".

3.3 Offenbarung – Heilige Schriften

In den vorangehenden Kapiteln wurde gezeigt, dass sich die anatolischen Aleviten für den Glaubensbereich zwar bestimmter Begriffe

---

[544] Medard KEHL, Und was kommt nach dem Ende? Von Weltuntergang und Vollendung, Wiedergeburt und Auferstehung, Kevelaer ²2008, S. 73–74.
[545] Der zentrale soteriologische Begriff der orthodoxen Theologie „Theosis" meint Vergöttlichung und nicht Vergottung des Menschen.
[546] Anastasios KALLIS, „Theosis", in: *Lexikon für Theologie und Kirche*, Band 9, Freiburg im Breisgau ³2000, Sp. 1481. Diese Angabe gilt auch für folgendes Zitat.

3.3 Offenbarung – Heilige Schriften

bedienen, die aus dem islamischen oder christlichen Kontext bekannt sind, diese aber mit neuem Inhalt füllen. In diesem Abschnitt geht es darum, das anatolisch-alevitische Verständnis von Offenbarung und Heiliger Schrift zu klären. Als Offenbarungsreligionen werden in der religionswissenschaftlichen Forschung vor allem Judentum, Zaroastrismus, Christentum und Islam bezeichnet, da sie sich auf vermittelte prophetische Botschaften zurückführen und diese im Laufe ihrer Geschichte in Form eines Buches bewahren und weitertradieren. Dabei existieren unterschiedliche Verständnisse von Offenbarung. Die Christen glauben z. B. an die Offenbarung Gottes in dem Menschen Jesus Christus aus Nazareth, der die gute Nachricht verkündigt hat, und sprechen dabei von der „Inkarnation"; die Muslime dagegen glauben, dass Gott allen Propheten und zuletzt Muhammad seinen Willen kundgetan hat, eine Botschaft, die dann in Form eines Buches, nämlich dem Koran, zusammengestellt wurde, daher wird dieses Ereignis gelegentlich „Inlibration" genannt.[547] In der Religionswissenschaft wird im eigentlichen Sinne von Offenbarung dort gesprochen, wo es sich um geschichtlich wirksam gewordene, religionsbegründende Vorgänge handelt. Das Offenbarung vermittelnde Geschehen wird damit zum Stiftungsereignis einer Religion, die als „prophetische Offenbarungsreligion" typologisch beispielsweise von den „Religionen kosmischer Gesetze" unterschieden wird.[548] An dieser Stelle ist zu fragen, unter welcher der beiden Religionstypologien sich das anatolische Alevitentum einordnen lässt bzw. welche damit verbundene Sichtweise von Offenbarung vertreten wird und ob ein Offenbarungsglaube überhaupt vorliegt.

3.3.1 Offenbarung

Die Mitglieder des anatolischen Alevitentums führen die Gründung ihrer Gemeinschaft auf kein in der Geschichte geschehenes partikulä-

---

547 Für die Unterscheidung der zwei Arten von göttlicher Offenbarung als Inkarnation und Inlibration siehe Christian W. Troll, Unterscheiden um zu klären. Orientierungen im christlich-islamischen Dialog, Freiburg im Breisgau 2008, S. 202–206.
548 Helmuth [Max Otto] von GLASENAPP, Die Religionen der Menschheit. Ihre Gegensätze und ihre Übereinstimmung, (Schriftenreihe der österreichischen Unesco-Kommission), Wien 1954, S. 32 und 40; Vgl. außerdem Michael HAUSSIG, Der Religionsbegriff in den Religionen. Studien zum Selbst- und Religionsverständnis in Hinduismus, Buddhismus, Judentum und Islam, Mainz 1999.

res Offenbarungsereignis zurück, sondern sie verstehen sich zunächst als innerhalb des islamischen Kontextes beheimatet oder als eine Gemeinschaft mit islamischen Wurzeln.[549] D.h. das für den Islam beanspruchte Offenbarungsereignis gilt auf der Ebene reflektierter Glaubenslehre auch für die anatolischen Aleviten. Daher kann Ismail Kaplan, der die anatolisch-alevitische Gemeinschaft innerhalb des Islam ansiedeln möchte und für ihre Anerkennung als eigenständige Konfession plädiert, formulieren: „[Die anatolischen] Aleviten glauben daran, dass Gott dem Heiligen Muhammed den Koran offenbarte..."[550] – also keine neue Offenbarung für die anatolischen Aleviten, sondern Anerkennung der an Muhammad ergangenen Offenbarung. Im Türkischen heißt Offenbarung „vahiy" (arab. *waḥy*). Man bezeichnet damit die an einen Propheten – durch Engel – übermittelte oder mitgeteilte Botschaft. Daneben wird eine andere Möglichkeit erwähnt, wie Gott einem Propheten etwas mitteilen kann, nämlich dass Gott hinter einem Vorhang mit ihm spricht. Transzendenz und Korrespondenz sollen so zugleich gewahrt werden. *Buyruk I* berichtet von Moses, der vierzig Tage lang, getrennt durch einen Vorhang („Perde"), mit Gott sprach (S. 60). Außerdem wird dort berichtet, dass „Muhammad vierunddreißig Mal die Himmelreise („miraç") antrat" (*Buyruk I*, S. 7 und 113) und mit Gott sprach. Jedoch wird nicht angegeben, wie er mit Gott

---

549 Spätestens seit den tragischen Ereignissen von 1993 in der türkischen Stadt Sivas besteht unter den anatolischen Aleviten einen lebhaften Diskurs darüber, ob diese Gemeinschaft innerhalb oder außerhalb des Islam zu sehen ist. Dennoch ist im Blick auf die Türkei und Deutschland festzustellen, dass sich trotz der vielen Differenzen – vor allem theologischer Natur – das anatolische Alevitentum mit der Bezeichnung „islamische Konfession" beschreiben lässt. Die Marburger Religionswissenschaftlerin Ursula Spuler-Stegemann kommt in ihrem Gutachten über das anatolische Alevitentum zu folgendem Urteil: „Streng nach religionswissenschaftlichen Kriterien beurteilt, wäre das Alevitentum am ehesten als eine eigenständige synkretistische Religion mit besonderen Bezügen zum Islam zu bewerten. Da sich die heutigen Aleviten aber mehrheitlich als Muslime verstehen und sowohl der türkische Staat als auch die Weltmuslimliga die Aleviten als Muslime gelten lassen, kann ein wissenschaftliches Gutachten sie nicht aus dem Islam ausgrenzen, sondern muss sie als eine eigenständige Größe innerhalb des Islam bezeichnen." Diese Ansicht von Spuler-Stegemann wird vom Autor dieser Zeilen geteilt, und es bleibt abzuwarten, wie der Identitätsdiskurs unter den Mitgliedern dieser Gemeinschaft entschieden wird. Ursula SPULER-STEGEMANN, Ist die alevitische Gemeinde Deutschland e.V. eine Religionsgemeinschaft? Religionswissenschaftliches Gutachten erstattet dem Ministerium für Schule, Jugend und Kinder des Landes Nordrhein-Westfalen, Marburg 2003, S. 41.
550 Ismail KAPLAN, Das Alevitentum, Köln 2004, S. 35.

3.3 Offenbarung – Heilige Schriften

gesprochen haben soll und ob sich dazwischen wiederum ein Vorhang befand. An einer anderen Stelle heißt es, „Gott" („Hak Taalâ") habe sich Muhammad während seines Aufenthaltes bei der Himmelreise in der Gestalt eines „vierzehnjährigen, hübschen und jungfräulichen Mädchens gezeigt" („on dört yaşında ... bir güzel bakire kız suretinde göründü") (*Buyruk I*, S. 117–118).

Die Kommunikation zwischen Gott und den Menschen geschieht durch die Offenbarung; sie wird entweder direkt oder indirekt von Engeln ermöglicht; hinter diesem Verständnis steht der Koranvers: „Und es steht keinem Menschen an, daß Gott mit ihm spricht, es sei denn (mittelbar) (oder: (unmittelbar)?) durch Eingebung, oder hinter einem Vorhang, oder indem er einen Boten sendet, der dann mit seiner Erlaubnis eingibt, was er will" (Koran 42:51). Es steht also dem Menschen nicht zu, von Angesicht zu Angesicht mit Gott zu kommunizieren. Doch hat nach islamischer Überzeugung Gott im Laufe der Geschichte durch die Propheten den Menschen seinen Willen kundgetan. Bereits der erste Mensch, Adam, gilt als Prophet, und die Reihe der Propheten reicht dann über Noah, Mose, David und Jesus bis hin zu Muhammad und umfasst auch außerbiblische Propheten. Hinter dieser Vorstellung steht folgender Koranvers: „Er hat euch als Religion verordnet, was er (seinerzeit) Noah anbefohlen hat, und was wir (nunmehr) dir (als Offenbarung) eingegeben, und was wir (vor dir) Abraham, Mose und Jesus anbefohlen haben (mit der Aufforderung): ‚Haltet die (Vorschriften der) Religion und teilt euch darin (d. h. in der Religion) nicht (in verschiedene Gruppen)!' (Koran 42:13). Außerdem sagt Gott von sich in der 1. Person Plural, er habe vor Muhammad „nur Männer (als seine Gesandten) auftreten lassen (w. gesandt), denen wir (Offenbarung) eingaben" (Koran 20:7). Der Unterschied zwischen dem religiösen arabischen Wort *wa'y* für Offenbarung und *ilhām* für Inspiration besteht darin, dass im islamischen Kontext die Offenbarung die Schrift betrifft, die als eine Abschrift der göttlichen Urschrift gilt. *Ilhām* weist zwar auch auf die göttliche Eingebung, ist aber nicht klar zu bestimmen.

Offenbarung ist im islamischen Verständnis also das Mittel der einseitigen Kommunikation zwischen Gott und den Menschen, durch die Gott den mitzuteilenden Inhalt dem Propheten verkündbar zukommen lässt. Da jedes Volk seinen eigenen Verkünder brauchte, gab es dem Koran zufolge eine ganze Reihe von Propheten, die für diese Aufgabe bestimmt waren.

Ein solches Verständnis von Offenbarung, nach der eine Kette von Propheten mit der gleichen Botschaft durch Gott für den Menschen beauftragt wurden, kennen auch die anatolisch-alevitischen Schriften. Es heißt im *Buyruk*: „Der erste Stellvertreter (türk. „Halife", arab. *ḫalīfa*) Gottes auf Erden ist Adam, über ihm [sei] Friede[551]. Der erhabene [und] heilige Gott sagte zu den Engeln: Adam, der Auserkorene Gottes („Safiyullah"), ist der Stellvertreter [Gottes] auf Erden.[552] Der zweite Stellvertreter [Gottes] ist Hâtem.[553] Von Adam bis Hâtem sind siebentausend Jahre vergangen; in der Zwischenzeit sind hundertvierundzwanzigtausend Propheten und dreihundertunddrei Gesandte („Mürsel", *al-mursal*) [auf die Welt] gekommen. Darunter waren Stellvertreter („Halife") wie David („Davut"), Salomo („Süleyman"), Josef („Yusuf", d.i. der alttestamentliche Jakobssohn), Alexander mit den zwei Hörnern [d.i. der Große] („İskender-i Zülkarneyn")[554], die vom Osten bis zum Westen regiert haben und auf die Welt kamen und gingen, bis der Prophet der letzten Zeiten, Muhammad Mustafa (ü.i.s.F.), auf die Welt kam. Alle ihre Gesetze sind ungültig („bâtıl", *bāṭil*), ausgehoben („nesih", *nāsiḫ*)

---

[551] Mit „über ihn sei Friede" wird hier und im Folgenden das türkische „aleyhisselam", das so (A.S.) abgekürzt und hinter dem Namen eines Propheten verwendet wird, wiedergegeben. Das steht für arabisch *ʿalayhi s-salām* – „Über ihm (sei) Friede!": die Propheten-Eulogie.

[552] *Buyruk* II fügt an dieser Stelle erklärend eine längere Anmerkung an. Zuerst folgt ein Koranvers aus 2:30: „Und (damals), als dein Herr zu den Engeln sagte: ‚Ich werde auf der Erde einen Nachfolger einsetzen, der auf ihr Unheil anrichtet und Blut vergießt, wo wir (Engel) dir lobsingen und deine Heiligkeit preisen'! Er sagte: ‚Ich weiß (vieles), was ihr nicht wisst.'". Nach diesem Koranzitat folgt eine Unterscheidung zwischen zwei Arten von Stellvertretern. *Erstens* ist Stellvertreter einer, der jemanden vertritt; *zweitens* jemand, der von einem Ordenssayḫbeauftragt wird („el almak"), das Amt eines *Dede* zu übernehmen.

[553] „Hâtam" steht hier für die arabische Bezeichnung *ḫātam an-nabiyīn*: die Muhammad als „Siegel" der Propheten hervorhebt (vgl. Koran 33:40).

[554] Die Koran-Kommentatoren identifizieren die Gestalt „mit den zwei Hörnern" (*ḏū l-qarnayn* Koran 18:83) mit der Figur Alexanders des Großen, dessen Geschichte in Sūra 18:83–98 erzählt wird. Darin heißt es: „Und man fragte ihn nach dem mit den zwei Hörnern. Sag: Ich werde euch eine Geschichte von ihm verlesen. Wir hatten ihm auf der Erde Macht gegeben und ihm zu (w. von) allem einen Weg eröffnet…". Die Erzählungen und Legenden über Alexander sind gesammelt in: Islamische Erzählungen von Propheten und Gottesmännern. Qiṣaṣ al-anbiyā' *oder* 'Arā'is al-maǧālis *von* Abū Isḥāk Aḥmad b. Muḥammad b. Ibrāhīm Ṯaʿlabī. Übersetzt und kommentiert von Heribert Busse, (Diskurse der Arabistik Band 9), Wiesbaden 2006, S. 455–468; vgl. auch Josef Horovitz, Koranische Untersuchungen, Berlin 1926, S. 111–113.

3.3 Offenbarung – Heilige Schriften 275

und ihre Gottesdienste sind abrogiert („mensuh", *mansūḫ)*[555] (*Buyruk II*, S. 42). Diesen Vorwurf der Abrogation wiederholt auch die von Fuat Bozkurt zusammengestellte *Buyruk*-Ausgabe, auf die später eingegangen wird.[556] Bemerkenswert bei dieser Geschichte ist, dass eine politische Gestalt wie Alexander der Große in der Reihe von Stellvertretern Gottes auf Erden gesehen wird. Neben dieser Aufzählung werden häufig Namen von biblischen Personen[557] wie Noah („Nuh"), Abraham („İbrahim"), Moses („Musa"), Ijob („Eyüp") oder Jesus („İsa") erwähnt, die Weisungen von Gott bekommen haben, als Propheten bezeichnet werden und mit einer Offenbarung betraut waren (vgl. *Buyruk II*, S. 71–72; *Buyruk I*, S. 118; 148). Dagegen bezeichnet *Buyruk I* die Zeit von Adam bis „Hatem-i Enbiya" („Der Siegel der Propehten", *ḫātam al-anbiyā'*), als eine Zeit, in der es „keine Konfession („mezhep"), keinen Weg („yol") und keine Gebote („erkân") gegeben hat". Erst als „durch die grüne Linie/Leitung („yeşil hat") Offenbarung kam („vahiy geldi") und wir sagten, ‚Muhammad ist nicht der Vater von (irgend) einem eurer Männer (auch wenn dieser sein Nennsohn ist). Er ist vielmehr der Gesandte Gottes und das Siegel der Propheten (d. h. der Beglaubiger der früheren Propheten, oder der letzte der Propheten). Gott weiß über alles Bescheid,'[558] machten wir die Religion offenbar („dinî zahir eyledik")" (*Buyruk I*, S. 14). Es deutet auf einen Widerspruch hin, wenn die Menschen bis zu der Zeit, als Muhammad aufgetreten ist, als führungslos erscheinen, wo Muhammad doch die Propheten vor ihm bestätigen soll. Seltsam, dass hier von einer grünen Linie/Leitung gesprochen wird, durch die Muhammad seine Offenbarungen erhält.

---

555 „[C]ümlesinin hükmü bâtıl ve nesih ve mensuh oldu". *Buyruk* verwendet hier zwei Begriffe für Abrogation *(nāsiḫ/mansūḫ)*, eine Bezeichnung für das aus der Koranwissenschaft bekannte Prinzip, dass ein später verkündeter Koranvers einen früheren ungültig machen kann. Der Begriff Abrogation stammt aus der juristischen-koranexegetischen Fachsprache – „abrogieren". Das Wort ist im Koran 2:100 und 16:103 belegt. Vgl. z. B. Felix KÖRNER, Alter Text – neuer Kontext. Koranhermeneutik in der Türkei heute. Ausgewählte Texte, übersetzt und kommentiert von Felix Körner, (Buchreihe der Georges Anawati Stiftung. Religion und Gesellschaft. Modernes Denken in der islamischen Welt, Band 1), Freiburg im Breisgau 2006, S. 38 und 82.
556 Vgl. Fuat BOZKURT (Hrsg.), Buyruk, Istanbul ³2006, S. 150.
557 Einen Vergleich von biblischen Gestalten und Erzählungen mit koranischen bietet: Heinrich SPEYER, Die biblischen Erzählungen im Koran, Hildesheim/Zürich/New York o.J.
558 Dieser Koranvers aus 33:40 wird im *Buyruk I* auf Arabisch in türkischer Transkription wiedergegeben.

Das klingt nach einer Telefonleitung; grün ist allerdings die Farbe der Propheten. Handelt es sich um eine Bezeichnung für Gabriel?

Es lässt sich festhalten:
1) Die *Buyruk*-Schriften bejahen das klassisch-islamische Verständnis von Offenbarung, wie es aus dem koranischen Anspruch heraus vertreten wird; nämlich, dass die Vermittlung zwischen Gott und den Menschen mittels Offenbarung geschieht, die mittelbar oder unmittelbar durch einen Engel einem bestimmten Menschen mitgeteilt wird.
2) Sowohl der Vorgang als auch der Inhalt der Mitteilung werden Offenbarung genannt (vgl. *Buyruk II*, S. 48;50;51 u.ö.) und dadurch die Vermittlung zwischen Gott und den Menschen erklärt.

Nach diesem Verständnis ist Gott den Blicken seiner Geschöpfe entzogen und bleibt verborgen, auch wenn sein Wille und seine Gebote dem Menschen mitgeteilt werden. Doch wurde oben angeführt, dass Gott sich in der Gestalt eines „vierzehnjährigen, hübschen und jungfräulichen Mädchen gezeigt hat" (*Buyruk I*, S. 117–118). Wie lässt sich dies mit dem klassisch-islamischen Offenbarungsverständnis vereinbaren, und was bedeutet das? *Buyruk* zufolge ereignet sich diese Begegnung Muhammads mit Gott während seiner Himmelreise. Der Erzählkontext ist aber die Thematik von „Mücerret/Mücerretlik" („der Zölibatäre/das Zölibat"). Darin werden vier Personen aufgezählt, welche die zölibatäre Lebensform praktiziert haben, nämlich der Prophet Jesus („İsa Peygamber"), Hacı Bektaş Veli, Veysel Karani (ca. 560–650) und Salmān al-Fārisī.[559] *Buyruk* rät, dass ein Zölibatärer sich nicht mit einem Verheirateten befreunden darf; jene, die gegenteilig handeln, sollen von den Vier Toren und Vierzig Stufen und von der rituellen Versammlung *Cem* ausgeschlossen werden (vgl. *Buyruk I*, S. 117). *Buyruk* nennt keine Gründe für diese Haltung und warum die zölibatäre Lebensform verpönt wird.[560] Von dieser Thematik ausgehend, erklärt Esat Korkmaz, weshalb Gott sich Muhammad als ein Mädchen

---

559 „Bu dört kimseden başkasının mücerretliği hak değildir". Sinngemäß übersetzt: „Das zölibatäre Leben ist außer diesen Personen niemandem erlaubt, *Buyruk I*, S.205.
560 In dem Bektaşi-Orden gab es zwei Hauptzweige, von denen die Babagan-Richtung sich der zölibatären Lebensform verschrieben hatte. Gründung dieses Zweigs wird auf Balım Sultan (gest. 922) zurückgeführt. Dervische, die diese Lebensform gewählt

3.3 Offenbarung – Heilige Schriften

gezeigt haben soll: „Da Gott das Natürliche, das Verheiratetsein und die Ehe bejaht, zeigte er sich Muhammad in der Gestalt („don") eines jungfräulichen Mädchens („bakire kız"). Auf der anderen Seite hat Gott als Glaubensgeschöpf („inanç yaratısı") weder eine Mutter noch einen Vater, d. h. er ist jungfräulich [da kein Mensch ihm das, was er zur Welt brachte, eingegeben hatte]." Korkmaz möchte hier außerdem eine positive Wertung des Weiblichen sehen, indem Gott sich in einer Jungfrau, also in einer weiblichen Gestalt zeigt. Gleichzeitig sei das aber eine Absage an die zölibatäre Lebensform, welche außer Gott keiner leben soll.[561]

Die anatolischen Aleviten sprechen außerdem auf dem Weg der Vervollkommnung von der Offenbarung Gottes, und zwar im Zusammenhang des dritten Tores der Erkenntnis („Marifet"). Dabei geht es darum, mystische Erkenntnis zu gewinnen, damit ein Vorankommen auf dem Weg möglich wird. Ein Mittel für einen solchen Erkenntnisgewinn sind die rituellen Versammlungen, die in diesem Zusammenhang „Muhabbet Cemi" („Liebes-Versammlung") genannt werden. Ismail Kaplan beschreibt diese Praxis wie folgt: „Als ‚muhabbet' („Liebe", arab. *maḥabba*) bezeichnet man eine Zusammenkunft, bei der religiöse Gesänge vorgetragen und die Angelegenheiten der Gemeinschaft behandelt werden. Das zentrale Anliegen dabei ist die einvernehmliche Verständigung der Mitglieder der alevitischen Gemeinschaft untereinander an einem Ort der Zuneigung und Liebe (*muhabbet meydanı* [d.i. „Platz der Liebe"]). … Die Selbsterkenntnis des Menschen ist also keine isolierte Erkenntnis des Individuums, sie wird vielmehr erst im gemeinschaftlichen Einssein erreichbar. In diesem rituellen Einssein wird die Selbsterkenntnis zugleich zur Gotteserkenntnis, zur Offenbarung des Weges zu Gott."[562] In dieser agapeischen Darstellung des „Muhabbet Cemi" steht der für das hier behandelte Thema entscheidende Satz in der letzten Zeile, nämlich, dass die rituelle Versammlung für die Mitglieder der anatolisch-alevitischen Gemeinschaft zu einer *Quelle der Offenbarung* wird. Die Selbsterkenntnis des Einzelnen wird

---

haben, trugen auf der rechten Seite einen Ohrring als Zeichen. Vgl. Esat KORKMAZ, Yorumlu İmam Cafer Buyruğu, Istanbul ³2007, S. 136.
561 Ebd., S. 137.
562 Ismail KAPLAN, Das Alevitentum, Köln 2004, S. 51 (Hervorhebung dort).

mit der Gotteserkenntnis gleichgesetzt und dadurch offenbart sich dem Menschen der Weg zu Gott. Was bedeutet hier Selbsterkenntnis?

An einer anderen Stelle erklärt Kaplan: „Für [anatolische] Aleviten ist der Mensch mit Hilfe seines Verstandes fähig, Gott zu erkennen und selbstständig zwischen Gut und Böse zu unterscheiden; somit ist der menschliche Verstand ‚akıl-can' („Verstand-plus-Seele") für Aleviten eine Quelle der Offenbarung."[563]

Im Grunde genommen zielen die beiden Erklärungen von Ismail Kaplan, auf welchen Wegen oder wie der anatolisch-alevitische Mensch Offenbarung erfahren hat, auf eine Antwort hin, nämlich, dass der Mensch mit Seele und Verstand begabt ist und durch diese beiden alles erkennen kann. Das nennt Kaplan dann Selbsterkenntnis oder Quelle der Offenbarung. Hinter diesen Darlegungen steht bei ihm das Verständnis, dass der Verstand aus der Summe von Intellekt und Seele besteht. Damit kann der Mensch nach dieser Darstellung den Schlüssel, nämlich die Verstand-Seele-Einheit entdecken, die in ihm angelegt ist. Denn nach Ansicht des Autors ist die Seele des Menschen unsterblich, ja, sie ist göttlich, und deshalb kann sie nicht sterben. Da sie das Göttliche im Menschen ist, muss kein Engel oder Bote von Gott kommen, um eine Offenbarung zu bringen. Der auf dem mystischen Pfad Wandernde kann durch die mit der Gemeinschaft gemachte Erfahrung in der rituellen Versammlung dieses Selbstbewusstsein entdecken. Kaplan nimmt noch einen dritten Bereich, den Körper, dazu und spricht von „einem seinsintegrierenden Einssein"[564] (Kaplan, S. 77). Das hier angesprochene Einssein bezieht sich nicht nur auf den Menschen, sondern auch auf das Einssein mit Gott.[565] D. h., dass der Mensch an und für sich selbst die Offenbarung bewirkt, deren Inhalt die Erkenntnis der Vereinigung mit Gott ist. In diesem Zusammenhang kann man auch von einer Wiedererinnerung der Seele an ihren Ursprung sprechen, womit das platonische Gedankengut in diesem System durchschimmert. Die platonische Ideenlehre[566] behauptet, dass die Seele ihrem Wesen nach

---

563 Ebd., S. 42 (Hervorhebung dort).
564 Ebd., S. 77.
565 Siehe Kapitel C.3.1.2.
566 „Die Idee/Form (εἶδος) ist ein wesenhaft eingestaltiges immer Seiendes, das in den vielen Einzelnen zur Darstellung kommt. Demnach sind bestimmte nur durch die Vernunft zugängliche Entitäten dem Sein und der Erkenntnis nach gegenüber konkreten, sinnlich wahrnehmbaren Einzelgegenständen vorrangig und stehen als seinsbegründende Urbilder in einer bestimmten Beziehung zu diesen. Die Ideen sind

3.3 Offenbarung – Heilige Schriften

den Ideen ähnlich und verwandt ist. Sie hat vor ihrem Eintritt in den vergänglichen Leib die Ideen geschaut. Das geistig Geschaute wurde jedoch beim Eintritt in den Leib durch die Sinnlichkeit verschüttet. Durch Reinigung (κάθαρσις) von der sinnlichen Verstrickung ist Wiedererinnerung (ἀνάμνησις) möglich.[567] Auf diesem Hintergrund kann man die Annahme Kaplans von der Verstand-Seele („akıl-can")-Einheit, die zur Quelle der Offenbarung wird, so deuten: Die Verstand-Seele-Einheit, die im rituellen *Semah*-Tanz zu einem „seinsintegrierenden Einssein" mit der Gottheit geführt wird, erinnert sich sozusagen wieder an das, was sie vorher war und erkennt anhand des Geschauten, wo sie sich gerade befindet. Sie orientiert sich am Urbild, das bei Kaplan Gott heißt, und bezieht das nötige Wissen von ihm. Dies setzt freilich voraus, dass das Geschaute vollkommen ist. Damit die Seele der Einzelnen sich auf dem Weg der Vervollkommnung orientieren und feststellen kann, in welchem Tor und auf welcher Stufe sie sich befindet. Für diesen Prozess braucht die Seele jedoch den Anstoß von außen durch Einhaltung der Regeln des mystischen Pfades und den ekstatischen Moment bei der rituellen Versammlung.

Das hier Vertretene hat mit dem Offenbarungsverständnis des Islam oder des Christentums wenig gemein. In diesem System, das wohl in Anlehnung an das platonische Urbild-Abbild-Modell konstruiert wurde, bleibt kein Raum für Offenbarung im Sinne von göttlichen Botschaften, die durch Engel oder Propheten vermittelt werden. Denn das System trägt sich selbst und kreist immer wieder in sich selbst. Gegen ein solches Verständnis gelten die gleichen Vorbehalte, die im Zusam-

---

wahrhaft seiende, undingliche bloß denkbare reine Einheiten von Bestimmungen, Prinzipien oder Gegenstandsklassen, die allem Einzelnen, das unter sie fällt, das vermitteln, was es als es selbst sein lässt und wodurch es als bestimmt erkennbar ist." Dirk CÜRSGEN, *„Eine, das (hen); Eines/Vieles"*, in: Christian SCHÄFER (Hrsg.), Platon-Lexikon. Begriffswörterbuch zu Platon und der platonischen Tradition, Darmstadt 2007, S. 102–103.

567 In der platonischen Darstellung wird das Erinnern oder Wiedererinnern der Seele folgendermaßen beschrieben: „Weil nun die Seele unsterblich ist und oftmals geboren, und, was hier ist und in der Unterwelt, alles erblickt hat: so ist auch nichts, was sie nicht in Erfahrung gebracht hätte, so daß nicht zu verwundern ist, wenn sie auch von der Tugend und allem andern vermag sich dessen zu erinnern, was sie ja früher gewußt hat. Denn da die ganze Natur unter sich verwandt ist, und die Seele alles innegehabt hat, so hindert nichts, daß, wer nur an ein einziges erinnert wird, was bei den Menschen Lernen ist demnach ganz und gar Erinnerung". Walter F. OTTO/Ernesto GRASSI/Gert PLAMBÖCK (Hrsg.), Platon. Sämtliche Werke in sieben Bänden, Reinbek bei Hamburg 1968, hier Band II, S. 21–22 (Nr. 81c–81d).

menhang mit der Reinkarnation vorgetragen wurden. Außerdem wäre noch zu fragen, wenn die Seele als das unsterblich Göttliche im Menschen verstanden wird und somit Gott stets im Menschen präsent ist, wie Gottes Transzendenz bewahrt bleiben kann, ohne dass er ins Diesseits verlegt wird.

Eingangs wurde ausgeführt, dass die Religionen, die sich auf eine Offenbarung Gottes berufen, diese im Laufe ihrer Geschichte verschriftlicht haben und die gesammelten Botschaften in Form eines Buches, als heilige Schrift oder heilige Schriften aufbewahren. Nun geht es im Folgenden darum darzustellen, ob und – wenn ja – inwiefern auch im anatolischen Alevitentum von einer heiligen Schrift die Rede sein kann.

Welches Verständnis von den heiligen Schriften ergibt sich aus der oben angeführten Darstellung über Offenbarung und welche Bedeutung nehmen sie im Leben der Gläubigen ein?

3.3.2 Heilige Schriften

Als heilige Schriften bezeichnet der ehemalige Heidelberger Religionswissenschaftler Gustav Mensching „nur die zu einem Kanon zusammengefassten religiösen Schriften mit religiöser Autorität"[568]. Die Kanonisierung wird also zu einem entscheidenden Merkmal für Heilige Schriften. Der italienische Religionshistoriker Ugo Bianchi hat darauf hingewiesen, „dass das Vorhandensein eines Kanons, d.h. einer festgelegten und verbindlichen Folge von religiösen Erzählungen und Aussagen, der man göttlichen Ursprung nachsagt, an sich nicht an die Kenntnis der Schrift gebunden ist. Es konnte nämlich auch eine rein mündliche Überlieferung von solchen Erzählungen und Aussagen geben, und es hat sie tatsächlich gegeben – bei jenen Religionen, die sie erst zu einem relativ späten Zeitpunkt schriftlich niederlegten. Doch auch bei noch lebenden schriftlosen Völkern existiert mitunter eine Sammlung heiliger Erzählungen und Aussagen angeblich göttlichen Ursprungs, die als feststehend und unantastbar gelten und in gewissem Sinne einen Kanon bilden. Es handelt sich dabei meist um mythische, den Ursprung der Dinge betreffende Erzählungen oder um Formeln

---

568 Gustav MENSCHING, Das heilige Wort. Eine religionsphänomenologische Untersuchung, Bonn 1937, S. 79.

für das Gebet und den Ritus"[569]. Im Anschluss an die Unterscheidung von Heiligen Schriften und religiösen Texten, kann der Religionswissenschaftler Carsten Colpe definieren: „Wenn religiöse Texte kanonisiert werden, werden sie Heilige Schriften, aber Heilige Schriften sind nicht als solche schon kanonisch. Außerdem gibt es Kanons auch bei profanen, z. B. medizinischen, dramatischen, lyrischen, epischen und philosophischen Textsammlungen; sie bleiben meistens profan und nehmen nur in besonders gelagerten Fällen den Charakter von Heiligen Schriften an."[570]

Nach dieser religionswissenschaftlichen Bestimmung der Rede von „Heiliger Schrift" werden im Folgenden die Grundtexte des anatolischen Alevitentum nach ihrem Verständnis von Heiligen Schriften untersucht. Des Weiteren ist zu fragen, ob die anatolischen Aleviten selbst bestimmte Grundschriften als Heilige Texte verstehen.

3.3.2.1 Heilige Schriften in den Grundtexten

Die Heiligen Schriften der Juden und Christen finden außer den Zoroastriern in den Grundtexten der anatolischen Aleviten Erwähnung. An einer Stelle heißt es: „Der heilige und erhabene Gott hat alle seine Geheimnisse (sg. „sırrı") und Mysterien („esrarı") in den vier Büchern geäußert („buyurdu"): Das erste [Buch] ist die Tora („Tevrat"); das zweite der Psalter („Zebur"); das dritte das Evangelium („incil"); das vierte der ehrenvolle Koran („Kuran-ı Azimüşşan") (*Buyruk I*, S. 110–111). In den *Makalat* werden die Gläubigen aufgefordert und ermahnt, an Gott, den Koran und an die anderen Bücher zu glauben.[571] Die Heilige Schriften sind Bücher, die von Gott gegebene Gesetze enthalten, daher gehört das Gesetz („Şeriat") den Propheten („Peygamberler") und der Weg („Tarîkat") den Freunden Gottes („evliyaların") (vgl. *Buyruk II*, S. 18). Die Aufgabe der Gesandten („Resûllerin") ist es, die Menschen zum Weg der Religion einzuladen („din yoluna davet") (*Buyruk II*, S. 42). Jedoch genügen die im *Buyruk* gebotenen Erzählungen für die

---

[569] Ugo BIANCHI, Probleme der Religionsgeschichte, Göttingen 1964, S. 23–24.
[570] Carsten COLPE, „*Heilige Schriften*", in: *Reallexikon für Antike und Christentum*, Band XIV, Stuttgart 1988, Sp. 184–223, hier Sp. 189.
[571] Ali YILMAZ u. a. (Hrsg.), Makâlât Hünkâr Hacı Bektâş-ı Veli, Ankara 2007, S. 71.

Menschen, die auf dem Weg der Wahrheit wandeln wollen.[572] Womit hier gleich der Anspruch des *Buyruk* genannt wird, dass darin enthaltene Anweisungen, Weisheiten, Gebote und Verbote für den anatolisch-alevitischen Weg ausreichen, damit die Mitglieder der Gemeinschaft ein rechtschaffenes Leben führen und an das Ziel gelangen können. Was ist aber mit den Schriften der Juden und Christen? Wie gesagt, anerkennen die Schriften der anatolischen Aleviten, dass Gott vier Heilige Bücher herabkommen ließ, aber mindestens drei davon haben ihre Gültigkeit verloren, nämlich Tora, Psalter und Evangelium. Denn die Grundtexte der anatolischen Aleviten billigen stillschweigend den koranischen Anspruch, dass die vor ihm ergangenen Heiligen Schriften ihre Gültigkeit verloren haben (vgl. *Buyruk II*, S. 42 und *Buyruk I*, S. 14), und allein er den Maßstab anlegt, was recht und was unrecht ist (vgl. *Buyruk I*, S. 177–178; 228; *Buyruk II*, S. 194; 220). Im Allgemeinen verzichten die Schriften der anatolischen Aleviten darauf, gegen die Juden und Christen zu polemisieren,[573] auch wenn sie deren Schriften als abrogiert erachten. In der Darstellung des *Vilayetname* wird ein Bild von Hacı Bektaş Veli, der im damaligen Anatolien mit einem klaren Auftrag unterwegs war, nachgezeichnet, nämlich, die Muslime gegen die Ungläubigen („Kafirler", arab. *kāfirūn*) zu verteidigen und den wahren Glauben zu verbreiten.[574]

Die Grundhaltung der Schriften der anatolischen Aleviten gegenüber den Heiligen Texten der Juden und Christen kann man als friedliches Desinteresse bezeichnen, denn obwohl diese Texte nicht mehr als gültig anerkannt werden, wird dagegen nicht polemisiert. Doch wie steht es mit ihrem Verhältnis zum Koran? Was sagen die anatolisch-alevitischen Schriften zum Heiligen Buch des Islam?

---

572 Vgl. die Aussage in *Buyruk II*, S. 67: „Hak yoluna bağlanmak isteyen tâliblere bu BUYRUK'ta anlatılanlar yeter".

573 An einer Stelle aus den *Makalat* werden Juden und Christen als Prototypen des sündigen Menschen dargestellt: „Der Sünde zu folgen ist wie Jude sein, und sich den Geboten der Religion zu verweigern ist wie Christ sein." Ali YILMAZ u. a. (Hrsg.), Maḳâlât Hünkâr Hacı Bektâş-ı Veli, Ankara 2007, S. 105.

574 Dort heiß es, dass Aḥmad Yasawi („Ahmet Yesevi" 1103–1166) Gott anflehte, ihm jemanden zu schicken, der ihm gegen die Ungläubigen helfen könnte, die seinen Sohn gefangen hielten. Daraufhin habe Gott ihm Hacı Bektaş Veli geschickt, der ihm in Turkmenien half. Vgl. *Vilayetname I*, S. 12.

3.3 Offenbarung – Heilige Schriften

3.3.2.2 Buyruk versus Koran?

Allein *Buyruk II* bezieht sich in mehr als 65 Stellen entweder direkt auf Koranverse oder verwendet koranische Erzählungen als illustrierendes Material. D. h. *Buyruk* zeigt eine gewisse Abhängigkeit vom Koran. Die Kenntnis des Koran erleichtert das Verständnis des Buyruk, des alevitischen Grundgesetzes. Das ist nicht verwunderlich, da das *Gebot* im islamischen Umfeld entstanden ist und die wichtigsten Personen seiner Erzählungen, Muhammad und Ali, Muslime der ersten Stunde sind. Nun wurde zu Beginn dieser Arbeit, bei der Vorstellung der Grundtexte des anatolische Alevitentums, die besondere Stellung der *Buyruk*-Schriften hervorgehoben und darauf hingewiesen, dass *Buyruk* als heiliges Buch angesehen wird.[575] Eine Aussage des *Dede* Mehmet Yaman darf an dieser Stelle wiederholt werden: „Für die [anatolischen] Aleviten sind die *Buyruk*[-Schriften] nicht einfach gewöhnliche Bücher, sondern Gebote der Mystiker und deren heilige Schriften und genießen große Verehrung."[576] *Buyruk II* bietet eine Erzählung von den letzten Tagen Muhammads, der, kurz bevor er starb, mit Ali Folgendes vereinbart. Muhammad sagt:

„O Ali! Meine Zeit, zu Gott zu gehen, ist gekommen. Ich gehe von dieser Welt ins Jenseits und überlasse dir einige Vermächtnisse. Es ist wichtig, dass du sie annimmst, damit du in den zwei Welten ein Heiliger und Ehrbarer wirst. Da diese für den Weg wichtig sind und Gabriel mir von Gott die Offenbarung gebracht hat: Nun, die Scharia gilt dem Propheten und der Weg („tarika") dem Heiligen. Erkenntnis ist, auf deren Weg zu gehen. Die Wahrheit ist der Zustand, in den Geliebten zu münden („vuslat[577] makamı"): Mit Gott Gott sein („Hak ile Hak olmak").

O Ali, wir geben dir dieses Juwel („cevher") als Erinnerung („yâdigâr"), es ist für den wahren Gläubigen („gerçek mü'min") und die Brüder mit dem reinen Glauben („itikadı temiz") eine Korallenperle („inci-mercan"). Was für eine Perle, jede[s Wort] ist eine

---

[575] Siehe dafür im Kapitel B.2.1.
[576] „Buyruklar alelade kitaplar olmayıp, ‚Erenlerin Buyruğu'durlar ve onlar kutsaldır, onlara büyük saygı duyulur". Mehmet YAMAN, Söze Başlarken („Geleitworte"), in: *Buyruk II*, S. X. (Hervorhebung von T.G.M.).
[577] „Vuslat" bezeichnet im Türkischen die sehnsüchtige Erwartung, „den/die Geliebte/n zu erreichen".

Seele ("cân"). Sie sollten die Geheimnisse des Propheten hören und kennen und fest bewahren; und diese Perle von Worten soll sich in ihren Lebens-Ohren einnisten ("can kulaklarına yerleştireler") und die Gebote der Heiligen befolgen ("Erenlerin erkânına uyalar"). Die Liebenden ("muhibler"), die einen reinen Glauben haben, werden am Jüngsten Tag, wenn die Welt untergegangen ist, unter unserer Fahne sein und unsere Fürbitte ("şefaatımız") wird ihnen nicht fehlen, so Gott will ("İnşallah")!

O Ali, denen, die nach Gott ("Hakk'a") verlangen und mit den Heiligen befreundet sind, sollst du diese Vermächtnisse weitersagen. Soweit ihre Kräfte ausreichen, sollen sie die Sitten und Gebote der Heiligen hören ("işitmek"), kennen ("bilmek") lernen ("öğrenmek"), sich auf den Weg der Heiligen begeben und entsprechend handeln ("amel edeler"). Wer die Vermächtnisse hört, danach handelt, den Weg der Heiligen befolgt, die Sitte bewahrt, meine Vermächtnisse behält, der ist mein Freund ("dostum"). Ich habe Wohlgefallen ("hoşnut") an ihm und werde ihm die schöne Schönheit ("cemâlini") Gottes zeigen. Wer diese Vermächtnisse hört und nicht danach handelt, die Sitte der Heiligen nicht bewahrt und nicht danach handelt, der ist mein Feind ("benim düşmanımdır").

Danach hat er dem Imam Ali, dem Befehlshaber der Gläubigen ("Mü'minlerin Emiri"), dieses Vermächtnis anvertraut und noch viele verschiedene Empfehlungen gegeben und in diesem Zusammenhang hadis-i şerifler gesagt: ‚*Ich bin die Stadt des Wissens und Ali ist der Schlüssel dafür*'. ‚*Ali und ich wurden aus dem gleichen Licht geschaffen*'.

Ali, der Löwe Gottes und König der Helden, hat alle Vermächtnisse aus dem gesegneten Mund des heiligen Propheten angenommen und sein Gesicht am Boden angestrichen und alles in seiner Gegenwart aufgeschrieben und zu einem heiligen Buch ("ulu bir kitap") gesammelt/gemacht (?). Er las ständig darin und handelte danach. Von ihm ist das Buch zum Imam Ḥasan, zum Imam Ḥusayn und zum Imam Zayn al-'Ābidīn[578] ("Zeynelâbidin" [658–713]) gekommen. Diese Vermächtnisse erreichten Seyyid SAFİYÜDDİN aus dem Nachkommen des Propheten und er hat sie gelesen und danach

---

[578] Er ist der vierte Imam nach der Zählung der Zwölfer Schia. Etan KOHLBERG, „Zayn al-'Ābidīn" in: *Encyclopaedia of Islam*, Band XI, Leiden ²2002, S. 481–483.

3.3 Offenbarung – Heilige Schriften

gehandelt. Er sagte: ‚Dieses ehrbare Wissen ist ein wahres Wissen'. Er hat den Adepten, die ihm als Schüler anvertraut wurden, gemäß diesen Vermächtnissen den richtigen Weg („irşad") gezeigt. Er hat sie uns zur Erinnerung hinterlassen. Das sind die Erzählungen der Heiligen („ERENLERİN MENÂKIBI"), ihr sollt sie wissen und die Adepten danach erziehen. Seine Heiligkeit („hazretleri") Šayḫ Safî sagt: ‚Wenn ein Adept diese Vermächtnisse hört, ihre Bedeutung versteht, danach handelt, die Sitte der Heiligen befolgt, wird er unter dem Schutz des erhabenen Gottes stehen und aus den Ängsten des Diesseits und Jenseits befreit und am Jüngsten Tag mit uns zusammenkommen. Wenn ein Adept beim Vorlesen dieser Vermächtnisse nicht aufmerksam lauscht, werden Gott, die Engel, der Prophet, alle Propheten und Heiligen über ihn verärgert sein („bizâr") (*Buyruk II*, S. 18–19).

Die in dieser Erzählung nachgezeichnete Entstehungsgeschichte des Buches handelt nicht vom Koran. Seyyid Safî, dessen Namenszusatz ihn als einen Nachfahren des islamischen Propheten auszeichnet, beschreibt ausgehend von der letzten Zeit Muhammads, wie auf Gottes Geheiß Ali von den Geheimnissen unterrichtet werden soll. Diese nennt er Vermächtnisse Muhammads, und davon hängt ab, ob Ali als eine ehrbare Person angesehen werden kann oder nicht. Ali wird nicht gezwungen, aber eindringlich gebeten, das Gesagte anzunehmen. Der Inhalt enthält offensichtlich wichtige Anweisungen für den Weg, wie Muhammad anmerkt. Das Wissen, das in Form eines Vermächtnisses in einem Buch von Ali zusammengeschrieben wird, besitzt die Kraft, den Menschen im Diesseits Gottes Schutz erfahren zu lassen und ihm im Jenseits ‚Heil' zu versprechen. Jedenfalls deutet Seyyid Safî an, dass, wer sich an diese Anweisungen hält, mit ihm und den Heiligen am Jüngsten Tag auferstehen und zusammenkommen wird. Was für eine Schrift ist das, die Ali aus den Worten Muhammads zusammengetragen hat? Nun kann man diese Schrift eindeutig mit dem Buch identifizieren, worin die Geschichte erzählt wird, nämlich *Buyruk*. Denn darin werden die Regeln und die Anweisungen über den Weg vermittelt und Seyyid Safî selbst ist derjenige, der diese Regeln kommentiert und erklärt. Diese Schrift wird ein ehrbares und heiliges Buch genannt. Wie verhält sich nun diese Schrift zum Koran?

Der *Buyruk* enthält an mehreren Stellen Koranverse, auf die er sich ausnahmslos zustimmend bezieht. Es befinden sich in den *Buyruk*-

Ausgaben, die dieser Arbeit zugrundeliegen, keine Einwände gegen den Koran; d. h. aber nicht, dass alle Erzählungen in diesen Büchern sich inhaltlich mit dem Koran vereinbaren ließen. Als Beispiel für solche Inhalte kann die Erzählung vom Ur-*Cem* gelten, die eine rituelle Versammlung Muhammads mit den Vierzig anführt, auf der Männer und Frauen vom Wein berauscht und gemeinsam nackt den *Semah* tanzen (vgl. *Buyruk II*, S. 62). Wie lassen sich solche Differenzen erklären?

Um eine Erklärung dieses Umstandes bemüht sich Ismail Kaplan, indem er schreibt: „Aleviten glauben daran, dass Gott dem Heiligen Mohammed den Koran offenbarte, aber sie sind auch gleichzeitig davon überzeugt, dass der Koran nicht mit dem ursprünglichen Inhalt bewahrt wurde. Aleviten glauben, dass der heilige Koran in seiner authentischen Fassung bei Ali bewahrt ist. Die heute von den sunnitischen und schiitischen Muslimen verwendete Fassung des Korans wurde von 3. Kalifen Othman redigiert und kann deshalb nicht [als] authentisch angesehen werden. Die Gültigkeit dieser heute vorliegenden Fassung ist nach alevitischem Verständnis deshalb nur insoweit anzuerkennen[,] als andere alevitische Quellen[,] insbesondere ‚Das Gebot' *buyruk*[,] darauf Bezug nehmen."[579]

Durch diese Argumentation scheint sich Ismail Kaplan der gleichen Strategie zu bedienen, die hauptsächlich von den orthodoxen Muslimen bezüglich der Schriften der Juden und Christen angewendet wird. Diese besagt, dass Tora und Evangelium insofern Gültigkeit besitzen, als sie in ihren Inhalten dem Koran nicht widersprechen. Bei Widersprüchen dagegen bringen sie die Vorstellung vom *taḥrīf* in Anschlag: die Juden und Christen hätten das Offenbarte später „entstellt". Demnach liefert der Koran den Maßstab für die richtigen und authentischen Überlieferungen der Offenbarung. Der Bildungsbeauftragte der anatolischen Aleviten in Deutschland verwendet die gleiche Argumentationslinie, indem er die Schriften der anatolischen Aleviten, allen voran *Buyruk*, als Maßstab ansieht. D. h. alles, was im Koran enthalten ist und sich nicht mit den Überlieferungen der anatolisch-alevitischen Schriften deckt, ist keine authentische Überlieferung. Das gilt im gleichen Maße auch für die Überlieferungen der Juden und Christen, die jedoch nicht in seinem Blickwinkel stehen. Dass nicht der sogenannte Kodex

---

[579] Ismail KAPLAN, Das Alevitentum, Köln 2004, S. 35–36 (Hervorhebung dort).

3.3 Offenbarung – Heilige Schriften

'Uṯmāns, sondern eine von ihm abweichende Version des Koran die originale ist, wird schiitischerseits öfter vertreten.[580]

Betrachtet man den oben aus dem *Buyruk* angeführten Text und Kaplans Vorstellungen zusammen, so ergibt sich, dass das anatolische Alevitentum für sich beansprucht, den Maßstab für eine authentische Offenbarung Gottes zu haben, nämlich bestimmen zu können, ob und inwiefern diese bis in die Gegenwart richtig tradiert wurde. Schließlich suggeriert der Text noch, dass Ali alles aus dem Munde des Propheten getreu aufgeschrieben hat und dies innerhalb der Tradition der Gemeinschaft weiter überliefert wird. Eine solche Vorstellung misst dem *Buyruk* mindestens die gleiche Bedeutung bei wie der Tora, dem Psalter, dem Evangelium und dem Koran, ja postuliert stillschweigend seine Überlegenheit.

Die Behauptung Kaplans, in der unter dem dritten Kalifen 'Uṯmān b. 'Affān (574–656) erstellten Fassung seien nicht alle an Muhammad ergangenen Offenbarungen enthalten, wird auch von der Annahme flankiert, dass die äußere Gestalt, also die Buchstaben an sich nicht die entscheidende Rolle spielen, sondern der Inhalt der Schrift. Somit bedient sich Kaplan an dieser Stelle der anatolisch-alevitischen Hermeneutik, um die Differenzen zwischen den Schriften dieser Gemeinschaft und dem Koran zu erklären.[581] Das gilt, wie angedeutet, auch für die Schriften der Juden und Christen. Kaplan schreibt: „Nach Ansicht der Aleviten besitzt der Koran, wie andere heilige Schriften, neben einer äußeren *(zahiri)* auch eine verborgene *(batıni)* Bedeutung. Infolgedessen übernehmen die Aleviten die verborgene Bedeutung von koranischen Versen, wie sie dem Heiligen Ali und später den weiteren Imamen anvertraut worden sind."[582] Er postuliert nicht nur eine mystische Dimension des Textes, die je nach Zeit von den Lesern entdeckt und interpretiert werden kann; für ihn besitzt Ali vielmehr die richtige Bedeutung, bei ihm liegt der ‚Schlüssel' zur Schrift. Ali kann das Tor zum Wissen des Koran aufschließen. Dadurch wird er zum hermeneu-

---

580 Vgl. Theodor NÖLDEKE, Die Geschichte des Qorans. Bearbeitet von Friedrich SCHWALLY. Zweiter reprografischer Nachdruck der 2. Aufl., Leipzig 1909; vgl. auch Reiner BRUNNER, Einige schiitische Stimmen zur Frage der Koranfälschung, in: Stefan WILD u. a. (Hrsg.), Akten des 27. Deutschen Orientalistentages: Bonn, 28. September bis 2. Oktober 1998; Norm und Abweichung, Würzburg, 2001, S. 447–457.
581 Vgl. Ismail KAPLAN, Das Alevitentum, Köln 2004, S. 178.
582 Ebd., S. 36 (Hervorhebung dort).

tischen Schlüssel des Koran. Denn „[n]ach alevitischem Glauben wird der ursprüngliche Koran nur bei dem Heiligen Ali, als dem *veli* Gottes [d. i. dem Freund Gottes] und dem engsten Begleiter von Muhammed, aufbewahrt. Ali repräsentiert in all seinem Reden und Handeln in vollkommener Weise den Willen Gottes. Sein Leben und Tun waren für die Entwicklung und Entstehung des alevitischen Glaubens eine entscheidend wichtige Grundlage. […] Nach dieser Vorstellung besaßen Mohammed und Ali das gesamte Wissen, das die Menschheit über die Wahrheit und über den Weg zur Wahrheit erhielt."[583]

Die Bedeutung des Koran, wie sie ihm von der orthodox-islamischen Tradition zugesprochen wird, wird durch Ali ersetzt, der als Garant für das göttliche Wissen, das an den Menschen ergangen ist, steht, um in einem zweiten Schritt doch ein anderes Buch als den Koran zu postulieren. Das Buch, in dem alle Geheimnisse und alles Wissen aufbewahrt werden, ist der *Buyruk*. Dadurch müssen die koranischen Inhalte sich am *Buyruk* auf Richtigkeit und verborgene Bedeutungen messen lassen. Doch das ist keine neue Methodik, die hier angewendet wird; in der Geschichte gab es Menschen, die in dem Koran nach einem verborgenen Sinn *(bāṭinī)* suchten, anstatt die geoffenbarten Worte buchstäblich zu nehmen, sie wurden *Bāṭiniten*[584] genannt. Ismail Kaplan knüpft mit seinen Ausführungen zwar an diese Tradition an, aber statt an ausgewählten Stellen exemplarisch zu erklären, wie er die verborgene Dimension des Korantextes ermitteln möchte, bietet er nur eine Liste von *Buyruk*stellen an, die nicht im Koran enthalten sind.[585] Damit möchte er begründet haben, dass die vorhandene Koranversion

---

583 Ebd.
584 Mit *Bāṭiniten* bezeichnen die arabischen Autoren mehrere sich unterscheidende Sekten, fast sämtlich haben eine bedeutende politische Rolle gespielt. Unter den Wichtigsten sind Ḥurramiten, Ḳarmaten und Ismāʿīliten zu nennen. Vgl. Marshall G. S. HODGSON, „Bāṭiniyya", in: *Encyclopaedia of Islam*, Band I, Leiden ²1960, S. 1098–1100; Ausführlicher über „die Richtung des inneren Sinnes" *(bāṭinīya)* siehe Tilman NAGEL, Geschichte der islamischen Theologie. Von Muhammad bis zur Gegenwart, München 1984, S. 173; Die *Zahiriden* waren diejenigen, die genau diametral zu dieser Vorstellung von einem Sinn der Schrift ausgegangen sind, wie er sich einem wörtlichen Verständnis erschließt. Vgl. Tilman NAGEL, Geschichte der islamischen Theologie. Von Muhammad bis zur Gegenwart, München 1984, S. 169; Abdel-Magid TURKI, „Al-Ẓāhiriyya", in: *Encyclopaedia of Islam*, Band XI, Leiden ²2002, S. 394–396; Einen Vergleich der beiden Konzepte bietet Ismail POONAWALA, „Al-Ẓāhir wa 'l-Bāṭin", in: *Encyclopaedia of Islam*, Band XI, Leiden ²2002, S. 389–390.
585 Vgl. İsmail KAPLAN, İnancımız ve Direncimiz, Köln 2009, S. 264–275.

3.3 Offenbarung – Heilige Schriften

doch nicht alles enthält, was an Muhammad geoffenbart wurde, und folgert daraus, dass „im [anatolisch-]alevitischen Ritual der *Buyruk* einen höheren Stellenwert als die Koranverse besitzt".[586]

Das Thema Heilige Schrift zeigt, wie weit sich die anatolischen Aleviten vom heutigen orthodox-islamischen Verständnis des Koran entfernt haben und wie unterschiedlich die Herangehensweisen an dieses Buch sind. Aus dem oben Gesagten lassen sich folgende Aussagen besonders hervorheben:

1) Für die anatolischen Aleviten besitzt der *Buyruk* unter den anderen Grundschriften *Makalat*, *Vilayetname* und *Nech'ül Belâğa* die höchste Stellung und wird als *heilig* („ulu", „kutsal") angesehen. Das Buch bekommt seine Autorität von ʿAlī b. Abī Ṭālib, der als Schreiber der darin enthaltenen göttlichen Geheimnisse gilt. Die anatolischen Aleviten betonen aber, dass das Buch nicht göttlich ist[587], d. h. es ist kein fünftes Buch neben Tora, Psalter, Evangelium und Koran, die sich auf eine göttliche Offenbarung gründen.
2) In der alevitischen Argumentation steht zunächst der Koran im Mittelpunkt. Der Vorwurf an den gegenwärtigen Korantext lautet: Da bei seiner Kanonisierung des durch den dritten Kalifen ʿUṯmān b. ʿAffān nicht alle an Muhammad ergangenen Offenbarungen in das Buch aufgenommen wurden, kann er nicht als authentisch und letztgültig betrachtet werden.
3) Der Anspruch des anatolischen Alevitentums lautet: Muhammad hat, bevor er zu Gott ging, alle ihm geoffenbarten Geheimnisse an Ali weitergegeben; Ali schrieb alle diese göttlichen Geheimnisse – die *de facto* Offenbarungen Gottes sind – auf und vereinte sie im *Buyruk*. Darum wird diese Schrift als heilig angesehen, und ihr Inhalt bekommt eine göttliche Qualität.
4) Dass *Buyruk* alles beinhaltet, was Muhammad an Ali mitgeteilt hat, und darin Erzählungen zu finden sind, die nicht im vorhandenen Koran enthalten sind, wird auf dessen unvollständige Kanonisierung zurückgeführt. Somit wird *Buyruk* als Korrektiv für den koranischen Inhalt betrachtet und schlicht und einfach erklärt: Alles Koranische, was sich nicht mit dem *Buyruk* begründen lässt, ist

---

586 Ebd., S. 275.
587 Vgl. ebd., S. 264: „Buyruk, ilahi bir kitap değildir."

nicht authentisch. Dieser Anspruch weitete sich auf andere Urteile über gültig überlieferte Offenbarung aus, von der die Juden und Christen nicht ausgenommen sind.

Der Anspruch des anatolischen Alevitentums ist aus mehreren Gründen fragwürdig, deshalb wird im Folgenden auf einige Aspekte hingewiesen:

1) Das Buch *Buyruk* wurde mit großer Wahrscheinlichkeit erst im 16. Jahrhundert geschrieben. Ismail Kaplan weist selbst auf diese Tatsache hin und fügt hinzu, dass das Buch keinen Anspruch hat, eine göttliche Schrift im Sinne von Tora, Psalter, Evangelium oder Koran zu sein.[588]
2) Indem er aber das *Buyruk* als Maßstab für jegliche authentische Offenbarung einstuft, verleiht er ihm eine göttliche Qualität, die ihn nicht nur *neben*, sondern *über* die Heiligen Schriften der Juden, Christen und Muslime stellt. Hier geschieht das Erstaunliche, dass ein menschlicher Text für göttlich erklärt wird. Dass also ein anerkanntermaßen von Menschen verfasstes Buch, das die Regeln des anatolischen Weges enthält und für die Begleitung der Gemeinschaftsmitglieder gedacht war, sakralisiert wird.
3) Vermutlich steht hinter diesem Anspruch der Wunsch, endlich aus dem Schatten des mehrheitlich sunnitisch-orthodoxen Islam hervorzutreten. Damit kann sich das anatolische Alevitentum als eine eigene und eigenständige Größe betrachten lassen. Demnach sind es die Aleviten und das anatolische Alevitentum, die den „wahren" Islam weitertradiert haben. Wer sich davon überzeugen möchte, soll, so können Aleviten demgemäß sagen, den Koran und den *Buyruk* vergleichen und sehen, wie viele koranische Inhalte sich dort wiederfinden.
4) Die anatolischen Aleviten bleiben eine nachvollziehbare Erklärung schuldig, wie sie die authentischen Offenbarungen bis in die Gegenwart bewahrt haben sollen, da ja, wie sie auch selbst sagen, keine einheitliche *Buyruk*-Ausgabe vorhanden ist. Außerdem ist *Buyruk* ein literarisch wenig überzeugendes und dispersives Werk.
5) Der von den Schriften der anatolischen Aleviten in Berufung auf den Koran erhobene Vorwurf, die Juden und Christen hätten ihre

---

588 Vgl. ebd., S. 275.

Heiligen Texte verfälscht, worauf sich die Theorie von *taḥrīf*, also Entstellung gründet, muss in diesem Zusammenhang als wenig seriöse Behauptung zurückgewiesen werden, solange keine Versuche unternommen werden, zu erforschen und zu erweisen, wann und von wem diese Inhalte verfälscht wurden.

D. BEWERTUNG
Eine kritische Reflexion aus katholischer Sicht

1. Gott

Die anatolische Aleviten „glauben an den einen einzigen Gott (Allah/Hakk)". Jedoch verwenden die Mitglieder dieser Gemeinschaft mehrheitlich den Namen „Hakk" (arab. ḥaqq), d. h. „Wahrheit", „göttliche Wahrheit", „Gottheit" oder „Gott". Diese besondere Verwendungsweise des Wortes „Hakk", die über das sufische Ḥaqq-Verständnis hinausgehende Besonderheit alevitischer Gottesbezeichnung liegt darin, dass sie mit dem Wort, das sie für Gott verwenden, entsprechend mehrheitlich alevitischer Lehre das All, den Kosmos im Ganzen meinen.

Schöpfungstheologisch lässt sich sagen, dass das anatolische Alevitentum mit dem Christentum den Glauben an einem Schöpfergott teilt, jedoch scheinen bei genauerem Betrachten die biblischen Schöpfungsmotive aus ideologischer Absicht aufgegriffen zu werden. Zwei Motivationen dominieren, nämlich: zum einen die Bemühung, Gott als den Ursprung von Allem zu konstatieren, um sich so trotz einer pantheistischen Grundhaltung, als monotheistisch akzeptabel auszuweisen; zum anderen sollen Muhammad und Ali als vor der Schöpfung existierend dargestellt werden, daher zwar als absolut vorrangig, aber losgelöst von ihrer historischen und koranischen Existenz zu etablieren. Die religionspolitische Brisanz dieser Annahme möchte vor allem an die sunnitische Gemeinschaft die Botschaft senden, dass zu einem vollständigen Glauben die beiden Hälften (Schöpfungsglaube und Präexistenzglaube) nötig sind. Außerdem ist hervorzuheben, dass der Schöpfungsakt nicht deshalb erfolgt, weil Gott sich selbst seiner Schöpfung mitteilen wollte, sondern er teilt den Willen seinen Geschöpfen mit. Hier spiegelt sich also eine koranische, nicht eine biblische Sicht des Schöpfungsgrundes. Im anatolischen Alevitentum gilt zwar, dass Gott, der Schöpfer von allem, vom Menschen erkannt werden soll. Allerdings erkennt der Mensch nur den Willen Gottes und nicht sein Wesen, dieses bleibt verborgen. Der Mensch, der zum Kalifen Gottes auf Erden bestellt ist, ist nicht dazu bestimmt, mit Gott in *Communio* zu leben. Das markiert einen zentralen Unterschied zwischen dem anatolisch-alevitischen und dem christlichen Schöpfer-Gott-Glauben.

1. Gott

Das anatolisch alevitische Glaubensbekenntnis besteht aus drei Teilen: *ašhadu* (1) *lā ilāha illā llāh* (2) *Muḥammadun rasūlu llāh* (3) *ʿAlīyun walīyu llāh*, d.i. „Ich bezeuge, es gibt keine Gottheit außer Gott, Muhammad ist sein Prophet und Ali ist sein Freund". Das Bekenntnis zu einem einzigen Gott ist eine Gemeinsamkeit zwischen Judentum, Christentum und dem Islam. Indem die anatolischen Aleviten sich im ersten Teil ihres Glaubensbekenntnisses zu diesem einen Gott bekennen, gesellen sie sich zu den monotheistischen Religionen. Mit dem zweiten Teil des Glaubensbekenntnisses zeigen die Mitglieder dieser Gemeinschaft ihre besondere Nähe zum Islam, mit dem dritten betonen sie die Selbstständigkeit ihrer Gemeinschaft. Durch die anatolisch-alevitische Annahme, dass Muhammad und Ali präexistente Wesen sind und zum göttlichen Licht gehören, wird eine Triade aufgestellt. Diese Triade, die aus Allah, Muhammad und Ali besteht wird auch Dreiheit oder leichthin „Trinität" genannt. Damit aber eine Religionsgemeinschaft von einem trinitarischen Glauben sprechen kann, müssen drei Bedingungen erfüllt sein:
1) Es müsste sich um ein durch gegenseitige Selbstübergabe und Selbstunterscheidung konstituiertes ewiges Miteinander handeln.
2) Es müsste sich um ein geschichtlich tatsächliches Verhältnis (z. B. Vater-Sohn, Herr-Freund) handeln, in das die Geschöpfe
3) teilnehmend eintreten können (Geist).

Mit dem Wort Trinität bezeichnen die Christen die göttliche Personeneinheit von himmlischem Vater, Sohn Jesus Christus und Heiligem Geist. Die Triadekonzeption des anatolischen Alevitentums ist etwas anderes als die christliche Trinitätslehre. Denn die christliche Trinitätslehre schaut in Jesus Christus freies Menschengeschehen und ewiges göttliches Leben zusammen. Die Geschichte des Gottessohnes und Gottesvolkes gehört entscheidend zum Leben Gottes. Jede der drei Personen ist durch ihre vollkommene Bezogenheit auf die beiden anderen wahrhaft Gott.

Aus der anatolisch-alevitischen Gotteslehre, wie sie in der Gegenwart verstanden wird, spricht ein apersonales Gottesverständnis. Demnach wird von einer Gottheit ausgegangen, die lediglich eine Energie ist und den Namen für das Ganze trägt. Zum einen wird das teleologische Modell, das besagt, dass alles auf Gott hin geordnet ist, aufgelöst. Zum anderen wird anstelle dessen ein Modell wie ein Kreis oder eine Spirale angenommen, in dem der Mensch sich nach oben und unten bewegt. Dabei wird das Göttliche im Innersten der Dinge erblickt, so dass man von einem mystischen Pantheismus sprechen kann.

Der apersonale Schöpfergott, auf den die anatolisch-alevitische Autoren immer wieder zu sprechen kommen, erfüllt seine Aufgabe, indem er alles erschaffen hat bzw. in Bewegung setzt. Das entfaltete anatolisch-alevitische Glaubenssystem macht deutlich, dass durch die Lehre vom Kreislauf der Dinge und der Reinkarnation („devriye") Gott, im Gegensatz zur christlichen Lehre, nicht zu einem Gegenüber wird, auf den das menschliche Leben seinen Bezug nimmt. Aber Aleviten beten doch persönlich zu Gott; ist damit nicht ein rein apersonal-pantheistisches Gottesverständnis de facto bereits widerlegt? Hierauf ist schlicht zu antworten: Die Implikationen der alevitischen Gebetspraxis sind theologisch bisher nicht reflektiert. Hier ist Gott nicht mehr das Ziel der Schöpfung, sondern er verschwindet hinter den Wolken und verstummt. Dieser deistische Gottesglaube des anatolischen Alevitentums unterscheidet sich vom christlichen Glauben. Gott wird im Christentum als eine handelnde Person gedacht. Gott schuf die Welt ihm als Gegenüber, und trotz seiner Transzendenz geht er auf die Menschen zu. Felix Körner bringt diesen Vorgang mit der Formulierung „Gott riskiert sich in der Geschichte" auf den Punkt. Damit meint er, dass Gott sich mit der Welt nicht nur ein Gegenüber schafft, sondern dass er sich an sie bindet. Gott setzt sich in der Geschichte aufs Spiel, bedeutet, „dass er in der Geschichte eines bestimmten Volkes, eines einzelnen Menschen und einer konkreten Gemeinschaft seine Gottheit riskiert; nämlich im Leben Israels, Jesu und der Kirche."[589] Diese Geschichtsbezogenheit des christlich gedachten personalen Gottes unterscheidet sich von einer pantheistischen Gottesvorstellung, in der Gott lediglich eine Energie ist und von einem deistischen, untätigen Gottesverständnis.

Diese Geschichtsbezogenheit Gottes erklärt Körner mit Nikolaus von Kues wie folgt: „Wenn Gott das reine Gegenüber seiner Schöpfung ist, der Andere, dann ist mein eigenes Entscheiden unerheblich für den Ausgang der Geschichte. Wenn aber Gott der Nicht-Andere ist, wenn er nicht einfach gegenüber ist, wenn er uns als freie Geschöpfe viel-

---

[589] Felix KÖRNER, Kirche im Angesicht des Islam. Theologie des interreligiösen Zeugnisses, Stuttgart 2008, S. 329.

mehr am Gelingen seines Plans beteiligt, dann wird uns unsere Verantwortung klar: Dann hängt die Welt an meiner Zustimmung."[590]

Daher besagt das christliche Glaubensbekenntnis nicht nur, „dass es Gott gibt, sondern dass er sich gibt und wir uns ihm geben. Es ist nicht Bekennen der Existenz Gottes, sondern Bekennen der Geschichte Gottes; selbst wer nur ‚Gott', ‚Herr' oder ‚Vater' sagt, fasst mit dem einen Wort die ganze Bibel zusammen, weil er als Christ spricht und deshalb mit Christus."[591]

Alevitischerseits glaubt man dagegen nicht, dass Gott eine Geschichte mit den Menschen hat; die Reinkarnationsvorstellung verdeckt vielmehr das individuelle Zueinander.

2. Mensch

Was ist der Mensch? Diese Frage kann von verschiedenen Standpunkten aus gestellt werden. Schöpfungstheologisch können anatolische Aleviten und Christen gemeinsam antworten: Der Mensch ist ein Geschöpf Gottes. Er verdankt seine Existenz einem anderen höheren Wesen. Er ist das Abbild Gottes. Gott schuf ihn als Mann und Frau. Gott schuf ihn in voller Freiheit. Damit scheint jedoch ausgeschöpft zu sein, was anatolische Aleviten und Christen gemeinsam auf die genannte Frage antworten können. Das Zweite Vatikanische Konzil merkt zu der erwähnten Frage in der Pastoralkonstitution *Gaudium et Spes* (Abk. GS) Folgendes an: „Jeder Mensch bleibt vorläufig sich selbst eine ungelöste Frage, die er dunkel spürt. Denn niemand kann in gewissen Augenblicken, besonders in den bedeutenderen Ereignissen des Lebens, diese Frage gänzlich verdrängen. Auf diese Frage kann nur Gott die volle und ganz sichere Antwort geben; Gott, der den Menschen zu tieferem Nachdenken und demütigerem Suchen aufruft" (GS 21). Der Mensch bleibt auf Gott verwiesen, von dem er kommt und in relativer Freiheit abhängig ist. In der Zurückhaltung der Konzilsväter und anderer christlicher Theologen, diese Frage nach dem Menschen ein für alle Mal zu beantworten, zeigt sich eine neutestamentliche Grundhaltung.

---

590 Felix KÖRNER, Kirchliches Lehramt, katholische Theologie, heutiger Islam. Lösungsvorschläge in Kernfragen, in: Stimmen der Zeit 228 (2010), S. 169–181, hier S. 179.
591 Ebd.

Gott und Mensch werden in ihrer Geheimnishaftigkeit „glaubend, nicht schauend" anerkannt (2 Kor 5,7). In der Christusgeschichte ist uns zwar alle Antwort gegeben, deren Bedeutung ist aber immer tiefer auslotbar. Im anatolischen Alevitentum geht es nicht darum, eine Geschichte Gottes mit den Menschen zu deuten, sondern die Aufgabe der Einzelnen besteht darin, die heilige Kraft, die zur pantheistischen Erkenntnis führt, in sich zu entdecken.

Die anatolisch-alevitische Lehre betont, dass der Mensch nicht nur aus Materiellem, sondern auch aus Geistigem besteht. Die Schöpfung des Menschen wird vollendet, indem Gott dem Menschen seine Seele einhaucht. Das Geschaffen-Sein des Menschen ist eine scheinbare Entsprechung zum jüdisch-christlichen Menschenbild. Denn konstitutiv für das Menschsein eines Wesens ist im anatolischen Alevitentum der Besitz einer Seele bzw. die Seele allein begründet das Menschsein. Die Leib-Seele-Einheit, die das menschliche Leben ermöglicht, wird zugunsten der Seele aufgelöst. Die Seele wird als ein Partikel Gottes verstanden und ihre Existenz von der Zeit gelöst. D. h. die Seele ist unsterblich. Aufgrund dessen verfällt sie nach dem Tod eines Menschen nicht wie sein Leib und wird nicht zu Erde. Die anatolisch-alevitischen Lehren von der Unsterblichkeit der Seele und der Seelenwanderung besagen, dass die Seele nach dem leiblichen Tod eines Körpers in einen anderen übergeht. Hier ist der Reinkarnationsgedanke nachweisbar. Denn die menschliche Seele wandert in verschiedenen Erscheinungsformen durch die Zeit. Dass die Lehre von der Seelenwanderung weder mit dem islamischen noch mit dem biblischen Auferstehungsglauben vereinbar ist, liegt auf der Hand, denn sie steht der Erwartung von Auferstehung und Gericht, Paradies und Hölle entgegen. Außerdem werden durch die Lehre von der Reinkarnation der menschlichen Seele Personalität und Individualität des Menschen, zu dem die Leib-Seele Einheit gehört, und das je überraschend Neue des menschlichen Lebens in seiner Einmaligkeit, nicht mehr aufrecht erhalten. Hier tut sich ein tiefer Graben zwischen anatolisch-alevitischem und christlichem Menschenverständnis auf.

Die Geschöpflichkeit des Menschen spiegelt sich im Christentum in der Gottebenbildlichkeit wider. Der biblische Schöpfungsbericht bringt die Gottebenbildlichkeit mit der Herrschaft des Menschen über die Tiere und der Differenzierung der Geschlechter in Verbindung.

2. Mensch

Im anatolisch-alevitischen Schöpfungsmythos wird der Mensch Abbild Gottes genannt, weil der Mensch mit einem Willen und einer Seele ausgestattet und mit einer Vernunft begabt ist. Dass der Mensch hier nicht als Sachwalter eingesetzt ist, heißt aber nicht, dass das anatolische Alevitentum sich der Verantwortung für die Natur und Umwelt entzieht. Es gehört im Gegenteil zu den wichtigsten Aufgaben eines Aleviten, in Harmonie mit seinen Mitmenschen, der Natur, den Tieren und der Umwelt zu leben. Das wird von einer religiös getragenen Grundhaltung unterstrichen, die sich aus den drei Signicula ableiten lässt, nämlich aus der Beherrschung der Hände, der Lende und der Zunge. Diese positive Grundhaltung zeigt sich auch im Verhältnis von Mann und Frau, denn beide sind gleichwertig und gleichberechtigt, auch im religiösen Leben. Aus diesem Grund nehmen Männer und Frauen an religiösen Zeremonien gemeinsam teil und sind nicht räumlich getrennt, wie es im sunnitischen Islam vorgesehen ist. Frauen dürfen auch religiösen Zeremonien vorstehen. Hacı Bektaş Veli forderte schon zu seinen Lebzeiten, dass die Bildung von Frauen gefördert werden soll.[592]

In der Lehre von den vier Toren und vierzig Stufen gestehen die anatolischen Aleviten, dass der Mensch auch Verfehlungen begehen kann, die ihn sogar am Voranschreiten auf dem mystischen Pfad hindern können. Aus dem Wissen, dass der Mensch zur Sünde fähig ist und aufgrund der in der Geschichte erfahrenen Isolation und dem Rückzug der anatolisch-alevitischen Gemeinschaft aus dem öffentlichen Leben, musste ein Weg gefunden werden, damit die abtrünnigen Mitglieder wieder in die Gemeinschaft integriert werden konnten und auch das friedliche Zusammenleben bewahrt wurde. Es wurde das Ritual „Rızalık" („Einvernehmen") entwickelt, dessen genuiner Ausübungsort die *Cem*-Zeremonie ist. Diese Praxis erinnert zwar an eine öffentlich abgelegte Beichte, der Unterschied besteht jedoch darin, dass die Beichte nicht Tat eines Menschen, sondern als Sakrament ein Zeichen des konkreten Handelns Gottes an den Menschen ist. Weil jede menschliche Verfehlung eine horizontale und vertikale Dimension hat, ist das Sakrament der Versöhnung mehr als ein äußerliches Zeichen. Zwar besteht in der Wirkung dennoch eine gewisse Parallele zwischen

---

592 Im Kloster Hacı Bektaş Veli, das heute zum Museum umgewandelt ist, ist eine Tafel angebracht, die die wichtigsten Vermächtnisse von Hacı Bektaş beinhaltet. An zweiter Stelle findet sich die Aufforderung: „Fördert die Bildung der Frauen".

Einvernehmen und Beichte, doch handelt es sich beim Einvernehmen lediglich um ein zwischenmenschliches Geschehen, wohingegen bei der Beichte der Handelnde Gott ist, der seiner Kirche die Vollmacht zur Wiederherstellung der Gemeinschaft anvertraut hat. Er selbst ist es auch, der Verzeihung und Heilung schenkt. Außerdem verdeutlicht das Sakrament der Beichte, dass es eine grundmenschliche Schwäche gibt, die der Mensch nur aufgrund der Gnade Gottes überwinden kann. „Und weil jeder Mensch eine personale Einheit von Seele (bzw. Geist) und Leib ist, geschieht die Annahme der Gnade nicht ungeschichtlich im ‚Inneren der Seele', sondern als Veränderung, die sich in einem Leben des Glaubens, Hoffens und Liebens verleiblicht."[593]

Der auf dem mystischen Pfad Wandelnde hat durch die Reinkarnation seiner Seele immer wieder die Möglichkeit eines neuen Anfangs, bis er eines Tages zum vollkommenen Menschen wird. Hier zeigt sich ein weiterer Unterschied zwischen anatolischem Alevitentum und Christentum. Denn das Christentum vertritt die Ansicht, dass der Mensch von sich aus sein Leben nicht vollenden kann, sondern auf die Gnade Gottes angewiesen ist. Infolge dessen wird der Mensch nicht nur aufgrund seines tugendhaften und sittlichen Lebens die Vollendung finden, sondern auch aufgrund der Gnade Gottes, die ihm durch Jesus Christus im Heiligen Geist versprochen wurde.

Das Ziel eines menschlichen Lebens ist nach dem anatolisch-alevitischen Verständnis, dass der Mensch am Ende der mystischen Wanderung zu *al-insān al-kāmil* wird. Was ist aber danach? Zwei Antworten bieten sich hierfür an:

1) Der Mensch, der die Vervollkommnung erreicht hat, bricht den Kreis nicht auf, sondern für ihn beginnt die mystische Reise wieder von vorne. Allerdings lässt sich an dieser Stelle fragen, welchen Sinn es haben sollte, dass der Mensch ewig in einem Kreislauf gefangen ist?

2) Der Mensch entdeckt, nachdem er die Stufe zu *al-insān al-kāmil* erreicht hat, dass er ein göttliches Partikel ist. Er merkt gleichzeitig, dass er in einer Einheit mit Gott, Welt, Menschen, Natur und Tieren ist. Diese pantheistische Erkenntnis erreicht der Mensch erst, wenn er sich endgültig aus den Fesseln seines Körpers befreit und

---

593 Karl-Heinz MENKE, „Mensch. V. Systematisch-theologisch", in: *Lexikon für Theologie und Kirche*, Band 7, Freiburg im Breisgau ³1998, Sp. 113–117, hier Sp. 115.

ein geläuterter Geist geworden ist. In diesem Zustand ist er nicht mehr den Naturgesetzen unterworfen. D. h. er ist nicht mehr im Zeitlichen verhaftet, kann in den Himmel aufsteigen und mit seinen Ahnen sprechen. Also lebt er weiter, aber ohne Zeit und Ort, d. h. er entdeckt, was er schon immer war: Gott.

Entgegen einer solchen Vorstellung von einem Ziel menschlichen Lebens, das in einem Kreislauf oder Pantheismus ankommt, wird im Christentum die Gemeinschaft mit Gott in Aussicht gestellt. Am Ende löst sich die menschliche Person nicht in Gott auf, sondern tritt in ein gemeinschaftliches Verhältnis zu Gott Vater durch Christus, den Sohn, in der Kraft des Heiligen Geistes. Der Mensch wird durch die Gnade Gottes befähigt, in Gottes Reich zu leben. Dabei behalten der Schöpfer und das Geschöpf ihre Eigenständigkeit. Es tut sich ein neues Gemeinschaftsverhältnis auf, welches ewig anhält.

3. Vermittlung

Religionen, die sich auf eine Offenbarung berufen, vertreten die Ansicht, dass Gott seine Botschaften durch eine Mittlergestalt wie einen Propheten oder Seher an den Menschen vermittelt. Das geschieht mittels Engeln, Visionen, Auditionen oder im Traum. Dies trifft auf das Judentum, den Islam und zum Teil auf das Christentum zu, wo Mittlerschaft (1 Tim 2,5) nun als Versöhnung im Blick ist. Das anatolische Alevitentum beruft sich weder auf ein unmittelbares Offenbarungsereignis noch auf eine Person, die mit einer göttlichen Botschaft beauftragt wurde, um die Stiftung dieser Gemeinschaft zu begründen. Allerdings lassen sich para-islamische Motive nennen, die man historisch als Umfeld-Kontamination erklären kann. Im Glaubenskontext zeigt sich dies beispielsweise an der Person Alis, der als Gefährte des islamischen Propheten für den Islam gekämpft hat und auch als einer der vier rechtgeleiteten Kalifen gilt. Obwohl hier eine geistige Nähe zum Islam gesehen werden kann, fühlen sich die Anhänger der anatolisch-alevitischen Gemeinschaft gegenüber dem sunnitisch-orthodoxen und zwölferschiitischen Islam nicht in der Pflicht, sich an die Gebote des Koran zu halten, bzw. legen ihre eigenen Maßstäbe und Methoden zur Benennung dessen an, was erlaubt oder verboten sein soll. Damit geht eine Ablehnung des koranischen Anspruchs, Gottes Botschaft an die Menschen authentisch zu enthalten und zu vermitteln, einher. An Stelle des Koran tritt das *Buyruk*.

Was die anatolischen Aleviten hier postulieren, ist nichts anderes als ihre traditionellen Glaubensüberzeugungen als Maßstab für alle anderen Religionsgemeinschaften zu setzen. Denn wenn das *Buyruk* tatsächlich die authentische Botschaft von Gott sein sollte, dann erscheinen Koran und Bibel als überholt. Dann müssten die Menschen sich am *Buyruk* bzw. an der anatolisch-alevitische Lehre orientieren, um Gottes Botschaft zu vernehmen. Diese logische Konsequenz ziehen die alevitischen Gemeinschaften allerdings nie ausdrücklich.

Neben der Möglichkeit, von Gott über eine Vermittlerfigur zu erfahren, vertritt das anatolische Alevitentum die Ansicht, dass der Mensch beim *Semah*-Tanz die Einheit mit Gott erreichen kann. Damit ist gemeint, dass die menschliche Seele göttlich ist und durch die ekstatische Entzückung eine mystische Einheit zwischen Gott und Mensch entstehen kann. Demnach ahnt der Mensch, der diese harmonische Einheit spürt, was ihn nach seinem Gang zu Gott erwartet. Das wird auch als eine mystische Pilgerreise angesehen, dessen Ziel es ist, die Einheit zwischen Gott, Mensch und Natur herzustellen. Der Mensch spielt dabei die Schlüsselrolle, da er in seiner Person eine Art Vermittlungsposition zwischen Gott und der Natur einnimmt. Was hier vertreten wird, ist nicht eine Vermittlung zwischen dem Schöpfer und dem Geschaffenem, sondern die Annahme, dass alles in Eins mündet. D. h. der Mensch ist der Ort und die Möglichkeit, an dem sich dies manifestiert. Somit ist das anatolische Alevitentum keine prophetische Offenbarungsreligion, wie es beispielsweise das Judentum, das Christentum und der Islam sind. Vertreter des anatolischen Alevitentums gehen vor allem von einem kosmischen Gesetz aus, das sich u. a. in der Lehre von der heiligen Kraft bemerkbar macht, dass das Göttliche sich in den Regeln und durch das auf dem Weg der Vervollkommnung erworbene Wissen ausdrückt. Diese Sichtweise intendiert jedoch eine klare Vermischung, in der Schöpfer und Geschöpf eins werden. Neben diesem eher pantheistischen Ansatz, wird auch die Meinung vertreten, dass die Vermittlung zwischen Gott und den Menschen durch die emanatorischen Erscheinungen von Muhammad und Ali geschieht.

3. Vermittlung

Das Christentum kennt zwar einzelne Begleitphänomene einer prophetischen Offenbarungsreligion, „[d]ie Offenbarung, in der es begründet ist, unterscheidet sich jedoch grundsätzlich dadurch, daß sie sich nicht allein auf eine Botschaft Gottes bezieht."[594] Die christliche Offenbarung hat ihren Grund im Ereignis der Menschwerdung Gottes in der Person Jesu Christi. Mit Inkarnation meint das Christentum nicht eine Manifestation – ein Gott zeigt sich in menschlicher Gestalt, sondern die Bindung in einem Offenbarungsvorgang als Selbstüberantwortung an eine bestimmte geschichtliche Größe. Im Unterschied zum anatolischen Alevitentum wird im Christentum nicht von einem Mensch-Gott („İnsantanrı") gesprochen, worunter der Intellekt des Menschen („İnsan aklı"), heilige Kraft oder die lebensspendende Energie gemeint ist. Aus christlicher Sicht wäre mit solchen Annahmen die Gnade ontologisiert, wäre das geschichtliche Einmal ins kosmische Ohnehin verlegt. Man kann im anatolischen Alevitentum in diesem Zusammenhang auch von einem kosmischen Gesetz, das dem Menschen innewohnt, sprechen. Im Christentum dagegen haben die Menschen in Jesus Christus erfahren, wie Gott ist, Gott wird ihnen zugänglich, ohne dass er ihnen verfügbar wird. Gemeint ist hier nicht eine Psychisierung des Göttlichen, sondern dass Gott sich in Jesus Christus inkarniert hat. Das Christentum postuliert zwar auch eine Vermittlungsaufgabe durch die Inkarnation zwischen Gott und den Menschen; darin wird die Eigenständigkeit des Schöpfers und des Geschöpfs jedoch nicht aufgehoben, es geschieht keine Vermischung. Obwohl Gott Vater durch Jesus Christus erkennbar wird und die Menschen im Heiligen Geist mit ihm in Gemeinschaft leben können, bleibt die Transzendenz Gottes im trinitarischen Gottesbekenntnis bewahrt. Daher vertritt das Christentum auch die Lehre von der Inkarnation unter der Bewahrung des göttlichen Geheimnisses. Und hier liegt der wesentliche Unterschied zwischen dem anatolischen Alevitentum und dem Christentum.

---

[594] Horst BÜRKLE, „*Offenbarung. I. Religionsgeschichtlich*", in: *Lexikon für Theologie und Kirche*, Band 7, Freiburg im Breisgau ³1998, Sp. 983–985, hier Sp. 984.

E. LITERATURVERZEICHNIS

Abu'l-A'lā 'AFFIFI, The Mystical Philosophy of Muḥyi'Dīn Ibnul-'Arabi, Cambridge University Press, London 1939.
Hüseyin AĞUİÇENOĞLU, Das alevitische Dede-Amt, in: Robert LANGER/Raoul MOTIKA/ Michael URSINUS (Hrsg.), Migration und Ritualtransfer. Religiöse Praxis der Aleviten, Jesiden und Nusairier zwischen Vorderem Orient und Westeuropa, Frankfurt am Main 2005, S. 133-145.
Nurettin ALBAYRAK, „Cem", in: Türkiye Diyanet Vakfı İslâm Ansiklopedisi, Band 7, Istanbul 1993.
Bahadır V. ALKIM u. a. (Hrsg.), Türkçe/Osmanlıca – İngilizce Sözlük. Redhouse Turkish/Ottoman – English Dictionary, Istanbul [18]2000.
Roger ARNALDEZ, „Insān", in: Encyclopaedia of Islam, Band III, Leiden [2]1971, S. 1237-1239.
Roger ARNALDEZ, „Al-insān al-kāmil", in: Encyclopaedia of Islam, Band III, Leiden [2]1971, S. 1239-1241.
Abdullah AYDIN (Hrsg.), Kur'an-ı Kerim ve yüce Meâli („Der edle Koran und seine erhabene Bedeutung"). Tercüme eden Abdullah Aydın („Übersetzt von Abdullah Aydın"), Istanbul o.J.
Mehmet S. AYDIN, „İnsân-ı Kâmil", in: Türkiye Diyanet Vakfı İslâm Ansiklopedisi, Band 22, Istanbul 2000, S. 330-331.
Mahmoud AYOUB, „'Āšūrā' ", in: Encyclopaedia Iranica, Band 2, London 2000, S. 874-876.
Sefer AYTEKİN (Hrsg.), Buyruk („Das Gebot"), (Emek Basım – Yayınları), Ankara 1958.
Simon VAN DEN BERGH, „'ayn", in: Encyclopedia of Islam, Band I, Leiden [2]1960, S. 784-785.
Hans Dieter BETZ u. a. (Hrsg.), Religion in Geschichte und Gegenwart, 6 Bände, [4]1998-2005.
Ugo BIANCHI, Probleme der Religionsgeschichte, Göttingen 1964.
John Kingsley BIRGE, The Bektashi Order of Dervishes (Faksimilenachdruck des Originals von 1937), London 1994.
François C. de BLOIS, „Shāh", in: Encyclopaedia of Islam, Band IX, Leiden [2]1997, S. 190-191.
Hendrik BOESCHOTEN (Hrsg.), Das Buch des Dede Korkut. Heldenerzählungen aus dem türkischen Mittelalter, (Reclam Bibliothek), Stuttgart 2008.
Pertev Naili BORATAV, „Hızır", in: İslâm Ansiklopedisi, Band 5, Istanbul 1977, S. 457-471.
Pertev Naili BORATAV, „Khidr-Ilyās", in: Encyclopaedia of Islam, Band V, Leiden [2]1986, S. 5.
Pertev Naili BORATAV, Die türkische Mythologie. Die Mythologie der Ogusen und der Türken Anatoliens, Aserbaidschans, Turkmenistans, in: Egidius SCHMALZRIEDT/ Hans-Wilhelm HAUSIG (Hrsg.), Wörterbuch der Mythologie in 7 Bände 1990-1999, Band 7/1: Götter und Mythen in Zentralasien und Nordeurasien, Stuttgart 1999, S. 279-386.
Wilhelm BOUSSET, Hauptprobleme der Gnosis, Göttingen [2]1973.
Fuat BOZKURT, Das Gebot. Mystischer Weg mit einem Freund, Hamburg 1988.

Fuat BOZKURT (Hrsg.), Buyruk („Das Gebot"). İmam Cafer-i Sadık Buyruğu („Das Gebot des Imam Ğaʿfar aṣ-Ṣādiq"), (Kapı Yayınları) Istanbul ³2006.

Fuat BOZKURT, Semahlar: Alevi Dinsel Oyunları („Die Semah: Religiöse Spiele der Aleviten"), Istanbul 2008.

Georg BRAULIK/Ernst HAAG (Hrsg.), Gott, der einzige: zur Entstehung des Monotheismus in Israel (Quaestionis disputatae 104), Freiburg im Breisgau 1985.

Helga BRENTJES, Die Imamatslehren im Islam nach der Darstellung des Aschʿarī (Abhandlungen der sächsichen Akademie der Wissenschaften zu Leipzig. Philologisch-historische Klasse Band 54/Heft 5), Berlin 1964.

Rainer BRUNNER, Einige schiitische Stimmen zur Frage der Koranfälschung, in: Stefan WILD u. a. (Hrsg.), Akten des 27. Deutschen Orientalistentages: Bonn, 28. September bis 2. Oktober 1998; Norm und Abweichung, Würzburg, 2001, S. 447–457.

BUNDESAMT FÜR MIGRATION UND FLÜCHTLINGE (Hrsg.), Muslimisches Leben in Deutschland. [Durchgeführt von] Sonja Haug/Stephanie Müssig/Anja Stichs im Auftrag der Deutschen Islam Konferenz, (Forschungsberichte 6), Nürnberg 2009.

Walter BURKERT, Griechische Religion der archaischen und klassischen Epoche (Religionen der Menschheit Band 15), Stuttgart 1977.

Horst BÜRKLE, „Offenbarung. I. Religionsgeschichtlich", in: Lexikon für Theologie und Kirche, Band 7, Freiburg im Breisgau ³1998, Sp. 983–985.

Heribert BUSSE (Hrsg.), Islamische Erzählungen von Propheten und Gottesmännern. Qiṣaṣ al-anbiyā oder ʿArāʾis al-maǧālis von Abū Isḥāk Aḥmad b. Muḥammad b. Ibrāhīm Ṯaʿlabī. Übersetzt und kommentiert von Heribert Busse, (Diskurse der Arabistik Band 9), Wiesbaden 2006.

Peter BYRNE, „Deismus", in: Hans Dieter BETZ u. a. (Hrsg.), Religion in Geschichte und Gegenwart, Band 2, ⁴1999, Sp. 614–623.

William C. CHITTICK, „Taṣawwuf", in: Encyclopaedia of Islam, Band X, Leiden ²2000, S. 313–324.

CIBEDO e.V. (Hrsg.), Die offiziellen Dokumente der katholischen Kirche zum Dialog mit dem Islam. Zusammengestellt von Timo GÜZELMANSUR. Mit einer Einleitung von Christian W. TROLL, Regensburg 2009.

Henry CORBIN, Imagination créatrice dans le soufisme d'Ibn ʿArabi, Paris 1958.

Carsten COLPE, Die Formulierung der Ethik in der arabischen Manichäer-Gemeinden, in: Claas Jouco BLEEKER u. a. (Hrsg.), Ex orbe religionum (Studies in the history of religions Bd. 21–22), Leiden 1972, S. 401–412.

Carsten COLPE, „Heilige Schriften", in: Reallexikon für Antike und Christentum, Band XIV, Stuttgart 1988, Sp. 184–223.

Esat COŞAN, Makâlât Hacı Bektaş Velî („Die Abhandlung des Hacı Bektaş Velis"), (Klasik Türk Eserleri 10), Istanbul 1990.

Kenneth CRAGG, „Shahādah", in: The Encyclopedia of Religion, Band 13, New York 1987, S. 198–199.

Dirk CÜRSGEN, „Eine, das (hen); Eines/Vieles", in: Christian SCHÄFER (Hrsg.), Platon-Lexikon. Begriffswörterbuch zu Platon und der platonischen Tradition, Darmstadt 2007, S. 102–103.

Alfons DEISSLER, Die Grundbotschaft des Alten Testaments, in: Bruno DREHER/Norbert GREINACHER/Ferdinand KLOSTERMANN (Hrsg.), Handbuch der Verkündigung I, Freiburg im Breisgau 1970, S. 154–183.

Heinrich DENZINGER/Peter HÜNERMANN (Hrsg.), Kompendium der Glaubensbekenntnisse und kirchlichen Lehrentscheidungen. Lateinisch-Deutsch, Freiburg im Breisgau u. a.⁴⁰2005.

Émile DERMENGHEM, Le culte des saints dans l'Islam magrebin, Paris 1954.

Wilfried DETTLING, Das Religionsverständnis der anatolischen Aleviten in Deutschland (unveröffentlichte Dissertationsschrift, Facoltà di missiologia della Pontificia Università Gregoriana Roma), Rom 2006.
DİL DERNEĞİ (Hrsg.), Türkçe Sözlük, Istanbul, ²2005.
Bayard DODGE, The Fihrist of al-Nadim. A 10th Century Survey of Muslim Culture, 2 Bände, New York 1970.
Markus DRESSLER, Die alevitische Religion. Traditionslinien und Neubestimmungen (Abhandlungen zur Kunde der Morgenlandes LIII,4), Würzburg 2002.
Markus DRESSLER, „Alevīs", in: Encyclopaedia of Islam Three, Leiden/Boston 1 (2008), S. 93–121.
EŞ-ŞERİF ER-RADÎ, Hz. Ali. Nehcü'l-belâğa („Methode der Eloquenz"). Hz. Ali'nin Konuşmaları, Mektupları ve Hikmetli Sözleri („Die Ansprachen, Briefe und die Weisheitssprüche des heiligen Ali"), Çeviren ([ins Türkische] „übersetzt von") Adnan DEMİRCAN, (Beyan Yayınları) Istanbul 2006.
Erhard FRANZ, Buchbesprechung zu: Markus DRESSLER, Die alevitische Religion. Traditionslinien und Neubestimmungen (Abhandlungen zur Kunde der Morgenlandes LIII,4), Würzburg 2002, in: Orient. Deutsche Zeitschrift für Politik und Wirtschaft des Orients (1/2003), S. 128–130.
Rainer FREITAG, Seelenwanderung in der islamischen Häresie, Berlin 1985.
Manfred FUHRMANN, „Person. I. Von der Antike bis zum Mittelalter", in: Historisches Wörterbuch der Philosophie, Band 7, Basel 1989, Sp. 269–283.
Helmut GÄTJE, Zur Farbenlehre in der muslimischen Philosophie, in: Der Islam 43 (1967), S. 280–301.
Louis GARDET, Islam, Köln 1967.
Helmuth [Max Otto] von GLASENAPP, Die Religionen der Menschheit. Ihre Gegensätze und ihre Übereinstimmung, (Schriftenreihe der österreichischen Unesco-Kommission), Wien 1954.
Robert GLEAVE, „'Alī b. Abī Ṭālib", in: The Encyclopaedia of Islam Three, Leiden/Boston 2 (2008), S. 62–71.
Ignaz GOLDZIHER, Muhammedanische Studien, Band II, Halle 1890.
Ignaz GOLDZIHER, Neuplatonische und gnostische Elemente im Ḥadīṯ, in: Zeitschrift für Assyriologie und verwandte Gebiete Band 22 (1909), S. 317–344. Der Text ist Online verfügbar unter (abgerufen am 25.02.2010): http://menadoc.bibliothek.uni-halle.de/dmg/periodical/pageview/109182.
Ignaz GOLDZIHER, „'Abd al-Karīm bin Ibrāhīm al-Djīlī", in: Handwörterbuch des Islam, Leiden 1976, S. 6.
Jan GONDA, Die Religionen Indiens, I Veda und ältere Hinduismus (Religionen der Menschheit Band 11), Stuttgart 1960.
Abdülbâki GÖLPINARLI (Hrsg.), Nech'ül – Belâga. Hz. Ali'nin Hutbeleri, Vasiyetleri, Emirleri, Mektupları, Hikmet ve Vecizeleri („Methode der Eloquenz. Die Predigten, Vermächtnisse, Gebote, Briefe, die Weisheit und die Sprüche des heiligen Ali"), (Der Yayınları: 70), Istanbul 1969.
Abdülbâki GÖLPINARLI, Şiîlik („Die Schia"), Istanbul 1979.
Aldülbâki GÖLPINARLI (Hrsg.), Vilâyet-Nâme. Menâkıb-ı Hünkâr Hacı Bektaş Velî, (İnkılâp Kitabevi), Istanbul 1995.
Richard GRAMLICH, Die schiitischen Derwischorden Persiens. Zweiter Teil: Glaube und Lehre, Wiesbaden 1976.
Richard GRAMLICH, Der eine Gott. Grundzüge der Mystik des islamischen Monotheismus, Wiesbaden 1998.

Gisbert GRESHAKE, Der dreieine Gott. Eine trinitarische Theologie, Freiburg im Breisgau 1997.
Gisbert GRESHAKE, „Person, „Personalität: II. Theologisch und systematisch-theologisch", in: Lexikon für Theologie und Kirche, Band 8, Freiburg im Breisgau ³1999, Sp. 46–50.
Gisbert GRESHAKE, „Reinkarnation. IV. Theologische Beurteilung", in: Lexikon für theologie und Kirche, Band 8, Freiburg im Breisgau ³1999, Sp. 1020–1021.
Erich GROSS, Das Vilâjet-Nâme des Hâǧǧî Bektasch. Ein türkisches Derwischevangelium, (Dissertation zur Erlangung der Doktorwürde der philosophisch-historischen Abteilung der hohen philosophischen Fakultät der Universität Basel), Leipzig 1927.
Ali Duran GÜLÇİÇEK, Der Weg der Aleviten (Bektaschiten). Menschenliebe, Toleranz, Frieden und Freundschaft, Köln ²1996.
Heinz HALM, Die islamische Gnosis. Die extreme Schia und die 'Alawiten, München 1982.
Heinz HALM, Die Schia, Darmstadt 1988.
Heinz HALM, „Nuṣayriyya", in: Encyclopaedia of Islam, Band VIII, Leiden ²1995, S. 145–148.
Michael HAUSSIG, Der Religionsbegriff in den Religionen. Studien zum Selbst- und Religionsverständnis in Hinduismus, Buddhismus, Judentum und Islam, Mainz 1999.
HAZRETİ ALİ, Nech'ül Belaga („Methode der Eloquenz"). Hazreti Ali Buyruğu/Kuran-ı Natık („Das Gebot des heiligen Ali/Der sprechende Koran"), (Karacaahmet Sultan Dergahı Yayınları: 4), Istanbul 2000.
Georg HERLITZ (Hrsg.), Jüdisches Lexikon. Ein enzyklopädisches Handbuch des jüdischen Wissens in vier Bänden, Frankfurt am Main ²1987.
Horst HILLERMANN/Anton HÜGLI, „Monismus", in: Historisches Wörterbuch der Philosophie, Band 6, Darmstadt 1986, Sp. 132–136.
Marshall G. S. HODGSON, „Bāṭiniyya", in: Encyclopaedia of Islam, Band I, Leiden ²1960, S. 1098–1100.
Marshall G. S. HODGSON, „Ghulāt", in: Encyclopaedia of Islam, Band II, Leiden ²1965, S. 1093–1095.
Josef HOROVITZ, Koranische Untersuchungen, Berlin 1926.
Clement HUART, „Djamshīd", in: Encyclopaedia of Islam, Band II, Leiden ²1965, S. 438–439.
Clement HUART, „ʿAlī b. Abī Ṭālib", in: Handwörterbuch des Islam, Leiden 1976, S. 35–38.
Clément HUART, „Shīth", in: Handwörterbuch des Islam, Leiden 1976, S. 695.
Peter HÜNERMANN, „Inkarnation. I. Begriffs- und Religionsgeschichte", in: Lexikon für Theologie und Kirche, Band 5, Freiburg im Breisgau ³1996, Sp. 498–500.
Toshihiko IZUTSU, The Paradox of Light and Darkness in the Garden of Mystery of Shabastari, in: Joseph P. STRELKA (Hrsg.), Anagogic Qualities of Literature. The Pennsylvania State University Press, University Park & London 1971.
Heinrich F. J. JUNKER/Bozorg ALAVI, Persisch-Deutsch. Wörterbuch, Wiesbaden ⁹2002.
Anastasios KALLIS, „Theosis", in: Lexikon für Theologie und Kirche, Band 9, Freiburg im Breisgau ³2000, Sp. 1481.
Ismail KAPLAN, Das Alevitentum. Eine Glaubens- und Lebensgemeinschaft in Deutschland, Köln 2004.
İsmail KAPLAN, Alevice („Auf Alevitisch"). İnancımız ve Direncimiz („Unser Glauben und unser Widerstand"), Köln 2009.
Bekir H. KARLIĞA, „Anâsır-ı Erbaa", in: Türkiye Diyanet Vakfı İslâm Ansiklopedisi, Band 3, Istanbul 1991, S. 149–151.

Janina KAROLEWSKI, Ayin-i Cem – das alevitische Kongregationsritual: Idealtypische Beschreibung des İbadet ve Öğreti Cemi, in: Robert LANGER/Raoul MOTIKA/Michael URSINUS (Hrsg.), Migration und Ritualtransfer. Religiöse Praxis der Aleviten, Jesiden und Nusairier zwischen Vorderem Orient und Westeuropa, Frankfurt am Main 2005, S. 109–131.

Walter KASPER u. a. (Hrsg.), *Lexikon für Theologie und Kirche*, 11 Bände, Freiburg im Breisgau ³1993–2001.

Michael KEENE/Michael JENKINS, *„Djawhar"*, in: *Encyclopaedia of Islam*, Band XII (Supplement), Leiden ²2004, S. 250–262.

Medard KEHL, Und was kommt nach dem Ende? Von Weltuntergang und Vollendung, Wiedergeburt und Auferstehung, Kevelaer ²2008.

Medard KEHL, Hinführung zum Glauben, Kevelaer ²2009.

Krisztina KEHL-BODROGI, Die Kızılbaş/Aleviten. Untersuchungen über eine esoterische Glaubensgemeinschaft in Anatolien (Islamkundliche Untersuchungen Bd. 126), Berlin 1988.

Adel Theodor KHOURY (Hrsg.), Der Koran. Arabisch-Deutsch. Übersetzung und wissenschaftlicher Kommentar von Adel Theodor KHOURY, 12 Bände, Gütersloh 1990–2001.

Adel Theodor KHOURY/Ludwig HAGEMANN/Peter HEINE, Islam Lexikon A–Z. Ideen-Geschichte-Gestalten, Freiburg im Breisgau 2006.

Rudolf KILIAN, Gott und Gottesbilder im Alten Testament, in: Bernhard CASPER (Hrsg.), Des Menschen Frage nach Gott, Donauwörth 1976, S. 96–114.

Mely KIYAK, 10 für Deutschland. Gespräch mit türkeistämmigen Abgeordneten, Hamburg 2007.

Etan KOHLBERG, *„Zayn al-'Ābidīn"* in: *Encyclopaedia of Islam*, Band XI, Leiden 2002, S. 481–483.

DER KORAN, Übersetzung von Rudi Paret, Stuttgart ⁸2001.

DER KORAN, Arabisch – Deutsch, übersetzt und kommentiert von Adel Theodor KHOURY, Gütersloh 2004.

Esat KORKMAZ, Yorumlu İmam Cafer Buyruğu, („Das Gebot des Imam Ǧa'far kommentiert"), (Anahtar Kitaplar Yayınevi) Istanbul ³2007.

Mehmet Fuad KÖPRÜLÜ, Türk Edebiyatında İlk Mutasavvıflar („Die ersten Mystiker in der türkischen Literatur"), Ankara 1977.

Felix KÖRNER, Alter Text – neuer Kontext. Koranhermeneutik in der Türkei heute. Ausgewählte Texte, übersetzt und kommentiert von Felix KÖRNER, (Buchreihe der Georges Anawati Stiftung. Religion und Gesellschaft. Modernes Denken in der islamischen Welt, Band 1), Freiburg im Breisgau 2006.

Felix KÖRNER, Kirche im Angesicht des Islam. Theologie des interreligiösen Zeugnisses, Stuttgart 2008.

Felix KÖRNER, Kirchliches Lehramt, katholische Theologie, heutiger Islam. Lösungsvorschläge in Kernfragen, in: Stimmen der Zeit 228 (2010), S. 169–181.

Felix KÖRNER, JHWH, Gott, Allāh: Drei Namen für dieselbe Wirklichkeit?, in: Theologisch-praktische Quartalschrift (ThPQ) 158 (2010), S. 31–38.

Gudrun KRÄMER, Geschichte des Islam, München 2005.

Günther KRAHL/Gharieb Mohammed GHARIEB, Wörterbuch Arabisch–Deutsch, Leipzig 1984.

Johannes Hendrik KRAMERS u. a. (Hrsg.), *Encyclopaedia of Islam*, 12 Bände, Leiden ²1960–2004.

Günter LANCZKOWSKI, *„Glaube. I. Religionsgeschichtlich"*, in: *Theologische Realenzyklopädie*, Band XIII, Berlin 1984, S. 275–277.

Günter LANCZKOWSKI, *„Glaubensbekenntnis(se). I. Religionsgeschichtlich"*, in: *Theologische Realenzyklopädie*, Band XIII, Berlin 1984, S. 384–386.
LANDES INSTITUT FÜR SCHULE/ALEVITISCHE GEMEINDE IN DEUTSCHLAND (Hrsg.), *Das Alevitentum. Informationen und Materialien für den Unterricht* (nichtveröffentlichter Vorabdruck) [2003].
Conny LETSCH, *Heidi in der Burka*, in: Jungle Word. Die linke Wochenzeitung Nr. 40, 04.10.2006 (Online: http://jungle-world.com/artikel/2006/40/18313.html, abgerufen am 12.10.2009).
Giorgio LEVI DELLA VIDA, *„Salmān al-Fārisī"*, in: *Encyclopaedia of Islam*, Band XII, Leiden ²2004, S. 701–702.
Bernhard LEWIS, *„'Alids"*, in: *Encyclopaedia of Islam*, Band I, Leiden ²1960, S. 400–403.
Günther LORENZ, *„Emanation. I. Religionsgeschichtlich"*, in: *Religion in Geschichte und Gegenwart*, Band 2, ⁴1999, Sp. 1243–1244.
Duncan Black MACDONALD, *„Ḥāl"*, in: *Handwörterbuch des Islam*, Leiden 1976, S. 159.
Duncan Black MACDONALD, *„Tawḥīd"*, in: *Handwörterbuch des Islam*, Leiden 1976, S. 744.
Duncan Black MACDONALD, *„Ḳaḍā'"*, in: *Handwörterbuch des Islam*, Leiden 1976, S. 245–246.
Duncan Black MACDONALD, *„Ḳadar"*, in: *Handwörterbuch des Islam*, Leiden 1976, S. 246–247.
Wilferd MADELUNG, *„Imāma"*, in: *Encyclopaedia of Islam*, Band III, Leiden ²1971, S. 1163–1169.
MANNHEIM DEDELER AKM [ALEVİ KÜLTÜR MERKEZİ] KURULU („Geistlicher Rat des alevitischen Kulturzentrums Mannheim") (Hrsg.), *Buyruk* („Das Gebot"). Alevî İnanç-İbâdet ve Ahlâk İlkeleri („Das Gebot. Die alevitischen Glaubens-, Ritual- und Moralgrundsätze", (Mannheim Alevî Kültür Merkezi Dedeler Kurulu Yayınları: 1), Günümüz Türkçesine çeviren („Ins moderne Türkisch übersetzt von") Mehmet YAMAN, Mannheim 2000.
Philippe MARÇAIS/Arent Jan WENSINCK, *„'Āshūrā"*, in: *Encyclopaedia of Islam*, Band I, Leiden ²1960, S. 705.
Louis MASSIGNION [Georges C. ANAWATI], *„Ḥulūl"*, in: *Encyclopaedia of Islam*, Band III, Leiden ²1971, S. 570–571.
Loius MASSIGNON, *„Al-Ḥallādj"*, in: *Encyclopaedia of Islam*, Band III, Leiden ²1971, S. 99–104.
Louis MASSIGNON, *La Passion de Husayn Ibn Mansûr Hallâj*, Nouvelle édition in 4 Bände, Paris 1975.
Louis MASSIGNON, *„Taṣawwuf"*, in: *Handwörterbuch des Islam*, Leiden 1976, S. 736–740.
Irène MÉLIKOFF, *Uyur idik uyardılar* („Wir schliefen und wurden gewarnt"). Alevilik - Bektaşilik Ataştırmaları („Untersuchungen zum Alevitentum - Bektaschitentum"). Çeviren ([Aus dem Französischen] „übersetzt von") Turan KIRIMLI, Istanbul 1993.
Karl-Heinz MENKE, *„Mensch. V. Systematisch-theologisch"*, in: *Lexikon für Theologie und Kirche*, Band 7, Freiburg im Breisgau ³1998, Sp. 113–117.
Gustav MENSCHING, *Das Heilige Wort. Eine religionsphänomenologische Untersuchung*, Bonn 1937.
Levent METE, *„Wer sind wir?"*, in: http://www.alevi-frankfurt.com/anasayfa.html (03.12.2009).
Levent METE, *Das alevitische Manifest*, in: http://www.alevi-frankfurt.com/fileadmin/user_upload/das_alevitische_Manifest.pdf (abgerufen am 03.12.2009).
MİLLÎ EĞİTİM BAKANLIĞI (Hrsg.), *İslâm Ansiklopedisi*, 13 Bände, Istanbul 1978–1986

Alfredo MORABIA, „Lawn", in: *Encyclopaedia of Islam*, Band V, Leiden ²1986, S. 698–707.
Ernst MÜLLER, „Adam Kadmon", in: *Jüdisches Lexikon. Ein enzyklopädisches Handbuch des jüdischen Wissens in vier Bänden*, Frankfurt am Main ²1987, Band 1, S. 87.
Tilman NAGEL, Geschichte der islamischen Theologie. Vom Muhammad bis zur Gegenwart, München 1994.
Timan NAGEL, Mohammed. Leben und Legende, München 2008.
Mehr Ali NAWID, Der schiitische Islam in Bildern. Rituale und Heilige, München 2006.
Ian Richard NETTON, „Shakhṣ", in: *Encyclopaedia of Islam*, Band IX, Leiden ²1997, S. 247–248.
Reynold A. NICHOLSON, „Al-insān al-kāmil", in: *Handwörterbuch des Islam*, Leiden 1976, S. 212–213.
Theodor NÖLDEKE, Die Geschichte des Qorans. Bearbeitet von Friedrich SCHWALLY. Zweiter reprografischer Nachdruck der 2. Aufl., Leipzig 1909.
Umar Ö. OFLAZ, Oğuzname („Legende der Oghuzen"). Köklere giden yol („Der Weg zu den Wurzeln"), Gaimersheim 2007.
Walter F. OTTO/Ernesto GRASSI/Gert PLAMBÖCK (Hrsg.), Platon. Sämtliche Werke in sieben Bänden, Reinbek bei Hamburg 1968.
Dilek ÖZNUR, Gebet und interreligiöses Gebet aus alevitischer Sicht, in: MULTIRELIGIÖSE STUDIENGRUPPE (Hrsg.), Handbuch Interreligiöser Dialog. Aus katholischer, evangelischer, sunnitischer und alevitischer Perspektive, Köln ²2007, S. 136–144.
Wolfhart PANNENBERG, Grundfragen systematischer Theologie. Gesammelte Aufsätze, Band 2, Göttingen 1980.
Wolfhart PANNENBERG, Person und Subjekt, in: Wolfhart PANNENBERG, Grundfragen systematischer Theologie. Gesammelte Aufsätze, Band 2, Göttingen 1980, S. 80–95.
Wolfhart PANNENBERG, Wahrheit, Gewissheit und Glaube, in: Wolfhart PANNENBERG, Grundfragen systematischer Theologie. Gesammelte Aufsätze, Band 2, Göttingen 1980, S. 226–264.
Wolfhart PANNENBERG, Grundfragen systematischer Theologie, Band 1, Göttingen 1988.
Wolfhart PANNENBERG, Der Glaube an Gott und die Welt der Natur, in: Theologische Literaturzeitung (ThLZ) 131 (2006), S. 123–130.
Ismail POONAWALA, „Al-Ẓāhir wa 'l-Bāṭin", in: *Encyclopaedia of Islam*, Band XI, Leiden ²2002, S. 389–390.
Ursula REINHARD/Tiago de Oliveira PINTO, Sänger und Poeten mit der Laute. Türkische Âşik und Ozan, Berlin 1989.
Yann RICHARD, Shi'ite Islam. Polty, Ideology, and Creed. Translated by Antonia Nevill, Oxford 1985.
Joachim RITTER u. a. (Hrsg.), *Historisches Wörterbuch der Philosophie*, 12 Bände, Basel 1971–2005.
Jean-Paul ROUX, Die alttürkische Mythologie, in: Egidius SCHMALZRIEDT/Hans Wilhelm HAUSIG (Hrsg.), Wörterbuch der Mythologie in 7 Bände 1990–1999, Band 7/1: Götter und Mythen in Zentralasien und Nordeurasien, Stuttgart 1999, S. 173–278.
Maulana Dschelaladdin RUMI, Von Allem und vom Einen. Fihi mā fihi. Aus dem Persischen und Arabischen von Annemarie SCHIMMEL, München 1988.
Cemal ŞENER (Hrsg.), Hacı Bektaş Veli. Vilayetname, (Karacaahmet Sultan Kültür ve Tanıtım Derneği Yayınları No: 6), Istanbul 2001.
Annemarie SCHIMMEL, Mystische Dimensionen des Islam, Köln 1985.
Annemarie SCHIMMEL, Gärten der Erkenntnis. Das Buch der vierzig Sufi-Meister, Köln ²1985.

E. Literaturverzeichnis

Annemarie SCHIMMEL, Sufismus. Eine Einführung in die islamische Mystik, München 2000.
Gershom SCHOLEM, „Adam Kadmon (Primordial Man)", in: *Encyclopaedia Judaica*, Band 1, London ²2007, S. 378-379.
Arthur SCHOPPENHAUER, Parerga und Paralipomena I. Kleine Philosophische Schriften, Frankfurt am Main 2006.
Fred SKOLNIK u. a. (Hrsg.), *Encyclopaedia Judaica*, 22 Bände, London ²2007.
Martin SÖKEFELD, Einleitung: Aleviten in Deutschland von takiye zur alevitischen Bewegung, in: Martin SÖKEFELD (Hrsg.), Aleviten in Deutschland, Identitätsprozesse einer Religionsgemeinschaft in der Diaspora, Bielefeld 2008, S. 7-36.
Heinrich SPEYER, Die biblischen Erzählungen im Koran, Hildesheim/Zürich/New York o.J.
Ursula SPULER-STEGEMANN, Ist die alevitische Gemeinde Deutschland e.V. eine Religionsgemeinschaft? Religionswissenschaftliches Gutachten erstattet dem Ministerium für Schule, Jugend und Kinder des Landes Nordrhein-Westfalen, Marburg 2003.
Karl STEUERWALD, Untersuchungen zur türkischen Sprache der Gegenward, 3 Bände, Berlin 1963-1966.
Hermann STIEGLECKER, Die Glaubenslehren des Islam, München 1962.
Rudolf STROTHMANN, „Shī'a", in: *Handwörterbuch des Islam*, Leiden 1976, S. 684-692.
Ahmet TERKİVATAN, Was ist das Alevitentum? Über die alevitische Mystik, in: Sic et Non. Zeitschrift für Philosophie und Kultur. Im Netz, 10 (2008), S. 1-29 (http://www.sicetnon.org/content/phil/Alevitische_Mystik.pdf Abgerufen am 15.10.2009).
Alexander THANNIPPARA, „Dharma", in: *Lexikon der Religionen*, Freiburg im Breisgau 1987, S. 122-123.
Christian W. TROLL, Unterscheiden um zu klären. Orientierungen im christlich-islamischen Dialog, Freiburg im Breisgau 2008.
Rudolf TSCHUDI, „Bektāshiyya", in: *Encyclopaedia of Islam*, Band II, Leiden ²1965, S. 1161-1163.
Abdel-Magid TURKI, „Al-Ẓāhiriyya", in: *Encyclopaedia of Islam*, Band XI, Leiden ²2002, S. 394-396.
Seyit Derviş TUR, Erkânname („Die Grundpflichten"). Aleviliğin İslâm'da Yeri ve Alevi Erkânları („Der Ort des Alevitentums innerhalb des Islam und die alevitischen Grundpflichten"), Rüsselsheim 2002.
TÜRKİYE DİYANET VAKFI (Hrsg.), *İslâm Ansiklopädisi*, [bis jetzt erschienen] 38 Bände, Istanbul 1988-2010.
Hıdır ULUER, Önsöz („Geleitwort"), in: Gönüllerin Sesi Nr. 55 (1998), S. 3.
Gerhard VÄTH, Zur Diskussion über das Alevitentum, in: Zeitschrift für Türkeistudien (ZfTS) 6. Jahrgang 1993, Heft 2, S. 211-222.
Laura VECCIA-VAGLIERI, „Ghadīr Khumm", in: *Encyclopaedia of Islam*, Band II, Leiden ²1965, S. 993-994.
Laura VECCIA-VAGLIERI, „Al-Ḥusayn b. 'Alī b. Abī Ṭālib", in: *Encyclopaedia of Islam*, Band III, Leiden ²1971, S. 607-615.
Laura VECCIA-VAGLIERI, „Al-Ḥasan b. 'Alī b. Abī Ṭālib", in: *Encyclopaedia of Islam*, Band III, Leiden ²1971, S. 240-243.
Bernard CARRA DE VAUX, „Cevher", in: *İslâm Ansiklopedisi*, Band 3, Istanbul o.J., S. 124-125.
Karin VORHOFF, Zwischen Glaube, Nation und neuer Gemeinschaft: Alevitische Identität in der Türkei der Gegenwart (Islamkundliche Untersuchungen, Bd. 184), Berlin 1995.
Hans WALDENFELS, Kontextuelle Fundamentaltheologie, München 1985.

William Montgomery WATT/Alfold T. WELCH, Der Islam. Band 1: Mohammed und die Frühzeit – Islamisches Recht – Religiöses Leben (Religionen der Menschheit Band 25,1), Stuttgart 1980.

William Montgomery WATT/Michael MARMURA, Der Islam. Band 2: Politische Entwicklungen und theologische Konzepte (Religionen der Menschheit Band 25,2), Stuttgart 1985.

Hans WEHR, Arabisches Wörterbuch für die Schriftsprache der Gegenwart. Arabisch-Deutsch. 5. Aufl. unter Mitwirkung von Lorenz KROPFITSCH neu bearbeitet und erweitert, Wiesbaden 1985.

Arent Jan WENSINCK u. a. (Hrsg.), Handwörterbuch des Islam, Leiden 1976.

Arent Jan WENSINCK, „Ka'ba", in: Handwörterbuch des Islam, Leiden 1976, S. 236–244.

Arent Jan WENSINCK, „Al-Khaḍir", in: Encyclopaedia of Islam, Band IV, Leiden ²1978, S. 902–905.

Jürgen WERBICK, Gott verbindlich. Eine theologische Gotteslehre, Freiburg im Breisgau 2007.

Geo WIDENGREN, Mani und der Manichäismus, Stuttgart 1961.

Geo WIDENGREN, Die Religionen Irans, (Religionen der Menschheit Band 14), Stuttgart 1965.

Gernot WIESSNER, Das Alevitentum: Ein Beispiel für religiös-soziale Opposition und religiöses Überleben, in: Alevilerin Sesi – Stimme der Aleviten 2 (1995), S. 35–37.

Armin G. WILDFEUER, „Person, Personalität: I. Philosophisch", in: Lexikon für Theologie und Kirche, Band 8, Freiburg im Breisgau ³1999, Sp. 42–46.

Aziz YALÇIN, Yorumlu ve açıklamalarla Makalat-ı Hacı Bektaş Veli („Die Abhandlung des Hacı Bektaş Velis. Kommentiert und erläutert"), Istanbul ³2000.

Mehmet YAMAN (Hrsg.), Hacı Bektâş Veli: Makalât ve Müslümanlık („Hacı Bektaş Veli: Die Abhandlung und das Muslimtum"), Istanbul 1985.

Mehmet YAMAN, Alevilikte Cem („Die rituelle Versammlung im Alevitentum"). İnanç – İbadet – Erkân („Glauben – gottesdienstliche Handlungen – Grundpflichten"), Istanbul 1998.

Mehmet YAMAN, Söze Başlarken („Geleitworte"), in: MANNHEIM DEDELER AKM [ALEVİ KÜLTÜR MERKEZİ] KURULU („Geistlicher Rat des alevitischen Kulturzentrums") (Hrsg.), Buyruk („Das Gebot"). Alevî İnanç-İbâdet ve Ahlâk İlkeleri („Das Gebot. Die alevitischen Glaubens-, Ritual- und Moralgrundsätze"), (Mannheim Alevî Kültür Merkezi Dedeler Kurulu Yayınları: 1), Günümüz Türkçesine çeviren („Ins moderne Türkisch übersetzt von") Mehmet YAMAN, Mannheim 2000, S. VI–XVI.

Mehmet YAMAN, Alevi, İnanç ve İbadetlerinin Temel Kitabı: Buyruk/Buyruk. Das Buch der alewitischen Glaubensvorstellungen und Riten, in: İsmail ENGIN/Erhard FRANZ (Hrsg.), Aleviten/Alewiten. İnanç ve Gelenekler/Glaube und Tradition, Hamburg 2001, S. 15–24.

Ali YILMAZ/Mehmet AKKUŞ/Ali ÖZTÜRK (Hrsg.), Maḳâlât Hünkâr Hacı Bektâş-ı Veli („Die Abhandlungen des Hünkars Hacı Bektaş Veli"), (Alevî-Bektâşî Klasikleri 2), Ankara 2007.

Internetseiten

http://www.alevitentum.de
http://www.alevi-frankfurt.com/anasayfa.html
http://jungle-world.com/artikel/2006/40/18313.html
http://www.koeln-muzikokulu.de/muezik/baglama-tarihi.html
http://menadoc.bibliothek.uni-halle.de/dmg/periodical/pageview/109182
http://www.sicetnon.org/content/phil/Alevitische_Mystik.pdf
http://www.uludagsozluk.com/k/eline-diline-beline-sahip-ol/

F. REGISTER

ʿAbd Allāh 123
ʿAbd al-Muṭṭalib b. Hāšim 123
Abdünnasr 163
Abel 163
Abraham (→İbrahim) 125, 146, 273, 275
Abu al-Ḥassan Muḥammad b. Abī Aḥmad al-Ḥusayn (→Scharif Raḍī→Eş-Şerif er-Radî) 69
Abū Bakr ʿAbd al-Raḥmān 123
Abū Isḥāk Aḥmad b. Muḥammad b. Ibrāhīm Ṯaʿlabī 274
Abu l-Qāsim Ğunayd Ibn Muḥammad 196
Abū Ṭālib 123
Adam (→Âdem) 50, 62, 66, 67, 78, 80, 81, 82, 85, 86, 87, 88, 89, 90, 91, 125, 130, 152, 153, 162, 163, 167, 173, 179, 180, 185, 192, 193, 209, 253, 256, 257, 273, 274, 275
Âdem (→Adam) 50, 62, 66, 80, 82, 90, 145, 161, 179, 180
ʿAffīfī, Abuʾl-Aʿlā 202
Ağuiçenoğlu, Hüseyin 140
Ahab 120
Ahasja 120
Aḥmad Yasawi (→Ahmet Yesevî) 282
Ahmet Yesevî (→Aḥmad Yasawi) 54, 282
Akkuş, Mehmet 59
Al-ʿAbbās 123
Alavi, Bozorg 229
Albayrak, Nurettin 230
Alexander d. Große (→İskender-i Zülkarneyn) 274, 275
al-Ġazzālī, Abū Ḥāmid Muḥammad 199, 200, 219, 244
al-Ğīlī, ʿAbd al-Karīm 191, 192, 203, 204, 223
al-Ḥallāğ, Ḥusayn Ibn Manṣūr (→Hallac-ı Mansur) 20, 135, 169, 186, 195, 196, 197, 198, 199, 206, 252
ʿAlī b. Abī Ṭālib 122–127 et passim
Ali Çelebi 53
al-Kalābādī, Abū Bakr Muḥammad 199
Alkım, Bahadır V. 229, 230
al-Makkī, Abū Ṭālib 199
al-Makkī, Abū Ṭālib 199
al-Ṣahbāʾ (→Umm Ḥabīb bint Rabīʿa) 123
al-Suhrawardī, Šihāb ad-dīn Yaḥya 200, 201
Anawati, Georges C. 87, 275
Arnaldez, Roger 157, 158, 192
Aşık Daimi 158, 159
Aşık Mahzuni Şerif 183, 266, 267
Asmāʾbint ʿUmaiy 123
Augustinus 187
Avicenna 83
ʿAwn 123
Aydın, Abdullah 119
Aydın, Mehmet S. 193
Ayoub, Mahmoud 233
Aytekin, Sefer 43, 44, 46, 48
Azrail 90, 91, 120
Baba Ilyas 33
Baba Ishak 33
Balım Sultan 276
Basati (→Bısatî) 43, 44, 45
Battal Gazi 52
Bianchi, Ugo 280, 281
Bilge Khan 261
Birge, John Kingsley 229
Bısatî (→Basati) 44, 45
Bleeker, Class Jouco 187
Blois, François C. de 118
Boeschoten, Hendrik 262
Boratav, Pertev Naili 120, 239
Bousset, Wilhelm 192, 214
Bozkurt, Fuat 46, 47, 97, 98, 112, 169, 171, 187, 236, 252, 260, 261, 262, 267, 268, 275
Braudel, Fernand 32
Braulik, Georg 113
Brentjes, Helga 129
Brunner, Rainer 287
Burkert, Walter 133
Bürkle, Horst 301
Busse, Heribert 274
Byrne, Peter 157
Cafer (→Ğaʿfar aṣ-Ṣādiq) 27, 42, 43, 44, 45, 46, 47, 48, 156, 250, 253, 256, 259, 277
Carra de Vaux, Bernard 83
Casper, Bernhard 147
Cemşid 230

Chittick, William C. 194
Colpe, Carsten 187, 280, 281
Corbin, Henry 202
Coşan, Esat 58, 59
Cragg, Kenneth 111
Cürsgen, Dirk 279
David (→Davut) 273, 274,
Davut (→David) 274
Dede Korkut 52, 262,
Deissler, Alfons 147
Demircan, Adnan 69, 70, 88
Denzinger, Heinrich 106, 142, 143
Dermenghem, Émile 199
Dettling, Wilfried 35, 37, 38, 39, 40, 133, 260, 265, 266, 267
Dodge, Bayard 197
Dreher, Bruno 147
Dressler, Markus 32, 33, 34, 35, 215, 235
Duhm,Bernhard 52
Elija (→İlyas→Hızır) 120, 121, 122, 153, 154
Elischa 120
Emre, Yunus 20, 95, 177, 223, 236
Engin, İsmail 42
Enosch 163
Erbektaş, Sinan 266, 267
Eş-Şerif er-Radî 69, 70, 71, 88, 102, 178, 185
Eva (→Havvâ) 86, 87, 89, 162, 163
Ewald, Heinrich 52
Eyüp (→Ijob) 171, 275
Fāṭima bint Asad b. Hāšim 123
Fāṭima bint Muhammad 123, 130
Fāṭima 123
Franz, Erhard 33, 42
Freitag, Rainer 263
Fuhrmann, Manfred 143
Fuzuli 174, 252
Gabriel (Engel) 49, 78, 79, 80, 81, 82, 84, 86, 99, 126, 127, 128, 130, 134, 152, 153, 170, 174, 201, 247, 276, 283
Ǧaʿfar aṣ-Ṣādiq (→Cafer) 27, 43, 44, 45, 46, 48, 209
Ǧaʿfar b. umm al-Banīn bint Ḥizām 123
Gardet, Louis 99, 119
Gätje, Helmut 84
Gharieb, Gharieb Mohammed 69
Gleave, Robert 123
Goldziher, Ignaz 128, 192, 193
Gölpınarlı, Abdülbâki 44, 45, 52, 53, 68, 69, 70, 71

Gonda, Jan 133
Gramlich, Richard 100, 155, 193, 195, 198, 200, 203, 207, 218, 244, 245, 253
Grassi, Ernesto 279
Greinacher, Norbert 147
Greshake, Gisbert 144, 183
Gross, Erich 57, 58
Gülçiçek, Ali Duran 170, 171, 174
Ǧumāna 123
Güzelmansur, Timo 36
Haag, Ernst 113
Hâbîl 163
Hacı Bektaş Veli 17, 19, 52, 53, 54, 55, 56, 57, 58, 59, 60, 61, 62, 67, 82, 90, 112, 118, 135, 162, 163, 166, 177, 180, 182, 184, 212, 214, 215, 218, 219, 222, 252, 254, 256, 261, 262, 265, 276, 281, 282, 297
Ḥadīǧa 123
Hagemann, Ludwig 138
Hallac-ı Mansur (→al-Ḥallāǧ) 195
Halm, Heinz 18, 124, 131, 134, 248, 262, 263
Ḥasan b.ʿAlī b. Abī Ṭālib 68, 123, 130, 261, 284
Hatayi (→Šāh Ismail) 45, 49, 112, 115, 116, 174, 177, 262, 264
Haug, Sonja 105
Hausig, Hans Wilhelm 239
Haussig, Michael 271
Havvâ (→Eva) 163
Hegel, Friedrich G. W. 35
Heine, Peter 138
Herlitz, Georg 305
Hillermann, Horst 81
Hivâa 163
Hızır (→Elija→İlyas) 120, 233
Hızır Lâle Cüvan 56
Hodgson, Marshall G. S. 263, 288
Horovitz, Josef 274
Huart, Clement 123, 124, 126, 163, 230
Hügli, Anton 81
Hünermann, Peter 106, 142, 143, 258, 259
Ḥusayn b. ʿAlī b. Abī Ṭālib 68, 123, 171, 230, 233, 261, 284
Ibn ʿAbbās 157
Ibn al-ʿArabī, Muḥyī ad-Dīn 155, 191, 201, 202, 203, 204, 221,
Ibn al-Ḥanafīya (→Muḥammad den Ältesten) 123

F. Register

İbrahim (→Abraham) 275
İbrâhîm al-Sânî (→Seyyid Muhammad) 54
Ijob (→Eyüp) 171, 275
İlyas (→Elija→Hızır) 120
İsa (→Jesus Christus) 62, 120, 275, 276
Isaak 146
İskender-i Zülkarneyn (→Alexander d. Große) 274
Izutsu, Toshihiko 201
Jakob 146, 274
Jenkins, Michael 78, 247
Jesus Christus (→İsa) 62, 106, 107, 114, 116, 120, 121, 125, 135, 136, 144, 145, 146, 148, 149, 158, 258, 259, 271, 273, 275, 276, 293, 298, 301
Johannes von Damaskus 145
Josef (→Yusuf) 274
Junker, Heinrich F. J. 229
Kâbîl 163
Kadıncık Fâtıma Ana 55, 56
Kain 163
Ḵalid b. al-Walīd 123
Kallis, Anastasios 270
Kaplan, Ismail 18, 19, 20, 22, 23, 27, 61, 64, 77, 93, 94, 95, 97, 102, 103, 107, 108, 111, 114, 117, 118, 120, 125, 126, 133, 134, 136, 156, 158, 159, 168, 171, 172, 174, 177, 181, 183, 185, 186, 188, 192, 194, 196, 203, 212, 213, 215, 216, 217, 218, 220, 222, 230, 231, 232, 233, 234, 236, 238, 240, 241, 248, 249, 250, 260, 261, 262, 265, 266, 267, 272, 277, 278, 279, 286, 287, 288, 290
Karlığa, Bekir H. 214
Karolewski, Janina 229
Kasper, Walter 306
Ḵawla bint Ǧaʿfar 123
Kaygusuz Abdal 252
Keene, Michael 78, 247
Kehl, Medard 145, 146, 148, 270
Kehl-Bodrogi, Krisztina 22, 23, 24, 25
Khoury, Adel Theodor 91, 138, 243, 244
Kılavuz, Hasan 265
Kilian, Rudolf 147
Kırımlı, Turan 264
Kıyak, Mely 138
Klostermann, Ferdinand 147
Kohlberg, Etan 284
Kolu Açık Hacım Sultan 56
Köprülü, Mehmet Fuad 44

Korkmaz, Esat 47, 156, 250, 252, 253, 256, 257, 258, 259, 276, 277
Körner, Felix 113, 117, 275, 294, 295
Krahl, Günther 69
Krämer, Gudrun 126
Kramers, Johannes Hendrik 306
Kropfitsch, Lorenz 229, 235
Kul Himmet 112, 127, 132, 174
Lailā bint Masʿūd b. Qālid 123
Lanczkowski, Günter 110
Langer, Robert 140, 229
Letsch, Conny 117
Levi Della Vida, Giorgio 98
Lewis, Bernhard 123
Lorenz, Günther 246
Macdonald, Duncan Black 63, 117, 167
Madelung, Wilferd 128
Maḥyāt bint Imruʾ al-Ḳais b. ʿAdī 123
Maimūna 123
Mani 187, 188, 192,
Marçais, Philippe 233
Marmura, Michael 130, 131
Massignion, Louis 87, 194, 196
Mélikoff, Irène 264
Menke, Karl-Heinz 160, 298
Mensching, Gustav 280
Mete, Levent 137, 139, 158
Mohammed (→Muhammad) 19–122 et passim
Molla Sadettin (→Saîd Emre) 61
Morabia, Alfredo 84
Moses (→Musa) 120, 125, 130, 153, 272, 273, 275
Motika, Raoul 140, 229
Muhammad (→Mohammed) 19–122 et passim
Muhammad al-Bākir 45
Muḥammad den Ältesten (→Ibn al-Ḥanafîya) 123
Muḥammad den Mittleren 123
Muḥammad Ibn ʿAbd al-Ǧabbār 199
Muḥassin 123
Müller, Ernst 192
Musa (→Moses) 120, 275
Müssig, Stephanie 105
Nafīsa 123
Nagel, Tilman 73, 74, 92, 288
Nasr 163
Nawid, Mehr Ali 126
Netton, Ian Richard 145
Nevill, Antonia 124

Nicholson, Reynold A. 202, 204
Noah (→Nuh) 125, 273, 275
Nöldeke, Theodor 287
Nuh (→Noah) 275
Ocak, Ahmet Yaşar 33
Oflaz, Umar Ö. 261
Oğuz Kahn 261
Othman (→ʿUṯmān b. ʿAffān) 286
Otto, Walter F. 279
Öznur, Dilek 76
Öztürk, Ali 59
Pannenberg, Wolfhart 106, 113, 144, 149
Paret, Rudi 62, 121, 163, 164, 243
Parmenides 138
Pinto, Tiago de Oliveira 235
Pir Ebi Sultan 56
Pir Sultan Abdal 112, 174, 239
Plamböck, Gert 279
Platon 25, 183, 202, 246, 278, 279
Poonawala, Ismail 288
Qušayrī 195
Ramla die Ältere 123
Reinhard, Ursula 235
Resul Baba 56
Richard, Yann 124
Ritter, Joachim 308
Roux, Jean-Paul 239
Ruḳaiya 123
Rumi, Maulana Dschelaladdin 199
Šāh Ismail (→Hatayi) 44, 45, 49
Šāh Tahmasp I. 44, 45
Saîd Emre (→Molla Sadettin) 61
Sâlîh 163
Salmān al-Fārisī 73, 98, 99, 276
Salomo (→Süleyman) 228, 274
Saru İsmail 56, 57
Saru Saltuk 56
Šayḫ Sadreddin 43, 48, 77, 206
Šayḫ Safî ad-Dīn Ardabilī 48
Šayḫ Seyyid Safî 43, 45, 48, 49, 50, 52, 77, 82, 169, 204, 209, 211, 284, 285
Schäfer, Christian 279
Scharif Raḍī (→Eş-Şerif er-Radî→Abu al-Ḥassan Muḥammad b. Abī Aḥmad al-Ḥusayn) 69, 70, 71, 88, 102, 179, 185
Schimmel, Annemarie 194, 195, 196, 197, 198, 199, 200, 201, 202, 204
Schmalzriedt, Egidius 239
Scholem, Gershom 192
Schopenhauer, Arthur 141
Schwally, Friedrich 287
Şener, Cemal 53
Set 163
Seyyid Abdulbaki Efendi 51
Seyyid Huseyin b. Bektaş Ağa 9
Seyyid Imadeddin Nesimi 139, 174
Seyyid Mehmet b. Seyyid Cemaleddin 49, 56
Seyyid Muhammad (→İbrâhîm al-Sânî) 54
Seze 163
Šīṯ (→Şit) 163
Şit (→Šīṯ) 163
Skolnik, Fred 309
Sökefeld, Martin 105
Speyer, Heinrich 275
Spinoza, Baruch de 138
Spuler-Stegemann, Ursula 19, 37, 272
Steuerwald, Karl 44, 248
Stichs, Anja 105
Stieglecker, Hermann 63
Strelka, Joseph P. 201
Strothmann, Rudolf 111
Süleyman (→Salomo) 274
Sultan Kayḫusraw 33
Sultan Selim 44
Sundermeier, Theo 35
Süzgeç, Kemal 265, 266
Svåa 163
Terkivatan, Ahmet 137, 140, 155
Thannippara, Alexander 109
Toprak, Ali Ertan 137, 138
Troll, Christian W. 36, 271
Tschudi, Rudolf 52
Tur, Seyit Derviş 94, 95, 96, 156, 181, 182, 221, 233, 250, 251, 252
Turki, Abdel-Magid 288
ʿUbayd Allāh 123
Uluer, Hıdır 188, 189
Umāma bint Abī'l-ʿĀṣ 123
Umāma 123
ʿUmar 123
Umm al-Banīn bint Ḥizām 123
Umm al-Ḥasan 123
Umm al-Kirām 123
Umm Ǧaʿfar 123
Umm Ḥabīb bint Rabīʿa (→al-Ṣahbāʾ) 123
Umm Hāniʾ 123
Umm Kulthūm die Ältere 123
Umm Saʿīd bint ʿUrwab Masʿūd al-Thaḳafī 123

Umm Salama 123
Ursinus, Michael 140, 229
'Utmān b. 'Affān (→Othman) 287, 289
'Utmān 123
van den Bergh, Simon 78, 83
Väth, Gerhard 25, 27, 28
Veccia-Vaglieri, Laura 68, 129, 171
Vedd 163
Vehme 163
Veysel Karani 276
Virani 174
von Glasenapp, Helmuth [Max Otto] 271
Vorhoff, Karin 28, 29, 30, 31, 32
Waldenfels, Hans 110
Watt, William Montgomery 120, 130, 131
Wehr, Hans 229, 235
Welch, Alfold T. 120
Wellhausen, Julius 52
Wensinck, Arent Jan 233, 241
Werbick, Jürgen 147, 149
Widengren, Geo 24, 133, 187, 188
Wiessner, Gernot 230

Wild, Stefan 287
Wildfeuer, Armin G. 143
Wolfson, Harry A. 145
Xenophanes 138
Yaḥyā, Muḥammad den Jüngsten 123
Yalçın, Aziz 58, 59
Yaman, Mehmet 41, 42, 48, 58, 59, 173, 283
Yazid I. (→Yezid) 171
Yeğûse 163
Yemini 174
Yeûka 163
Yezid (→Yazid I.) 171
Yılmaz, Ali 58, 59, 82, 90, 118, 162, 163, 166, 177, 180, 212, 214, 215, 218, 219, 222, 281, 282
Yusuf (→Josef) 274
Zainab die Jüngere 123
Zainab 123
Zayn al-'Ābidīn (→Zeynelâbidin) 284
Zaynab die Ältere 123
Zeyd b. Veheb'il Cüheni 69
Zeynelâbidin (→Zayn al-'Ābidīn) 284

CIBEDO Schriftenreihe

Timo Güzelmansur (Hg.)
Hat Jesus Muhammad angekündigt?
Der Paraklet des Johannesevangeliums
und seine koranische Bedeutung

CIBEDO Schriftenreihe, Band 1

216 Seiten, kartoniert
ISBN 978-3-7917-2314-3

Die neue CIBEDO-Schriftenreihe setzt sich zum Ziel, zentrale und aktuelle theologische Fragestellungen des christlich-islamischen Dialogs zu beleuchten und für ein breiteres Publikum verständlich und überschaubar darzustellen.

Christen sehen sich im Dialog mit Muslimen immer wieder mit der Behauptung konfrontiert, Jesus habe das Kommen Muhammads als letzten Propheten angekündigt. Als Beleg werden frühe, nichtorthodoxe Überlieferungen des Johannesevangeliums genannt.
Die christliche Auslegung des Johannesevangeliums kommt aber zu einem ganz anderen Ergebnis. Die unterschiedlichen Auslegungsergebnisse werfen ein Licht auf das grundsätzliche Verständnis der jüdisch-christlichen Heiligen Schrift und ihrer Auslegung im Islam. Es steht für den christlich-islamischen Dialog nicht weniger als der respektvolle Umgang und die angemessene Interpretation der Bibel auf dem Prüfstand.

Verlag Friedrich Pustet
Unser komplettes Programm unter:
www.verlag-pustet.de

Tel. 0941 / 92022-0
Fax 0941 / 92022-330
bestellung@pustet.de

Christlich-islamischer Dialog

Die offiziellen Dokumente der katholischen Kirche zum Dialog mit dem Islam
Herausgegeben von CIBEDO e.V.
Zusammengestellt von Timo Güzelmansur
Mit einem Vorwort
von Karl Kardinal Lehmann und
einer Einleitung von Christian W. Troll

624 Seiten, Hardcover
ISBN 978-3-7917-2189-7

Seit dem Zweiten Vatikanischen Konzil sind aus dem vorsichtigen Herantasten zwischen Achtung und Akzeptanz viele offizielle Stellungnahmen von Seiten der katholischen Kirche zum Thema Islam gemacht worden, die hier dokumentiert werden. Ziel des Buches ist es, die Texte der Öffentlichkeit zugänglich zu machen und die Positionierung der Kirche in einzelnen Fragen aufzuzeigen.

Außerdem beinhaltet das Buch eine Auswahl aus den Dokumenten, die sich speziell auf den christlich-islamischen Dialog beziehen, darunter insbesondere Dokumente aus dem Pontifikat Benedikts XVI. und der Deutschen Bischofskonferenz.

Verlag Friedrich Pustet
Unser komplettes Programm unter:
www.verlag-pustet.de

Tel. 0941 / 92022-0
Fax 0941 / 92022-330
bestellung@pustet.de